Minerva Shobo Librairie

日系文化を編み直す

歴史・文芸・接触

細川周平［編著］

ミネルヴァ書房

まえがき

移民は漂流や密航、亡命や奴隷、難民や留学・駐在と異なり、労働のための他国への自主的な移動を指す。日本の場合、送り出す側として一九世紀末に政府の事業として始まった。大半は数年の外地生活の後に晴れて帰郷する計画を立てたが、思惑通りに事を運べた者は少数で、諸事情から不本意にも帰路を絶たれた場合が多かった。一部は永住計画を持って出国し、時には予期せぬかたちで再移住した。移住先は南北アメリカ諸国が主流で、それに次いで太平洋の島々、少数ながらキューバ、ドミニカのようなカリブ海へ渡った者もいた。旧大日本帝国や租界地への移住と連続する点も多いが、ここでは帝国の外へ渡ったグループについて考える。その総数は約六〇万人（他に南洋諸島に一三万人）と推定され、この間の総人口のほぼ一％に当たる。大きいとはいえない。南欧・東欧の移民大国に比べて小さな割合かもしれないが、大規模で計画的な労働力移動、「旧大陸」から「新大陸」への経済的中心の移動という世界史の流れに、開国後の日本が早くに乗ったことを表す。郵便や鉄道、法制度や工業化、教育や軍備のような見えやすい舞台とは別の場面でも、地球規模の近代化の動静に呼応していた。また移住先の諸国の歴史から見ても、太平洋を隔てた東アジア史とミクロな、マクロなレベルで直結する出来事で、日本移民とその子孫は一定の存在感を示している。

移民はエリート層の留学・派遣・使節とは別の規模と階層、行き先と目的の大量人口移動で、到着先の労働市場に組み込まれた。行った先はどこでも言語、信仰、習慣、外見の違いは同化を阻み、主流社会から外れた別の集団を形成した。到着地の国民・人種思想は新来者の地位や生活環境に影響し、日本社会はリーダーを立てて地元政府や市町村と交渉した。その一方で、彼らは祖国の飛び地を頭に描いて、生活の各場面で再現を試みた。日本より食材、衣料、娯楽品、出版物などを輸入し、早々に新聞雑誌を創刊し日本人会を立ち上げ、学校・教会を作り、スポーツ・演芸を行い、芸能人を招き趣味の会を作り、母国との絆を深め、楽しみを求めた。大都会には劇場や食堂や宿や寺を集めた日本人街を作り、日本語だけで生活できるような環境が整えられた。北米・ハワイでは一九二〇年代半ばに、南米では大体六〇年代に新来者の流れは途絶えたが、今ではその子孫が定住している。別の境遇で新たに移り住む者も珍しくない。数世代を経て混血化が進み、身体的特徴と苗字にしか日本性を残していないことが多いが、移民より構成された国民のなかで血統に関する知識は、自分の所属意識を確かめるうえで重視される。八〇年代末より移民の子孫に対する労働優遇措置により、日本へ一時的工業労働力として渡ってくる二・三世が増え、一世紀前に祖父母が経験したのと似たような不確かで境界的な境遇で暮らしている。国際経済や家族の事情を見ながら往復生活を送る者も珍しくない。

移民研究は一％の国民に関する近代史の挿話というより、国境を越えた人々の行いや考えを見る絶好の視点を提供する。前提と思われていたことが、実は国民国家に条件づけられていたことを明らかにする一方、まったく異なる自然・文化環境のなかで出国前に備わっていた事柄のうち何を優先し何を後回しにするか、新しい環境とどう適応し何を拒絶するか、その子孫はどう「日本性」を継承するのかしないのか、「日本人」なり「日系人」としてどう扱われそれにどう対応するのか、混血や同化はどう進行し、どのような見える／見えない境界線が引かれ消されるのか、移民史はこう問いかける。本書の元になる共同研究会は「新大陸の日系移民の歴史と文化」（国際日本文化研究センター、二〇一二年四月～二〇一六年三月）と大ざっぱに題を掲げ、方法論や対象や地域を限定せず、この抽象的な問いを具体的な事例で考え直すところから始めた。

呼びかけた編者がブラジル移民の芸能・娯楽・文芸を長く扱ってきたため、地域はバランスよく散ったものの、議論の内容が偏ってしまったかもしれない。しかし芸能・娯楽であれ文芸であれ、国情や時代によってかくもありようが異なることが、各章の読み比べからわかるだろう。半数の著者は埋もれていた個人の業績に光を当てて、歴史の細部を見ていこうとしている。移住先では芸能や文芸を職業とすることは困難で、大多数はアマチュア活動に留まったが、軽んじてよいということではない。本国とまったく異なる環境のなかで選ばれたそれぞれの表現の意味をここでは問いたい。文芸については移民の執筆だけでなく、日本から輸入した時代物の連載小説や日本の婦人雑誌、一時渡航した文学者の目より見た移民像まで、本書の扱う幅は広い。昨今、映画や展覧会などで注目を集めている北米の日系人強制収容所については、所内の短詩活動と戦後の回顧小説についての研究を集めた。また芸能・娯楽に関しても野球やマンガや楽器のような一見小さな対象に、国や言語の境を越えた文化交渉の根幹がかかわっていることを当該の章は教えてくれる。ハワイの「ローカルな」（土地育ち、土地柄の）文化への寄与として食と楽器の研究を読める。宗教については北米の日本語仏教雑誌とブラジルの沖縄系ユタの研究を並べ、二一世紀のデカセギについては、ブラジル帰国後に日本経験を複数の分野・メディアを通して表現している二世やペルー帰国後の生活について論じている。沖縄系を論じたなかには、ユタの他に帰米二世とアルゼンチン一世の文学活動、北米二世の戦時講演活動、三線の太平洋往還を追った章を用意した。その他の章にも随時、沖縄移民は登場し、彼らの文化的存在感を実感できる。

本書は寄稿文を専門分野や理論や地域別に配列する代わりに、内容にかかわる六つの動詞別にまとめてみた。どの動詞も移民の生の根幹にかかわる。本来、分離不能な動詞（たとえば「記す」と「伝える」）を別建てにしたところもある。「渡る」に該当しない章はない。いずれの章も複数の動詞につなげることが可能だが、内容の力点を見えやすくする便宜として六本の柱を立てた。ある動詞がどのように他の動詞に絡んでいるか、ひとつの章が他のどの動詞を（そのうちのどの章を）巻き込んでいるかが気になれば、一見かけ離れた対象がある角度で見ると隣接していることがわかれば、この方便は成功したといえるだろう。

各章の概要を順に述べていく。

第Ⅰ部「記す」は書くことで、自分の半生や記憶を移民史につなごうという四人の文芸人を並べる。国も境遇も異なるが、共通点を見いだせる。

滝田祥子の第1章「藤田晃の未完小説『ツールレーキ戦時隔離所』から読み解く記憶」は、日本でも数作の小説が出版された本格的な一世文人の苦悩を大きな歴史と記憶の枠で考え直す。そこには研究者としての位置もつねに意識される。非当事者は当事者に無遠慮に記録を望むが、なかには胸のうちに秘めたまま消えてしまう記憶・体験が「伝えない」歴史に虚の神髄を感じ取れるような場合もある。私的文書の渉猟から得られた結論は歴史記述の限界を見極め、納得がゆく。

水野真理子の第2章「山城正雄の文学活動の軌跡——帰米二世の意義を問いつづけて」は、戦前日本で国民教育を受け、戦中戦後アメリカの文芸界で活躍した沖縄二世、山城正雄に関する初のモノグラフで、収容所内の雑誌『鉄柵』、戦後の雑誌『南加文芸』、彼の二冊の著作から、帰米の沖縄系というあいまいな立ち位置を一方で処しがたく思いつつ、他方で大和民族の主流から自由なありかたを誇る多層的な心地を精査している。「ふるさと」とは何か、どこかを問うことが執筆活動の根底にあった。これは地域に限らずすべての移民が問うてきたことでもある。

細川周平の第3章「アルゼンチン開拓者の天命と洗礼——増山朗『グワラニーの森の物語』に迷い込む」は、アルゼンチン戦前移民が晩年になって同人誌に連載した移民草創期の長編小説を扱う。一九一〇年代の実在の移民斡旋人と、彼の宣伝に乗って奥地に入植した家族を主人公としている。斡旋人を移民史の礎として賞揚する小説は珍しい。増山はカトリックの宣伝に呼び寄せられた一家の入植をいつもながらの苦労譚ではなく、カトリシズムの天命と見なし、民族の未来を託された事業と讃える。アルゼンチンの近代化と日本の近代化の並行性、少数派であるケルトと薩摩隼人の共通性を随所で気づかせる独自の歴史観は、小説のかたちでこそ表現されうるだろう。上の藤田晃が収容所の極限的体験を言語化することに煩悶したため、完成に至らなかった、いわば体験が終わっていないからこそ、小説の計画は未完に終わったのに対して、素人作家増山は楽観的に移民史の創成期を書き綴ったが、おそらく連載した同人誌の廃刊により執筆意欲を失い、未完に終わった。メディアの存続は非常に小さな日本語環境のなかで活動する愛好家には、存在にかかわる大きな条件だった。出版が許されればこそ詠むことができた収容所の文芸を扱った粂井輝子（第11章）、増山の知己であった崎原朝一の足跡を描いた守屋貴嗣の章（第14章）を併せ読まれたい。

ソアレス・モッタ・フェリッペ・アウグストの第4章「戦前ブラジル日本移民の記憶と歴史――半田知雄の少年期をめぐる記述から」は、日系ブラジル移民史の必読書『移民の生活の歴史』の著者で画家の半田知雄の青年時代の日記をエゴ・ドキュメント（自分記）として読み解く。著者は半田が戦後、移民史を綴るに当たって歴史学者の記述に倣うのではなく、自分史と集団史を重ねるように記憶と史料を重ねていったことを重視する。それは晩年のエッセイでもはっきりしている。歴史の再構築のなかでコーヒー農園（ファゼンダ）ですごした少年時代がとりわけ重い理由を考える。

赤木妙子の第5章「歴史を〈紡ぐ〉ということ――チリ移民・常川久太郎の書かれなかった『移民史』」は、日系人が共同体を形成しているとは言い難いチリで、大正時代、貿易商社員として派遣されそのまま定住した写真師による日本人在留民史計画を紹介する。刊行には至らなかったが、最初の定住者という特別な視点から構想された歴史観を著者は断片的な資料から復原する。「小国」ならでは可能な「一人書き」の歴史は、豊富な史料（十分ということは決してないにしろ）が発掘された他国・他地域の歴史を書くうえで倫理的な原点を示しているだろう。

第Ⅱ部「伝える」は本国との出版物の輸入、作者や兵士の往復に関連した文化活動から、思想や経験を伝える媒体について考える。

一政（野村）史織の第6章「日本人移民女性と日本語メディア――日本の婦人雑誌と日系移民新聞」は、米国移民女性の読者共同体を書かれた対象と読む主体の双方から立体的に組み立てている。日本から送られる雑誌の記事と地元メディアに寄せた投稿の比較から、たとえば育児や家事に関して、本国の期待と生活の現実の食い違いにどう折り合いをつけていったのかを分析している。投稿欄が日系社会のなかのサブグループとしての同胞女性共同体の結び目となり、それを可視化したことを証明している。著者は男女の摩擦よりも言語や国籍の摩擦から移民メディアの特徴を述べている。

守屋友江の第7章「日系コミュニティのタウン誌としての仏教雑誌――草創期の『米国仏教』からみる仏教会の活動と役割」は、二〇世紀初頭のサンフランシスコ発行の浄土真宗系の月刊誌『米国仏教』から海外布教の実態を概観する。これは日本発・僧侶中心の歴史記述に代わり、現地発・在家中心で歴史を見直し、移民生活の根底にあった仏教の絆を再確認する論考となった。雑誌の形態や記事は本国から輸入しながら、現地向けの配慮がなされ、一般紙誌からはわからない布教や信仰の実態を示す記事も多い。著者は出版と宗教の両方の側面から、雑誌が果たした役割について述べている。

森本豊富の第8章「比嘉トーマス太郎の『巡講』——戦時下米大陸における講演旅行」は、イタリア戦線で戦った沖縄生まれハワイ育ちの比嘉太郎が、負傷帰還後、一九四四年、日系アメリカ人市民協会の要請により日系人収容所で行った戦場経験や戦友の声を伝える一世向けの日本語連続講演の詳細を記録している。その後、沖縄戦線に送られ、戦後は沖縄戦災救援運動に奔走した。森本は比嘉の人生が沖縄、ハワイ、帰米二世という三本の軸に支えられ、困難ななかで人道的活動に尽くしたことを描いている。一世と二世、ハワイと沖縄の結び目としての二重の自己意識がその根底にあった。

エドワード・マックの第9章「サンパウロのサムライ——戦前ブラジルの日本語連載小説」は、ブラジルの日本語新聞の「文学的生態系」のなかで、日本から輸入された時代物の連載小説一一編に焦点を当ててレイアウト、入手経路、ジャンルの選定などについて元の出版形態との比較から論じている。最初は時代物だけだったのが、一九三〇年代には現代物も加わり、通信社を通した正式な転載を採ったことが判明した。これは異なる文脈に同一のテクストを置く文学的再生産だが、同時に差異生産でもある。明治から昭和にかけての本国の文学生産をその支持体（印刷機、出版業、広告、評価体系）から分析した著者の著作のブラジル編に当たり、最後に書かれた文章だけに囚われない複数形の文学概念を提案している。

アンジェロ・イシの第10章「デカセギ文学の旗手でもなく、在日ブラジル人作家でもなく——日系ブラジル人のマルチクリエーター、シルヴィオ・サム」は、九〇年代のデカセギ経験を辛辣に、ユーモラスに描いた二世クリエーター、シルヴィオ・サムにスポットライトを当てる。彼は小説、マンガ、替え歌を通して、公式なメディアに乗らない日本のガイジン差別、社会的軋みを日系人・非日系人に向かって伝えようとしてきた。日本人の子孫というより、混血国民の一部という意識が移動する生を支え、表現媒体をまたがる活動にもよく表れている。日系社会本流からはあまり認められていない反面、サッカーについてのイラストを発表するなどその外での評価は高い。著者はサムの多面的な仕事から日系という枠組みについて問いかけている。

第Ⅲ部「詠む」は日本語文学の特徴あるジャンルである短詩について特集する。短詩は詠まれた内容に美や哲学や機知が込められているだけでなく、特別に高い詩人意識なしに参加でき、同人誌と定例集会を基礎にした非常に裾野の広い世界（壇）を持っている点に、他の詩の形式には見られない特徴がある。「読む」と「詠む」の間にさほど大きな飛躍がなく、文学的構えなしに詠める（それだけ定型性が進んでいる）。壇は移民先にも広がり、おそらくすべての邦字新聞は短期間であれ、短詩（特に俳句）の欄を持っただろう。

粂井輝子の第11章「アメリカを故郷にして柵に住み――川柳が詠む日系アメリカ人強制収容所」は、強制収容所出版物に設けられた川柳欄を丁寧に読み、各キャンプの自由活動の許容度に応じた活動の概況を述べた後、指導者や同人の秀作を解釈している。本国の柳壇とつながる指導者格と、強制収容の無聊から始めた新人を大別でき、それぞれのレベルで生活の細部、遠い家族、望郷の心境などを十七文字で表現している。収容所生活が長引くと共同体意識が生まれ、忠誠登録が義務化されるとそれをめぐる心のとまどいが詠まれた。著者はアメリカ政府の謝罪についての論争を取り上げて、一世の小さな声を伝える政治的意味を問うている。

松岡秀明の第12章「窓としての短歌――ブラジルから日本へ短歌を送ることについて」は、歌人としての経験から、なぜブラジル歌人が日本へ、日本人受けをねらった歌を送るのかについて考察している。それは「輸出短歌」と同人に批判を受けたこともある。短歌の創作は公的領域と私的領域をつなぎ、日本向けの歌作は前者に重きを置いた点に意義が認められる。現地の読者に向けた内的衝動にかられた歌と違い、歌会始や全国短歌大会などの入選をねらった歌に違いないが、投稿によって本国との絆を確かめる創作は、言語的な孤立のなかで暮らす移民歌人にとって大きな意味を持つと結論されている。

高木（北山）眞理子の第13章「『間』を生きた『日系』歌人――上江洲芳子の沖縄、ハワイ、カリフォルニア」

は、沖縄に生まれ、ハワイ島ヒロで長く暮らし、カリフォルニアで没した一世歌人の伝記で、二〇年代に寄せた地元ヒロの風物や故郷の想い出を詠んだ歌から、晩年のベトナム戦争に従軍した友人の二世のために祈る歌まで、起伏に激しい人生を歌から描き出している。早くに夫に先立たれ、次男を沖縄戦で失う悲劇に堪え、戦後はカリフォルニアに移った長男一家の家に身を寄せた。アメリカのふたつの戦争を敵国民・市民・移民として経験せざるを得なかった歌人はめったにいない。高木は芳子の心情の深い部分を感動深く紹介している。

守屋貴嗣の第14章「『あるぜんちん日本文藝』を中心に——崎原風子論として」は、金子兜太の門下が、少数者言語集団のなかのさらに少数派である非定型俳句を綴ってきた足跡を、彼が一時期主宰した現地文芸誌に即して追っている。まずその『あるぜんちん日本文藝』（一九六八～一九八五）の創刊から終刊までを書誌学的に概観し、同人の分布、ブラジル俳壇との交流、作品の傾向などを拾い上げる。後半は六〇年代より兜太の『海程』に投稿して注目を受けた崎原の半世紀にわたる作句活動を論じ、日本にも沖縄にもアルゼンチンにも収まらないあいまいな、孤立した自己の位置づけを行い、無限に向けた文芸意識の高さを讃えている。崎原は日本語消滅が遠くないことを認め、主流派の俳壇のようにその延命策を探るよりも、日本から自由な場所で日本語文芸をつくることを自覚的に選択している。海外文芸でも異端はありうる。守屋はこう実証している。

第Ⅳ部「競う」はスポーツ行事を論じる。具体的にはブラジルの野球、ペルーの運動会、カリフォルニアのオリンピックである。スポーツは言語に縛られないいため、子孫に受け継がれやすく、日系共同体をまとめる要として機能している。相撲のようにその内側でしか実行されない種目もあれば、柔道・空手のように容易に外とつながっている種目もある。スポーツは移民研究のなかで今後の展開が待たれる。

根川幸男の第15章「ブラジル日系社会における少年スポーツの役割——戦前期の少年野球を中心に」は、ブラジル国民には馴染がないが、日本人と北米人の間では人気を誇る野球が、民族的な絆を深める役割を日系ブラジル社会がある程度の基礎を固めた一九二〇年代より果たしてきた歴史をひもといている。日本でもまず少年や学生の競技として組織されたが、ブラジルでも少年野球が話題の中心だった。そこには体育よりも徳育の手段としての一世の期待があり、日中戦争中は在外同胞社会の銃後運動と通底する部分が大きかった。ブラジルの高まる国民主義への民族集団の対抗という意味も含まれている。

柳田利夫の第16章「奉祝から記念へ――ペルー日系社会における『文化装置』としての運動会Undokai」は、競技大会というよりスポーツを伴う民族行事という側面が強いペルーのウンドーカイを題材とする。これはリマ日系社会最大の行事で、戦前の天長節（戦後の天皇誕生日、現在の昭和の日）奉祝行事にさかのぼり、現在は「日秘友好の日」と名称を変えた同じ日に「ウンドーカイ」として継続されている。戦前一世にとっては強かった天皇や母国との関連は戦後見えにくくなり、二・三世の活力を民族集団の外へも宣言する行事と再定義された。日秘国旗を掲げた入場行進をクライマックスに、両国への政治的帰順を確かめる記念行事のかたちを取って、民族的でかつ国民的な二重の顔を讃美している。柳田は一世紀近くになる行事の歴史を政治的な意味づけと機能の変化からたどる。

日比嘉高の第17章「オリンピックと帝国のマイノリティ――田中英光『オリンポスの果実』の描く移民地・植民地」は、一九三二年のオリンピック・ロサンゼルス大会に参加した無頼派文学者の代表作（一九四〇年に発表）に描かれた日系人、朝鮮人ボクサーの表象を同時代の帝国主義を背景に解釈する。「ぼく」は歓迎する移民に表向きは応えつつ、内心では「日本人ではない」と拒絶する（彼らの多くは後に、他の章で話題となった収容所に送られただろう）。外地で身を滅ぼしたボクサーを植民地の凋落に重ねる。日比は出来事から執筆までの八年間に田中自身や国際政治と帝国支配が蒙った変化を重く見て、日本人、日系人、植民地人それぞれの呼称について、政治の決定的な役割を鋭利にあぶり出している。本国と移民先の二国間の考察に偏りがちな移民研究に、日比は植民地の視点を加え、多層的な接触と衝突のありさまを浮かび上がらせている。

第V部「交わる」は大衆文化に関する三章を用意した。三つの連関は薄いが、異文化環境に放り込まれた日本産のかかわるモノ、習慣、表現の遠距離移動とそれに伴う意味や価値の変容について考えたい。

早稲田みな子の第18章「ハワイ音楽と日系人――人種意識の変化と『ローカル音楽』の形成」は、ハワイ音楽にかかわった二世から四世の系譜をたどりながら、「あいだの人」、媒介者としての日系人の役割を強調する。ハワイの文脈における「ローカル」の特別な重みを解釈しながら、一九五〇年代以来、日系二・三世のウクレレ、スチールギター奏者がハワイでも活躍し、現地側もハイフンつきの出自を意識せず歓迎している。人種のるつぼ（ハワイでいう混血化の進んだ「ローカル」）に同化していることを明らかにしている。早稲田は従来の民族や移民の概念枠を超えたアプローチがハワイでは要求されると結論している。

吉田裕美の第19章「オパラ・カウカウからロコモコまで――ハワイの食文化の変容と日本人移民町」は、ハワイ島ヒロの食文化を扱っている。二〇世紀初頭、プランテーションでは専門的なコックの食から始まった。家族単位の生活が基本になると料理は女の仕事として確立し、やがて日本語で西洋料理本が出版された。吉田はその内容に立ち入り、ただの翻訳に終わらず、現地で調達できる食材を考慮した献立が作られたことを教えてくれる。第二次世界大戦は食材の制限から食文化全般に大きな変化を与えたほか、軍隊でアメリカ大陸の食に慣れた帰還二世の「アメリカ風」レストランが終戦後開業した。今では現地食に日本の食材や料理法が折衷され、起源を問えないほどハワイ化、「ローカル化」している。

小嶋茂の第20章「日系人とマンガに関する考察」は、この二〇年、海外で評価の高いマンガを五種類に分類する。まず第一の「移民史に関するマンガ」として各国で出版されたマンガ版公式移民史を紹介し、第二の「日系人に関するマンガ」には日本で出版されたコンデ・コマやバンクーバー朝日軍についての作が含まれている。第三の「日本語学習のためのマンガ」も新たな学習者獲得に役だっている。著者が力を入れるのは第四・五の「日系人によるマンガ」と「日系社会の外へ広がるマンガ」で、前者として一九三〇年代には生活体験をマンガ化したカリフォルニア移民や、九〇年代の日本へのデカセギを題材としたブラジル二世の作、そして日本を題材としないブラジルのマンガを紹介している。ブラジルには手塚治虫に影響されたキャラクター・マンガが存在し、メキシコには一般向けの図書館が日墨協会内に設置されている。こうした浸透から次の世代の非日系作者の新風に小嶋は期待をかけている。

第Ⅵ部の題名「渡る」はもちろん移民を定義する根本的動詞で、本書すべてがかかわる。あらためて立てるには及ばないかもしれないが、空間の移動がとりわけ論点となる論文を集め、全体のフィナーレとした。最後の二章は一九八〇年代末より盛んになる日本への労働移民、デカセギを扱い、歴史記述法から始めた本書を現代の動静で終える。

栗山新也の第21章「『里帰り』三線——楽器の移動と積み重なる価値」は、沖縄の代表的な楽器三線が移民の荷物に混じってハワイと本国を往復しながら、ちょうど行先タグを順に貼られていくように新たな価値を付加される様子を描く。第18章の早稲田論文と反対に子孫による移住先の音楽への貢献ではなく、一世が移住前に身につけた楽器を運んで沖縄音楽を拡散するさまが論じられている。そして、旅とそこからの「里帰り」を追う。沖縄人の行く所、必ず三線を伴いフィリピン、南洋諸島でも記録されている。楽器は人のネットワークを作る。なかには名器を通した通人のつながりも表に見えないところに張りめぐらされている。栗山は手工業製品としての楽器が移住先で持つ意味を新聞記事やインタビューから考察する。

森幸一の第22章「ふたつの憑依宗教体系の〈接合〉の象徴的意味——沖縄系ブラジル人というハイブリッドな主体の呪術宗教的創造」は、沖縄移民の非公式な精神文化、ユタ信仰のサンパウロにおける展開と定着を、一人の準二世（沖縄生まれ、ブラジル育ち）霊媒を中心とした独自の地元教団から観察している。表向きの信仰と裏の信仰の二重性はアフロブラジルのカトリシズムでも見られるが、森はブラジル人として、沖縄人としての双方の救済体系を教説の分析と交霊会の儀礼手順から説明する。現地のアフリカ系神秘宗教への同化も絡んでいる。信仰体系自体が混淆的で、霊媒や信徒のアイデンティティもまた混淆的である点に分析の力点が置かれている。

佐々木剛二の第23章「『ブラジル日系社会』の形態学——デカセギ代理店と邦字新聞社」は、日伯の人的・経済的絆をかつてない規模とかたちで取り持った労働者・デカセギを、現地日系社会を変質させていくアクターと見做し、仲介者たる旅行代理店と、彼らと周囲を読者とする新聞社に注目する。一九八〇年代より日本へのデカセギその他による、両国間の往復（場合によっては日本定着）が激しくなり、「我々日系社会」は国をまたぐように想定されるようになった。この意識は新聞記事ばかりでなく、航空券や労働ビザを手配する日系旅行社の広告や実務からも検証できる。佐々木は「古典的コロニア」意識に縛られた指導者の言と、現実の動向に敏感な旅行社の活動を並べて、両国民の下部集団のなかに複数の力がはたらいて、「間にいる」という移民独自の我々意識の形成と変化が生じていると論じる。年配の仲介者が古典的コロニアを脱出する方向を持つのに対して、日本から定住した新聞記者が一世読者層を想定して、昔ながらの記憶や物語を守る傾向にあるのと対比させて、デカセギ以降の二重の共同体構造と意識のありようを観察している。

スエヨシ・アナの第24章「帰国デカセギ労働者のリマ日系人社会に対する影響」は、日系ペルー人デカセギが数年の底辺労働の後、ペルーに帰国し、再適応する様子を描く。スエヨシの長くかかわる両国間にまたがるデカセギ研究の一環で、本章前半は帰国子弟を受け入れる日本学校の語学カリキュラムに費やされ、後半は両国間の経済関係の希薄化から日本で向上させた日本語能力を帰国後あまり生かせないペルーの労働市場について言及している。つまり再就職に関して別の専門能力が要求されるし、日系人社会も彼らを受け入れる場所をあまり設けていない。日系人社会の外で働く他なく、境界線が希薄化し、デカセギ経験を生かす場所が限定されていると著者は見ている。

*

横浜の海外移住資料館には、梅棹忠夫の言葉「われら新世界に参加す」が掲げられている。ブラジル移民の記念式典における講演に由来し、看過されがち、悪くすれば低く見られがちな日本移民の業績を顕彰する意図を持つ。これほど晴れがましく海を渡った者はあまり多くなかったかもしれないが、結果として「新世界」(「新大陸」と同じく数世紀にわたって移民を積極的に送り出し、各地に「ニュー」「ヌエボ」「ノヴォ」を冠した土地を開拓したヨーロッパ中心の見方であるが) にヨーロッパ的な秩序が確立した後に到着し、歴史・文化の一角を占める存在となったことは疑えない。用意万端で「参加す」よりも丸腰で「飛び込む」という方が現実的だっただろう。「民族共同体」という概念が端的に示しているように周辺的であることを免れないが、新たな生活環境 (それには気候・土壌から言語・政治までが含まれる) と渡り合いながら、境界を生きることだった。また「われら」の範囲がどう変化してきたのかは、移民史の最も基本的な問いで、本書でも多くの章が何らかのかたちでこの問いを考えている。家族から県や国、同じ船や航海、同じ収容所や入植地、文学の同人から野球のチームに至るまで「われら」にはいくつもの水準が共存し、環境や時代、場面や思想によって強弱大小が異なる。

一%の国民とその数百万の子孫は、例外でもなければ典型でもない。しかし彼らの存在がこれまで以上に日本史・日本人史、文化研究で取り上げられるべきだと寄稿者はみな確信している。国外移動を起点とする歴史記述によって、国民や国家の前提を洗い直すような歴史。研究会の場ではそのような議論も出たが、大きな歴史観を打ち出すよりも、個人の営みや小さなモノを見る方向に全体が向かった。小さな歴史（それは卑小な知識ではない）から日系移民史を「紡ぐ」（第5章）、あるいは編み直す一冊となったと思う。題名の「編み直す」には内容以上に、仕事の成果に対する私たちの姿勢が込められている。テクストtextのラテン語原意は「編んだもの」に由来し（縁語としてテクスチュア、触感）、縦と横の糸を根気よく組み合わせる作業を連想させる。寄稿者がそれぞれ長い実地調査の結果を研究会という会話の場で考え直して本書に提出したことを、織物をいったんほどいて編み直す作業にたとえてみた。網羅とも一貫性とも程遠いが、編者の人脈と知脈でつながった二四名の最新の仕事を集めた記録として読んでもらえれば幸いである。

細川周平

日系文化を編み直す——歴史・文芸・接触【目次】

目次

第Ⅴ部　交わる

第Ⅵ部　渡る

第I部　記す

第1章　藤田晃の未完小説『ツールレーキ戦時隔離所』から読み解く記憶

滝田祥子

1　ツーリレイク隔離収容所と藤田晃

第二次世界大戦中に日系アメリカ人が収容された主要な一〇ヶ所のうち、いわゆる「不忠誠組」を他の日系人から切り離して収容する目的で作り替えられたのがツーリレイク隔離収容所である。(1) 一九四三年九月の開所から一九四六年三月に閉鎖されるまでの間のそこでの体験は、不忠誠組のかなりの部分が日本語を第一言語とする帰米二世であった為に、ほとんど伝えられてこなかったか、戦前戦中戦後を通じて日本語使用言語サークル内に留まっており、同じ日系人であっても英語話者たちから誤解されていることが多い。ツーリレイク隔離収容所は、語ることさえタブーな場所、大量の市民権放棄が行われた場所、として知られている。陸軍懲罰房（stockade）や監獄（jail）といった他の収容所にはなかった暴力的な装置があり、姿がはっきり見えないのに誰もがその存在の怖ろしさを知っている「クローゼットのなかの骸骨」（Kumei 1996）が存在している場所ともいわれている。

一九四四年七月一日ルーズベルト大統領が公法四〇五号に署名することによって、戦時下のアメリカ本土において合衆国国籍保持者が生来の市民権を放棄することが可能になる。第二次世界大戦中にこの法律に基づいてアメリカ市民権を放棄した人数は五五八九人で、このうちツーリレイク隔離収容所の収容者は五三八〇人にのぼる。したがって、「市民権放棄」とはここツーリレイク隔離収容所で起きた出来事だといっても過言ではない（村川 2007）。一九八八年八月一〇日にレーガン大統領が市民の自由法（Civil Liberties Act of 1988）に署名し、アメリカ国籍を持つ日系アメリカ人二世と日本人移民を強制立ち退きおよび強制収容したことに対する公式な謝罪と賠償金支払いが確定した。しかし、強制収容政策で大量の「市民権放棄」者を生み出したことに関しては、合衆国政府は謝罪も賠償もしていない。

戦後に市民権を返還された市民権放棄者が多いのだが、「市民権を放棄したい」という当時の意思表示が親族や友人による脅迫に基づくものであり、自由意志に基づいていないことが判明したことが公式の返還理由である。過去の自分の決断を遡って否定し、誰か他者のせいにする行為は、どこか自分自身を否定することにもつながり、あまり語りたくないし、できれば隠しておきたいものと考えられてきた。また、自分は忠誠登録の不当性を訴えた人、いわゆるノーノーボーイであったと語ることはできても、その後の経緯によって「自分の意志で」アメリカ市民権を放棄するに至った、と語ることはその何倍も難しいことだった。たとえば、一九七〇年代から自分がノーノーボーイであった経験を若い世代に積極的に語り継いできた詩人ヒロシ・カシワギの場合でも、自らが市民権放棄者であることを公表したのは二〇〇六年のツーリレイク・ピルグリメイジ(2)のシンポジウムの場であった（Takita 2007 : 269–271）。

藤田晃の収容所抑留体験と文学

藤田晃（一九二〇〜九六）はカリフォルニア州インペリアル郡ブローリー生まれで、二歳のときに両親の出身地静岡県清水市三保に戻り、母方の祖父母に育てられる。早稲田大学に進学し経済学を勉強していたが、一九四〇年（二〇歳のとき）にアメリカに帰国（帰米）する。スクールボーイをしながら高校に通いなおし、開戦時には父とともにインペリアルバレーで小作農に従事していた。その後、ポストン収容所を経てツーリレイク隔離収容所に移送される。一九四四年にツーリレイクで青年団機関誌『怒濤』の編集人となり、『怒濤』廃刊後は文芸同人誌『鉄柵』で活躍する。ツーリレイク隔離収容所で市民権を放棄し、さらにその後クリスタルシティー収容所に移され、そこで終戦を迎えて解放される。市民権放棄が他者からの強要によることを訴え、一九五七年に市民権を回復する。

戦後は、ロサンゼルスでガーデナーやモーテルの支配人をしながら『南加文芸』（一九六五～一九八〇年）の発起人かつ編集者として積極的に文芸活動を続けていく。自らの強制収容体験については『農地の光景』（一九八二年、れんが書房新社）、『立ち退きの季節』（一九八四年、平凡社）という小説に著し、前者では帰米してからの農場体験と排日機運を、後者では戦時収容令発令からポストン、ツーリレイクへの転住までを記している。これらはいずれも日本で出版されている。藤田は、ツーリレイクの体験を題材にした収容所三部作の執筆を目指す（藤田 1982：255）が、三作目で描こうとしたツーリレイクでの体験については、草稿を何度も手直ししながらも、自分の体験を文字化することの難しさに煩悶しながら、道半ばで亡くなってしまう。

筆者はこれまでも、英語で書かれた資料と日本語で書かれた資料の差異や語られてこなかったブラインド・スポット等を探り当て、より総合的なツーリレイク隔離収容所での経験を描き出そうとしてきた。特に、日本とアメリカの集合的記憶の双方から包摂されえない中間地帯に落ち込んでしまった帰米二世の「はざまの記憶」（interstices of collective memory）を明らかにしていくことが、現代に生きる私たちにとってどのような意味を持つのかということを考え続けてきた。この特殊な難しい過去の体験を明らかにしていくことは、個人の記憶と集団の記憶の関係、記憶における多言語・多文化の問題、生きられた体験と言葉の関係など、人類史の盲点を顕在化させていく作業として不可欠である。

そこで本章では、このようなツーリレイクでの「難しい記憶」（difficult past）の性質を明らかにするために、カリフォルニア大学ロサンゼルス校図書館所蔵の藤田晃文書（全三一箱）を検討する。その対象は主に日記と小説で、日記からは、藤田の生々しい収容体験と、小説の推敲について書かれた部分を詳細に読み解き、小説からは、未完の小説『ツールレーキ戦時隔離所』（以下、草稿と呼ぶ）を対象とし、その内容を社会学的に分析する。そして、強制収容所についての生きられた体験を「小説」という表現形態に落とし込むことの困難さを藤田の苦悩が刻まれた日記と草稿から紐解くことで、ツーリレイク隔離収容所が他の九ヶ所の日系アメリカ人戦時収容施設と違い、ユダヤ人の収容所体験にもつながる特殊性があったことを炙り出し、日系アメリカ人の強制収容体験をより複眼的かつ総合的に捉えてみたい。

2　日記の分析

藤田晃文書（一九四六〜九二年、寄贈は一九九五年）中の日記は五箱に分かれており、一九四六年一冊、一九七八年、一九七九年、一九八〇年、一九八一年各二冊、一九八二年三冊、一九八三年、一九八四年、一九八五年、一九八六年各二冊、一九八七年、一九八八年、一九八九年各一冊が収蔵されている。

戦後の日記は、仕事を引退してから五年経ったことをひとつの節目と考えて、一九七八年に書き始められている。以下、時間を追って見ていこう。

一九七八年一月二四日

「アメリカ強制収容所」ミチコ、ウェグリン著、山岡清二訳を読み始める。今までのこの種の読み物としては、よく調べていて、今までの常識以上のものがあり、勉強になる。「マンソン秘密情報」（日系人に関する好意的調査）については、全く関知しなかった。日本人はアメリカに危害や反逆を加える心配はないという報告を無視して、大統領や陸海軍長官は、日本人強制収容を実行した。与論に圧倒された政治家の姿が浮かんでくる。

この日記が書かれた時期は、日系アメリカ人社会でも強制収容にまつわる社会運動が一気に花を開かせ始めたときである。一九七八年の六月には第一回目のツーリレイク・ピルグリメイジが開催され、七月には日系市民連合の全国大会で賠償請求運動を行うことが公式に決められ、一一月には初めての「追憶の日」が開催されている。

一九七九年二月四日

ボスワーズの『アメリカの強制収容所』を読んでいるが、三四、五年前の記憶がかなり怪しくなっているのを痛感させられる。然し、あの当時の記憶はかなり鮮烈に残っている。

ここでは、具体的な記憶はあいまいになってきても、印象として鮮烈に持ち続けている「あの当時の記憶」があることを強調している。隔離収容所当時の印象や言葉にならない体験のことを、英語話者たちは it「そのこと」という指示代名詞を共通言語にして中身を具体的に表現しないままに伝え合うが、ここでの「あの当時の記憶」というのもそれに通じるものとして捉えることができる。言葉になりえぬ記憶は、肉体に宿り、そのことが暗黙の前提になっている人々がいるということか。

一九七九年一一月二四日

この夏にも名古屋大学の鶴谷教授がノンフィクション「ロスアンジェルスの日本人街」を書く目的のために調査にやってきて何人かの一世と対談していったが、最近では、日本とアメリカが近くなったせいか、日系人や日系人の社会のことを調べにやってくるひとが少なくないようだ。それにしても当地の日本語を書く人たちの間から自分達の社会のことを書く人が出ないのはどうしたことだろう。……われわれ庶民は、結局経験を認識していても、それを、分析し、対照《ママ》化して書く才能にも努力にかけているのではあるまいか。

ここでは、突然、夏の出来事を思い出しながら、なぜ自分たちは強制収容の経験を書くことができないのか、と疑問を投げかけている。書けないことの要因として、直接的な体験を、自分の肉体の外に出して、客観的に眺めることができないからではないのかと考えているようだ。

次の一九八〇年に入ると、この疑問に答えようとしてさまざまに考えをめぐらせるようになる。

一九八〇年四月二三日

今朝方凶暴な夢を見て目がさめる。いつものように私が被害者になって、ひどい目にあうのとは逆に、こちらが相手をたたきつけて殺す夢なので、目がさめた後で余計に気味が悪く信じられなかった。情景は次のように展開する。

私たち数人のものが犯罪者として連行され、処刑場に運ばれつつあった。ところが、ある場所まで来ると、事態が急変する。相手の隙をみて、騒乱を起こす。私たちはそのそばにあった板を拾って、相手の頭をなぐりつける。相手はいとも簡単に倒れ死んでいく。ところが一度倒れた一人の男が起き上がった。私は再び、その男の頭をなぐりつづけた。そして男の死んだことを確認して、はっとする。

そんなところで目がさめた。

普通なら殴るところで目がさめるのだが、この度はその男の死を確認するまで執拗に撲《なぐ》りつづけた。その辺が目ざめてから、不気味に思われた。

自分の内部にある意識の変化の予言をきくようで、うす気味悪く思った。

日記に初めて現れる悪夢の記述である。「いつものように」と書かれているところから、これまでもこのような悪夢は見ていたのかもしれない。このあとにも、悪夢の記述が頻発し、日記の最後のほうは現実と悪夢の境目がなくなる。

ここからおよそ一年四ヶ月経った一九八一年八月四日には、立ち退き損害賠償に関する公聴会が開かれているが、藤田は四月に心臓発作で入院して以来「何かしら決定的な変化が意識や肉体の上に起こりつつあるような気がしてならない」と健康上の心配だけでなく「失われていきそうな文学への執着など、日々の生活がこんなに空漠に思われたことは今までにない」と不安な気持ちを吐露している。

また、同年一一月五日には、羅府新報に書かれた公聴会の記事の中では特に農園保護局のディレクターだったローレンス・I・ヒューズ氏が、カリフォルニアの日系人と日系人農家を一ヶ所のキャンプに移す任務を任されたことに言及した言葉が以下のように記されている。「あの仕事には、カフカの小説にあるような邪悪さがあった。すべて静かに秩序だって行われた。温和な日系人が不正を静かに受け入れるのをみると自分の気持ちが乱れた。怒りや絶望を大声で叫んでもらったほうが楽だったろう」。

一方で、藤田の思いは、収容所に入れられた日本人たちの間で生じた「憎しみあい」に向かっていく。

一九八一年一二月七日

今日は四〇年前日本海軍がパールハーバーを攻撃した日。……結果は承知のように、一二万近い（その中の七割は日系市民）日系人が、当時は転住所と言われた、その後は強制《ママ》収容所に収容され、親子が離別して住むような結果になった。……日本人は権力によって統制したときには、規律を保つが、自治体制を強いられた収容所生活では、同胞が憎しみあうようなみにくい闘争をもひき起した。極限状態においての日本人は、かなり利己主義だと言う印象をあたえた。

日本とかアメリカとかへの忠誠問題が起こると、自己を喪失してしまったかのごとく、日本への忠誠を誓ったグループの集まったツール・レーキが最もトラブルの多いキャンプになって、事件の絶え間がなかったのも皮肉な現象であった。

真珠湾攻撃の日に、ツール・レーキのことを思い出したのも、最近白井昇氏の『強制《ママ》収容所』を読んだせいだろうか？（傍点筆者）

この「憎しみあい」の欠片は、藤田自身の精神にも貼付いて離れない澱となり、ツーリレイク隔離収容所での体験を振り返り、文字化しようとするたびに主要なテーマとして現れてくる。一九八二年に、帰米してから久しぶりに一緒に生活する父との確執と血縁に関する本能的な嫌悪感を描いた『農地の光景』を、一九八四年に、日系アメリカ人転住に関する大統領令が発せられてからの出来事とポストン収容所での忠誠登録をめぐる所内の環境を描いた『立ち退きの季節』を出版した後も、この「憎しみあう」日系人の姿が凝縮しているツーリレイクの思い出を書く筆が鈍り続ける。

日記では一九八四年六月頃からツーリレイクを舞台にした「小説」を書き始めているが、何度も筆が止まり、一九八五年六月一一日に一年振りに筆をとって「二枚ほど書いた」と書きこまれる。一週間後の一八日には八五枚を書き終え、原稿を読み返し、「文章は枯れていて、無理をして書いていると言った感じで、不愉快」。なぜ、あいまいにしか思い出せないのかと悩み苦しむ。それでも、「自分の過去の内面的な精神の移り変わりを、明確にたどる」ことで、「客観」性を担保しようとしていること、記録風に書くことにより、自分の肉体のリアリティなしには小説として成り立たなくなるのではないか、という藤田の苦悩が吐露される。

一九八八年一一月二九日

ツールレーキ戦時隔離所を記録として書くか、小説として書くか、いささか迷っている。今までに書いた一三六枚は半記録風に書いてきたが、小説として書いたほうが面白いだろうし、自分でも満足感が強いのではないかと思うのだが、それだけに創作的な手法に細心な構成を必要とするだろう。記録として書くほうが気が楽だろうが、それだけ、客観性を失いそうな気もする。

これは藤田の日記で小説草稿について述べた最後の記述であるが、迷い、煩悶しつつ書きためてきた草稿の一三六枚目までを振り返り、やはりこれは「小説」ではなく、「半記録風」に書かれたものだという嘆きが感じられる。

「憎しみあう」日系人の姿が凝縮しているツーリレイクの思い出は、藤田の筆を鈍らせる。書き進めるたびに、妻を疑い、友人を疑い罵るなどの奇矯が日記に現れ、苦しみ続けるようになり、日記はそこで終わる。

3　草稿の分析

『ツールレーキ戦時隔離所』草稿は四〇〇字詰めの原稿用紙一三六枚あり、それぞれの原稿用紙の上に番号がふってある。二重線で消された言葉や挿入された語句が一枚あたり平均して五ヶ所ぐらい。多くて二五ヶ所程あり、繰り返し読んでは直した形跡が残る。

始まりは、主人公の帰米二世の大川勇（草稿中に「藤田」と実名が記されていることもある）が、ツーリレイクに到着した場面で、そこからツーリレイクに至るまでの経緯の回想に入る。

勇は忠誠登録にノーノーと答えアメリカ合衆国政府に対する不忠誠分子としてポストン収容所からツーリレイク隔離収容所へ移送されることが決まっていたが、移送の二日前にサンタフェ敵国人抑留所に収監されていた父親啓三が脳溢血で意識不明になってしまった知らせを受け、看病のために一時出所する。ポストンに戻ってきても、次にいつツーリレイクへの移送列車が出るかわからず、宙ぶらりんな感覚でいた。その間に、元々親しかった啓子との恋愛にのめりこむ。「二人は外界の拘束を無視して、自分たちだけの世界に生きることに全精神を投入することによって、別離までの時の流れを彼らなりに生きたいと思った」（五頁、以下草稿の頁数を記す）。

勇がポストンで移送を待つ間、ツーリレイクでは一九四三年一一月四日に「ツーリレイク暴動」と称される騒動がおこり、四四年一月一五日まで戒厳令が発令され収容所は陸軍の監視下におかれる。陸軍懲罰房（ストッケード）に収監されている日系人のハンガーストライキも行われた。予定通り移送されていれば自らもその最中にいたかもしれないこれら一連の混乱した出来事を、勇は図らずも外側から眺める結果になる。「ツールレーキに隔離された友人からの手紙は相変わらず、あいつは犬だ、日本精神、天誅などという、勇が耳にしたくない言葉で充ちていた。

友人はいつも腹を立て、誰かを非難し、アメリカ政府を罵倒するのが常だった……客観的な立場から眺めていると、帰米二世の執拗な当局への反抗や、純二世への罵倒があまりにも偏狭に見え、子どもっぽく見えたりするのだった」(八頁)。そして、啓子との恋愛にのめり込む自分はツーリレイクへの転住にもはやふさわしくない人間なのではないかとも思うようになる。父親啓三がサンタフェから一足先にツーリレイクへ転住しており、そのことが、自分がツーリレイクへ行かねばならない唯一の理由となっていることに気づく。回想はここで終わる。

一九四四年一月三一日、小雪のちらつくツーリレイクに到着する。「いろいろのトラブルの治まった後の気の抜けた静寂さで墓場のように見え」(三六頁)、勇はここにやってきたことを後悔する気持ちになった。ポストンで親しくしていた同じ帰米二世の仲間を訪ねる気にもならず、再会した父との関係も相変わらず冷たいままで、「身も心も暗い穴に引き込まれたような気持」ちで過ごす(五五頁)。

春の日差しがさす頃になり、野球に興じる若者の声に誘われて歩いていると、ブロック二一の建物に「鶴嶺湖男女青年団」という文字を認め、中をのぞくと、ロサンゼルス市の高校の外国人学級で一緒だった山本に声をかけられる(六〇頁)。山本はヒラリバー収容所から移送されたのだが、彼はそこで『若人』という青年団の文芸誌を発行していたことを語る。勇は、日本と戦争状態にあるアメリカの収容所のなかでこのような若者主体の文芸雑誌をつくることは不可能だと思いこんでいたので、それを実現させた山本を尊敬するとともに、自分自身がこれまで無気力に収容所を生きてきたことを恥ずかしく思い、「自己の内にある可能性を発展させるようなことは考えもつかなかった」(七四頁)ことを反省する。そして、山本に再会した後の勇は、漠然とこれまでの収容所生活とはちがう明るい方向に引っ張っていかれることを感じていた(八四頁)。

同じような混乱の状況を経ても明るさを失わない帰米青年と疑心暗鬼でつねに諍いを求めているかのように行動する帰米青年、このような違いは、この隔離収容所で生活する関口家と萬田家というふたつの家族の雰囲気の違いにも現れている。関口家が萬田家を「裏切り者」の一家であるというとき、それは何ら実際の行動で証明されるものではなく、「虚言」に基づくものである。収容所生活が実際以上に暗く憂鬱で自由がないものになるのは、人々が、自らの「言葉」でそのような状況を造り上げてしまっている世界のためなのではないか（九八頁）。ヒラリバーで山本によって帰米青年の文芸誌が生まれたのは、横浜生まれのトーマス・ハドソンという青年が戦時転住局の担当者で、彼が「自己の意志を語ることなく、日系人の立場を理解して」青年たちの要求を一応受け入れたうえで上層部に取りはからってくれたことが大きいという（一〇八頁）。そうして生まれた文芸誌をツーリレイクでもつくり続けたいという山本の誘いを受け、勇自身も、帰米青年たちの混乱し屈折した想いを表現する文学活動が、収容所に隔離された環境の中でも彼らの内面性を拡充することに役立つのではないかと考え、その一端を担っていく覚悟をする（一一〇頁）。

ツーリレイクに転住してから三ヶ月以上が経った（一一五頁）。この間、勇はポストン収容所にいたときに親交のあった帰米仲間を訪ねていくことなく過ごしてしまう。勇が住んでいたのはブロック九で、彼らが住んでいるブロック五四は歩いて二〇分以上かかる収容所敷地内のほぼ対角線上の反対位置にあったが、物理的な距離の遠さを言い訳にしているのは勇にとって明白だった。むしろ、勇自身のなかにあるふたつの自分、つまり、忠誠登録にノーと答えて日本に帰ることを確信していたポストンでの自分と、現在の自分との間に大きな隔たりがあり、そのことが彼らとの心理的な距離を広げていた。

この後の記述では、ポストンに収容されていたときに、勇とその友人三名の帰米二世の取った行動が、「なぜそのような行動をとるに至ったか」が詳細に分析されるとともに、再び回想に入っていく。その回想から、現在の自分に立ち返るかのように、最終頁一三六頁では、一年ぶりにポストン収容所で親しかった帰米の旧友武富に会い、借りていたスポーツコートを返却したついでに、「昼飯を一緒に食べないか」（一三六頁）と昼食に誘われ、「昼食を断るのも水臭いと思われはしないかと気になり、昼食を呼ばれてから帰宅することにした」という記述で終わる。

以上から草稿の全体の雰囲気を見ると、主人公勇がツーリレイクで帰米青年の文芸雑誌編集にかかわることを決め、心機一転して収容所環境の中で人間としての内面性を充実させることに希望を見いだしている明るいトーンと、ポストン時代に帰米青年同士が罵り合い・対立し合った暗いトーンの回想シーンとが、入れ子細工のような構造になって現れる。最終シーンの終わり方には、暗転の予感が漂う。

書き直しの分析――変更と追加

まずは、草稿がいかに書き直されているのかについて見ていこう。なお、ここでいう書き直しとは、書かれた字句の上に二重線が引かれて消されているもしくは違う言葉が記されている（削除・変更）箇所、新たな字句が挿入されている（追加）箇所のことである。

草稿で一番書き直しが多かったのが一枚目で、二五ヶ所見られる。そのなかに、注目に値する書き直しがふたつある。

ひとつ目は、小説のタイトルが「強制収容所」から「戦時隔離所」に変更されている点である。日記にそのことについての記述はないが、この小説が書かれるまでに「戦時隔離所」という名前を冠した本は出版されておらず、一〇ヶ所に点在していたいわゆる日系アメリカ人強制収容所とは異なる特徴を持った場所（環境）について書かれた小説であることを強調する藤田の意気込みが見て取れる。

ふたつ目は、ポストンからツーリレイクに移送された者たちが「市民権放棄者」であったことが書き足されている点である。市民権放棄が可能になったのは、一九四四年七月一日以降の出来事で、移送された時期が一九四四年一月末であるから、歴史的事実とは異なっている。このことは、後に述べるように、藤田晃が最後まで書くことができなかった体験が市民権放棄に至る経緯であることを考えると、藤田自身の肉体から、まさに染み出てしまったひとつの言葉の塊を示していると考えられる。

全体的に散見されたのは、体験を共有していない読者を想定して、ひと言ふた言説明として付け加えられる言葉である。たとえば、「内陸部の」ポストン収容所、「政府が仕立てた」特別列車、「不忠誠組の一人として」隔離の準備をして、といった箇所である。

次に、文章表現として特に気になった二ヶ所をあげておく（傍点は筆者による）。

①〔変更前〕

戦時中の外面的な桎梏は〔筆者注：勇は病気の父と合流するためにツーリレイクへ行かざるを得ない。一方恋人の啓子の家族はポストンにそのまま残留する〕、真実に生きる若者の愛情を断ち切ってしまった。二人は外界のすべてを忘却して、自分たちだけの短く快い世界に生きることに全精神を投入することによって彼らなりに別離までの期間を生きたいと思った。

〔変更後〕

戦時中の外面的な桎梏は、恋愛に生きる若者の心を断ち切ってしまいそうになった。それでも二人は外界の拘束を無視して、自分たちだけの世界に生きることに全精神を投入することによって、別離までの時の流れを彼らなりに生きたいと思った。（五頁）

藤田の書く小説ではこの草稿に限らず「恋愛」が環境の制約（拘束、桎梏）を意識的に「無視」するモチーフとして何度も現れてくる。この書き直しによって、その意味合いが強められている。

②〔変更前〕

そうした経験を持った若い帰米青年は勇たちの経験した心理の屈折を持っているに違いなく、勇はそうした青年とかかわり合って真実の感情に触れたいと思った。

〔変更後〕

そうした経験を持った若い帰米青年は何らかの経験した心理の屈折を持っているに違いなく、勇はこれらの青年と話し合い、平常には外に出すことのない真実の感情に触れてみたいと思った。（八三頁）

この箇所の書き直し作業では、「勇たちの経験した」が「何らかの」というより広い可能性に開かれ、「かかわり合って」が「話し合い」という具体的な対話を通じての行為に変わり、「平常は外に出すことのない」という条件が追加されている。このような開かれた対話の可能性が実現に向かったのかどうかはこの未完の草稿の中では描かれないままに終わっている。つまり、ここで変更または追加された言葉は、小説の展開していく方向を興味深く指し示すままで留まっているということである。

4　書かれなかったことの分析――歴史的事実と別作「帰還の季節」との比較

まず、歴史的事実との関係を見ていこう。勇がポストン時代の旧友を訪ねたのが、ツーリレイクにきて三ヶ月以上経ってからと書かれているので、一九四四年五月以降の出来事が書かれないままであると考えられる。一九四四年七月一日に公法四〇五号にルーズベルト大統領が署名し、アメリカ合衆国市民（国籍保持者）がアメリカ合衆国本土で生来の市民権を放棄することが可能となった。この法律は二〇一六年現在に至るまで法律的な効力を持っているが、集団的な市民権放棄の事例が発生したのはツーリレイク隔離収容所内のみであり、一九四五年八月一五日の日本の敗戦までの間に収容されていた二世の大多数である五五八九名が市民権を放棄し、とりわけ帰米二世の比率が高かったことが知られている。つまり、藤田の未完の小説草稿では、これだけ大量の市民権放棄者を生み出したツーリレイク隔離収容所の環境とそれに至った人間の内面性の葛藤についての約一年半の期間の記述がすっぽりと抜け落ちているのである。

一九四六年一月一日以降の出来事に関して藤田は、一九七一年と七二年に「帰還の季節――ある市民権離脱者の日記」（以下、創作と呼ぶ）というタイトルの創作として『南加文芸』に発表している。この創作の元になったと考えられる日記は一九四六年一月一日から二月にかけて実際に書かれていて、収容されている間に藤田が書いた唯一の日記である（UCLA 藤田晃文書 Box. 1）。ただし、その分量は少ない。創作の中には日記とは異なる表現や、日記に書かれていない出来事が多く含まれているが、体裁としては、あたかも日記をそのまま書き写したかのような日記記録風小説となっている。以下にその内容を見ていこう。

主人公の私（藤田自身か。作中に名前が記されることはない）は一九四六年一月一日を「誰にもお目出度うと言わなかった。誰もお目出度うと言わなかった」正月として迎えた。創作の副題が「ある市民権離脱者の日記」とあるので、この時点で読者には、主人公がアメリカ市民権を放棄していることが暗に示されている。ここから先は主人公の茫然自失とした心持ちと、市民権放棄を無効にして、市民権を取戻す訴訟に加わるかどうかを逡巡する様子が描かれる。

特に興味深いのは。当時書いた日記としての記述が藤田晃文書中には存在しない三月以降の描写である（傍点は筆者による）。

> 三月五日
>
> ……〔筆者注：自分より年下の二世について〕長い間のキャンプの生活が若い人たちのモラルを破壊してしまったのならば、すべてを異常な環境のせいにしてすますこともできようが、彼らが公共の間に生きている一人前の人間である以上、彼ら自身はその責任を負うべきであり、彼らが環境の犠牲になったのは、敗北を意味するに他ならないだろう。私は、彼らが環境に敗北した事実を指摘してとやかく言おうとは思わない。人生の岐路において敗北を感じない人間は無いだろうし、そうした敗北こそ、人間をして反省せしめ向上せしめる尊さがあるからである。敗北は尊いと思う。敗北という事実に対して無反省であったり、言い逃れをしようとする卑怯さに対しては無関心ではいられない。自己の犯した過失や失敗に対して、反省を促し、責任を持たないものに対しては、どうしても共感を抱くことができない。（藤田 1972：102–103）
>
> 三月二〇日
>
> ……私自身にとって鶴嶺湖はどんな意味があっただろうか。普通の社会にくらべれば異常であったキャンプも、やはり一つの環境であり社会である以上、何らかの影響を私にあたえているに違いない。陰鬱なツールレーキ

の気候と、緑に乏しい自然が私の感情に暗い斑点を残したかもしれないし、便乗主義的な人びとの饒舌は私に理性の怒りを覚えせしめたはずである。私の精神の変化をたどって行けば、最後にはキャンプそのものの本質的な性格にまで到達するはずであるし、キャンプ生活がどのような影響を私にあたえたかをも知ることが出来るはずである。私は汽車に揺られながら、それらのことについて出来るだけ考えてみたいと思う。〈注：クリスタルシティー抑留所へ移送される車中での描写〉（藤田 1972：119）

一九七二年、五二歳の藤田が、二六年前に体験した出来事を振り返り、記憶を元に、他者に伝えようとして書いた文章である。こうして書かれた内容から類推することが許されるなら、小説として書きあらわすことが叶わなかった一年半の期間が、人間が「環境に敗北」した一事例であり、自分には、そのことを「反省」し、キャンプ＝強制収容所の「本質的」な性格に到達すべく考え続けることが課せられていると考えていたことが想像できる。

草稿では、人間性の可能性への妙に明るい展望が暗転しそうな余韻を残して終わっている。おそらく、その後に繰り広げられる状況、つまりモラルが破壊してしまったような混乱状況について、ここで述べられているような「反省せしめ向上せしめる尊さ」に向かうだいぶ手前で筆が断たれているということになる。

5　苦悩する記憶と書くという行為

ここまで、藤田の日記と草稿の分析を試みてきた。最後に、藤田の苦悩する記憶と、書くという行為との関連から見えてくる記憶と感情の交差するさまを記して、本章を終えよう。

日記において、この草稿の執筆過程が悪夢とともにどのように記されていたかを振り返ってみよう。日本人同士が「憎しみあう」その姿は、肉親である父親とさえ情の通じた関係を築くことができない自分の内面に原因があることを自覚しつつ、そうではない自分を求め続けた姿が見える。犯罪者として連行されていた被害者だった自分が、今度は争乱をおこして人を殺めてしまうという悪夢のように、生温い環境のなかで反抗心を募らせる自分の「加害性」にも気づいている。環境に規定された自分。しかしそのなかで、環境のなかで人間性を拡充させる自分。人間性を拡充させることもできない強制収容所環境の中にいる自分。戦後四〇年以上を経ても、自分が小説を書くたびに、このような自らの肉体が滲み出てしまうということなのだろう。未完の草稿『ツールレーキ戦時隔離所』を「書く行為」のなかに、藤田の煩悶がある。

『ツールレーキ戦時隔離所』の八五頁までの段階では、圧倒的に存在感を持つ「強制収容所」環境のなかでも、若者の文芸雑誌をつくる活動を通じて、内面的な人間性の可能性を広げて行くことができるかもしれないというかすかな希望を持つようになる。しかし、八五頁をすぎて、ポストン時代の帰米仲間と出会う辺りから暗転の予感が充ちてくる。そして、書かれていない空白の期間が、市民権放棄運動の混乱と重なっていることから、主人公勇（藤田の分身?）が再び環境に翻弄され、もがき続ける様子が想像できる。人間性に対する深い絶望と敗北感を味わっているに違いない。そして、その敗北感を思考の対象にして反省することができれば、藤田はこの小説を完成させることができたかもしれない。

藤田の未完の草稿と日記を深く照らし合わせて読んできた結果、藤田の関心が、収容所という環境下であっても、人間としての内面を充実させることが可能かもしれないという方向に向かっていたことを知る。収容所の「環境」しか描けず、それゆえに、小説として不十分であるという悩みからは解放されるようにも見えた。近代文学とは、人間の「内面」の発見が出発点だと言われている。しかし、それと同時に、彼の他者や父に対する憎しみと、それに気づいた自分への嫌悪感が、彼のなかに沈殿する澱として孕まれ続けていたことが、日記における悪夢の記録と戦後の雑記録から読み取ることができた。記憶の構造とは、その当人が持っている澱を無視しては分析することができないものである。澱とは、自らの思考を縛り付ける単独性を持つ檻であるのかもしれない。

注

（1）「ツールレーキ」という表記は抑留者体験者自ら使用する呼称。本章中の引用箇所ではそのまま記すが、現在の一般的な日本語表記は「ツーリレイク」で統一されることが多い。

（2）ツーリレイク・ピルグリメイジ（www.tulelake.org）とは一九七〇年代から現在に至るまでほぼ二年に一回のペースで開催されてきた隔離収容所跡地へのグループでの巡礼の旅。企画・運営は、抑留体験者やその家族を中心メンバーとするボランティア組織によって行われ、筆者もそのメンバーの一人である。

文献

Akira Fujita Papers, 1946–1992, UCLA Library, Department of Special Collections, No. 296, 32 boxes.

藤田晃・橋本京詩編、一九四四–一九四五、『怒濤』鶴嶺湖男女青年団。

藤田晃編、一九八一、『南加文芸選集』れんが書房新社。

藤田晃、一九四五、「或る環境」『怒濤』第六号（四月）：九〇–一〇八頁。

藤田晃、一九七一、「帰還の季節――ある市民権離脱者の日記」『南加文芸』第一三号：一–三三頁。

藤田晃、一九七二、「帰還の季節」『南加文芸』第一四号：二二–四〇頁。

藤田晃、一九八二、『農地の光景』れんが書房新社。

藤田晃、一九八四、『立ち退きの季節―日系人収容所の日々』平凡社。

Kumei, Teruko Imai, 1996, "'Skelton in the Closet': Japanese American Hokoku Seinen-dan and Their 'Disloyal' Activities at Tule Lake Segregation Center during World War II", *The Japanese Journal of American Studies*, No. 7 : 67–102.

村川庸子、二〇〇七、『境界線上の市民権――日米戦争と日系アメリカ人』御茶の水書房。

白井昇、一九八一、『カリフォルニア日系人強制収容所』河出書房新社。

Takita, Sachiko, 2007, *The Tule Lake Pilgrimage and Japananese American Internment : Collective Memory, Solidarity, and Division in an Ethnic Community* UMI.

第2章　山城正雄の文学活動の軌跡
——帰米二世の意義を問いつづけて

水野真理子

1　帰米二世文学の到達点——山城正雄の文学活動

アメリカで生まれ、日本で教育を受け、再びアメリカに戻った帰米二世。太平洋戦争の勃発により、いっそう特殊な状況に置かれた彼（女）らは、日系アメリカ史、そして日系アメリカ文学を語るうえで、重要な存在なのは自明のことである。帰米二世たちの文学は、日本語で書かれた日系日本語文学として、これまで文芸雑誌を中心に研究されてきた。篠田左多江による強制収容所内での文学活動に関する一連の論稿[1]や、その篠田と山本岩夫による文芸雑誌の復刻、そしてそれらの解題『日系アメリカ文学雑誌研究——日本語雑誌を中心に』（篠田・山本 1998）がその嚆矢である。これらの研究においては、日本語雑誌の創刊背景、各雑誌の解題によって、一九三〇年代にはじまり、強制収容経験を経て、戦後、盛んになる帰米二世文学の流れが明らかにされた。それは活動の拠点となる地域、編者、寄稿者の境遇、交友関係、政治的立場を反映して、ニューヨークを中心とする東部とロサンゼルスを中心とする西部での活動というように、二つの流れに分かれる。また小林純子は、日系アメリカ文学における日本語による創作の意義に着目して帰米二世の作品を論じた（Kobayashi 2005）。これらの先行研究を受けて、筆者は拙著

『日系アメリカ人の文学活動の歴史的変遷――一八八〇年代から一九八〇年代にかけて』（水野 2013）で、日本語雑誌だけでなく日本語新聞の文芸欄にみられる作品や論評にも視野を広げ、また英語で作品を発表したアメリカ育ちの二世（ここでは純二世と呼ぶ）の文学活動の流れと比較し、帰米二世文学の役割、文芸人たちの精神的葛藤などを新たな資料を加えて詳述した。

これらの先行研究においては、帰米二世の文学活動の総体的なありようと変遷に焦点があてられており、個々の文芸人の活動、人生、そして作品の詳述については、これまでいくつかの論稿は発表されてきたが、さらなる研究を待たなければならない。(2) 市井の「作家」としての帰米二世文芸人は多数存在するが、日系人の文学活動の中心的役割を担い、日本でも書籍が出版され、よりプロの「作家」に近づいた者としては、『NY文藝』のあべよしお（一九一一〜八二）、カール・秋谷一郎（一九〇九〜二〇〇二）、『南加文藝』の藤田晃（一九二〇〜九六）、山城正雄（一九一六〜）が挙げられる。(3) 彼らのうち、あべ、秋谷については論稿があるが、山城、藤田に関してはまだ本格的な研究はなされていない。特に山城は「帰米二世とは何か」を徹底的に問い続け、小説、詩、随筆で直接的にその答えを表現してきた。彼の著作は、「帰米二世文学の歴史とも言うべき重要な証言を含んでいる」（移民研究会編 2008：116）と篠田が評するように、帰米二世文学のありようを考察するうえで必須の存在である。

さて、山城が探究してきた帰米二世とは何かというテーマについては、社会学、歴史学、人類学などの多分野から注目され、研究が積み上げられてきた。(4) その理由は、一九三〇年代から四〇年代にかけて、日米関係の悪化と太平洋戦争の勃発という、日本・アメリカ間の歴史的状況に、帰米二世たちが多大な影響を受け、同時に、そのなかで彼（女）らが果たした役割が、日系アメリカ史において重要な位置を占めているからだろう。帰米二世のライフヒストリーや、ナショナル・アイデンティティ、教育経験、収容所体験についての論稿が多々ある。これらの先行研究から、帰米二世の人生や人格に関する傾向として挙げられるのは、アイデンティティをめぐる葛藤、親子間で抱く感情の齟齬、純二世との差異、アメリカ社会での生きにくさ、日米どちらにも帰属できないと感じる周縁性、日英両言語を利用して生き抜く姿などである（森本 2009）。

こうした傾向は、山城の文学作品にも当然反映されている。それでもなぜ、山城の文芸活動を取り上げるかと言えば、彼のような文芸人たちは、たとえ職業作家ではない在野の作家であったとしても、言語の力を駆使して、各自が世に訴えたいテーマを芸術作品として深く掘り下げ、強い情熱と、ある種の使命感をもって創作してきた。そこに彼らの経験や精神的葛藤が、意識的にそして豊かに映し出されているからである。文芸人自身の人生の歩みから、帰米二世の姿が浮かび上がると同時に、取捨選択された言葉の協奏により生まれた作品が、帰米二世の文化を表すものとして、解釈し味読できる。その両方に迫れるのが、文学研究の意義でもあろう。

そこで、本章では山城正雄を取り上げ、一〇〇歳を迎えた山城の人生と、その間、絶え間なくなされてきた帰米二世の意義についての探究の軌跡を、作品を交えながらたどり、帰米二世文学のひとつの到達点をまとめてみたい(5)。

2　山城正雄の人生と「帰米二世とは」の問い

幼少年期——移民の子に生まれて

山城は一九一六年一月一二日、ハワイ州カウアイ島に長男として生まれた(6)。両親は沖縄県出身で、親戚をたよって出稼ぎに渡った移民一世であった。山城には三人の姉と一人の弟がおり、年長の二人の姉は日本生まれ、三番目の姉と弟がハワイ生まれである。一九一八年、不運にも父が他界、その後一九二四年の秋に母も亡くなり、子どもたちは、両親の故郷沖縄に戻ることとなった。父の実家である本家にしばらく身を寄せ、その後はハワイ在住中に貸していた家を返却してもらい、二番目、三番目の姉と弟で暮らし始めた。のち、二番目の姉は帰米し、三番目の姉と正雄と弟は、再び本家に預けられた。父は三男で次男の伯父が本家を継いでいた。日本での少年期、学校へ通った頃の記述はあまり残されていないが、小学校二年まで通ったハワイでの学校時代に話していたはずの英語は急速に失われ「枯れて」（山城 1984：10）いき、日本語環境に浸る少年時代だった。

帰米——葛藤のはじまり

一九三二年、旧制尋常高等小学校一年、一六歳のときにハワイに戻る。帰米した理由は明確に述べられていないが、回想や当時書かれた詩から推測すると、日本よりも物質、文化の両面で豊かと思われるアメリカの生活に魅かれたことが大きいだろう。従兄の家に居住して、パイナップルづくりをはじめとする種々の労働に従事する。日本で暮らす弟に学資を送るためでもあった。一九三六年にロサンゼルスに渡り、白人が経営するグローサリー内の野菜屋で売り子の職を転々とする。彼の青年時代は労働に明け暮れたものであった。少年時代から日本文学を愛読したが、仕事漬けの毎日に疲れ果て、読書もできない虚しさを感じていた。一九三七年、日中戦争の開始により、弟の将来を案じた姉が、彼をハワイに呼び寄せるように山城に告げ、弟も帰米することになった。学費工面の荷を解かれた山城は、ロサンゼルス市立ポリテクニック・ハイスクールに通うことを決めた。

彼の執筆活動の開始は、ハイスクールに入学してからである。この時期から、山城は苦手意識を感じていた英語と格闘し始めるが、山城にとって言語の問題は切実であった。日本で生活する間に失った英語を取り戻そうと必死に学ぶ。ハイスクール卒業後は、ロサンゼルス市立大学文学部に進学した。英語クラスで小説の創作を学び、またジャーナリズムの授業も受講した。大学内の新聞に英語記事を書くことも、のちにコラムニストとして腕をふるう彼の筆力を作り上げた経験である。一方、戦前、文芸欄が最も充実していた『加州毎日』に一九四〇年一月〜四一年一〇月まで、約五〇作に及ぶ日本語詩を寄稿しており、ほぼ毎週、文芸欄には彼の詩が掲載されている。一九四一年の新年号では、詩「妹」が懸賞新人選一等を得、また同年八月、編集者の寸評などが掲載される「消息」欄では、山城の作品が「アメリカ在住者の生活から生まれた特有の文学である」（『加州毎日』一九四一年八月三一日）と評されている。山城は日本語文学の継承者として期待されていた存在の一人であった。

彼の精神的放浪とアイデンティティの探究、帰米二世としての苦悩が、この時期に書かれた日本語詩に率直に表れている。詩は創作された文学であるから、そこに表現されたものが、必ずしも詩人の心情、境遇そのものとは言えない。ただ、のちになされる回想の記述、また複雑な感情を詩によって訴えようとする山城の姿勢に鑑みれば、かなり直接的に心情が詠われているとみてよいだろう。「母」(『加州毎日』一九四〇年六月二九日)と題する六連から成る詩は、移民地で逝去した母の臨終のときを回想し、「移民地で捨てられた子」として、日本に渡った自分、そして玩具のマーブルやアイスクリームなどアメリカで慣れ親しんだものがなく、馴染めなさを感じる日本で、母の愛を心の支えとする心境を詠う。そして帰米した後の状況を次のように綴る。

十六の時に見た生地は／もうすつかり変つてゐた。／生まれた移民の子は／
「二世」と呼ばれ／戻つて来た「中途半端」は／「帰米二世」と呼ばれ／
英語を知らない方が／小さく引つ込んでゐた。
辛い！／苦しい！／帰米二世はたまらない程淋しいのだ。／
だが僕は何処までも闘ふのだ。／独学！／苦学！／
そして今豪壮な大学のビルデ《ママ》ングを見上げた時／
二人の母が瞼に浮かんで来る／死んだ母は死んだまゝ／
生きてゐる母は／年取つたまゝ……

抑えきれない寂しさと辛さが率直に表現されている。また純二世と比較し、「中途半端」な自分といういたたまれなさ、英語に苦労しているという理由から、アメリカ社会で感じる居場所のなさ、劣等感、肩身の狭さも、彼の心を占める感情だった。しかし、山城はそのハンディを独学と苦学で克服しようと意気込んでもいた。詩「智力の宗家」(『加州毎日』一九四〇年一一月三日)では、山城と思われる「僕」は、日本から来た、家柄の良さそうな風貌をした日本人留学生に、先輩として学問を教えようという。帰米二世としてのいささか皮肉めいた心情が表現される。その詩の終わりに「日本語を知つてゐるから／英語はどうでもいゝと／彼等がぶつ〱言ふ時には／僕の心はやはり暗くなつてくる」と、帰米二世たちの間に存在する、日本語さえできれば良いという風潮に、山城は抗っていた。

戦中――収容所での「脱皮の期間」

一九四一年一二月八日、日米開戦になると、山城は大学をやむなく退学する。彼も収容の憂き目に遭うこととなった。グラナダ収容所を経て、忠誠登録では不忠誠を選択し、ツーリレイク収容所へ移った。そこでハイスクール時代の同級生の帰米二世、野沢襄二と河合和夫、また詩人として文芸人たちの間で一目置かれていた、呼び寄せ一世の加川文一に出会い、ともに文芸雑誌『鉄柵』を発行する。

アイデンティティや母語についての精神的格闘は、収容体験で、さらにそのときの忠誠、不忠誠の選択によってより強められたと考えられる。彼は一九四〇～四一年に発表した多くの詩で、戦時中の日本の厳しい生活状況を意識し、アメリカにいても祖国日本の勝利を願い、また日本のために戦地へ赴く友人の安否を気遣っていた。一方、詩「黄色い宿命」（『加州毎日』一九四一年五月二五日）では、忠誠心をめぐって、日米の間に挟まれた帰米二世の内面を詠っている。

蒼い眼の人間が市民かと問ひ／茶褐色の眼をした人間は／市民だと答へる／
忠誠かと訊かれて／忠誠だと答へなければいけない心！／
これからも何度も何度も問はれるだろう／（中略）
若し／その日（日米間の戦争－筆者）が本当にやつて来たら／何処の勝利を祈るかを／
僕の黙ってゐる正直な心は／誰よりもよく知つてゐる筈だ／我慢しやう／
これが宿命だ／

太平洋戦争が現実のものになる前までは、本心を偽り、アメリカへの忠誠を示さなければいけない苦渋にさいなまれていた山城だった。そして、実際に戦争が始まり、日系人たちが収容されるという不合理に直面し、さらにはアメリカへの忠誠と軍隊への参加の意思をまさに問われたとき、彼はこの詩で詠われた「正直な心」に従うほかなかった。しかし、その心も複雑さを伴うものだった。ツーリレイク収容所で発表された詩「火影」（『鉄柵』第三号、一九四四年七月三日、三二-三三頁）には、彼の心境が、「結局／ツールレーキのほかに／行く處のない私でした」「歴史の流れ行く淋しい方向へ／たつた一つの清い道を選んだ私でした」と表現されている。自身の正直な心情に従い、不忠誠を選び、それが日本人としては「清い道」のはずだったが、一方、アメリカに背を向けたことで、言いようのない寂しさに襲われるのであった。

さまざまな心の葛藤を静かに胸の内におさめて、豊富にある収容所での時間を有意義に使いたいと、山城は考えた。その心況が随筆「脱皮の期間」（『鉄柵』第八号、一九四五年四月二〇日、二一-二三頁）に描かれている。ハワイに帰米し、ロサンゼルスで労働に明け暮れていた自身の存在を見つめ直したとき、自分にはバラバラになった三つのアイデンティティがあることを再認識する。「昼は野菜屋にあつて人参や大根などを売る小市民、夜は文学書と珈琲に思ひをよせる文化人、この二つの空白をつないで、電車の窓から町の赤い灯を眺めては、米国の土地に頑として根を下さなかつた内なる日本的伝統に、無限の荒涼感や感傷の若さ《ママ》を歌つた詩人」（一一頁）、それが彼の姿だった。「小市民」として、野菜を販売していた彼は、日系社会ではあっても、アメリカという英語世界で「アメリカ人」の顔をして生きていた。しかし夜には、日本文学への欲求を満たすため、日本語の文学作品を耽読する「日本人」的な自分がいた。その異質なふたつの自己の間に存在するのが、「帰米二世」の自分であり、それは日米文化の両義性の間で、悩み格闘する姿を言葉で表現しようとする詩人としての自分であった。

こうした分裂した自分を、収容所内で変え、確かなアイデンティティを得たいと切に願い、彼は「私は日本に帰つてまで、キベイと云はれる一種の人間の型ではありたくない。キャンプは私にとつて『脱皮の期間』なのだ」（一三頁）と宣言する。『鉄柵』での文筆活動に専念し、自身の存在について沈思黙考することで、その「脱皮」を果たそうと考えていた。

日本帰国を当然視していた山城だったが、しかし終戦を迎えたとき、山城の足はアメリカに留まった。その理由を彼は、筆者が電話で行ったインタビューで「生活があったから」と説明している[7]。焦土と化した日本で待ち受けている戦後の厳しい現実、それを想像するとき、これまで積み上げてきたアメリカでの生活を捨てるわけにはいかなかった。そして、山城の「帰米二世とは」の探究が再び、続いていくのである。

戦後――「帰米二世」と「ふるさと」を問いつづけて

終戦の約一ヶ月後、山城は収容所を出て、知人とともにニューヨーク州ロチェスター市へ向かう。キリスト教会関連のホテルに宿泊し、窓の部品を作る工場で職を得た。そののちロサンゼルスに戻り、『羅府新報』の文芸欄に執筆、また『南加文藝』創刊（一九六五年）にも加わった。『南加文藝』においては、長編「移民時代」を連載する。幼少期の親戚、従兄との暮らしや、ハワイに戻ったのちの移民生活が反映されている。ハワイの日本人移民キャンプを舞台に、日本人たちのさとうきび、パイナップル農業、そのなかで起こるさまざまな人間模様を簡潔な筆致で描いた。自らの来し方、移民地での暮らしを振り返り、一世から始まった日本人移民の歴史を小説のかたちで描こうとしたと考えられる。この作品のなかにも、帰米二世という存在が誕生する社会的状況、そこにみられる当人の苦渋が描かれる。

編集部内での意見の相違から、第八号で山城は『南加文藝』を去り、「移民時代」も未完に終わった。しかし『羅府新報』での執筆活動は健在であった。「仔豚買いに」では、あるテーマについて数回の連載的な形式で山城の回想や、思想が披瀝される。彼の意図は、「私に出来る精一ぱいのことは、『私評論』の形式で自分の育った地味な育ちや生きて来た環境の自分と同じ垢抜けのしない人間を書き、それがどこかでそれとなく文学とつながり、あとで時代の得難い文献ともなり、やがて歴史にもなり得る、と言う片隅の孤独な仕事だけである」（山城 1984：15）という文章に凝縮されている。山城は内側からの生の移民史を残したいという使命感をもって、帰米二世の存在について思考する。五〇代も半ばとなり、より広い視野に立って問うが、その探究は、青年時代に沸々と湧き上がっていた感情を、まとめ上げていく作業でもあった。彼の「帰米二世」をめぐる表現には、さまざまな苦渋、局面を経たからこその含蓄が込められている。一世にとって帰米二世とは、「英語を話せない自分たちのもっとも便利な人生の旅の若い同伴者」（山城 1984：138）、純二世にとって帰米二世とは、「異母系の兄弟みたいで、しかもその精神の距離はもっと遠かった」（山城 1984：138）と記している。そして帰米二世とはその特殊性から、「移民史のなかから生まれた特別の species」（山城 1984：145）と表現する。

山城の帰米二世をめぐる思考は、日英両語の狭間での苦悩、収容所体験や不忠誠の選択、二重国籍の意味など多岐にわたるが、そのとき、「ふるさと」「故国」が、鍵となる概念として浮かび上がり、繰り返しそれらに関する考察を展開している。たとえば、一九七三年一月三〇日の「仔豚買いに」では、帰米二世の弟の境遇にも思いを馳せている。弟は山城とは異なり忠誠を選択し、軍隊に志願した。彼が戦地から山城に手紙を送るときは、すべて英語で書き、検閲を意識し、自身の無事だけを告げる内容だったという。ただ一度だけ「海辺」と題した詩を送ってきた。その詩を紹介し、弟の心境を、「故国とは——」と題するエッセイで、自分とは違う立場の帰米二世として推し量っている。弟の詩には、「何も見えない海に汗と垢にゆれて／ただ故国へとどいてゐるだろう緑の／海のなつかしく／潮の音のする／白い渚に立ってゐる」（山城 1984：270）と、懐郷の思いを抱きながら静かに波間に立つ姿が詠われていた。弟も二重国籍者だったと推測される。山城よりも若くして日本に渡り、滞日期間も長く、成績優秀な学生時代を送った弟であった。志願の理由は明らかにされていないが、複雑な思いを胸に入隊した弟にとっての「故国」がどこなのか、山城は思いめぐらす。アメリカか、それとも、「心の中で整理してしまった幼い時の潮の音のする『ふるさと』」（山城 1984：272）か。故国を定めきれないという弟のなかにもある帰米二世性が痛いほど伝わり、山城の目には涙があふれた。戦時中、ツーリレイク収容所で過ごした自分のような帰米二世にも、日本の山野を素足で走り回ったことのない純二世にも、「想い出を突き刺される苦悩」（山城 1984：271）があったとは思われず、むしろその苦悩を味わったのは、日本を相手に戦った弟のような帰米二世にあると山城は述べている。「自分を育てた過去の日本は、現在も未来も帰米二世の中に生きている」、そのような帰米二世にとって米軍兵士としての従軍は、「自分たちの思い出の中にちらつく日本人としての自分自身の一部分との闘いであった」（山城 1984：272）と、自分よりも深い苦悩を抱えた弟の辛い境遇を慮っている。

山城はまた、帰米二世の伊丹明（一九一一～五〇）についても回想する。伊丹は一九三〇年代に『加州毎日』の文芸欄を担当し、『収穫』創刊にも参加した文芸人であった。山崎豊子『二つの祖国』の主人公天羽賢治のモデルとも言われている。戦時中は米陸軍日本語学校で教師をし、戦後は東京裁判の通訳を務めるも悲劇的な謎の自死を遂げたとされている。共産党員だった帰米二世のカール・米田（一九〇六～九九）による伊丹についての記述に疑問を感じ、真の伊丹像がゆがめられることを危惧して、山城は自身の知る限りで彼の真実を描こうとした。「日英両語を知っている最も有能な時代の児」「帰米二世の悲劇の側を代表する人物」（山城 1984：178）と伊丹を評するその随筆でも、「この国のために戦いながら、帰米二世にとって『ふるさと』の実感の問題は未解決のまま」（山城 1984：196）で、伊丹はこれを重々理解していたとする。

さらに、山城は文芸人らしく、文学観をまじえて故国について考察してもいる。彼は自分たち文芸人（日本語で創作する帰米二世や戦後渡米者たち）の意識のなかで、故国指向性が「右往左往し」「思考する純度をどこかで曇らしている」と感じており、「故国指向性から脱皮して、自分たちの存在だけを深く凝視し」「主体性を確立する」必要を感じている（山城 1995：131）。現地の生のありようを描く、主体性を持った日系文学を書くべきだと論じる彼は、自身のなかでふるさとを求めつつ、そこから独立すべきという心境と葛藤している。それは長年アメリカに住むことによって「自分の内部に何かが生成し、何かが解体している」（山城 1995：79）その変化を痛烈に意識してのことだった。

晩年――帰米二世の「ふるさと」とは

生涯において山城は夥しい数の詩を創作し続けてきた。日系アメリカ日本語文学において詩人として知られるのは加川文一だが、山城は加川の詩を愛読、また彼を尊敬し文学的親交ももって彼の作品から学びながら、心に訴えかける優れた詩を作成している。「仔豚買いに」でも折に触れて詩を載せ、自身の思想や主張、心情を読者に伝える。晩年には私家版で『老人その一』（一九九六）、『老人その二』（一九九七）の詩集を作成した。後者の前書きには、日常生活のなかで「老体に異変が起こったかのように」（山城 1997：47）、詩があふれ出てくると記されている。彼は日本文学を愛読してきたが、難解な近代詩に疑問を呈し、具体性のある明確な表現を追求してきた。彼独特の口語自由詩には、寂しさや哀愁が漂い、読者の心に迫ってくる。

『老人その二』のなかに、山城の人生をかけた、帰米二世の意義の探究、そしてふるさとの意味に対して、答えを出したかのような印象的な詩がある。それが「ふるさとは遠くにありて」（山城 1997：47-50）である。六連で四頁にわたるこの長詩は、第一連から故郷を「わたしの詩を受け入れようとはしない」「草深いさびしいさびしい田舎」と表現し、寂寥感に満ちている。第二連で少年期の貧しい暮らし、「錦をきて必ず帰ってくるという純情を抱いて」帰米したことが記され、そして第三連では太平洋戦争下での山城本人と、ふるさとの人々との経験の各段の違いから、一時帰郷しても「アメリカ帰りの無神経な人間」だと目された悲しさが吐露され、さらに第四連では豊かさを獲得しつつあり世代も変わっていく故郷、「他人よりはもっと他人のような冷たい態度」で旅人として一瞥される自分を表現する。一時帰国するたびに故郷との距離が開いていくのを感じるだけだった。それでも、アメリカの片隅で日本語で詩を書けば、いつかふるさとの人が読んでくれるかもしれないと、かすかな希望を第五連に込める。そして最終連が次のように続く。

わたしの歩んだでこぼこの自分史のなかには
ふるさとと決別した悲しい一頁がある
ふるさとを思う痛みを書いては消し、消しては書き、結局消したままの
半分以上空白になっている黒い一頁がある
ふるさとは遠くにあって

なにも言わないこと
うたう美しい歌はあっても、もううたわぬこと
　帰米二世のなかにはふるさとはあいまいにしか存在しないのだから

山城が帰米二世とはと問うとき、「ふるさと」は痛みを伴うものとして、彼の紆余曲折の「でこぼこ」の人生のうちに存在する。三行目の、書いては消すを繰り返すためらいに満ちた行動は、ふるさとを慕い求めた月日の葛藤を比喩的に表現している。一文字も記せず空白になったページはさらに暗黙を象徴する暗闇の色である。移民一世たちが心の支えとして口ずさむかもしれない唱歌「ふるさと」を歌うことも諦めた。精神的にもふるさとが遠くなってしまった現実を晩年になって痛感し、その悲哀が表現されている。

山城のふるさとに対する捉え方と感情において重要なのは、それが「あいまい」な存在である点だ。日、米どちらにも帰属感を得られていないのである。日系アメリカ文学を含め、境界を越えた人々の文学において、「故郷」はキーワードである。ユダヤ系アメリカ文学では、ディアスポラ（離散）文学として故郷が論じられる。またブラジルに渡った日本人移民の文学についても、故郷概念は鍵である。これらの文学における「ふるさと」の表象は、山城が体現するそれとは、所属という点でかなり異なっている。太平洋戦争以前に多く創作された日系アメリカ一世の作品にみられる望郷の念や郷愁は、アメリカへの帰化が許されないという点で、国籍上、日本国民であるという明確な裏打ちがあった。純二世の英語文学の場合は、文化的な二重意識に苦悩し、激しいアイデンティティの揺れが表現されてきたが、根底ではアメリカで出生し、育ったからこそのアメリカ市民意識に支えられていた。ユダヤ系アメリカ文学においては、「祖国」とは、生まれ育った物理的祖国ではないが、聖書に記されたカナンの地イスラエルのことを明確に指し、そこへの帰還を希求しているという（広瀬 2005：18，20）。

ブラジル移民一世についてはどうだろうか。彼（女）らの故郷観を、細川周平は「郷愁の系図」として短詩形文学を題材に詳述している（細川 2008：48-142）。懐かしさ、恋しさ、未練、負け惜しみ、悔い、諦めなど複雑な感情

で分類できる「郷愁」とそこに現れるふるさとへの思いには、山城の抱いた感情と共鳴する側面も確かにある。しかし、所属の面で両者には線引きがなされる。国籍との関係で言えば、帰化する以前は、彼（女）らは日本国籍を所持し、それが心のよりどころともなっていた。ただ、帰化申請の際には、日本国籍離脱届への署名が必要で、その決断と動揺が短詩に表現されている。日本の国籍法改正以前から二重国籍者だったため、現在でも両方の国籍を保持したままでいる山城は、逆説的にどこにも所属できていないという感覚に縛られている。両国が祖国だと明言できないのは、山城がたどった苦い経験、すなわち失われた英語に象徴される、アメリカで日本文化を生きるという文化面での周縁性、戦時中には日本の人々と境遇をともにできず、さらにはアメリカへの不忠誠を選択し米軍側に立って戦う選択もできなかったことに起因する、日米双方からの隔たりが影響しているであろう。あべよしおも『二重国籍者』のなかで、自身をモデルにする主人公の帰米青年タック岩村を、「インターナショナル・バガボンド（国際的放浪者）」と自己認識させ、故郷や帰属を持たないからこそ、帝国日本やアメリカの戦争行為を相対化できる人物として描いている（李 2009：107）。「ふるさと」のあいまいさに象徴される帰米二世の二重の周縁性とそこから生じる悲哀ならびに寂寥感の率直な表明が、山城が創り上げてきた帰米二世文学の神髄と言えるだろう。

3　山城の帰米二世としての位置、帰米二世文学の今後

帰米二世文芸人のなかには、カール・米田、伊丹明、あべよしお、カール・秋谷のように、各自の政治的信条に基づいて積極的に太平洋戦争にかかわった者もいた。その過程で、彼らは帰米二世としての意義を探究し、自らの進むべき道を模索した。一方、山城は、政治活動や運動にはかかわらず、収容所内の騒動に対しても距離を置き、ひたすら読書と文学創作に励むタイプの帰米二世だった。生活全体を鑑みれば、平穏な一般的市民の姿であったが、その内面では絶えず帰米二世とはと自問し、黙々と自らの思想や心情を筆で表現してきた。

山城の作品を例とする帰米二世の文学は、日、米、両方において、周縁的であいまいな位置にとどまり、明確な

居場所がないという特徴を持つ。山城が痛感したふるさとのあいまい性は、帰米二世の文学活動それ自体においても当てはまる。「日本人」が日本語で書いているという点で日本文学の要素を持ち、帰米二世として日系アメリカ人の歴史を包含しているという点でアメリカ文学の要素を持っていると言えよう。しかし、彼の文学を明確に日本文学、アメリカ文学と範疇化することには躊躇せざるを得ない。この状況は、アジア系アメリカ文学のうちの日系アメリカ文学として認識され、作品に表出する日本的価値観や日本語の語彙はエスニックな特徴として読者に提示される、純二世の英語文学とは異なっている。この両者の文学の相違に象徴される、純二世と帰米二世との差異を山城は十分心得ており、一世がアメリカ生まれの子どもたちを、自分たちの故国指向性から日本に送ることなく、帰米二世にしなかったことは、「一世最高の愛情」（山城 1984：289, 301）だったと結論づけている。

しかし、あいまいな「ふるさと」しか持てない帰米二世の文学は、逆説的に故郷を喪失しているというアイデンティティをもって存在し、日系アメリカ文学のなかの帰米二世文学として、確実にその位置を占めている。それらを掘り起こし評価していくのは、彼らの活動や作品世界を踏査する研究者たちの役割でもあろう。

注

（1）篠田はポストン収容所にはじまり六ヶ所の収容所での文学活動を、所内における被収容者の生活実態も交えて詳述している。そのなかで帰米二世の文学活動について多くの紙面を割いている。篠田（1987）ほか。

（2）各帰米二世作家の人生や作品については、あべよしおと『二重国籍者』論（李 2009：山口 2009）、カール・秋谷一郎の作品、人生について（山口 2009：山本 2012）、帰米二世で『南加文藝』のメンバー加屋良晴の半生（篠田 1992）、ハワイ生まれの帰米二世作家、中島直人論（日比 2012）などがある。

（3）カール米田、ジェームズ・小田も自伝などを出版しているが、文芸活動の取り組みの程度、作品の質の観点から、四人を挙げた。

（4）たとえば、移民研究会編『日本の移民研究』（二〇〇八）第三章を参照されたい。その他、近年では日本で受けた教育などに焦点を絞った研究がある（マイグレーション研究会編 2012）（吉田編 2012）。

（5）石川好も山城の文章について、「感傷におぼれることなく進み、ここには邦字新聞の、しかも日本語の十分でなかった帰米二世の文章のある到達点を見る思いがする」と評している（山城 1984：304）。

（6）山城の経歴については、『遠い対岸』『帰米二世』の記述、また筆者によるインタビューに基づく。二〇〇九年九月一三日、ロサンゼルス、山城宅に於いて、二〇一二年八月二三日、二〇一三年一〇月一日、二〇一四年八月二八日、二〇一五年八月二八日、電話にて。

（7）電話によるインタビュー、二〇一二年八月二三日。

文献

秋谷カール・一郎、一九九六、『自由への道　太平洋を超えて――ある帰米二世の回想』行路社。

藤田晃、一九八二、『農地の光景』れんが書房新社。

藤田晃、一九八四、『立ち退きの季節――日系人収容所の日々』平凡社。

日比嘉高、二〇一二、「望郷のハワイ――二世作家中島直人の文学」マイグレーション研究会編『来日留学生の体験――北米・アジア出身者の一九三〇年代』不二出版、三―二四頁。

広瀬佳司、二〇〇五、「〈ディアスポラ〉意識の変化――新たなアイデンティティへの挑戦」松本昇・広瀬佳司・吉田美津・桧原美恵・吉岡志津世編『越境・周縁・ディアスポラ――三つのアメリカ文学』南雲堂フェニックス、一六―二三頁。

細川周平、二〇〇八、『遠きにありてつくるもの――日系ブラジル人の思い・ことば・芸能』みすず書房。

移民研究会編、二〇〇八、『日本の移民研究――動向と目録Ⅱ』明石書店。

Kobayashi, Junko, 2005, "Bitter Sweet Home': Celebration of Biculturalism in Japanese Language Japanese American literature, 1936-1952." PhD diss., University Of Iowa.

李孝徳、二〇〇九、「あべよしお『二重国籍者』と「解放」のかたち――日系二世の忠誠と反逆を超えて」『総合文化研究』（一三）：九四―一一八頁。

マイグレーション研究会編、二〇一二、『来日留学生の体験――北米・アジア出身者の一九三〇年代』不二出版。

水野真理子、二〇一三、『日系アメリカ人の文学活動の歴史的変遷――一八八〇年代から一九八〇年代にかけて』風間書房。

森本豊富、二〇〇九、「『帰米二世』という生き方」森本豊富編著『移動する境界人――「移民」という生き方』現代史料出版、一-五四頁。

篠田左多江、一九八七、「日系アメリカ文学――強制収容所内での文学活動①ポストン収容所」『東京家政大学研究紀要』二七：三三-四一頁。

篠田左多江、一九九二、「トゥーリレイク隔離収容所からの再定住――帰米二世ディック・Y・カヤの場合」『東京家政大学研究紀要』三二（一）：五三-六五頁。

篠田左多江、山本岩夫編、一九九七-一九九八、『日系アメリカ文学雑誌集成』二二巻、不二出版。

篠田左多江・山本岩夫共編著、一九九八、『日系アメリカ文学雑誌研究――日本語雑誌を中心に』不二出版。

山口知子、二〇〇九、「彷徨（咆哮）する魂――帰米作家あべよしおの軌跡」マイグレーション研究会『一九三〇年代における来日留学生の体験――北米およびアジア出身留学生の比較から』マイグレーション研究会共同研究成果報告書、三一-一八頁。

山本剛郎、二〇一二、「ある帰米二世のあゆみ」マイグレーション研究会編『来日留学生の体験――北米・アジア出身者の一九三〇年代』不二出版、六三-七五頁。

山城正雄、一九八四、『遠い対岸――ある帰米二世の回想』グロビュー社。

山城正雄、一九九五、『帰米二世――解体していく日本人』五月書房。

山城正雄、一九九六、『老人その一』私家版。

山城正雄、一九九七、『老人その二』私家版。

吉田亮編著、二〇一二、『アメリカ日系二世と越境教育――一九三〇年代を主として』不二出版。

第3章　アルゼンチン開拓者の天命と洗礼

——増山朗『グワラニーの森の物語』に迷い込む

細川周平

移民とは棄民に非ず、民族の移動である。青雲の夢と理想を賭けた、乾坤一擲の移動なのである。（増山朗「夢と理想を追い求めて」『海外移住』二〇〇一年一一月号）

1　森に始まる歴史

アルゼンチン一世増山朗《あきら》（一九一九年北海道生まれ～二〇〇六年ブエノスアイレス没、一九三九年移住）の未完の長編『グワラニーの森の物語』（以下『グワラニー』と略）は、比較的小規模な日本語共同体しかないアルゼンチンで書かれたこと、高齢に達した著者によって書かれたこと、同国の日本語社会の黄昏時に突然変異のように現れたこと、特別な移民観が描かれていること、この四つの点で驚かされる。日本植民学校卒業後、外務省実習移民としてかの地を踏んだ増山は、アルゼンチンで最初の日本語文芸同人誌『巴茶媽媽《パチャママ》』（インカ帝国のアイマラ語で「母なる大地」の意味、一九八九～九五年、全一〇号）の創刊に深くかかわり、『グワラニー』はそこに連載され、廃刊とともに中断された。随所で素人の筆ぶりを隠せない。読書ノートが注で長々と引用されたり、物語が脇に逸れることもしばしばで、章ごとに文体もジグザグしている。歴史好き、講釈好きが引退後、気ままに筆遊びするうちに長くなったという感を抱く。副題を「一移民の書いた移民小説」といい、アマチュア性は当人も自覚している。したがって文学作品としての稚拙を指摘するよりも、アルゼンチン一世による小説がもはや書かれないことを銘記しながら、小説のかたちを借りた著者の移民観を読み込む方がはるかに実り多い。以下であらすじを追ってみよう。

第一章「森に帰る人たち」は尚吉とナルシサ夫婦の一〇歳の末息子アンヘリト（小さな天使の意味）が、現代のブエノスアイレスの病院で先天性の心臓病で昇天する場面から始まる。尚吉は作者と同じく石狩平野で生まれ、戦前アルゼンチンに渡ってきた一世で、ある程度著者と重なるようだ。[1]またアンヘリトは物語の象徴的な場所、アルゼンチン奥地のミシオネス州に広がる原生森で産湯につかり、大陸の豊穣を象徴する幼子とされる。書き始めの段階では先人に始まりアンヘリトに終わる巨編を、構想していたのかもしれない。

続く章からは日本移民導入の基盤作りに奔走した田中誠之助（一八八三年鹿児島県生まれ〜？）を主人公とする。彼は一九三一年、ミシオネス州に高千穂植民地と名付けた四万ヘクタールもの原生林を、正式に売買契約を結ぶことなく宣伝したとして悪名高い（アルゼンチン日本人移民史編纂委員会編 2002：247）。[2]そもそも斡旋者を主人公とする「移民小説」はあまり例を見ない。増山は反対に誠之助を煽動者ではなく、先導者と称えて物語化した。誠之助は父の命により、原生林売買にまつわる事件を逃れるかのように帰国の後、今度は樺太に送られる。北海道の新聞に熱烈なアルゼンチン宣伝記事を掲載したのが、後段の主人公歸山徳治（一八八八年北海道生まれ〜一九五七年ミシオネス州オベラー没）の眼に留まる。この実在の人物の頭はミシオネス州一色となる。「誠之助の語るアルト・パラナ河上流の密林、ミシオネスなる地、即ちミッションの地、天命の地、何と明るい、快い響きを持った世界だろう。（中略）彼の目はかすみ、頭がしびれた」（二四二頁）。「天来の響き」が鳴った瞬間から、物語のバトンは徳治に手渡される。増山と同じ北海道出身であることも強く手伝って、小説終盤の絶対的英雄となる。徳治の一家は農業移民の資格でアルゼンチンに入国した最初の日本人で、ミシオネス州開拓史に名を残している。徳治が開くのは「天来の響き」（二四二頁）、「天からの呼び声」（二五〇頁）と形容され、二人の間のキリスト教的交感が仄めかされている。この州はアルゼンチンのなかで特別な地勢と土壌を持ち、イエズス会が最初に入った点で歴史的にも複雑だ。州名のミシオネスMisionesとは「天命」「宣教」を意味する。増山は「グワラニーの森」と名づけ、特別な意味を託した。誠之助が薦めるのはマテの葉（ジェルバ）栽培で、「英人技師」（後述）によれば大陸の森に原生し、「ジェルバ・ロード」を通ってインカ帝国全体に広まるものの、イエズス会部落の消滅とともにヨーロッパ人には忘れられ、森の部族だけがひっそり伝承してきた（七一頁）。マテは森の民の習俗に根差した一種の守護植物で、それを嗜むことは大地に同化する行いと見なされる。「ジェルバ・ロード」という増山独自の命名はもちろん「シルク・ロード」の応用で、長期レベルの歴史で見たユーラシア大陸との近親性を感じさせる。

2　イエズス会が結ぶ薩摩とミシオネス

ブラジルやペルーの日系移民史と異なり、アルゼンチンには祀られる第一回移民船はない。『グワラニー』は最初のブエノスアイレス定着日本人（給仕や逃亡者）ではなく、最初にアルゼンチンの大地と理想を持って交わった日本人を讃えることで、年代記ではない精神的な移民史を試みた。『グワラニー』を貫いている意図は、なぜ地球の反対側に日本人が現れ、アルゼンチン国民の正統な一角を成しているのか、という問いに答えることだった。そのカギを握るのがグワラニー族である。彼らは数万年前にモンゴルからベーリング海峡を越えて移り住み、人種的にはアジア人と共通の祖先を持つ。日本移民は実は共通する祖先の土地にやってきた。こう誠之助は樺太の労働者に熱弁を振るう。現在の読者ならば樺太―北海道―アルゼンチンの開拓と植民と移民の連携を思いつくに違いないが、増山は素朴に誠之助の実人生から空想をはばたかせる。「二千里に及ぶ大アンデス山脈の住民の中には、我々大和民族の祖先ではないかと覚《ママ》える民族が、どこにでも居る、驚いた大陸なのだよ」。今まで四〇〇年にわたってヨーロッパ民族が幅を利かせてきたが、「百年後、二百年後には我々大和民族の子孫も、これら世界人種の坩堝にあって、その大陸の歴史を飾る一原動力となること間違いないのである」（二三一頁）。ヨーロッパ系が支配する多民族国家で、小さな民族集団として生きる圧迫感を解決するために、先住民との血縁を提唱する発想は、ブラジルでもよく聞かれる（細川 2008：235–298）。

通常の同祖説と違って、増山は日本にキリシタンが現れたのと同じ頃、南米大陸奥地でもイエズス会士が先住民を洗礼したことを重視した。グワラニー族はもともと「一つの統一した文化を持ち、一つの言語を有し、一つの宗教心を持」（一七二頁）つ大民族だった。しかし部落ごとの対立があり、スペイン人のつけ入るところとなった。彼らには征服民の奴隷に甘んじるか、森の奥に逃げるか、改宗を受け入れて保護を受けるか、この三つの選択肢しかなかった（一七三頁）。この第三の「新改宗者」がイエズス会と対立するスペイン国王の手先によって囚われることもあり、増山は彼らの英雄的な戦いを詳説している（一七三〜一八一頁）。森の奥に点在する「信仰の自由を歌う部落」も火縄銃によって攻撃され、民は奴隷としてつながれ、表向きは解放された今でも無気力に白人に隷属している。彼らの姿には西日本の隠れキリシタンが重ねられているように思える。パラグアイで誠之助が初めて出会った先住民は「何かどんよりと空ろな、生命を枯れつくした人の表情」しか持っていない（五五頁）。大和民族の同族はスペイン人の武力に征服され、美しい魂も失った。ヨーロッパ人と共存する可能性も絶たれ、辺境でひっそりと孤立している。これは同時に西南戦争で官軍に土地も家族も奪われた薩摩人の「過ぎし日の魂を失った様」を思い出させ、強い同情と連帯を覚えた。「誠之助の全身を熱くするその赤い血は、はたしてグワラニー族の血か、インカ族の血か、はた又、父祖伝来の薩摩隼人の血か、彼には判断がつかなかった」（五五頁）。日本人がグワラニーの森の開拓に従事するのは、いわば気力を失ったグワラニー族に代わって森の生命力を復活させ、祖先を喜ばせることだった。薩摩とグワラニーの血の連合が、合理的判断を圧倒した。

森の中に「日本殉教者」（サントス・マルティレス・デ・ハポン）という名の部落があることを教わり、誠之助はさらに力づけられた（一四〇頁）。この地名から極東のキリシタン迫害が南米の山中まで伝わっていたことに驚くとともに、バチカンから見た両国の近さを知った。さらに故郷、坊の津に天文一八年（一五四九年）イエズス会士が上陸したことを思い出す。この港は古代には仏教が中国から上陸し、日本で最も早くから世界に開かれた窓だった。

だからこそ海外発展は自分の「天命」と確信する。このように何本もの運命づけられた絆が薩摩とミシオネス州、日本とアルゼンチンの間に引かれる。イエズス会に対する関心は増山の『グワラニー』執筆の最も根幹にあるだろう。

「はしがき」（2006）と題された遺稿によれば、増山は中学卒業前後わずか二年間に母、姉、二人の弟が逝く不幸に見舞われるなか、外務省の実習移民に応募した。長男として父や家を捨ててよいのかと煩悶するなか、出航間際に小学校時代の先生が「朗さん、神と人とに愛される者になれ」と添え書きした聖書を送ってきた。そのときには難しすぎて読めなかった。真珠湾攻撃の報を聞き、パンパスで安穏と暮らしていることに疑問を持ち、小さい頃愛読したデ・アミーチスの『クオレ』にならって国内を放浪に出た。そのなかで田舎の教会に留まることがあり、優しい神父に洗礼を受けたが、生活に追われるうちに信仰を忘れていた。あるとき、書店の飾り窓にイディッシュ作家ショーレム・アッシュの『マリア』という本を見つけ読みだすと、「あれ程難解であった聖書が氷がとけるように解り易くなりました」。それから二〇年して大病を機に引退し、その翻訳にとりかかった。文学書というより経典に近い態度である。二五年かけ金婚式を機に『マリア』を脱稿すると、同じ作家の『モーゼ』の翻訳にとりかかれば米寿を授けんという天の声があり、早速取りかかった。その間、妻と長男を亡くし、二〇〇五年には残された幼い孫の養育を考えつつ、「モーゼの意気地の一片なりとも真似て生きる標と致したく存じます」と信仰を貫く決意を新たにしている。彼自身が数えで米寿となって天命を全うする一五ヶ月前のことである。

『グワラニー』は翻訳作業を補う創作と見てもよい。かねてより数編描いてきた実在の移民をモデルとする短編の筆法が無限大に応用され、移民史のカトリック的再解釈が図られた。さらに『グワラニー』では随所で、北海道の生活がアルゼンチンとつながっていることが述べられる。キリスト教を背景とした北海道開拓小説や、イエズス会の追放を扱った隠れキリシタン小説が連想される。増山が読んでいたかどうかは不明だが。

3　薩摩隼人とケルト人

さて誠之助がミシオネス州で出会う百科事典のような「英人技師」はアイルランド人、正確にはケルト人とされる。名前は持たない。アングロサクソンに迫害されたカトリック教徒に、誠之助はいったん明治政府に追われた薩摩人として共感を覚える。たとえば技師はガブリエル神父の話を語る。彼は農民煽動の罪で終身刑を宣告されるが、ローマ教会によって恩赦を受けイグアス瀑布近くの教化部落に送られ、最後には森に消える。英人技師は教化に使ったとされる横笛を滝で吹いて「この森に生命を捧げた全ての人々の霊」を鎮める（九一頁）。薩摩人とケルト人は情が通じ合う。それはスペイン人にすべてを奪われたグワラニー族にも通じ、敗北者として三民族は歴史を共有する。こう誠之助はかげりなく昂ぶる。

ケルト人は一四世紀には北米大陸に到着していたバイキング族の同族で、コロンブスがカリブ海の島で出会った白い肌の女性はその子孫だと増山は信じている（一八九～一九一頁）[3]。折しも森の遺跡からはルーン文字に近い絵文字が発見された。ケルト人の同族はラテン系やアングロサクソン系よりも先に新大陸をわが地としていた。増山の人類史では薩摩人、グワラニー族、ケルト人の秘かな絆は数万年に及ぶ。小説は実際の一〇〇年、宗教的には五〇〇年、人類史的には数万年に及ぶ三つの時間の幅で、日系アルゼンチン移民の正統性を証明する意図を持っていた。

誠之助は森に孤立したアイルランド人開拓地を案内される。彼らはアイルランド語を読み書き話し、自給自足で誇り高く規律正しく生きている。歓迎の児童合唱が「グワラニーの森の霊のお告げのように清浄な訴えとなって誠之助の魂に響いた」（一八一頁）。一同は手に手を取って、英人技師がイグアスの瀑布で吹いていた鎮魂の笛に合わせて踊り歌いだす。理想郷を築くためにはかくも孤立し、寂寥を生きなくてはならない。「民族の誇りと自尊心のために森の奥の原始生活の厳しさを選」（一七三頁）んだグワラニーのヨーロッパ版である。信仰と労働に生きることの開拓村は「日本人としての殖民理念」（七四頁）に近いだろう。先住民を奴隷化せず、自然と共存し、森の霊を畏れる植民地。誠之助の著作にはない宗教的理想郷を増山は創作した。良きケルト人はアングロサクソンを恨むことなく、国家の事業完遂の大義の下で協力を惜しまない。これは西南戦争で敗れた薩摩人が殖産興業のために北海道開拓、南米移住に力を注ぐのと変わらない。

誠之助の父親虎は西南戦争で抜刀隊に加わったものの、制圧後、その気骨を同郷の北海道開拓長官黒田清隆に買われ、釧路の錫鉱開拓を従事する任を与えられた。田中家はこうして薩摩から北海道開拓に携わる針路を取り、息子誠之助を殖産拓務のため、北海道植民事業を南米大陸で反復させるため、遠く南米へ送り出す壮大な家族計画を立てた。誠之助はそれを家族の任務であるばかりか、日本の天命と解釈した。

アルゼンチン移民を正当化するもうひとつの根拠は、アルゼンチンと日本の近代史の同時性だった。たとえば一八六四年から七〇年にかけて三国同盟戦争が起きたが、これは明治維新に相当する。パラグアイの少年決死兵は会津の白虎隊に擬せられ、一八七七年、ロッカ将軍（後に大統領）によるアルゼンチン南端パタゴニアのアラウカーノ族征伐は西南戦争に比せられる（七九頁以下）。一八九五年、今度はパラグアイとの戦争があり、現在の国境が定められる。もちろんこれは日清戦争に対応する。二年間の戦争後に結ばれた一八九五年のブラジルとの協定で、アルゼンチンはリオ・グランデ・ド・スル州を失うが、その屈辱は三国干渉の憤懣に比較される。一方、アルゼンチンにとっては経済的な支配国といってよい英国は、日英同盟（一九〇二年）によって心情的にも信頼し合う友国となる。人種＝宗教的にはアルゼンチン先住民に、政治＝産業的には英国に自らを重ねる離れ技を誠之助はやってのける。ヨーロッパ人の侵略を受けて「気息奄々であった」先住民グワラニー族を仲間に入れ、彼らの「正しい血のめぐり」を回復させるのが、「日本人としての殖民理念の樹立」（七四頁）であった。

4　殖民運動家、田中誠之助

実在の田中誠之助は早稲田大学卒業後、父の命を受け一九一〇年代前半、南米を数年間歴訪し、日本人集住地建設を画策した。民間の移民事業推進者のなかで彼の存在感がどれほどだったのか未調査だが、残された数冊の著作は政府の息のかかった移民会社や力行会など立派な後ろ盾を持った人物、あるいは数年の現地体験を吹聴する人物の議論とは異なる発想を露わしていて興味深い。彼にとって従来の移民会社が行ってきた契約移民は「第二の奴隷」に他ならず、日本人があらかじめ購入した広大な土地に日本人だけを入植させた「新郷土」「新日本」を建設しなくてはならない。そこは地味が豊かで人種偏見がなく、温厚な国民性の国であることが不可欠で、帰化が愛国心の発露とされた。なぜなら「日本民族は帰化して自国の国籍を失うとも決してその民族性を失うものではないから、詰らぬ女々しき感情に捉われず、速かに帰化して選挙権を獲得し、之れを有効に行使する必要がある」（田中 1926：112）。国籍、居住地よりも代々引き継いだ民族性（「血」）の方が重要で、海外でこそ真の日本人たりうる。先達は捨石となる覚悟で子孫繁栄を望まなくてはならない。開拓事業は人に先駆けることが必須なので、至るところで性急な夢想家ぶりがうかがえる。生活の同化は推奨されるが、その先で待つ混血化、教育問題については何も考えていない。

数人のアルゼンチン在留者と結成し『グワラニー』にも登場する「赤手団」は彼の性格をよく示している。理想郷確保のために行動する精鋭部隊で「武士道を以て団体の綱紀となす」「同志者は常に団体の利益を先にせざる可らず」「統治の大権は統率者に全任す」「統率者の裁断命令は最後の権威なり」「一年間は絶対に自由行動を禁止し、私有財産を認容せず」という五項目に署名した者だけが団員と認められた（田中 1919：55）。統率者である誠之助が絶対的な権限を持ち、裏切りは「武士道」の名の下に糾弾される血気にはやる会だった。彼は若者に同意を求めた後、今こそ「アンデスを越ゆるか太平洋を渡るか、之が僕の運命の分かるる所です」と言い放った。このような煽動＝先導の口吻は著作のすみずみまで見られる。

増山が参照したに違いないのが『我等の移住地　南米の処女郷』（田中 1930）の数章を占める荒野開平物語である。この理念むき出しの名前の人物に託して、ブエノスアイレスからパラグアイまでのラプラタ河上りを小説化した（この旅自体は前掲『南米の理想郷』の第六章「殖民運動と内陸踏査」で実録として記されている）。パラグアイのホテルでは現地の紳士と対話し、日本人は「弱邦の真実の味方となりグワラニー人教導の使命」を帯び、彼らの勇敢な素質は武士道を誇りとする大和民族の血を同化するに違いないと開平は悟る。『グワラニー』中の誠之助もこれと似た考えに至る。パラグアイが大国間の小国どころか「市場と交通」の国であるという認識や、イグアス瀑布近くまで大西洋の潮の干満が影響しているのに驚き、アルゼンチン側のミシオネス州こそ理想の原生林で特産のマテ茶の効用について教わるのも、増山は引き継いでいる。その話をする農事試験所勤務の紳士こそ『グワラニー』の「英人技師」のモデルだろう。増山は開平をキリスト教化し、技師をケルト化した。そこに作者の思想の種子が込められている。

5　大陸の聖なる心臓

小説は『グワラニーの森の物語』と題されている。物語の最大の焦点はちっぽけな人物ではなく、大陸の中心部を占める森、現在は三ヶ国に分割されているが、元はひとつの民族が治めていた巨大な森林である。その崇高性を象徴するのが、イグアスの瀑布である。先住民は「とてつもない大量の水の秘境」への接近を禁じ、それを「発見」したスペイン人も畏怖のあまり本国へ報告せず、一八七七年に「再発見」されるまで人を近づけなかった。ブラジル人は「悪魔の咽頭」と呼ぶが、誠之助は「天端の業としか覚えぬその絶景」に、「創世記」を思い出す。「神、言いたまいけるは水の中に穹蒼《あおぞら》ありて、水と水を分かつべし、神、穹蒼をつくりて、穹蒼の下の水と穹蒼の上の水とをわかちたまえり、すなわち、かくなりぬ」（第一章第七節）。これは「天と地の始まりそのままの姿であった」（八三頁）。これは聖書の引用ではない。空には「地の上を飛ぶべし、との神の言葉によって世に放たれたばかりの天命の森のコンドルが二羽浮いていた。二羽のコンドルは未だ羽ばたきを知らぬかのように穹蒼に嵌められたまま二点動かなかった」（同）。コンドルは聖書にはない南米独自のイコンで、ここでグワラニー版の創世記が発明された。

増山が描く誠之助は神聖な滝をただ崇めるのではなく、開拓者の眼で見る。無限の水量が「人類の福祉のために使われる時代がきっと来る。（中略）あの鬱蒼たる天命の森、あれこそ地上の全人類のための眠れる宝庫ではないのか。きっとあの蒼徨たる姿から立ち上がって、雄々しく斧を振る時代が来る。大陸の心臓はきっと正しい血のめぐりを取り戻すにちがいない」（一三二頁）。この理想主義が帰国後、彼を誇大な殖民宣伝に走らせる。上の引用のなかで「大陸の心臓」とあるのは、誠之助が瀑布を中心に広がるグワラニーの森、マットグロッソの密林、アマゾンの原始林を「南アメリカ大陸の心臓部」（一三二頁）と捉えていたことに対応する。これは地理上の事実確認に留まらない。増山の壮大な人類史によれば、アメリカ大陸は太平洋と大西洋の間に位置し「ヨーロッパとアジアの文化の仲介の役目を果してこそ、その存在意義がある」（同）。北米では大陸横断鉄道が完成したばかりで、パナマ運河が一九一四年に竣工した。南米でも同じ大陸横断鉄道計画があり、東西の中間地点、ブラジルのマットグロッソ州の工事に、多くのコーヒー園を逃れた日系移民が「参加している」（同）。世界史的な天命として鉄道工事を捉え、南米大陸の地理的中心は天地創造の神聖な場所であるだけでなく、いわば世界史の臍だった。

6　選ばれた家族

『グワラニー』の発表分のなかで、開拓移民が登場するのは第九章後半からの二章あまりにすぎない。そこにはブラジルの移民小説に顕著な苦労譚はこれっぽっちもない。たとえばイギリスの会社からの出迎えがなくても、歸山徳治は「陣頭に立つ司令官よろしく、屹然たる立姿をゆるめず、四方を見渡す目の力を落さない」（二五六頁）。領事館へ在留届を出した日は「南米のパリ」の美しさに圧倒され、大人も子どもも「この新しい国でかつて夢にも見たことのない経験と興奮を味わった日であった」（二八〇頁）。軍艦長屋の先輩が語る流転、逃亡の話も方言混じりで切迫感を感じさせない。「日本人は何かと助け合っていかにゃ、この国のような世界人種の荒波の中で生きるってことは、なかなか難儀ですからな」（二六六頁）。長屋の住民は少数移民である肩身の狭さを相互扶助でしのぎ、他民族を含めた新移民という別の枠で自分たちを捉える。子どもたちには民族の壁はなく「とりどりの肌の、とりどりの髪の毛の、とりどりの眼の色の子供たちが、一つの球を追って上げる歓声は、さながら天国の合唱の如く長屋中に響きわたった」（二八四頁）。「世界人種」に溶け込む日本民族という理想はアルゼンチンの人種的寛容への感謝とつながっていた。ブラジルの日本語文学では、人種統合の国是の陰にはびこる差別が文学的題材に選ばれる傾向が強く、このような場面は珍しい。(4)

ブエノスアイレス社会の悲惨は、最初のアルゼンチン移民史、賀集九平『アルゼンチン同胞五十年史』（1956）からの引用として記される（二八四頁以下）。小説というより歴史エッセイに実在の人物をはめこんだかのようだ。ブエノスアイレス市のストライキ、軍部と労働者の衝突のために、徳治の子どもたちも下校時に逃げ隠れることもあったが、流血騒ぎの記述はニュースのように客観的で、子どもたちは「息をこらした」という以上の感情は述べられない。大人の不安はひとことも描かれない。また軍艦長屋についても、徳治の妻カト（加登）の作文というかたちで「世界中の人種が夢と希望を持って、交じり合って暮してる所」（二九二頁）と紹介し、実生活については「愉しい歌と踊りの夕もあれば、刃物を抜いて渡り合う悲しい夜もあります」（同）と昔話のように語られるだけで、「悲しさ」「愉しさ」を人格や筋立てに組み入れる意図を増山は持たなかった。人間関係に基づく感情が無視された反面、開拓者意識には敏感だった。たとえば徳治は工場でパラナ河という地名を聞いただけで舞い上がる。「パラナ河！　パラナ河！　帰山徳治はそのパラナ河を昇って、あのグワラニーの森へ入るために、遠い北の国、北海道から渡ってきたのではないか。（中略）徳治の耳には、パラナ河に輝く朝陽の向うから、徳治よ来たれ！　徳治よ来たれ！　と呼びかける天からの招き言葉がごうごうと鳴った」（二九七頁）。

誠之助の誇張に宗教色を加えたような文体である。増山がどうミシオネス州を聖別化していたかがよくわかる。徳治一家は約束の地へ一歩近づくが、牧場主は言葉の障壁を理由に追い返そうとする。そこで一ヶ月の試用期間の後で判断してくれと徳治は頼み、受け入れられる。徳治と通訳を務めた長男徳太郎の上には南十字星が輝き、「この白光の流れに導かれてこの大平原の来たのだと実感が体中にしみる思いだった。さあ、大平原の生命が始まるのだぞ！」（三二八頁）。ここでもすべてが一家に友好的に進む。発表分はこの牧場の場面で終わる。もし続きが書かれたなら、歸山家は苦難にめげることなく、モーゼに率いられたイスラエルの民のように試練に打ち克つ選ばれた家族として描かれただろう。

7　移民・植民・殖民

移民とは帝国の圏外へ飛び出す者であるのに対して、植民とは帝国の辺境を耕す者である。このような概念の区別が北米に農民を送りつつ、帝国の版図を広げつつあった世紀転換期には一部でなされていた（大塚 1910）。田中誠之助はその先を行き、帝国の外に「新日本」を建設することを唱えた。それは「植民」とは区別された「殖民」事業だった。「植民」は人を草木になぞらえている点でいただけない。「植える」は他動詞で一国の主権者がその国民を他国へ勝手に移植することはできない。そうではなく、民を殖やす「殖民」こそ本懐である。殖民とは「移住者が殖産の事業に従事すること」で、民の定着を前提とする。「移住せよ、集中せよ、繁殖せよ」を新生会はモットーとした（田中 1933）。政府が行う「植民政策」とは別の次元で、諸個人が人生の方針を見据えて実行する「殖民運動」と位置づけら、在野を強調した。歸山一家はその殖民運動の模範だった。

北米三世カレン・テイ・ヤマシタ『ぶらじる丸』（1992）は、サンパウロ州奥地で開拓と信仰の理想を掲げた弓場農場とそこから分かれた新生農場をモデルに、ユートピアの瓦解を幻想的に描いた。増山はそのような物語を用意していたのではないだろう。誠之助の理想はキリスト教の信仰とグワラニーとの魂の交流を二本の柱とする開拓だった。アルゼンチン移民を祖国喪失者ではなく、祖国の遠い飛び地を発見した者と讃え、南米各国から寄せ集められたことを非亡民ではなく、自由民の新たな集団と前向きに捉えた。冒険の末に到着した国が悪かろうはずがない。それは祖国喪失者（棄民）のステレオタイプに対抗する祝福の物語で、しいていえば、同時期に世界各地で書かれた少数民族の立場から異民族・異文化接触を描いた文学と似ていないこともない。しかし増山は政治的反撃の声をあげるのではなく、「国民」が「少数民族」になっても貫かれる精神的な根拠を先駆者に託した。その根底にはキリスト教とグワラニー族がある。対抗史というより正史のかたちで理想を語った(5)。

この作品は作者晩年の作物であると同時に、彼が所属する言語共同体の晩年の作物である。増山は死を控えた「一移民」の人生の総括であると同時に、母語を読み書き話す集団のほぼ最後の語り部であることを意識していた。アルゼンチン国民の一部となった子孫は繁栄するだろうが、移民の世代は終わる。二〇世紀末にこういう事態を迎えている日本語社会は南米にしかない。『グワラニー』はそういう特異な土地と時期に書かれた。アンヘリトに託された強烈な終わりの意識は、本国の作家によるいかなる南米移民小説でも描かれたことはなかった。副題「一移民の書いた」の意味するところは深い。自分（たち）の歴史という姿勢が刻まれているからだ。一移民たる自分しか自分たち移民の小説＝歴史を残すことができない——彼は最後の語り部になることを確信していたが、語り始めるのに同人誌の若い聞き手＝読み手を必要とした。通常の物語の枠を超えて、歴史に踏み込んだスタイルは個人と同胞集団ふたつの晩年の意識に由来する。『グワラニー』を二〇世紀末の日本語文学の特異点として読む足場はそこにある。

追記

二〇一四年七月、ブエノスアイレス、ミシオネス州を回り、貴重な取材を行うことができた（文部科学省科学研究費による助成を受けた）。セシリア・オナハ、マベル・ヨナミネ、アレハンドロ・クダ、崎原朝一、小川忍、大高ロベルト敢、徳治の娘デリア・サクライ、徳太郎の娘エウロヒア・カイリヤマ、徳太郎の末息子フアン・カルロス・カイリヤマ一家に深く感謝を述べる。取材前の守屋貴嗣氏の助言が大いに役立った。晩年の増山朗と交際のあった西成彦氏からも多くを学んだ。

注

（1）ブエノスアイレス郊外グレウにある日本移民資料館所蔵の増山朗ノートには、『グワラニー』後編として尚吉を主人公とする断章が残されている。それによると増山の外務省実習移民同期生で、ミシオネス州に入植した森直吉をモデルとするらしい。増山の移民小説がいずれも実在の人物をもとに書かれていることから、森直吉と作者自身を混ぜた人物が『グワラニー』の尚吉に託された可能性もある。この実習移民は数は少なく、流れ者ではなく、計画を持って渡ってきた特別な履歴を持つ点で仲間意識が高かった。増山は何人かについて回想の文を捧げている（増山 1991）。他に増山名義の実習移民回想「〝汝ら移民に殉ぜよ〟――海外実習移民の集い」が、日亜移民公式史に残されている（アルゼンチン日本人移住史編纂委員会 2002：321-329）。

（2）田中の悪評については、他に日本人アルゼンティン移住史編纂委員会編（1971：72）、賀集（1956：51）。

（3）増山は巴茶万太郎名義で、コロンブスの第一回航海日記を『巴茶媽媽』第八号（一九九二年）、第九号（一九九三年）に翻訳している。どの先住民に対しても洗礼を受けさせようとするコロンブスの態度は『グワラニー』が描くイエズス会士と変わらない。間テクスト性を論じるような水準の関連はないとしても、『マリア』翻訳と『グワラニー』執筆の合間にコロンブスが訳された意味は小さくない。

（4）歸山徳治については義理の娘による伝記がある（帰山 2002）。増山があとがきを寄せている。小説で言及された逸話が多く描かれている。

（5）ブラジルでは契約コーヒー園からの逃亡を日本人の定着にとって不可避の行動だったと、山里アウグストの『東からきた民』（一九九八～二〇〇二年）が積極的に描いている（細川 2012：441-511）。従来の笠戸丸英雄譚に対する稗史である。その主人公岡村信次の父は西南戦争で落命した熊本藩の末端武士で、薩摩の上層武士として同じ戦争を戦った誠之助の父と上下正反対の関係にある。増山の描く誠之助がキリスト教精神に則り開拓の理想に燃えるのに対して、信次は仏教を深く信じ、どんな底辺も輪廻の一瞬にすぎないと理解している。精神的な起点をこれから創作する増山と、既存の起点を裏返しにする山里は対照的である。これは両国の移民正史のありかたとかかわる。

文献

アルゼンチン日本人移民史編纂委員会編、二〇〇二、『アルゼンチン日本人移民史　第一巻戦前編』在亜日系団体連合会。

賀集九平、一九五六、『アルゼンチン同胞五十年史』誠文堂新光社。

細川周平、二〇〇八、『遠きにありて思うもの――日系ブラジル人の思い、ことば、芸能』みすず書房。

細川周平、二〇一二、『日系ブラジル移民文学――第二巻評論』みすず書房。

帰山利子、二〇〇二、『原生林に賭けた生涯――ミシオネス移住の先駆者、帰山徳治』智書房。

増山朗、一九九一、「実習生」『巴茶媽媽』五号、五月号：八六‐九五頁。

増山朗、二〇〇六、「はしがき」『らぷらた報知』一二月二八日付。

増山朗、二〇一三、『グワラニーの森の物語』インパクト出版会（川村湊編）。

日本人アルゼンティン移住史編纂委員会編、一九七一、『日本人アルゼンティン移住史』日本人アルゼンティン移住史編纂委員会。

大塚善太郎、一九一〇、『日米外交論』相模屋書店。

田中誠之助、一九一九、『日本青年の南米生活』海外発展社。

田中誠之助、一九二六、『南米の理想郷』日本植民通信社。

田中誠之助、一九三〇、『我等の移住地　南米の処女郷』新生社。

田中誠之助、一九三三、『移殖民政策の確立と棉花移住地提唱』新生会殖民部。

Yamashita, Karen Tei, 1992, *Brazil-Maru : a novel*, Coffee House Press.

第4章　戦前ブラジル日本移民の記憶と歴史

――半田知雄の少年期をめぐる記述から

ソアレス・モッタ・フェリッペ・アウグスト

1　当事者としての移民史

エゴ・ドキュメント論と移民研究

本章は、戦前ブラジルへ渡った日本移民、半田知雄（一九〇六～九六）が、コーヒー農園で過ごした少年期の記憶をめぐる長編記述を生涯にわたり三度も行った知的営為に対するひとつの解釈の試みである。移民研究におけるエゴ・ドキュメント論の可能性を図りながら、移民史の叙述者としての移民知識人が自己の移住経験を拡張し歴史化するプロセスに注目する。そのために、半田が戦前移民の共有経験として特に価値を付与しているコーヒー農園での生活をめぐる記述に焦点を当てる。なお、本章はテクスト分析よりも、叙述者と史資料との相互関係、とりわけリライト（書き換え）作業とそれに伴う物語（narrative）の再構築および意味の変容に重点を置いている。

半田は一九一七年、子どものときに移民としてブラジルに渡った。一九三〇年代に開始する文筆活動と共に、移民の生活を主題とする絵画作品の作者としても有名であり、文筆と絵画を通じてブラジル日系社会を表象した人物である。日系社会の知識人層（非職業的な教養人）に属するものの、移民史研究家と絵描きとして客観的な態度をあえて貫こうとせず、一人の移民として、移民の子として、またはコロニア人[1]としての叙述を心掛けた。半田の移民史ではつねに自分も当事者＝主体行為者（agent）として据えられている。

最後に、この移民の生活の歴史をおわるにあたって、私のとってきた一貫した立場を示すことにしたい。私は移民の子として、あくまで移民の側にたってものをいってきた。（半田 1970：786）

個人としての半田の移住経験とそれをめぐる記述を本章で取り上げるが、今日の歴史学は個人経験を再評価しているといえる。マクロな観点から叙述される歴史に対し、個人の視点から描かれるミクロな観点からの歴史学は、二〇世紀後半から大きく注目されている。そうしたなか、個人が自己について産出する史資料に対する興味も、理論的な枠組みをめぐる議論も増えつつある。そのひとつはエゴ・ドキュメント論である。

エゴ・ドキュメントとは「自分を語った〝私語りの史資料〟」と広く定義できるが、それはオーラル・ヒストリー、日記、自叙伝や回想録、旅行記あるいは書簡類を含む。個人が自己を語る史資料が注目される背景には、「主体行為性」（agency）と「物語の復権」をめぐる議論が関わっており、「語る」という行為が「自己」の主体性（subjetivity）を構築する能動的な契機として認識されるようになった事情が指摘できる（槇原 2014：6；長谷川 2010：150）。一九世紀末から世界規模で行われた国際移動と越境する人々の経験を究明するには、エゴ・ドキュメントは大いに役に立つ。また、移民研究におけるエゴ・ドキュメントの重要性は一目瞭然であろう。

本章では、契約移民の生活空間であるコーヒー農園（以下「ファゼンダ」）に対する記述を俯瞰した後、「半田日記」という史資料群を紹介し、移民が産出する史資料の取り扱いにおけるエゴ・ドキュメント論の可能性について言及する。次に半田の少年期をめぐる三つの長編記述を取り上げる。それぞれの記述は執筆時期を異にしているものの、テーマは同じく契約移民のファゼンダ生活である。半田の個人経験が青年期に初めて文章化されたあと、一九七〇年に移民史として歴史化される。その際、半田の自己経験が最大公約数的に初期移民の共有経験として拡張され、半田の名著『移民の生活の歴史――ブラジル日系人の歩んだ道』に織り込まれる。ただし、その同じ経験は「浄書」の過程を経て半田の晩年にもう一度、自己の物語として「奪還」され再構築されることになる。一人の移民知識人の生涯にわたるこのリライトのプロセスを追うことが本章の目論見である。最終的に、史資料の作者が史資料に働きかけるだけでなく、再読・再解釈のプロセスを経て史資料も作者＝叙述者に働きかけることを示唆できればと思う。

生活空間としての「ファゼンダ」

「自叙伝」と広く呼べるジャンルに、移民が自己の移住経験を書き残すことは珍しくない。戦前ブラジル日本移民が刊行した長編ものに限定しても、鈴木貞次郎『ブラジル日本移民の草分』、輪湖俊午郎『流転の跡』、香山六郎『回顧録』、清谷益次『遠い日々のこと』など、枚挙に暇がない。これらの人物の移住形態と経歴は異なっているにもかかわらず（鈴木は移民監督、輪湖は北米から再移住した新聞記者、香山は笠戸丸移民でのち新聞記者、清谷は子ども時代にブラジルに渡った契約移民）、いずれもファゼンダにおける初期移民の生活に多くの枚数を割いている。

また、エゴ・ドキュメントの定義を拡大し、移民による文学作品も視野に入れれば、移住経験に素材を求める日系文学がある。特に生活風景が反映されやすい日本型の韻文ではファゼンダ生活がしばしば詠まれる。『コロニア万葉集』にはファゼンダの風景、労働の描写や移民の日常生活を活写する作品が多く収録されている。

つけかえし鍬の柄ようやく手になれて予定の除草明日すむらしき
珈琲の植え並青く見ゆるなり刈り乾きたる陸稲畑に
うずたかく積みたる珈琲匂うさえ南の国に我が来しと知る
五月未だ繁る青葉をわけて摘む珈琲は紅しつぶら実の珠

また、コロニア俳人の佐藤念腹も移民とコーヒーを取り上げている。

上枝より降るが如くに珈琲もぎ
霜害や起伏かなしき珈琲園
珈琲樹にもぐり宿りや秋夕立
遠く行くつむじは高し珈琲摘

川柳、随筆や小説などにもファゼンダまたはそこでの生活が取り上げられることは頻繁に確認できる。日本移民の導入はコーヒー農園の歴史とつながっており、多くの移民にとってファゼンダはブラジルにおける新生活の出発点であり、自分の移民としての原点だからである。同じく、子どものときに渡航した半田にとってもファゼンダで経験する少年期は大きな意味を帯びる。サントス港上陸から、四年間にわたり半田はファゼンダで過ごした。その当時の思い出は、後の移民史研究家および画家としての活動に大きくに影響する。半田にとっての少年期の重要性は、この時期をめぐる記述からうかがえる。そのために、半田が残したエゴ・ドキュメントをみる必要がある。

エゴ・ドキュメントの多様性——「半田日記」の場合

「半田日記」と通称されている個人資料は現在、サンパウロ人文科学研究所（人文研）に保管されている。[2] 一般的に「日記」と分類される史資料がその大半を占めているものの、その構成は複雑で「半田知雄関連史資料」と呼んだ方が実態に近い。半田の日記、書簡類、紀行文、未刊の原稿や詩集、新聞の切り抜き、写真、ハガキ、通知書、本からの書き写しなどを含んでいる。そのなかでも、おそらく最も重要なのは一九三〇年代から一九九六年の没年近くまで続く日記であろう。およそ八〇年間にわたり日系社会を生きた人物の貴重な証言である。

「半田日記」の構成は方法論な問題を浮き彫りにさせる。つまり、それらの史資料をどう取り扱うべきか、史資

表4－1　「半田日記」構成史資料数例

史資料番号	史資料名称（表紙のママ）	該当期間	半田年齢（執筆時）	備考	分類
①	『一九一七―一九二二　始《ママ》めての記録 “A Recordação”』	1917～22年	15～16歳	執筆は1921～22年	回顧録
②	『少年時代―契約移民として』	1917～22年	83歳	①の「浄書」（加筆・変更）	自叙伝の一部
③	『一九二二―三三職業学校』	1922～33年	16～28歳	日記の抜粋（元日記帳は④以外反故）	コラージュ手法による備忘録
④	『一九三二―三三』	1932年2月20日～1933年10月6日	26～27歳	反故されていない古ノート（③に編入）	日記
⑤	『一九三四年九月―一九三六年七月』	1934年9月～1936年7月	28～30歳	当時の日記	日記

料の構成自体が複雑であるがゆえに、その活用法も一枚岩ではない。これらの史資料を取り上げるとき、必然的にその性格について考えさせられる。

表4-1には、「半田日記」を構成する史資料の一部分をあげた。この史資料はすべて戦前のもので、一九一七年から一九三六年までの比較的長い時期に該当する。それでもたったの五冊である。この時期に半田は結婚して家庭を築く（一九三八年）。当時のブラジルではヴァルガス大統領による新体制国家樹立と外国移民に対する同化政策の強化（一九三七年以降）、他方アジアでは支那事変（一九三七年）が勃発する時期で、半田の青年期から成人までに当たり、半田にとっては人格形成のきわめて重要な期間だと思われる。

史資料①『一九一七―一九二二　始《ママ》めての記録　〝A Recordação〟』は最も古いもので、一九二一～二二年、半田がサンパウロ市に出てから執筆した文学的な余韻のある長編である。史資料②『少年時代―契約移民として』は一九八九年、半田が八三歳のときに行った史資料①の「浄書」であり、半田が人生で執筆した最後の長編である。史資料③『一九二二―三三　職業学校』は一九二二～一九三三年までの日記の抜粋が一冊に纏められたもの。ちなみに、この時期の日記は意図的に反故にされたと思われるが、史資料④『一九三二―三三』

は唯一残されたものである。史料⑤は当時の日記で、それ以降のものはほぼ現存している。

西川祐子は、日記とそれに類似する〝私語り〟の史資料をいくつかの項目――語り手、視点、主人公、記述人称、時制、物語の一貫性、物語の虚構性、商品化の可能性など――に分けて比較し区別した。西川を参照すれば、日記というエゴ・ドキュメントの性格の推移を分類できる。一定の間隔をおいてつけられること（定期性）、現在またはは近い過去について書かれること（同時代性）、一人の個人を中心に書かれること（個人性）、そして残しておきたいことを記しておくこと（記録性）が日記の主要な特徴である（西川 2009：38-44）。この定義をふまえて考えれば、「日記」の特徴すべてに該当するものはおそらく④と⑤だけである。他の史資料はひとつ以上の特徴に該当せず、まぎれもなくエゴ・ドキュメントではあるものの、「日記」という範疇を逸脱する。あえての区分を試みれば、回顧録（①）、自叙伝の一部（②）と〝コラージュ手法を採用した一種の備忘録〟（③）とでも呼びうる。

同じくエゴ・ドキュメントであっても性格が異なる実態から、いくつかの問題が浮上する。まず、以前のものが残っているにもかかわらず、なぜ一九二二年から三四年の日記帳が意図的に反故にされたか。また、③に纏められた記述は、何を基準に取捨選択されたか。半田があえて残そうとしたもの、それからあえて峻別し、取り除こうとしたものがあった。③がいつ編纂されたかは不明だが、その際に古い日記帳は廃棄されたと考えられる。半田が一九二二年から継続的に日記をつけていたとすれば、一〇年間以上の記述が、ある時点を節目に、一冊に纏められ捨てられたことになる。③に書き残された抜粋は、この一〇年間のなかから本人が残したいと思った情報であり、明らかに本人にとって重要（＝廃棄する／忘却するのが勿体ない）であった。この事実を看過してはこの史資料が語る情報を位置づけできない。

なお、史資料①と②は「原書」と「浄書」の関係にある。それらの史資料の間におよそ六〇年間の歳月があるが、両方とも半田の少年期について述べている。この問題については後述するが、その前に、「半田日記」を含むブラジル日本移民のエゴ・ドキュメントの収集と保管についてみなければならない。

初期移民の記憶と移民史料館の創設

移民をめぐる史資料の収集と保管は日系社会が戦後から気を配っている問題である。『移民の生活の歴史』の執筆と同時期の文章で半田は以下のように訴えかける。

すでに六〇年の歳月をけみしたわが同胞の生活の足跡は、今にしてこれを記録にとどめておかないならば、永久に失われるであろうというおそれもある。それは近年になって、つぎつぎと古い開拓者が他界しつつあることによってもうなづかれるであろう。（半田 1969：28-29）

一九六〇～一九七〇年代にかけては、戦後日系社会がその最盛期を迎えた時期である。敗戦に伴った日系人同士の抗争が少なくとも表面的には収まり（思想的な分裂や事件は相変わらず残っていたが）、一世たちの経済的成功と高等教育をうけた二世たちのブラジル社会進出により、日系社会は未曾有の、しかも確固たる地位を手に入れていた。一方、第一回移民船笠戸丸に代表される「古い」移民の世代はどんどん亡くなり、半田のような契約移民が経験した戦前移住の形態はもはや見えなくなっていた。コロニアの社会集団としての自覚と経済基盤の安定化は、初期移民に自分たちの物語を後世に伝える必要性を感じさせ、それは移民の歴史をめぐる史資料を収集し展示する「移民史料館」創設の提唱につながる。日系社会がその歴史を創るプロセスの一環である。その史料館の存在意義と理想的な形態は半田によって次のように語られる。

私の夢は、サンパウロ市に移民の生活文化を中心とした博物館をたて、ここに自然科学的なものや民俗学的なものもあわせてそなえ、われわれ日系人のためばかりではなく、ブラジル人一般にとっても有意な〝目で見る移民史〟の資料保存所をつくることである。

わが移民の生活は時代とともに変化した。衣・食・住に関する物質文化や生産用具など、すでに不要となり、しかもわれわれの過去を物語る資料となるものが、かなり多いにちがいない。また、単調な奥地生活の中で、生活にうるおいをもたせるために作られた手芸品などもあるにちがいない。或いは日本人会や青年会で発行した機関誌なども、文書の内容ばかりでなく、実物そのものも資料の一つである。（半田 1969：31）

一九七八年にブラジル日本移民史料館が開館する。そのとき史料館の創設とともに移民の「物質文化」を収集しようという知識人たちによる運動があった。ブラジル日本文化福祉協会創設五〇周年の際に刊行された『文協五〇年史』は、史料館の創設について以下のように書く。

一九七〇年代に入ると、日本移民に関する資料を集めて保存したいという考えや動きがおこる。この構想は半田知雄が提唱し、河合武夫、斉藤広志といった人文研メンバーによってはじまった。（第五章、第二節-頁番号記載なし）

一九七〇年代のはじめ、サンパウロ人文研のメンバーが中心となって、ブラジル日本移民に関する資料を収集し、記録を保存することが真剣に討議されていた。その発案者である半田知雄は、二・三世の時代を迎えた日系社会について「移民史はこれで終わった。これからは新しい歴史の幕があく、つまりコロニア史がはじまる」と指摘、一世移民の足跡を永久に留めるために、文書資料とともに眼でみるもの、それと同時にそれを裏付ける物品資料の必要性を提唱していた。（第六章、第一節-頁番号記載なし）

「移民史は終わった」「コロニア史がはじまる」という言葉は、日系社会史に対する半田の歴史観を象徴する文言である。戦後移民がおよそ一九七五年まで続くものの、半田がいう「移民史」たるものは、必然的に初期移民の契約移民経験を念頭に置いている（ソアレスモッタ 2013b）。移民の証言を記録する必要は以前より唱えられていた。

しかし一九七〇年代には、日本語を解さない後世に移民史を伝える最も適した方法は、言葉ではなく「物質文化」であったと考えられた。また、「ブラジル人一般」にも史料館を訪れてもらい、移民史を知ってもらうという意欲は、いうまでもなくブラジル現代史の一部に移民史を据える姿勢を物語っている。移民史はもはや移民が独占するのではなく、ブラジルに根を下ろし繁栄し、今やブラジル社会の一部分になった日系人のものでもある。コロニアとしての戦後日系社会のアイデンティティ変遷の顕れである。

　移民史料館に展示された内容は主に初期移民の生活をテーマにするもので、移民の身の回りの「物質文化」（農耕器具、生活用品、旅券や通過許可書のような書類など）を収集し展示した。その一方で、移民による手記（とりわけ日記類）を収集する運動があり、現在でも多くの史資料が保管されている。このように、「半田日記」が現存していることは奇遇ではなく、その作者が移民による証言を残す必要性を強く感じていたことと合わせて考えるべきである。

2　トポスとしての少年期

三つの記述

一九二一～二二年に書かれた『始め《ママ》ての記録』は半田が人生で最初に執筆した長文であろう。ノートはなんと一八四頁を数える。当時一六歳で、内容は自身の移民としての物語である。神戸港を出た日のこと、ブラジルまでの長い航海、配耕や入耕[3]、それから契約移民としてのファゼンダ生活、衣食住と労働に関する記録で、子どもの視線を通して描かれた移民物語である。

　家族での移住形態が多い戦前ブラジル日本移民では、子ども移民は注目すべき存在だ。主導権を持てず、自分の意志に関係なく「連れられ」移住する女性と子ども移民を人類学者の前山隆は「同伴移民」と呼んだことがある（前山 2001：209）。『始めての記録』を考えるとき、まず子どもは移民物語の主人公に成り得るかという問いから出

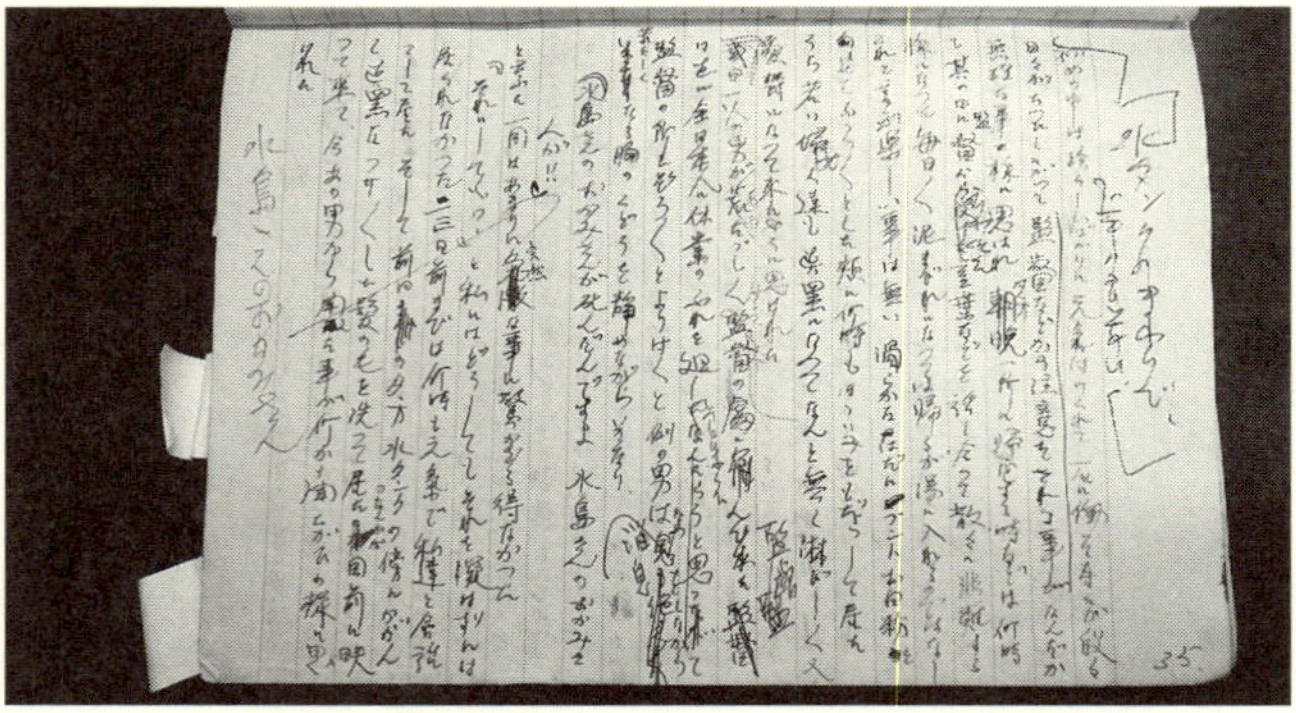

図4－1　『始めての記録』の一枚

色使い・筆跡から長年にわたる再読，加筆，修正と削除の過程がうかがえる。

発せねばならない。実際に、この長編記述は子どもの眼を通した移民物語であるが、子どもの視点は「傍観」であることが多い。行為者（actor）として父母、叔父と叔母、または耕地の監督など、「おとな」が中心であり、半田少年の行動よりも、周りの「おとな」による行動の記録を聞かされてしまう。特に労働をめぐる記述にはそれが顕著である。しかし、その反面、この長編は隣家のブラジル人の子どもとの遊びや拙いポルトガル語でのコミュニケーション、同じ耕地にいた家族一員の葬式や不満を抱えた移民の夜逃げ、おやつに対する楽しみなど、「子どもならでは」の視点を提供する（詳細は工藤・森編 2015 参照）。

『始めての記録』の頁を捲ると抑えがたい感激を覚える。そこにはこの一冊が何回も読み返された痕跡が残っている。各頁の余白に後からペンを入れた筆跡があり、年を取るにつれ修正した箇所、書き直した箇所、傍線を引いた箇所がわかる（図4-1）。

この最初の長編の執筆動機は定かではない。西川によれば、人々は人生の分岐点／転換期に日記をつけはじめることが一般的らしいが、この文章は「日記」とは呼べない。しかし、一九二一年はまさに半田にとってひとつの分岐点であった。一五歳にして親の元を離れ、叔母と結婚した鈴木貞次郎に連れられサンパウロ市に出る。サンパウロでは、住み込みで黒石清作が率いる邦字新聞『伯剌西爾《ブラジル》時報』で文選工として働き、日本語を磨き、ポルトガル語を習得する。新しい環境が半田に『始めての記録』を書かせたのだろうか。それとも鈴木や黒石のような〝文化人〟との接触がきっかけになったのだろうか。執筆の要因に関してこの文章は何も語ってはくれない。

しかし、この最初の長文から明らかになるのは、半田にとって少年期が大きな意味を有しているということである。テーマの選択そのものがそれを示すが、何よりも後の史資料との比較により、『始めての記録』が度々読み返され、参照されたことから明らかである。

移民史研究の大著『移民の生活の歴史』には、半田の少年期が多く反映されている。なかでも第一部第九章にあたる「ファゼンダ生活の一農年（一九一二年〜一九一三年）」は七六二頁を数えるこの著作の実に七六頁を占めており、全体の約一〇％に該当する。(4) その章は『始めての記録』の書き写しではないが、それをかなり踏襲していることは間違いない。

書いて、読み返して、書き直す。この反復作業のなかで、半田は自分の物語の執筆に挑戦する。一九六〇年代末、半田は人文研の専任研究員として「コロニアの文化史」を書いてみるという課題を引き受け、自分の物語を基盤に日系社会という集団の物語の一部分を執筆する。その作業の成果は後ほどの『移民の生活の歴史』になるが、執筆の出発点はファゼンダ生活であった。ただし、半田が少年期に立ち戻るのはこれが最後ではなかった。

一九八九年、つまり『移民の生活の歴史』が刊行されてから約二〇年後に、半田はもう一度自分の移民としての原点を訪れる決意をする。三回目である。かなりの労力を要求する古いノートの「浄書」に挑み、半田は『始めての記録』を書き直し、新しい文章『少年時代―契約移民として』へと蘇生させる。

物語の復権としての最終稿――自分史の奪還

晩年のリライト版『少年時代―契約移民として』において半田は以下のように述べる。

ここでこの少年時代の思い出の記を中断しようと思う。むろん気が向いたらいつでも続けるつもりである。

（中略）

でも、ぜひ書いておきたいと思ったのは、この頃までの生活であった。古いノート〝A Recordação〟は、私が一五才（一九二一年）から一六才（一九二二年）にかけてかいたものである。ずいぶん誇張して、大人じみた書き方をしたところもあるが、今では、ほとんどわすれてしまったことも、この古いノートを読むと、はっきりと思い出されるので、面白い。よく書いておいたものだと思う。ところが、このノートを中断してしまう動機は、このごろ、体のおとろえが、はっきりしだしたので、いつ死ぬかわからない。その前に、誰にでも読めるように、昔のノートを浄書する意味で、かきかえておこうと思ったからである。

少年時代にこうした生活をしたものも、ブラジルにいたと思うが、おそらく書きのこしてはいないだろう。八五歳までいきて、そこまで頭がしゃんとしていてくれたらいいと思うが、もう二ヵ年、そうであってくれるかどうかわからない。今、いそぐ気持ちでこのノートを書いているのである。五～六年前だったら、少しは文章をかきかえて、文学的な作品にできたかもしれないが、いまはそれをのぞまない。これでけっこうである。

（一九八九年九月一九日、火）

半田が「ぜひ書いておきたい」と明記する部分は、まさにファゼンダで過ごした時分（自分）であり、初期移民と過ごした契約移民としての経験である。三度にわたって半田がこの時期に戻る。「浄書」といいながら「かきかえておく」ともいう。実に『少年時代』はただの浄書ではなく、『始めての記録』にさらに手を加えて書き直した文章なのである。半田は、自分がかつて描出した史資料を再構築し、自分の移民としての物語を再解釈する。本人がいう「浄書」の理由は以下のようになっている。

私があのノートを反故せずに、浄書しようと思ったわけは、いろいろある。

a）ほとんど忘れかけた少年時代のことが思い出されるので、なるべく本筋をそこなわないようにと思いながら、誤字を正し、言いまわしのややこしいところを簡潔なものにあらためた。誰にでも読めるようにしたかったのである。

b）第三者が読めば、あまり興味がないようなことも、私個人が歩いた道を叙述したものとして大事にした。そしてところどころで注釈を加えさえした。

（中略）

e）書き足しておきたいと思ったこともあったが、どうも家庭の秘事や、風紀のとこにふれるので書くことをひかえた。こういうことは、はじめから創作にでもすれば、或いは書けたかもしれない。ただし、不必要なまでに創作じみた書き方をした部分は、できるだけ記録文的にあらためた。

執拗なまでにこの時期のナラティヴを書き直す半田の行動をどう解釈すればいいか。

半田にとっての少年期は回顧・追憶の対象にしか成り得ない懐かしき頃ではなく、ひとつのトポスとして読まなければならない。そのトポスにおいて、またはそのトポスを通してのみ、半田は初期日本移民の歴史を叙述することができる。そして、契約移民としての共有経験こそは半田が理解する移民の全体像の礎になっている。彼が制作する絵画作品もその解釈に依拠して論じなければならない。

少年期の記述は『移民の生活の歴史』に編入されたものの、晩年の半田はもう一度それを自己の「個人史」として書き直す必要を感じた。記録的に情報を書き留めておくことだけでは不十分だったのだろう。『移民の生活の歴史』に描かれている初期日本移民は半田の物語を参考にしてはいても、彼個人の物語ではない。『移民の生活の歴史』は自己経験の拡張であるが、類似した経験を持った者との接点を探すため、ある程度その特殊性を抹消する必要に迫られた。移民史の大きな流れにそれを溶解することは一種の迎合を意味する。その経験に「名前」あるいは「顔」＝主体性を付随させる必要があった。八三歳の最後の記述は、自分史の「奪還」の試みとも読める。「第三者が読めば、あまり興味がないようなことも、私個人が歩いた道を叙述したものとして大事にした」という言葉は自分の物語を語りたい半田の切実な願望を如実に露出している。それは自己の経験に注目してもらいたいという一種の自己中心的な願望の反映かもしれないが、同じく移民一人一人の個人としての経験の独自性への尊重の顕れでもある。史料館創設に結実した物質文化の収集への固執、とりわけ日記類の保存への意欲もそれにつながる。『移民の生活の歴史』の終わりに、半田は以下のようにことわっている。

> 移民史は、だれか一人がかかれば、それで事がすんだというようなものではない。（半田 1970：785）

わたしは、半田のこの言葉をブラジルに渡った日本移民一人一人の声を拾い、その歴史を複眼的にみる必要性への訴えと読みたい。

再構築されてゆく物語

歴史叙述とは物語（narrative）を創ることであり、解釈を試みることである。その解釈が繰り返される度に「真実」が再構築される。出来事が同じでも叙述者がそれを（再）解釈することによって物語の行方が変わり、意味が変容する。叙述者が史資料に働きかけると同時に、その史資料は叙述者にも働きかける。両者の間に相互関係が築かれるわけである。

ここでもう一度、西川祐子に戻り、歴史叙述とリライト作業についてみてみよう。

歴史学は叙述に際し、従来は伝記よりもなお確立した過去時制を採用することが多かった。しかし、過去はつねに現在につながるという認識、また歴史家は現在の視座から過去を見ることをまぬがれないという反省は、歴史叙述において用いられる時制を単純な過去にとどめてはおかない。時制と関連して、日記の場合はその日その日の、その瞬間の自分にとっての「真実」が描かれるわけだが、歴史はたとえ日記を素材に用いても、歴史叙述の行われる時点において「真実」が再構築される。（西川 2005：41）

半田が言う「浄書」のプロセスは、自己物語の再構築であることは前に述べた。それはつねに新しい情報、新しい視線、少なからぬ反省、修正、訂正、ときには縮小や削除のような、意味の変容をもたらす。視点の変化は、新しい観点を可能にする。年老いた移民は若き自分が書いた「ほとんどわすれてしまったこと」を読む。すると過去が「はっきりと思い出される」ので「面白い」。最初の書き下ろしからの歳月、書き換えの経験、作者の加齢などは視点を転換させる。そのプロセスは最終稿になった『少年時代』から垣間見える。書き換えの度に減っていく航海の話については、半田は『少年時代』で視点を現在に据えてつぶやく。

もし私が、一一才の少年ではなく、二〇ちかい青年であったら、船中生活はまた、いろいろな面を見とどけていたことであろう。

また、再読と再編のプロセスは必ずしも同時並行ではない。『始めての記録』が半田の生涯にわたって度々読み返されたことをこの史資料自体が語ってくれる。故郷の宇都宮市をあとにし、神戸の移民収容所の様子を伝える節の前に、以下の文句が鉛筆で書き加えられている。書き換えるかわりに、作者は自分の文章を読み返した時の感想を日付と共に書き添えている。

生活難に追いたてられて祖国をさらねばならない移住民であるにも拘らず彼等は今希望に胸をふくらんで金の成る木を夢みる。（一九三四年一一月）

表４－２　半田知雄の少年時代の記述・比較表

	『始めての記録』	『移民の生活の歴史』（主に第一部第九章）	『少年時代―契約移民として』
既刊・未刊	未刊	既刊	未刊だが公表意志あり
移民船・航海の描写	大いにあり	比較的に少ない	比較的少ない
一人称単数形の使用	あり	ほぼなし	あり
一人称複数形の使用	半田家	「日本移民」の総体	半田家 「日本移民」の総体
動詞の時制（主要）	過去	過去・現在・未来	過去・現在
配耕・入耕の描写	自己経験	自己経験 移民の共有経験	自己経験
労働の描写（視点）	傍観	主観	傍観
自然・空間・日常生活描写	あり	あり	あり
逸話・挿話・小話	個人的な思い出	移民全般に通じそうなものに限定（脚色も有）	個人的な思い出
分類	回顧録	日系社会史（集団史＝正史）	自叙伝の一部（自分史）
特徴	文学的	自己経験の拡張＆共有，初期移民のコロノ時期の歴史化	分節化 民族誌的・視覚的

あるいは、意味の変容をもたらす再編のプロセスは消去からも垣間見える。「日本人」としてのアイデンティティが強かった若き半田が書いた以下のような文言は、『少年時代』から削除されている。幼稚な文句を恥じたかもしれないが、おそらく愛国主義思想に対する憚りから来た消去であろう。

嗚呼　十余年間の懐かしき名残をどうやって私は遠い異郷の旅に立つのだ。さらば我日本よ！　我は懐かしき故国が永遠栄えんことを祈る！

『始めての記録』で描かれた少年の記述には子ども視線の余香が薫っているのだが、『少年時代』においてはその経験は追想の対象になっている。同じ経験が老移民によって書き直され、再解釈され、再構築されている。書き直す＝「浄書」の意義はここから見えてきて、その反復的な作業の意味合いも見えてくる。

表４-２は三つの記述を比較したものである。

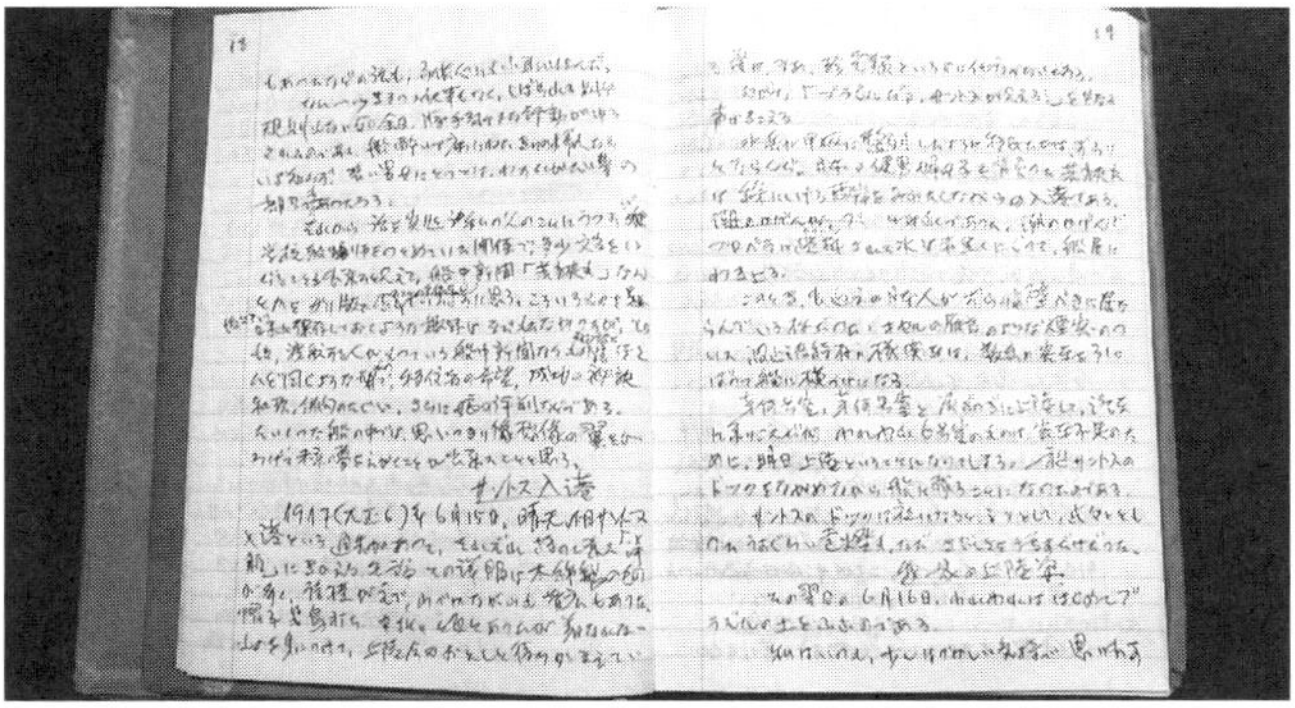

図４－２　『少年時代』の一枚

テーマごとの分節化（「サントス入港」と「我一家の上陸姿」）がうかがえる。

まず、移民船・航海の話の有無が特徴的で、『始めての記録』においてはそのテーマにかなりの分量を割くものの、他の記述ではその話が表面的にしか出てこない。『移民の生活の歴史』が、石川達三の『蒼氓』（一九三五年）と異なり、神戸出港ではなく、笠戸丸のサントス港停泊で始まることも思い出さなければならない。移民史はどこから始まるかという意識の違いを表明している。

一人称の単数と複数形の使用も物語の視点がどこにあるかの示唆になる。『移民の生活の歴史』は日本移民の総体を代弁して執筆されたわけなので、「我々」等の複数形が主流であるのに対し、他の二つの記述は個人の物語として単数形が主流である。

そして、おそらく『少年時代』の最も重要な特徴は文章の分節化であろう。「読みやすさ」を優先したこの書き換えでは、時には稚拙と感じられる『始めての記録』の文学的な長編と異なり、初期移民の複数の光景を視覚的に紹介しようとする。労働や喜怒哀楽の場面は節ごとに分けられ、住宅や家具の作り方や、農作業の手順などが小見出し付きで書き直されている。思い出と情報の整理を明らかに試みている。その観察と記述の仕方はまるで民族誌的な手法を連想させるが、すでに『移民の生活の歴史』でも確認できる（図4-2）。

われわれはこの三つのテクストの共通点、つまり、最初から継続している特徴にも留意すべきだろう。その一番大きいものとしては、生活様式へのこだわり、日常生活と労働の描写である。半田の文章を単なる記録的と片付けることは早計だろうが、生活の微細なところまで注目するその一貫した姿勢は注目に値する。

こうしたプロセスが眺められるのもひとえに、最終稿と見なせる『少年時代』だけでなく『始めての記録』も現存しているからである。原書の物質的な点検（下線、書き直しなど）、または「浄書」後との比較により物語の再構築と意味の変容を確認することができる。残された史資料はリライトのプロセスを明らかにする。

移民史は誰か一人が書けばことがすんだというわけではない。経験の多様性はナラティヴの多様性を意味する。また、リライトの過程は同時に叙述者と「自己」である移民知識人の葛藤を物語っている。自己の物語の奪還、その主体性の探求はこれらの史資料が最も如実に語っている行動である。文章の善し悪しを問題にせず、自己の物語の復権に粘った一人の移民の姿を誉めたい。

注

（1）コロニアとは、戦後のブラジル日系社会が採用する総称・自称である。ポルトガル語の colônia ＝植民地・集住地から。

（2）調査に際して協力して下さったサンパウロ人文科学研究所の方々に御礼を申し上げます。

（3）「配耕」と「入耕」とは、移民史書・移民文学に頻出する用語で、前者はサンパウロ市にあった移民収容所から耕地に連れて行かれること、後者はその耕地に入り、最初の数日間を過ごすことである。

（4）『移民の生活の歴史』に組み込まれたものの、最初この文章は初めて人文研が刊行する『研究レポート』に一九六八年に掲載された（半田 1968：3–107）。日本でも雑誌『現代のエスプリ』の移民についての特集号に掲載されたことがある（大給 1978：17–59）。いずれの場合も微小な加筆や編集があるが、半田にとってのこの章の価値がうかがえる。

文献

ブラジル日本移民福祉協会、二〇〇五、『文協五〇年史』（移民文庫掲載のｗｅｂ版 http://www.brasliminbunko.com.br/Obras/50.pdf 二〇一六年二月一四日　最終閲覧）。
長谷川貴彦、二〇一〇、「物語の復権／主体の復権――ポスト言語論的転回の歴史学」『思想』一〇三六号。

半田知雄、一九六八、「ブラジルにおける日本移民の生活の歴史――コーヒー農場（ファゼンダ）の生活」『研究レポートⅢ』サンパウロ人文科学研究所：三一-一〇七頁。

半田知雄、一九六九、「今こそ移民の文化的足跡を」『研究レポート　Ⅳ』　サンパウロ人文科学研究所：一二三-一三一頁。

半田知雄、一九七〇、『移民の生活の歴史』家の光協会。

半田知雄、一九七八、「ブラジルにおける日本移民の生活の歴史」『現代の巣プリ』第一三六号、至文堂：一七-五九頁。

半田知雄、一九八六、『ブラジル移民の生活』無明舎。

細川周平、二〇一二・二〇一三、『日系ブラジル文学Ⅰ・Ⅱ』みすず書房。

清谷益次、一九八五、『遠い日々のこと』サンパウロ人文科学研究所。

工藤真由美・森幸一編、二〇一五、『日系移民社会における言語接触のダイナミズム――ブラジル・ボリビアの子供移民と沖縄系移民』大阪大学出版会。

前山隆、二〇〇一、『異文化接触とアイデンティティ――ブラジル社会と日系人』御茶の水書房。

槇原茂編、二〇一四、『個人の語りがひらく歴史――ナラティヴ／エゴ・ドキュメント／シティズンシップ』ミネルヴァ書房。

西川祐子、二〇〇九、『日記をつづるということ――国民教育措置とその逸脱』吉川弘文館。

大給近達編集・解説、一九七八、『現代のエスプリ』一三六号、至文堂。

歴史科学協議会編集、二〇一五、『歴史評論』一月号、七七七号、校倉書房。

ソアレスモッタ、二〇一三a、「半田知雄著『移民の生活の歴史』の成立を巡る一考察」『日本学報』第三二号、大阪大学大学院文学研究科日本学研究室：八七-一〇七頁。

ソアレスモッタ、二〇一三b、「半田知雄における移民のなやみ――ブラジル日系社会史の語りと移民の戦争経験を中心に」『待兼山論叢　日本学篇』第四七号：一九-三七頁。

鈴木貞次郎、一九三三、『ブラジル日本移民の草分』日伯協会。

田中慎二、二〇一三、『移民画家　半田知雄その生涯』サンパウロ人文科学研究所。

第5章 〈歴史〉を紡ぐということ
――チリ移民・常川久太郎の書かれなかった「移民史」

赤木妙子

大正八年（一九一九）に横浜の貿易商社・ミカド商会の派遣社員として南米チリのバルパライソ港に上陸した常川久太郎（富山県生まれ、一八九八～一九八五）は、ミカド商会解散後は行商人としてチリ各地をまわり、コンセプシオンでの小店舗の共同経営やランカグアでの借地農業経験ののち、首都・サンチャゴで「写真師」となったチリ移民一世である。現在、遺族のもとには、自身の肉声による「問わず語り」の録音資料（カセットテープおよびオープンリールテープ）が大量に残されている。子息イサック・ツネカワ氏によって保管されてきたその録音資料には、久太郎の知り得た、チリ移民のさまざまな「物語」が生き生きとした語り口で記録されている。結局出版には至らなかった、この《移民による移民史》がどのように構想され、どのように紡がれていったのか、できるだけ詳細に追ってみようと思う。

1 チリ日本人移民史概説

常川久太郎の生まれる半年ほど前の明治三〇年（一八九七）九月、日本はチリ共和国と「日智修好通商航海条約」

を結び、両国間に正式な国交が結ばれた。しかし、当時の主要案件はチリ産硝石の輸出入問題であり、日本からの移民導入は実現していない（赤木 2003：18–19）。

チリへの日本人集団移住は、ペルーからの転航というかたちではじまっている。ペルーに最初の日本人契約移民が到着したのは一八九九年四月のことであり、それ以降、一九〇七年初頭までには三〇〇〇余名の日本人がペルーに上陸し、その多くが労働契約解除もしくは満了後、地方のサトウキビ農場を出て首都リマに集住するようになっていた。しかし、のちに隆盛をみることになる、商業活動を中心としたリマ日系社会は、この頃にはまだ形成されておらず、言葉も不自由な外国人労働者を大量に雇用しうる労働口も、リマには存在していなかった。リマ日系商店の草分けである橘谷商会は、一九〇七年一〇月、リマに集まってきていた旧契約移民のうちの六〇余名をチリ北部のコジャワシ銅山へと斡旋した。これが、日本人チリ集団移住のはじまりである（後が続かなかったため、はじまりであると同時に、唯一の事例でもある）（赤木 2003：19–20）。

一九〇八年には、五月到着のペルー移民九〇四名のうちの一〇〇名、一二月着の九七六名のうちの三五名が、ペルー南部タクナ県のトマシリ耕地に配耕された。ペルーがチリと国境を接するタクナ県は、ペルー、ボリビア、チリの間に起きた「太平洋戦争」（一八七九～八四年）の戦後処理をめぐり紛争が続く地域であり、名義上はペルーの領土であったものの、事実上はチリの占有地域となっていた。労働契約上は〈ペルーの〉トマシリ耕地に配耕されたことになる一三五名の日本人であったが、到着してみると、そこはペルーではなくチリであった。ペルーとチリの両属の地といえるタクナ県の存在によって、ペルー、チリ、ボリビアの国境を股に掛けての移動は比較的容易であったようだ。日本人移民もまた、その時々の景気や政情によって各国間を渡り歩いており、ペルー・ボリビア経由でのチリ移住という〈闇ルート〉を利用した移住者が、チリ日本人社会のなかに一定数含まれていくことになる（赤木 1998：101–104、赤木 2003：20）。

一九〇八年六月、チリの首都サンチャゴに日本公使館が開設される。翌年四月に東洋汽船による南米航路開設を控え、通商関係の伸長を見越しての設置であった。この定期航路によって、日本製の漆器・陶磁器や絹製品などを扱う貿易商社が、日本からチリへと進出をはじめることとなる。また、一九一〇年にはチリの独立記念一〇〇年祭が行われ、それを奉祝する「美術工芸万国博覧会」に日本も参加したことが、日本製品の販路をチリに確立するひとつの契機となっている。後年「カサ・ハポネサ」の名でチリ日系商店の代名詞となる千田商会（のちの本保商店）がバルパライソに開業したのは一九一二年であった。常川久太郎渡智のきっかけとなったミカド商会のチリ進出もこうした動きをふまえてのことである。一九一〇年代中頃には日系商社はバルパライソ以外の地域へも進出し、商業的拠点となるチリ中南部の都市には、貿易商社とその社員を中心とした日系社会がつくられていった。また日本と南米を結ぶ定期航路の終着点となったチリの港には、船を下りて定住した日本人水夫の姿も見られるようになっていった。

以上のように、日本からの集団移住を基本的には受け入れることのなかったチリにおける日系社会は、公使館や商社関係者を中心に、流動的な他国からの流れ移民や船員あがりがその周辺に集う重層的かつ複雑な様相を呈していたのである（赤木 2003：20）。

チリ日系社会の人口は、第二次世界大戦前には一〇〇〇人を超えることはなかった（チリ日系慈善協会 2002：271）。日米間の太平洋戦争開戦により、日本と南米を結ぶ定期船の往来が途絶し、チリ日系社会は日本との直接交流の道を絶たれることとなった。チリ共和国が連合国側として日本に宣戦布告したのは大戦末期の一九四五年四月のことであるが、それ以前から、チリの国内情勢は枢軸国側の移民に対して厳しいものであった。ただし、日系人口の絶対的少なさもあってか、他の南米諸国における反日傾向に比較すれば、穏健な対処であったともいえる（とはいえ、一部の日本人に対する強制移住などは実行されたし、軍港近くに立地していたことから接収された日本人所有農場もあった）。

一九五二年に、チリは日本と国交を回復し、両国の往来が再開される。引き上げていた日本の商社も戻りはじめ、日本の高度経済成長以降の日智関係は経済的な側面を強めていった。

2 「チリ移民史」を紡ぐ試み

一九六〇年代末頃、日本の外務省がイニシアチブをとって、各地の日系社会の〈歴史〉を描く試みが実行に移された。ペルー、ボリビア、ブラジル、アルゼンチン、メキシコといった国々の移民史が、六〇年代末から七〇年代のはじめにかけて、次々と上梓されたが、そのなかにチリ移民史をみることはできない。戦前からの移住者を多数かかえるメキシコ、ペルー、ボリビア、ブラジルと比較して、日本からの集団移住者がおらず、日系社会全体の規模も小さいチリの日本人移住史がまとめにくいのは想像に難くないが、集団移住者がいないという点でチリと似た歴史的背景を持つアルゼンチンは一九七一年に『日本人アルゼンティン移住史』を完成させている。

外務省は、この時期、チリ日系社会に対しても移住史作成の呼びかけを行い、当時「チリ中央日本人会」の会長を務めていた常川久太郎に作業のとりまとめを依頼したようだ。現在、ツネカワ家に保存されている大量の文書（以下、「ツネカワ家文書」とする）のなかに、「外務省」の用箋にかかれた「第1回会議」の議事録があるので引用してみよう。該史料に年次の記載はないが、後述する「クーデター」云々という文言から、アウグスト・ピノチェトによる一九七三年九月一一日の軍事クーデターから遠くない時期であることがわかり、また後述の別史料とあわせ、一九七四年の記録であることが比定できる。

第1回会議
日時：2月10日
出席者：常川、広瀬、成瀬、山村、松本（オブザーバー）、樋口（オブザーバー）
討議事項：在留邦人史編サンの是非
編サン委員会設置の件

〃　　趣意書作成の是非
　　他
確認事項：日本人会の事業として本年度内に在留邦人史作成
　編サン委員会を定期的に開く
　資料収集に全力を挙げる
　次回会議を2月24日、討議は編集の骨組
　データー山村保管

この段階で「在留邦人史」編纂の方針はかなり具体化していたようだ。ツネカワ家文書中には、「次回会議」開催日とされた二月二四日付けで、同じ「外務省」用箋に書かれた「在留邦人史」の目次素案も残されている。塗り潰しや追記等が多数見られるメモで、そのまま翻刻することは難しいが、幻の「チリ在留邦人史」の目次案として興味深い史料である。（素案の）原案段階では一四の章立てが考えられていた。この第一案とでもいうべき段階の目次を（単語、用字等は原史料のまま）復元したのが以下のものである。

①在チリ日本人移住概史
②日本人会の歩み
③日智関係交流史
④会報抜スイ
⑤人物プロフィール
⑥年史
⑦チリ人からみた日本人

⑧日本人ビイキのチリ人
⑨チリからの転出者
⑩Señores の座談会
⑪2世のオヤジ観
⑫店先で（職業別）商店、農業、□□
⑬くるわ物語
⑭エピソード、クーデター前夜

行間書き込みや欄外追記を追っていくと、当日の議論のなかで目次案が変化していく様子が見えてくる。たとえば「④会報抜スイ」「⑥年史」「⑨チリからの転出者」「⑬くるわ物語」は見せ消されており、目次から除外されたことがわかる。しかし、欄外には「本編及び資料編」という書き込みが見られ、見せ消された「⑥年史」の語の横には「（資料編）」と追記され、また、「資料編」に関するメモ欄に「日本人一覧、叙勲者一覧、年史」とあることから、「年史」（年表）は掲載場所をかえて復活していることがわかる。ほかには、②と⑦⑧が矢印で逆に配置し直されていたり、⑭のなかにあった「クーデター前夜」が⑮として独立していたりという変化も見られる。

「第2回会議」記録には「本編」を「8月末までに完成」させる旨の書き込みが見られる。そして、「第1回会議」議事録に「資料収集に全力を挙げる」とあったことを裏付けるように、ツネカワ家文書中には、自身の来歴を記したり、所蔵資料の有無を知らせるチリ各地の日本人・日系人からの書翰が残されていた。たとえば、タルカに住む波多江新が一九七四年三月二六日付けで常川久太郎に宛てた書翰には「本月十五日付御手紙拝読しました（中略）御手紙によりますと今度日本人在留民史の編さんに御着手の由誠に有意義ながら貴男に取っては大きな犠牲と大仕事を脊負はれた事になり氣之毒ではありますが一頑ばり御願申上ます　貴男を除ひては適任者が無さそうですね」とある。二月末の会議のあと、三月初旬には書翰での協力要請をはじめていたことがわかるだろう。波多江新の書翰はこのあと「次に御しつ問を順を逐て御答え申ます」と続き、自身や関係者の半生が詳細に記載されている。もっとも、波多江のように素早く、また内容的にも有益な情報をもたらす協力者は多数派とは言いがたい。依頼に応えなかったケースも多かったであろうし、時間的にも、「8月末までに完成」という当初の予定に間に合うようなかたちでは資料は集まらなかったようだ。ツネカワ家文書内には、「御申しこしの件1920年―30年前後の当地在留邦人名御依頼の條件は不可能と存じます（中略）帰国した友人の記念寫眞並に個人の寫眞はいくらか有ます」（一九七七年七月一日付、松本宜彦[1]宛、伊藤不二彦書翰）「御申込しのアリカ市日本人會の名簿及び記録は私か戰争中にピカにそかいの中時《ママ》他の邦人等皆やき捨まして現代のは何に一つも残つて居りまん《ママ》左様御承知下され度」（一九七七年七月三日付、松本宜彦宛、在アリカ能登井虎男書翰）といった、資料が提供できない旨を知らせる書翰も残されている。

前述の目次案には、章ごとの執筆担当者も追記されていた。「第1回会議」および「第2回会議」の「出席者」八名を中心に、複数の在留日本人による原稿執筆が想定されている。また、⑩の座談会への参加予定者としては、女性や若手も含めた幅広い人選がなされている。そして、チリ全土への呼びかけによって集められた情報をもとに、前述の目次にそって執筆作業が行われはじめたと思われるが、結論からいえば、この「チリ在留邦人史」が日の目を見ることはなかった。

現在、常川久太郎の長男であるイサック・ツネカワ氏のもとには、久太郎によって録音された十数本のカセットテープおよびオープンリールが残されている。これらにはラベルが貼られているわけではなく、録音内容はテープを再生してみないとわからない。筆者がツネカワ氏から当該録音資料を預かり、文字起こしをしつつ整理した結果、録音されていたものは、実現しなかった「チリ在留邦人史」を、久太郎が個人として完成させるべく作業を継続させた成果であることがみえてきた。録音テープの一本に「これは一九七四年一〇月に吹き込みました」という台詞があることや、在留民史の目次案と、後述する録音資料の章立てにあたる内容とを比較してみるとかなりの相似点が見られることなどから、「チリ在留邦人史」作成作業の一環であることは明らかである。以降、一九八五年に亡くなる数年前までの一〇年近く、作業は続けられていった。

「チリ在留邦人史」目次案の「①在チリ日本人移住概史」にあたると思われる、チリへの日本人渡航の歴史を語る録音テープの冒頭部分では、久太郎の作業動機が以下のように語られている（録音時期は、比較的後期にあたると思われる）。

「チリにおける日本人在留民史」というのは、チリだけが遅れているので、いままで何度も必要とされていながら、おのおのが自分の仕事に忙しいので、誰もが「自分がやる」と言うたひとがいなかったんです。第二次大戦直後――他の国の在留民史を日本でつくっておられるときでしょう――外務省の先輩、淀川正樹さんが本保さん宛に言ってきたことがありましたが、なにかの都合でできなかったんでしょう。その後、大正会でもそんな話題が出たこともあったらしいが、これも実行には移されなかったようです。

われわれの歴史中の最年長者…本保（孝保）さん、山田（虎松）さんがまだ健在なので、いまのうちにこしらえなければ永遠にできないのだろうと思えるんです。ときに、昔なじみの高木大使の訪問を受けて勧められたのと、遠藤（又男）大使の慫慂を受けたのを潮に、私も自分の限界を感じだしておりますので、いまのうちに覚えていることどもを並べておこうと思いましたので、私の最後のご奉公と思って、昔のことどもを並べて書いてみることにいたしました。（今後、チリ在留民史を）編集されるかたの材料を、これによって提供しようと思いました。そして、自分が編集者のような気持ちで、ちょいと書きはじめてみますと、とんでもない難しいことがわかってきたんです。それは、書くことのすべてが「私」を入れてはいけないんです。ところが、自分が言っていると、どうしても自分の話になってしまうんです。

そこで私は、大それた在留民史の編集という意味でなく、私が私の子どもや孫に昔話を気軽にしているという形をとりました。それを編集されるかたが都合のよいものだけを参考として取りあげていただけたら、甚だ幸いと思います。だから自分勝手なことも随分あり、また第三者から見れば気を悪くされるようなこともあるやに思いますが、それはあくまで、私が家族に残す昔話として捨てていただきたいと思います。

一九七四年の「会議」議事録から読み取れることとは多少ニュアンスが違うものの、「なにかの都合でできなかった」「実行には移されなかった」チリ移民史を、久太郎が「私の子どもや孫に昔話を気軽にしているという形」の《問わず語り》の「物語」として残そうとしたことが理解できる。ただし、七四年にはじまる「資料収集」以降、久太郎のもとに集まってきた資料は積極的に利用されており、また、全体の構成も七四年の目次素案を活かしたかたちとなっている。目次案では「①在チリ日本人移住概史」につづいて立てられていた「②日本人会の歩み」という章（にあたる部分）は、久太郎の語りでは最もボリュームの厚い箇所で、六〇分録音のカセットテープ三本分にあたる。テープ内では連続して語られている、この「日本人会の歩み」に関する語りを、エピソードごとに細分化したうえで小見出し的なタイトルをつけてみたのが、以下のものである。[2]

チリに日本人会のできぬわけ
できては消える日本人会
日本人会が、絹では世界最大という大旗を寄付したこと
日本人会の解散
リスタ・ネグラ
フアン・アントニオ・リーオス・モラーレス大統領
日米開戦
賭をしたこと
公使の軟禁
強制移住（レレガード）

詐欺に掛かった話
《五〇番》との関係
日本人会が経営したカウポリカン農場
アンダリエン農場のこと
終戦
日本人会の復活
私の失敗談

一九一九年の渡智後、人生の大部分をサンチャゴで過ごし、戦後には日本人会の会長も務めた常川久太郎は、チリ日本人会の浮沈を自身の体験として知ってきた人物であり、この物語を語るのにふさわしい人物といえよう。日米開戦後、戦前のチリ日系社会をリードしてきた日本人の多くが地方都市へと「強制移住（レレガード）」された際に、サンチャゴに残った数少ない日本人であった久太郎だけが知りうる、日本人をめぐる戦時下のさまざまな出来事に関する語りは、まさに刮目すべき内容となっている。

目次素案の「②日本人会の歩み」に相当する語りにつづけて、録音テープ内には、日本人移住者／在留民の各個別的な物語が語られている。

懸川南陽さんのこと
三好双山くんのこと
老人の死をめぐる物語
竹内兄弟のこと
唐沢虎太くんの話

柔術の試合をしたという話
ペルーから移動してきたひとたち
商業を目的にしてこられたひとたち
チリ人と直接契約をして、もしくは自由意思でこられたひとたち
船員として来て、チリで上陸されたひとたち

最初に登場しているのは、常川久太郎が弟子入りした日本人写真師・懸川南陽の物語であり、二番めとして長年、在留日本人の実質的なまとめ役を務めてきた（日本人会の「万年副会長」であり「（日本人）会場の番人であり小僧であり、会誌の刊行はひとりでやってのける」人物と表現される）三好双山について語られている。「老人の死をめぐる物語」から「柔術の試合をしたという話」までは、それぞれに興味深いエピソードを持つ移住者の個別的物語となっている。そのなかには、目次素案にあった「⑧日本人ビイキのチリ人」に該当すると思われるエピソード――「日本人の老人の死ぬまで看護を続け」たチリ人女性や「狂信的に日本人を好いてくれるおばあさん」の登場する物語――も含まれている。

後半の四つの見出し――「ペルーから移動してきたひとたち」「商業を目的にしてこられたひとたち」「チリ人と直接契約をして、もしくは自由意思でこられたひとたち」「船員として来て、チリで上陸されたひとたち」は、素案の「①在チリ日本人移住概史」にあたる語り部分でチリ日本人移民の類型として示された四パターンを指しており、ここではチリ移住日本人の個別的物語が、この類型別に分類されて紹介されている。それぞれ七人、四人、六人、五人の移住者のエピソードを含んでおり、たとえば、前述した波多江新は「船員として来て、チリで上陸されたひとたち」の一人として紹介され、そのなかで波多江の書翰そのものも朗読されている。「商業を目的にしてこられたひとたち」の部分は他の箇所に比べて質・量ともに内容が薄いのだが、語りのなかで「千田平助さんを祖先とする千田商店および本保商店は、関係者はたくさんおられますので、現在、存在しておられるかたたちのこと

を私が書くということは失礼にあたりますから、このひとたちに譲ります。また清水商店も高崎（忠雄）くんなどに書いていただきたいと思っております」と説明されており、チリ日系商店の草分けであり、録音当時もなお関係者がチリに存在していた大手商店に関しては〈あえて語っていない〉ことがわかる。

戦後の日本／日本人との交流史のなかで起こった出来事をとりあげた録音テープも残されている。目次素案の「⑭エピソード、クーデター前夜」にあたるものと考えられる、「漁業の進出と失敗」「サンタ・ルシーアの日本庭園の由来」「三人のサムライ[3]の記念すべき共同墓地」の三つの物語である。

「チリ在留邦人史」の目次素案に該当する項目が見当たらない語りが残されたテープもある。その冒頭で、常川久太郎は以下のように語りはじめる。

> 私はよく、日本から視察などに来られるひとに「大使館から出るような公式のではない、昔からの政治話が聞きたい」と言われるので思い出話をしますが、割合に喜ばれるようです。ところが、私のは公式のものではないから、幾分、公式の筋だったものとは違うかもしれませんが…自分が目で《ママ》感じ、目で見、耳で聞いてきた事実と、町の噂話ですから、そのつもりで聞いていただかねばなりませんが…話してると、ちょいちょい忘れてるところがあるのでひとつ思い出話として記録しておきたいと思い、まとめてみましたのが、つぎのようなもんです。私の知ってきたとか、まあ、見てきた、チリの大統領…大統領の各時代…とでもいいましょうか。

よって、「私の見てきたチリの大統領」というタイトルをつけるべき章となるわけだが、常川が渡智した翌年の一九二〇年に大統領に就任したアルトゥーロ・アレサンドリの時代から、語りを録音していたピノチェトの時代までの歴代大統領をめぐる物語を、特に日本人・日系人社会とかかわるエピソードを中心に語っている。常川の師匠である懸川南陽は、チリ上流社会の御用写真師として大統領官邸にも出入りしており、大統領お抱え写真師と呼ばれた時期もあった。その弟子である常川は、独立後も南陽の人脈（とブランドイメージ）を引き継ぎ、日本人／日系社会のみならず、大統領をはじめとする非日系のチリ上流人士との交流も重ねてきており、戦中・戦後には、その人脈を利用して日本人社会を裏から支えていったのである。一見、「在留民史」とは縁遠くみえるこの語りこそ、常川久太郎ならではの視点から語られた「チリ在留民史」といえるだろう。

3　常川久太郎死去後の状況

常川久太郎が問わず語り録音の「在留民史」を残して世を去った二年後の一九八七年、日本の国会図書館職員・和田上英雄が「南米移民資料収集」のためサンチャゴを訪れた。和田上はイサック・ツネカワ氏とコンタクトをとり「チリの日本人会長だった故常川久太郎氏所蔵の次の三点もコピーで収集（中略）この他に、常川氏は生前、日系社会に関して吹き込みをし、カセットテープ六巻に収めていたが、すべてダビングをさせてもらい収集することができた。内容は、チリ日系社会の背景、事件、人物評、争い事などが中心である」（和田上 1988：9）としている。また、和田上はチリ日系社会の関係者を集めて座談会を開き、移民資料収集・保存の必要性を熱く説いている[4]。外務省による働きかけをきっかけに、常川久太郎を中心とした日系社会が〈移民史を紡ぐ〉試みをはじめてから一〇余年を経て、国会図書館の資料収集事業という外的刺激が、再び日系社会に移民史作成への刺激を与えたことが見えてくる。このときも、その具体的な成果がすぐに世に問われることはなかったが、ツネカワ氏が久太郎の遺品を大切に保存しつづけ、現在につながる契機となったことは間違いない。

それからさらに一〇年を経た一九九〇年代後半、チリ日系社会の〈歴史が紡がれる〉契機がみたび訪れた。一九九七年に日智修好通商航海条約締結一〇〇周年を迎え、記念出版物が何冊か上梓されたのである[5]。しかし、それらはいずれも経済・外交関係を中心とした記述に終始しており、チリ日系社会についてはお座なりの記述しかみられなかった。一九九八年には米国ロサンゼルスの全米日系人博物館が南北米大陸を股にかけて日系社会の研究を行う「国際日系研究プロジェクト」を立ち上げた。しかし、ここでも、このプロジェクトが現地研究者の参加を基本コンセプトとしていたため、該当者のいないチリは研究対象とされなかった。その翌年、パンアメリカン日系人大会がチリで開催されたことが、現地日系社会を大きく刺激した。ホスト国の日系社会として、自国の移民史を披瀝する必要に迫られ、日系社会により〈紡がれた〉移民史がはじめて活字化されたのである。その後、大会幹事役を務めた「チリ日系慈善協会」がその成果を持って「国際日系研究プロジェクト」に参加している[6]（赤木 2003：17）。

4　常川久太郎の歴史観

常川久太郎の録音作業は、原稿を用意しそれを読み上げるスタイルをとっていた。ツネカワ家文書中に、葉書サイズほどの用紙に書かれた原稿の束が、ごくわずかであるが残されている。ただし、録音冒頭部分は原稿をそのまま朗読していたとしても、興が乗ってくると原稿は無視され、また語りながら思い出されたエピソードが次々と追加されて、準備された原稿とはかなり趣の異なる語りとなっていったようだ。全体の構成も、当初の外務省依頼からはじまった「在留邦人史」の目次案にそったものから、常川なりの加除を経た姿に変わっている。

常川久太郎による「在留邦人史」とそれ以外のチリ移民史、あるいは一般的な他国の移民史との最も大きな違いは、移民のルーツへの目配りにある。そもそもが、契約移民というかたちで日本からの集団移民が入国したペルーやブラジルのケースと違い、チリやアルゼンチンのような個別的かつ散発的な渡航により日系社会がつくられていった国での〈最初の移民〉を明らかにすることは難しい。日本の国会図書館による資料収集に伴う座談会で、和田上が現地に調査依頼していたのは、日本海軍艦船に乗船してチリ訪問中に客死しバルパライソの墓地に葬られた日本人に関する記録であった。ほかにも、幕末に日本に回航された軍艦に乗艦していた日本人が最初にチリに上陸したという逸話など、日本人、日本側からルーツとして求められるのは、確かに時間的にはより昔へと遡ってはいるが、現在の日系社会とは直接的な関係がほとんどない〈歴史の断片〉的なエピソードが多い。

実際に日系社会に暮らす人々にとっては、それらのエピソードは象徴的ではあっても、自分たちの先祖の物語として身近に感じられるものではない。常川久太郎の「在留邦人史」においても、チリ日系慈善協会による移民史においても、そうした断片的エピソードの比重は小さくなっており、自分たちの直接の先祖である「移住一世」の来歴が中心的話題となっている。

常川久太郎は、チリへの入国方法を、ペルーからの転航者、貿易商とその関係者、その他の自由渡航者、船員あがりの四類型に分類していた。慈善協会によるものをはじめとする近年のチリ移民史ではほぼ無視されている「船員あがり」や、傍流扱いの「ペルーからの転航移民」であるが、常川は「チリにおける日本人の在留民史は、ボリビアにおけると同様、ペルーへ移民で来られたかたがたが移住して来られたことにはじまります」と、むしろチリ日系社会のルーツを「ペルーから移動」した移民におき、彼らの具体的なエピソードを手厚く語っている。

現在、チリ日系社会の中心にあって「チリ日系慈善協会」で幹部を務めるような人々は、常川による四類型でいえば「商業を目的にしてこられたひとたち」か「チリ人と直接契約をして、もしくは自由意思でこられたひとたち」を先祖に持っていることが多い。チリ日系社会自体が、地域的にはサンチャゴを中心とし、すなわち貿易商人や自由渡航者といった、出稼ぎ移民ではない始祖を持つ人々を中心としてつくられているため、その先祖の〈成功物語〉がチリ日系社会の〈歴史を紡ぐ〉際の中心的話題となるのは自然の成り行きである。ペルーと国境を接するチリ北部を中心に存在した「ペルー流れ」や港町を振り出しにその後も流動性を持ち続けた「船員あがり」は、サンチャゴに定住する子孫をほとんど残さなかった。ゆえに、中央史観とでも呼ぶべき現在のチリ移民史からははみ出した存在となってしまったのである。

「ペルー流れ」や「船員あがり」といった周縁部への目配りを怠らず、〈成功物語〉とも言えない個々の移民の物語を丹念に拾っている常川久太郎の「在留邦人史」は、それゆえに貴重である。残念ながら、久太郎のテープには〈自分語り〉に類する部分はほとんどない。「自分史」の草稿的なものの断簡がツネカワ家文書中に含まれてはいるが、現時点ではチリに渡航する直前までしか復元できていない。資料整理をすすめて常川久太郎自身の〈物語〉をより具体的に紐解き、その歴史観の形成過程をみていくことが、次なる課題であることは言を俟たない。

注

（1）書翰受取人の松本宜彦は在チリ日本大使館に勤務しており、前述の編集会議に「オブザーバー」として参加していた人物である。

（2）語りのなかで、タイトルをコールしている場合はそのタイトルを利用し、ない場合は、語られた文言をできるだけ引用するかたちで、便宜上のタイトルをつけている。

（3）「三人のサムライ」とは、チリ・アンデス登山中に遭難死した山岳画家・山川勇一郎、長年の文通の末、チリ美人と結ばれたというエピソードの主として日本のメディアに紹介され有名になった太田長三、チリにサケの養殖技術を持ち込んだ白石芳一の三名である。

（4）このときダビングされた問わず語り録音資料は、その後「カセットテープからCDに媒体変更」（国立国会図書館HP「リサーチ・ナビ」https://rnavi.ndl.go.jp/kensei/entry/ve701.php 2016.2.15）され、現在、国会図書館内憲政資料室に「日系移民関係資料」「チリ録音資料」「常川久太郎　3枚」【VE701-82～84】として収蔵されている。また、このとき和田上が開いた座談会を録音したものも「堀内定夫・千田豊平・常川勇久　1枚」【VE701-85】として公開されている。

（5）日本での出版物には、当時の駐日チリ大使ハイメ・ラゴスによる『チリと日本　百年史』（私家版・一九九七）や細野昭雄・松下洋・滝本道生編『チリの選択　日本の選択』（毎日新聞社、一九九九）などがある。

（6）その成果は、アケミ・キクムラ＝ヤノ編著、小原雅代訳『アメリカ大陸日系人百科事典――写真と絵で見る日系人の歴史』（明石書店、二〇〇二）の第六章として読むことができる。

文献

赤木妙子、一九九八、「ペルー初期移住者の『転耕・転住・転航』――海外移民の空間的移動と史料」『史学』六七巻二号：八三-一二二頁。

赤木妙子、二〇〇〇、『海外移民ネットワークの研究――ペルー移住者の意識と生活』芙蓉書房出版。

赤木妙子、二〇〇三、「チリ日系社会の成立とペルー移民」『目白大学人文学部紀要』一〇：一七-二八頁。

赤木妙子、二〇〇七、「ペルー日系社会における『先没者慰霊』行事――アイデンティティ形成と第二次世界大戦、そして移民史」山本岩夫・ウェルズ恵子・赤木妙子編著『南北アメリカの日系文化』人文書院、二五五-二七二頁。

チリ日系慈善協会、二〇〇二、「チリの日本人移民と日系チリ人」アケミ・キクムラ=ヤノ編著『アメリカ大陸日系人百科事典――写真と絵で見る日系人の歴史』明石書店、二四五-二七五頁。

和田上英雄、一九八八、「南米の日系社会とその資料」『国立国会図書館月報』三二五:二-九頁。

第Ⅱ部　伝える

第6章　日本人移民女性と日本語メディア
——日本の婦人雑誌と日系移民新聞

一政（野村）史織

1　移民メディアと女性をめぐる言説

二〇世紀初めのアメリカ合衆国（以下米国）における日系移民コミュニティでは、日本から流通してきた書籍、新聞、そして雑誌に加え、現地で創刊され出版された移民新聞や雑誌、自費出版書籍や歌集などさまざまな出版物が存在していた。これらの新聞、雑誌の作り手、投稿者、あるいは読者の多くは日本人移民男性たちであったが、日本人移民女性たちもまたメディア活動にかかわっていた。

日本から米国本土への大規模な女性移民は、一九〇七～〇八年の紳士協約で男性の労働移民が禁止されてから写真花嫁を含む家族呼び寄せで増加し、一九二〇年に写真花嫁が禁止されても、一九二四年の制限移民法成立で実質的に日本からの移民が不可能になるまで続いた。こうした女性移民たちが読み、かかわった移民新聞などの日本語メディアや、そこに掲載されたさまざまな記事や文芸作品については、初期の移民新聞や、移民たちの文芸作品を発掘し体系的にまとめた田村、白水（田村・白水編 1986：田村 1991）や植木ほか編（1997）、文芸雑誌の復刻・整理をした篠田・山本編（1997, 1998）、川柳分析から社会史を検討した粂井（1995）、グローバルかつ越境的に広がる日本語メディアや移民文学を詳細に検討した日比（2004：2014）や白水（2004）の研究などで取り上げられている。これらの多くの研究によれば、創刊者、編集者、記者など移民メディアを担った主な人々は、米国では家事労働や農業労働の従事者であっても、日本では中産階級出身の男性が多く、その一部は移民コミュニティの指導者であったという。そのため、研究の中心は、男性移民のメディア活動であった。

既存の研究によれば、初期の移民新聞は、「出稼ぎ書生」と言われた私費留学生や政治的亡命者などによって出版された、日本の政治運動を支持する政治団体の機関誌などの新聞であった。しかし、世紀転換期より男性の労働移民が激増し、日本人移民社会が拡大していくにつれ、よりコミュニティベースの移民新聞が発展していったという（田村 1991：121-144：Ichioka 1988：7-8）。当時の米国の排日運動は、大部分が男性移民で構成される日本人移民社会の買春や飲酒、賭博といった「望ましくない」風習を問題視し、米国の家庭、道徳、そして文明を損なう人種的かつ国家的な脅威であると主張していたので（Ichioka 1988：28-36，82-89）、日系移民コミュニティの指導層や、主要な移民新聞、雑誌の多くは結婚や妻の呼び寄せを推奨し、賭博や買春などの乱れた生活から離れ、健全な家庭を築くことで、日本人移民社会が改良されるべきだと訴えていた。

一方、女性移民が増加すると、渡米してきた女性たちは、排日論の新たなターゲットになり、日本人移民女性たちの風習、服装、習慣、出産率、そして、移民家庭や移民社会のジェンダー規範などが批判され、日本人が同化できない証拠だと主張されるようになった。同時に、徐々に狭まっていくにせよ男女比の不均衡が存在する中で、米国での厳しい生活や労働条件に直面したり、夫婦関係に幻滅したりして、離婚や駆け落ちをする女性たちも存在し、日本人移民社会ではさまざまな問題が持ち上がった。こうした中、排日運動に対抗し、移民社会を構築するため、そして、女性の労働力にも期待して、多くの日系移民メディアで良き家庭と女性の役割が強調されたのである（条井 1995：141-146：Azuma 2005：35-60：Glenn 1986：4-5：Ichioka 1980：347-355：Yasutake 2004：108，221）。

このように移民女性をめぐる言説については、移民メディアの役割や、男性移民から出された記事、文芸作品などを中心に研究が進んでいる。しかし、複数の越境的な日本語メディア上に移民女性像が構築される過程に、移民女性たちがどのようにかかわったかについては、まだ十分に研究されていない。筆者も、日系移民新聞への女性の投稿文や投稿文芸の言説を分析し、どのように女性たちの声が形成されていったのかを分析したが（一政 2011：Nomura 2008）、越境的に展開する日本のメディアや日系移民メディアなど複数の日本語メディアが移民女性とどのようにかかわりあったのかは、十分に検討できなかった。

そこで、本章では、複数の日本語メディアに在米の日本人移民女性たちの言説空間がどのように設定され、また、どのような女性たちが、日本語メディアといかにかかわることになったのかを検討する。分析対象とする日本の代表的な婦人雑誌としては、『主婦之友』『婦女界』『婦人倶楽部』『婦人世界』などで、特に良妻賢母主義を掲げていた『婦女界』（一九一〇年創刊）は、その誌名が移民新聞の広告や投書に多く現れ、日本人移民女性の間でも広く読まれていたと考えられるため、分析の中心とする。対照させる移民メディアとしては、サンフランシスコの『日米新聞』（一八九九年創刊、一九二〇年代には発行部数二万五〇〇〇部、以下『日米』）を取り上げる。この新聞は、出稼ぎ根性を批判し、米国での日本人移民の定住と発展を訴える編集長安孫子久太郎らの考えから、「永住論」をスローガンとして、日本人移民の農業分野での発展と家族形成を訴えていた（田村・白水編 1986：201）。また、女性たちからの通信文やエッセイ、文芸作品なども多く掲載していた。本章では、女性移民が増加する二〇世紀はじめから日本からの移民が実質的に禁止される一九二四年までに、これらの日本語メディアに掲載された在米女性からの投稿文や寄稿記事に注目したい。

2　投稿欄と女性

いくつかの研究で、日本人移民の高い識字率と日本語メディアの発展の関係が指摘されているが（田村・白水編 1986：381）、移民女性たちも、グローバルにその流通網を拡大させていく日本の雑誌、書籍、そして成長する移民新聞や雑誌の読者となっていた。また、女性たちは、文芸作品、日記、投稿などの書き手でもあった（Nakano

1990：54-55)。それでは、当時の日本語メディアでは、どのように移民女性からの投稿が募集され、また、どのような投稿がどんなかたちで掲載されることになったのだろうか。

まず、日本の各婦人雑誌を分析してみると、それらのほとんどに読者欄や投稿文芸作品欄が設けられていた。これらの投稿欄に掲載されたものの多くは、日本国内からのものであったが、欧州、北米、南米、満州、朝鮮など世界各地在住の日本人女性からの投稿も掲載されていた（たとえば、『主婦之友』1924.2：304-308,『婦人世界』1915.6：128, 1917.1：132,『婦女界』1921.9：156, 158-159など)。『婦女界』に掲載された在米女性たちの投稿文の多くも、日本だけでなく世界各地の日本人女性の投稿や、日本の記者、発行者からの応答や評（たとえば、1920.3：155）などと一緒に読者通信欄に掲載された。また、特に注目を浴びた在米女性や帰国者からの通信文が、二～三ページの寄稿記事や特集記事となって掲載されることもあった。これらの紙面作りを考えると、日本の婦人雑誌は、海外在住の日本人女性読者の存在を意識していたと考えられる。一九一二年一月から一九二四年六月だけでも、『婦女界』には在米女性からの読者だより九通と、三～四ページ程度の寄稿記事が三本（帰国後に投稿された一本を含む）掲載されていた。

婦人雑誌の記事や投稿の多くが、家事や育児、家庭内の人間関係などを扱っており、それらは、当時日本で高まっていた「家庭」という概念に結びつけられた良妻賢母像と関連していた。そのため、米国からの投稿文も家庭や育児について書かれたものが多く掲載されていた。しかし、特徴的なのは、これらの投稿の内容が、家庭や育児についてであっても、米国での日本人女性の暮らしや活躍と重ねて語られ、日本人の世界への進出や海外発展といった言説と結びつけられていた点である。『婦女界』では、ジレット在住の女性が、現地のベビー品評会で自分の子どもが二等を取った様子を報告すると、記者からは、「我が神州の精英を見せ、我が同胞の爲に気を吐かれた」との言葉や、「本誌の海外發展は非常なものですが、之も皆様方が遠く故國を離れて到る處に活動され、特に本誌を御愛讀下さる御蔭」との謝辞が寄せられた（1921.5：156)。また、モンタナ州在住の女性は、移民社会での問題点も含め、現地での日本人移民男女の暮らしぶりを紹介したあと、「外国は決して恐ろしい所でもなく、嫌な所でもありません。ただ各人の心がけ一つです。我愛する婦女界の力によつて、もつともつと婦人の向上心を強め、平気で自ら望んで、ドシドシ海外へ渡られるように致したいものであると存じます」（『婦女界』1924.5：100–103）と、移民を勧めていた。以上のように、日本の婦人雑誌では、日本国外在住の女性たちからの投稿文は、海外においても家族や国家のために活躍する日本人女性像という表象と結びついて、日本語メディア内に場所を与えられていたと言えよう。

一方、『日米』を見てみると、女性たちが投稿できる場は、「家庭」という考えと密接にかかわって形成されていた。一九一〇年代はじめの『日米』にはすでに家庭欄が存在していたが、一九一九年以前は一部の日本の女性知識人などの記事の転載が主であり、ときおり掲載される短歌や俳句などの投稿文芸作品や新年の懸賞文芸作品、またはエッセイなどをのぞき、読者からの投稿は少なかった。しかし、一九一九年になると、「在留同胞婦人」に投稿を呼びかけ、記事の多くが彼女たちの投稿文で構成される「婦人と家庭」欄という画期的な試みが始まった。最初の募集記事では、「異郷の地で夫を扶《たす》け励まして事業の発展を図り家庭を整理し子女を教養して健実《けんじつ》な社会を築きつつある一般婦人の努力貢献は多く世に現れ」ないのは、「甚だ遺憾なことであるのみならず今後の同胞社会の進歩発展に対する婦人の力を十分に発揮せしむる所以でない」と訴えられ、「婦人の隠れたる貢献を募集して広く之を世に紹介したい」と投稿が呼びかけられた（1919.3.1）。さらに、新聞は、望ましい投稿内容についても繰り返し指示しており、「同胞発展の為には健全な家庭を基礎とします我社が婦人と家庭欄を設けた動機はここにあります故に此の目的に応《ふさわ》しい原稿を御婦人を始め一般の読者に求めたい」（1919.7.10）と、家庭での女性の役割を発信するよう求めた。もちろん、女性たちに政治的な発言を求めるものもあった。一九一九年おわりの「輿論の府」は写真花嫁問題に触発されて二〜三ヶ月続いた欄であり、写真花嫁を支持する女性たちの政治的発言が随時掲載された。しかし、写真花嫁の入国が禁止されると、「輿論の府」は消滅してしまった。一方、一九一九年からは「草笛」欄が登場する。この「草笛」欄には、広く移民男女の読者から投稿が募られ、一九二三年頃に「婦人と家庭」欄が消滅する中で、「草笛」欄に女性からの投稿文の多くが掲載されるようになり、その内容の中心は母親論、二世教育へと移っていった。以上のように、移民新聞への女性からの投稿は、移民社会を取り巻く社会、政治的文脈に応答しつつ変容する、良き移民社会と家庭での女性の役割像に結びついていたと言えよう。

3　移民女性の中の読者と投稿者

次に、日本の雑誌と移民新聞というふたつの日本語メディアの中で、それぞれどのような女性たちが読者、そして投稿者として選ばれ、紙面上で紹介されていったのかを見てみよう。米国在住の一五歳以上の日本人女性の数は、一九〇〇年の九八五人から一九一〇年には九〇八七人へ増え、一九二〇年には一一万一〇一〇人の在米日本人のうち三万八三〇三人は女性となっており（ハワイを除く）、その大部分が、男性移民の配偶者であった（飯野 2000：30-34：Glenn 1986：8，31：Ichioka 1988：52，69）。イチオカは、一九一〇年から一九二〇年の間に渡米した日本人女性の約半分以上が写真花嫁だったと推論している（Ichioka 1980）。また、グレンによれば、一九二〇年に在米の一〇歳以上の日本人女性二〇・八％が賃金労働者であると米国の統計には記録されているが、実際には、農業や夫が営む事業や商売で無給労働に従事しており、ほとんどの既婚女性が働いていたという（Glenn 1986：69-73）。

在米の女性で読者、そして投稿者となったのは、このような日本人移民女性の社会、経済的背景を反映していたが、特に中産階級出身の女性たちが多かったようだ。日本の婦人雑誌の読者層を分析してみると、この特徴がまず明らかになった。たとえば、広島の都市部中産階級出身のある女性は、同県の農家出身の渡米一二年の夫が一時帰国した折に、一八歳で見合い結婚して渡米した。一九八〇年代に行われたインタビューで、この女性は、日本から取り寄せた「雑誌を読んだり」していた、と答えている（Historical and Cultural Foundation of Orange County et. al. 1985：24）。また、日本の婦人雑誌上の読者欄や寄稿記事にあらわれる在米の女性投稿者を分析してみると、前述の『婦女界』の九通の通信文と三通の寄稿文の投稿者八名の多くが中産階級出身で、日本である程度の教育を受けており、うち二名は日本の女学校を卒業または中退していた（1921.9：157-158，1921.11：157）。この中には、主婦業の傍ら、ニューヨークで美容学校に通って資格を取り、当地の美容院で働く経験を語った山根千枝子という女性(1923.1：56–61など)もいた。

その他の特徴は、投稿者全員が既婚であり、夫と死別した一名をのぞき、すべてが米国で夫と同居していた点であろう。また、一人をのぞき皆、子どものいる母親であった。これらの女性たちのうち、前述の山根だけは、最後の寄稿記事によれば、日本に帰国して美容院を開いているので、仕事で駐在する夫に付いて米国に滞在していたと思われる(1923.1：56–61)。しかし、他の七名の女性たちは、在米歴が数年以上ある移民女性たちであり、夫の職業も農業(1921.11：157)や「鉄道の労働者」(1924.5：100–103)であった。さらに、「在米加州開拓一農夫」というペンネームの男性は、投書の中で、「永年農業」をやっているが、二年前に迎えた妻の親類が毎月『婦女界』を送ってくれている、と報告している(1920.5：157)。以上のように、婦人雑誌の読者、そして投稿者には、都市だけでなく、カリフォルニア州、ユタ州、ワイオミング州、オレゴン州、モンタナ州など米国各地の農業地域などに在住する、中産階級出身の既婚女性が多かったと言えよう。

一方、『日米』を見てみても、中産階級出身で教育のある読者、投稿者像が明らかである。何人かの女性投稿者たちは、自分たちの周りにいる女性の読者たちの日本での教育歴のよさを指摘している。サンタバーバラの「田舎」在住、渡米して三年半、二児の母であった花岡豊子は、新聞の愛読者だと書いたうえで、近隣の六名の日本人移民女性の知人たちについて、「妾《わたし》のキャンプに妾の外にまだ六人の婦人が居られますが(中略)日本で相当に學校へ行かれました方計りですが白人の新聞が読めないので矢張り御社の新聞を取つて見られます」(1920.3.5)と描写している。

また、以前、筆者は移民女性たちからの『日米』への投稿文に注目し、女性と推測される投稿者一五六人を分析したが、その結果もやはり中産階級出身で教育を受けた投稿者が多かった(Nomura 2008)。投稿文では、多くの女性たちが、日本の女学校で学んだと告白しており、日本で現在の女子大にあたる教育を修めた者、米国で小学校や中学校を修了した者、また、米国の女子大学で学んだ者も少数含んでいた。日本の中流家庭出身であるとか、日本で小学校の教員だったと述べた者もいた。

さらに、婦人雑誌の読者と同様、『日米』の投稿者の大部分が妻・母であり、夫に呼び寄せられ、または、一時帰国した夫に付いて渡米していた。投稿者のうち六一名が既婚女性たちで、そのうち一人を除き全員が夫と同居しており、多くは、子どもがいる若い母親たちであった。五人の女性が写真花嫁だと明言しており、一人は日本で見合い結婚だったと明記している。少数の独身女性もいるが、彼女たちは親から呼び寄せられて渡米していた。独身女性三名のうち一名は母親を亡くしていて、母親代わりとして弟妹の世話や家事を担っていた。ほかの投稿者たちは、夫や子どもがいるかどうか明らかにしていないが、妻・母の立場や役割について書いていたので、彼女たちも既婚女性である可能性が高い。さらに、同紙の短歌欄の常連投稿者でもあった高橋康子の夫は、農業で成功した移民コミュニティの指導者であり、やはり『日米』や『羅府新報』の短歌の常連投稿者である長谷川咲子の夫は、米国の大学院で学んだ、ロサンゼルスの移民コミュニティの指導者であった。これらから、投稿者の一部は、米国でも指導的役割にある中産階級の家庭の妻たちであったと言えよう（Nomura 2008）。

また『日米』の投稿者の多くは、カリフォルニア州のなかでも日本人移民の増加する農業地域に居住していたことも注目に価する。カリフォルニア州の居住地を明記、または示唆した投稿者は七七名であり、そのうち、都市部在住と推測できるサンフランシスコ（一七名）をのぞき、記載されていた多くの居住地は農業地域であった。また、他州の居住地も多くが農業地域であった。実際、夫の職業も農業関連が多く、エッセイの投稿者のうち一五名が、夫は農業従事者だと明記していた。さらに、投稿者である女性たちの職業も、主婦業のかたわら、夫とともに農業に従事している者が多かった。そのほかの職業としては、夫と小さな商店を営んでいる者、工場労働者、家政婦、酌婦であるが、数は少ない（Nomura 2008）。

以上のことから、日本の婦人雑誌や移民新聞が選び、新聞紙上に掲載される投稿の作者は、ある程度の教育を受け、中産階級出身、または、中産階級に属し、農業地域に居住する妻・母たちであったことが明らかである。実際には、さまざまな背景を持つ移民女性が、複数の越境的な日本語メディアの読者となり、その重層的で双方向の情報や言説に接していたのだが、これらのメディア上で投稿者として声を与えられたのは、日本の婦人雑誌でも移民メディアでも、同じ層の人々であったと言えよう。

4　日本語メディアと女性たちの「共同体」

以上のように、移民新聞と日本の婦人雑誌で在米移民女性たちの投稿や寄稿記事が掲載されていくのだが、これらの日本語メディアへの投稿や通信を通じてどのような女性たちの言説空間が生まれていただろうか。移民女性たちが、婦人雑誌を入手できたということは、『日米』『新世界』『羅府新報』などの主な日本語移民新聞に、婦人雑誌の広告が大量に掲載されていることからも明らかである。『日米』紙上だけでも、『主婦之友』（1923.4.19など）、『婦女界』（1922.4.10など）、『婦人倶楽部』（1923.8.6など）などの広告が掲載されている。また、『日米』の投稿を見ると、たとえば、姉宛の手紙を『日米』に投稿した女性は、『新女界』など複数の婦人雑誌を知人女性よりもらったと述べている（1919.3.6）。また、日本人の少ない地域へと渡米したある女性は、「妾《わたし》の唯一の友人とも慰さめともなりますものは、此頃漸《ようや》く少しずつ理解《わかり》始めた同胞の事情やアメリカ人の様子をよけいに明らかに教へて頂く日米紙だけ」だが、移民新聞には、まだ婦人用の記事が少ないので、「婦人の多くは日本からの雑誌婦人世界だとか此《この》種の雑誌で新聞より多く慰さめられて居る」（1919.3.5）と述べている。このように、女性たちの通信文などを通じて、移民新聞の重要性が訴えられたのと同時に、婦人雑誌についての言及もなされていた。

さらに、女性たちが、知人や友人といった個人的ネットワークを通じて、メディアを宣伝している様子も紙面上に現れていた。ある在米女性は、『婦女界』への投書で、「私は無學の上に古い女ではございますが、雑誌を讀むことが好きで、十年も前から女學世界や婦人世界は勿論のこと、婦人の雑誌は大抵讀んで居りましたが、婦女界を初めて見ましたのは昨年（大正四年）の六月でした。（中略）私はかういふ雑誌の世に出たのを眞實《ほんとう》に喜んで居ります次第で、當地の知合の奥様方にも皆お勧め致して居るのでございます」（1917.1：172）と書いている。また、米国の病院に入院中に、他の日本人女性の入院患者の中に『婦女界』の愛読者がおり、数名の日本人女性の入院患者の中で雑誌を回し読みしたことなども、投稿されている（1921.9：157-158）。

一方、農業を営むある女性は、周りの日本人移民の若い女性たちが、新聞を読み、投稿し、それについて話し合う様を『日米』に書いている（1919.1.25-26）。

今日も御昼飯後の用事を済まして可愛ゆい千代を抱き乍《なが》らソット大《おお》ゲチンの側を通りかかると、オヤオヤ中の方ではいつもの小さい婦人会みたいなものが開かれてゐて新聞を手にしていろいろと御噂とりどり…私のはじめての試み「とみさまへ」が紙上に出てゐたので、多分其の事だらうと微笑みつつソット立《たち》どまつてきいてゐると、中には若いケーさんが華やか声で「ノリ巻きを頂いた人が此処におりますもの、この文はきつと此処の事よホホホ…」笑つてゐらしやいました。

このように、日本人移民女性たちの中には、移民新聞や日本の婦人雑誌を読み、そこから情報を得たり、隣人や友人間で情報を交換する者もいたと思われる。

これらの女性たちのコミュニティは、日本の婦人雑誌の読者通信欄や、一九一九年に『日米』に設けられた「婦人と家庭」欄などのメディア上に掲載された投稿を通じて可視化された。『婦女界』では、前述の山根が、「紐育だより」とタイトルのつけられた通信文で、家事育児、現地の美容術専門学校での勉強、そして妊娠などで、「最後に御便り申上げたのは一昨年の終り」であったことを編集者や日本内外の読者に詫びている。また、自分が「おたより」欄に投稿することで、「はるばる御手紙をお寄せ下さる方々もあり」、中には毎月必ず「通信下さる」人がいると感謝していた。さらに、日本の女性たちから『婦女界』への子育てや家事についての投稿記事が『日米』に転載されていたと報告した（1920.8：155）。『婦女界』では、日本国外に在住する女性たちからの投稿によって、日本人女性たちのグローバルな広がりが示唆されていた。また、日本国内の女性読者たちからの投稿によって提示される女性像や女性の役割が、海外の日本語メディアに「転載され」、共有されているという構図が語られたのである。

一方、『日米』では、「婦人と家庭」欄への投稿で、ある女性が、「英語も必要ですが思想の根本となるものを婦人同志が読み研究したりして確《しつか》り今後の同胞社会を建てるに就て男子のみならず婦人も其《その》一部を貢献し度《た》い」ため、「婦人同志の研究発表機関が必要」であり、新設の「婦人と家庭」欄がその場として最適であるから、「之を機会に多くの婦人が投稿し熱心に互《たがひ》の意見を交換し合ひ男子と共に同胞社会を改善」すべきだ、と述べた（1919.3.5）。つまり、『日米』では、「同胞社会を改善」するために女性たちの啓蒙を目指す言説空間が、女性たちの投稿や通信を通じて提示されたのである。

ベネディクト・アンダーソンは、近代の印刷技術や出版文化の発展、そして、言語学や辞書編纂等を通じて「出版語」が規定されていく中で、「国民」が「本来的に限定され、かつ主権的なもの［最高の意思決定主体］として想像される」過程を描いた（Anderson 1983=1987：17）。そして、このような「想像の共同体」の創出が、国民国家の形成過程の重要な一部を成していると主張した。アンダーソンの研究は、国民国家が創出される場に焦点を当てているが、グローバルな文脈との関連で考察しており、今日でも重要な視点を与えてくれる。日本の婦人雑誌や移民新聞などの日本語メディアのケースでも、日本人の海外発展の提唱、日系社会の改良や発展の呼びかけなどを通じ、「在米日本人女性像」が読者たちに提示されていた。そして、この過程で、在米移民女性たちの投稿は、日本や世界各地に在住する読者や投稿者と相互にかかわり合うようなかたちで日本語メディアの中で場を与えられていったのである。

こうした在米の女性たちからの通信に、各地の読者は、アンダーソンが提唱する「共同体」を空想するようになったかもしれない。確かに、移民メディアを分析すると、日本の婦人雑誌などで提唱される「女性」、「家庭」、「民族」、そして「国家」像を学び、それらをめぐる言説を消費し、実践するような移民女性像が、在米女性からの投稿を通じて可視化されていた。また、移民女性の投稿を含む、日本国内外の女性読者からの投稿を通じた婦人雑誌上での女性たちの言説空間の形成は、日本のナショナリズムの構築の影響を受けながら、越境的かつグローバルなかたちで進展してもいた。しかし、移民メディア上に現れる女性たちの言説空間や、そこで表象される移民女性像は、日本人移民を取り巻く社会的、政治的文脈、そして移民社会の形成や移民集団像の形成とも密接にかかわっていた。日系移民文学を分析した日比は、国民国家形成過程で醸成されるグローバルな「想像力」を指摘したアルジュン・アパデュライを取り上げている。そして、「メディアが国境を越え、そのオーディエンスが世界各地に散在するようになった時代に、そうした離散的な人々がいかに共通の、あるいはずれを含んだ集団として自分たちを構成・想像するのか」と問うている（日比 2014：20）。

本章は、まさにこの「共通の、あるいはずれを含んだ集団」像の構築について、日本語メディアと移民女性のケースで分析した。そして、複数の日本語メディアは相互にかかわり合いながらも、メディア上で展開される移民女性像は、日本という国民国家像形成と一元的に結びついていたのではなく、それぞれ違った位置づけを与えられていたことを明らかにした。また、読者や投稿者として複数の日本語メディアに接した移民女性たちも、複数のメディア空間に多元的、かつ重層的にかかわり合っていたことを示した。さらに、一部の女性にのみ、それぞれのメディアで選択的、多元的、かつ重層的に声が与えられたことも、本章が示した重要な点だと言えよう。

文献

Anderson, Benedict, 1983, *Imagined Communities: Reflections on the Origin and Spread of Nationalism*, Verso.（＝一九八七、白石隆・白石さや訳『想像の共同体――ナショナリズムの起原と流行』リブロポート）

Azuma, Eiichiro, 2005, *Between Two Empires: Race, History, and Transnationalism in Japanese America*, Oxford University Press.

Glenn, Evelyn Nakano, 1986, *Issei, Nisei, War Bride-Three Generations of Japanese American Women in Domestic Service*, Temple University Press.

日比嘉高、二〇〇四、「日系アメリカ移民一世の新聞と文学」『日本文学』五三（一一）：二三―三四頁。

日比嘉高、二〇一四、『ジャパニーズ・アメリカ――移民文学・出版文学・収容所』新曜社。

Historical and Cultural Foundation of Orange County et. al. 1985, *Issei Experience in Orange County, California, O. H. 1752,* California State University, Fullerton.

Ichioka, Yuji. 1980, "Amerika Nadeshiko : Japanese Immigrant Women in the United States, 1900-1924," *Pacific Historical Review*, 49 : 339-357.

Ichioka, Yuji. 1988, *The Issei : The World of the First Generation Japanese Immigrants, 1885-1924*, The Free Press.

飯野正子、二〇〇〇、『もう一つの日米関係史』有斐閣。

一政史織、二〇一一、「恋愛を書くこと――二十世紀はじめの『日米新聞』における女性投稿短歌」『英語英米文学』(五一):八三-九九頁。

粂井輝子、一九九五、『外国人をめぐる社会史――近代アメリカと日本人移民』雄山閣。

三輪公忠、一九九七、『日米危機の起源と排日移民法』論創社。

Nakano, Mei. 1990, *Japanese American Women : Three Generations, 1890-1990*, Mina Press and Nat'l.

Nomura , Shiori. 2008, "Allocating space for women's writings and ideas of 'home': *The Nichibei*, 1910s-1920s",『多民族研究』(二):七八-一〇三.

篠田左多江、山本岩夫編、一九九七-九八、『日系アメリカ文学雑誌集成』不二出版。

白水繁彦、二〇〇四、『エスニック・メディア研究――越境・多文化・アイデンティティ』明石書店。

田村紀雄・白水繁彦編、一九八六、『米国初期の日本語新聞』勁草書房。

田村紀雄、一九九一、『アメリカの日本語新聞』新潮社。

植木照代・ゲイル佐藤編、一九九七、『日系アメリカ文学――三世代の軌跡を読む』創元社。

Yasutake, Rumi. 2004, *Transnational Women's Activism : The United States, Japan, and Japanese Immigrant Communities in California, 1859-1920*, New York University Press.

定期刊行物として『主婦之友』『婦女界』『婦人倶楽部』『婦人世界』『日米新聞』『羅府新報』

第7章　日系コミュニティのタウン誌としての仏教雑誌

――草創期の『米国仏教』からみる仏教会の活動と役割

守屋友江

1　日系仏教教団の海外布教

本章では、アメリカへ渡った日系仏教教団である北米仏教団（Buddhist Mission of North America, 以下ＢＭＮＡ）本部が置かれた桑港仏教会の発行していた機関誌『米国仏教』を取りあげる。現地教団の草創期から発行されており、機関誌としてはこの日本語雑誌のほかに英語雑誌（*Light of Dharma*, 一九〇一～〇七年刊行）もあった。しかし、英語雑誌は日本人移民ではなく主にヨーロッパ系アメリカ人向けなので、日本語雑誌との違いを簡単に後述する程度にとどめる[1]。

一八九〇年代から、多くはハワイを経由して北米大陸への日本人移民が増えていったことは知られている。一八九八年、サンフランシスコ市内の日本人移民の在家仏教徒たちが中心となって「仏教青年会」を創設し、彼らの要請を受けて翌年、浄土真宗本願寺派の僧侶（海外布教では開教使または開教師と呼ばれる）が派遣され、「本願寺布教所」が設立された。日本仏教諸宗派のなかで、浄土真宗本願寺派（西本願寺）と真宗大谷派（東本願寺）は海外布教を積極的に行ったことで知られるが、アジア・太平洋戦争終結までは、主として前者がハワイと北米、後者がアジアを中心に布教活動を展開していた。したがって、今日でもハワイと北米には西本願寺系の仏教会が多く存在する。海外布教はアジア太平洋地域のように帝国日本の勢力圏と、ハワイや北米など非勢力圏において行われたが、ハワイと北米へは日清戦争での従軍布教が一段落してから布教が本格化している（守屋 2013：23-25）。

日本仏教の海外布教については、先行研究では「日本から僧侶を派遣した」という叙述のされ方が多く、筆者もそのような描き方をしたこともあるが（守屋 2001）、アメリカの場合、実際には現地の日本人移民からの要請によって僧侶が派遣され、移民集住地域に寺院が建立されたというべきである。集住地域がカリフォルニア州内各地に拡散し、さらに西海岸諸州を北上してゆくにつれて、新たな寺院が次々と建設され、駐在する僧侶の数が増えていった。その意味では、いわば移民が僧侶を「呼び寄せ」したのだが、言い換えると、研究者の側が日本を起点とするかアメリカを起点とするか、僧侶の視点に立つか在家信者の視点に立つかで、歴史叙述が変わってくるということでもある。従来の、日本発・僧侶中心の視点に立った叙述に代わり、本章では『米国仏教』を手がかりに、在家信者と僧侶という広義の仏教コミュニティが北米西海岸に形成されていった過程と、寺院の運営や活動の特色を論じることとする。たとえば、日本の伝統的な檀家制度と異なり、現地では会員制をとって運営されていて、会則を設けて「会員」として会費を払うようになっており、選出された役員会を設けて、日本の寺院のように僧侶の権限が強い運営がなされていた訳ではないのである。

日本人移民史において『米国仏教』が取りあげられたことは、管見の限りほとんど見あたらない。移民研究全体に占める宗教にかかわる先行研究が少ないことは、すでに指摘されたことであるが（森本 2008：33-36）、日本人移民の大半が仏教徒であったことを鑑みると、不思議なほど、移民史研究者は移民と仏教との関係について関心が薄いことがわかる。特にキリスト教に比べると、日本では仏教にかかわる研究は少ないと言わざるを得ない（同志社大学人文科学研究所 1991：Kashima 1977：守屋 2001：Asato 2006：Masatsugu 2008：Williams and Moriya 2010：Ama 2011）。論じるとしても、アメリカ文化に同化せず日本文化とのつながりを保持し、ナショナリスティックであることを強調した議論となる傾向がある（島田 2003：高橋 2014）。

一方、日本近代仏教史においては、日本帝国の領土内での事例を取りあげる場合が多く、西洋との接触に注目することがあっても、従来の「日本仏教」のフレームワークを超えるアメリカへの移民と彼らが信奉した仏教については、研究の視野に含めることが少ない。本章で取りあげる雑誌の内容が、同時代の日本と比較しても見劣りすることがないにもかかわらず、この点でも不思議なほど、政治的・文化的境界を越えて生活する移民が発行した日本語仏教雑誌について関心が薄いのである。

しかし、この雑誌には同時代のアメリカ社会や日本社会の動向を論じたエッセイや、漢詩・和歌・俳句など世俗的な内容も多く含まれており、仏教徒の日本人移民の生活実態や思想、さらにアメリカの地で語られる「仏教」の多様性を明らかにするうえで多くの示唆に富む内容といえるだろう。

筆者が把握した限りでは『米国仏教』には欠号があり、すべてを網羅できていないが、一九〇二年から一九一八年までの発行分を確認している(2)。本章では、草創期の一九〇〇年代を中心に、世紀転換期のアメリカにおいて、日本人移民と仏教を取り巻いていた歴史的情況を踏まえつつ論じることとする。

なお、本章ではアメリカでの布教活動を論じる際には「日本仏教」とせず「日系仏教」として、日本国内での布教活動と区別することとする。また、アメリカの現地教団では各寺院を、地名を付けてサンフランシスコの「桑港仏教会」、オークランドの「王府仏教会」と呼んでいたので、「仏教会」を用いて統一する。また、日本では在家信者を「檀家」と呼ぶが、現地教団は会員制をとり「会員」と呼んでいるため、本章でもその呼称を用いる。地名は現在、一般に使用されるものを原則として用いるが、引用で異なる表記を用いている場合はそのままとした（フレズノとフレスノ、など）。

2　『米国仏教』の概要

『米国仏教』は月刊誌で、英語タイトルを *Buddhism in America* としている。毎年一月号は、会員や開教使、商店の新年挨拶の広告が多いため、五〇～六〇頁になるが、通常は三〇～四〇頁ほどである。発行所の名称は桑港仏教青年会、仏教青年会、米国仏教会、米国仏教誌社と変遷があるが、住所はつねにサンフランシスコの日本町にあるサンフランシスコ仏教会に置かれていた。これはBMNA傘下の最初の仏教会かつ本部であり、所在地はポーク街（Polk Street）にあった。しかし一九〇六年のサンフランシスコ大地震のために移転を余儀なくされ、ゴフ街（Gough Street）、のちに現在のパイン街（Pine Street）へと移っている。

印刷所は、市内の印刷所を利用しており、一九〇五年までは「新世界第一工場」、一九〇五年から一九一〇年までは、「日米印刷会社」となっている。(3) 編集人は仏教会の役員が代々務めていたが、一九一一年には開教使が編集人に代わっている。(4) 価格は、一九〇二年の奥付には一冊一〇セント、六冊五〇セント、一二冊九〇セント（送料一冊一セント、のち無料）となっている。特徴的なのは奥付に広告料もあわせて書いてあることで、二四字詰めで一行一五セント、三行三五セント、一インチ五〇セント、半頁二ドル、一頁三ドルとあり、年を追うごとに少しずつ値上がりしている。後述するように、雑誌には在家の会員が経営する商店や彼らが利用するような銀行や旅館、職業斡旋をする桂庵などの広告が数多く掲載されており、それが雑誌収入として少なくない部分を占めていることと関係があるだろうと思われる。

広告を出す商店の所在地を見ると、サンフランシスコ市内からカリフォルニア州各地へと拡がっている。たとえば、当初はサンフランシスコ市内の商店だけだったが、一九〇七年ごろからフレズノやサクラメントにある商店の広告が現れるようになる。それは日本人移民がこれらの地域で新たにコミュニティを形成していったためであり、それに付随してより広範な地域に仏教会が新設され、この雑誌が読まれるようになったことを示しているといえるだろう。対照的に、英語雑誌にはこうした広告がなく、当時、刊行されていた他の英語仏教雑誌の広告が掲載される程度である。

雑誌の構成はおおむね、巻頭言に続いて仏教論説があり、法話、社会評論、文芸欄と続き、最後に各地の仏教会の活動報告という順になっている。執筆者の大半は、アメリカ駐在の開教使と仏教会の会員であり、アメリカにおける彼らの思想や宗教観を知るうえで、重要な素材を提供しているといえるだろう。表紙や口絵には、仏教に関する写真や絵などを載せることが多い。題材となるのはインドやチベットなどアジア諸国にある仏教遺跡や寺院の写真であり、当時行われていた、西本願寺法主の大谷光瑞が派遣した大谷探検隊による調査を彷彿とさせる。また、新設された仏教会の写真や、サンフランシスコ大地震による被災情況の写真など、同時代のアメリカでの様子を伝える写真も載っている。特筆すべきは、夏目漱石『吾輩は猫である』の挿絵を描いたことで知られる洋画家・中村不折による表紙絵を一九〇八年の雑誌に用いていたことである。アール・ヌーヴォー風の柔らかなタッチで蓮の花を配し、雑誌のデザインとして美しいものになっている。

3　仏教会における〈複数形の仏教〉

次に、一九世紀末のアメリカにおける日本人移民と仏教の関係についてふれることとしたい。サンフランシスコで布教を開始した当初、現地教団の名称は日本語では「本願寺布教所」だが、英語名称を"Buddhist Mission"（仏教ミッション）としていた。日本人移民向けには本願寺教団による布教であることを示しつつも、アメリカ人向けには宗派色を示す必要がなかったことがうかがえる。この名称の相違は、一方では日本人移民に浄土真宗本願寺派の教勢が強い西南日本の出身者が多かったことがあり、他方では日本発祥の本願寺教団としてではなく、「仏教ミッション」という通仏教的な伝道組織として自らを表象したためだといえるだろう。

一八九〇年代以降のアメリカにおいて仏教がどう受け止められたかについては、一八九三年にシカゴ万博と同時に開催された、万国宗教会議（World's Parliament of Religions）が画期になったとされる（Seager 1995；Ketelaar 1990＝2006）。もちろん、それ以前にラルフ・W・エマソンやヘンリー・D・ソローなどの超絶主義者がインドの哲学や宗教に強い関心を寄せてはいたが、シカゴでの宗教会議は、一般のヨーロッパ系アメリカ人には未知の存在であった諸宗教の代表が一堂に会する場となった。これは、「東洋の宗教」に対するオリエンタリスト的な関心を広げる契機になる一方、会議の余韻が残る時期にサンフランシスコで活動を始めた本願寺布教所が、創設当初からアメリカ人向けに英語雑誌を発行したり、英語で布教することを可能にしたのである。この点は、先行研究が示してきたような、アメリカの仏教はヨーロッパ系と日系（あるいは他のアジア系）というエスニック・グループあるいは人種による分断があるという類型化（Fields 1998：Nattier 1998）には単純に収まらない側面を示している。

こうした状況を反映して、『米国仏教』には「白人」が釈迦の誕生を祝う降誕会の行事や英語礼拝などに参加していたことや、仏教会の英語学校で教えていたことなどが記されている。たとえばフレズノの仏教青年会の会報で、「釈尊降誕会」と題する次の記事がある。

> カーソン街正面入り口には大縁門を造りて白地に緑の英字にて『ウエルカム』と書き紅金の縁影取りたる大額を掲げ其上に日米両国旗を交叉し（中略）終りて来会の白人百名へ『仏教及其基督教徒の批評』と題する英文書物一部宛を配与せり邦人の参詣者二百名合計三百名許なりき[5]（フレスノ仏教青年会々報 1909：13-14）

日本の仏教では釈迦や宗祖の亡くなった命日を記念する行事が盛んだが、イエス・キリストの生誕を祝うキリスト教のように、降誕会、つまり釈迦の誕生日をアメリカ人とともに祝っていたことがわかる。この降誕会（または花祭り）は、ハワイやアメリカ本土で布教を開始した浄土真宗以外の宗派の現地教団とともに、仏教諸宗派共通の宗教行事としてより盛大に祝われるようになる。

ただし、アメリカ人が持っていた「仏教」理解は、ヨーロッパで発達した近代仏教学や、ヴィクトリア時代の大衆化された仏教観に基づく知識をふまえており、釈迦仏への崇拝と東南アジアや南アジアで行われていた上座仏教を中心とするものであった（Almond 1988：King 1999：Tweed 2000＝2014）。したがって、主に東アジアに展開し歴史的に後発の大乗仏教という訳ではない。知られるように、大乗仏教は一九世紀末ヨーロッパの学界ではまだそれほど注目されていない新しい学問の対象であった（下田 2006）。それはサンフランシスコ駐在の開教使を含む、同時代の日本の仏教知識人には周知のことであったが、サンフランシスコの開教使は二通りの布教をする必要が生じることとなる。すなわち、仏教徒の家に生まれ仏教が生活の一部となっていた日本人移民と、新たに仏教と出会ってその教義を学ぼうとするアメリカ人向けの二種類である。トーマス・トウィードは、当時、仏教に近づいたアメリカ人には改宗した「仏教徒」だけでなく、「同調者」という程度の者が多かったとする（Tweed 2000：34-77＝2014：179-213）[6]。当然、日本人とアメリカ人が日本語と英語の雑誌でそれぞれに語る「仏教」は似て非なるものであり、日本人移民の場合には生活に根ざした文化伝統としてのものであり、アメリカ人の場合にはエキゾチシズムと結びついた知的・観念的な要素を持つという、いわば〈複数形の仏教〉（Buddhisms）が、日系仏教会に存在していたといえるだろう。それはまた、日本語雑誌と英語雑誌の総目次を比較すると、より明らかである（守屋 2016b）。

仏教に関する日本語の論説は、特に「法話」だけはルビをつけるなど、口頭でなされた説教を記録した様子で浄土真宗という宗派色の濃い内容が多いものの、そればかりではない。日本の寺院で檀家向けに行うように布教する場合は、釈迦仏ではなく阿弥陀仏による救いを説き、宗祖・親鸞を仰ぐのだが、『米国仏教』には宗派色のない通仏教的な内容を含めた論説も少なくない。その中で目を引くものとしては、会員の石澤氷湖が、釈迦の語録を二六章にまとめた『法句経』（ダンマパダ）の英訳をさらに日本語に訳した連載である。僧侶である開教使ではなく、在家の会員である石澤が翻訳しているのも興味深いが、欧米の仏教学研究で重視されていた『法句経』を石澤が選んだのは、彼自身の好みというだけでなく、同時代の日本での漢訳経典に代わるサンスクリットやパーリ語の仏教経典研究への推移と連動しており、その意味では当時の仏教学のトレンドに乗った連載であったといえる。こうして、日本語で語られる「仏教」もまた、〈複数形〉の姿をとっていたのである。

明治期の日本では、数多くの宗教系新聞・雑誌が出版されるようになり、仏教徒の知識人がその宗教思想や社会評論をさまざまな媒体で発表する機会が増えていた。『米国仏教』を同時代の日本における仏教雑誌と比較すると、体裁としては同時代の宗教雑誌と同様の形態をとっているといえる。『米国仏教』が創刊された一九〇〇年代までに、いわば「仏教モダニズム」（McMahan 2008＝2014）を表現する場として宗教雑誌が多数流通しており、伝統的な説教に代わる文書伝道というかたちの、いわば「知識人向け仏教」が普及しつつあったのである。雑誌刊行は、新たに布教を始めたアメリカの現地教団にとって、カリフォルニアの都市部から農村地帯へ、さらに北上・南下して拡散していく日本人移民コミュニティに向けて発信する一方、カリフォルニア州以外に居住するアメリカ人にも郵送して、「仏教徒」としての結びつきを深める手段として用いられたといえるだろう。

4　「仏教会会報」にみられる活動

次に、雑誌に掲載された仏教会の活動報告と広告を取りあげることとしたい。各号巻末にある「会報」には、各地の仏教会が実施した宗教行事や布教活動の様子のほか、会員に関する慶事・凶事や帰国の報告、仏教会の会計報告、新設される布教所や仏教会への寄付者名といった、さまざまな会員動向が記されている。また、広告には、商店などのほか仏教会の行事案内などが掲載されており、仏教会にかかわる人々の様子がうかがえる。

宗教・文化行事

仏教会が力を入れるのは当然ながら宗教行事だが、浄土真宗系寺院で最も重要とされる年中行事である「報恩講」をみてみよう。これは宗祖・親鸞の命日に営まれ、先述した降誕会のように明治以降に広まったものではなく、浄土真宗の各宗派で長く行われてきた伝統行事である。宗派により旧暦か新暦で実施日が異なるが、収穫が終わった農閑期に地域の檀那寺で数日間、法話を聞いたり一緒にお斎を食べて談笑したりする、賑やかな行事である。そうしたコミュニティセンターとしての役割を果たす行事だが、仏教会が出す報恩講の案内広告も、他の行事案内と比べてひときわ大きくなっており、アメリカでも報恩講を開催するために、各仏教会で寄付を募っている。各仏教会の会報に掲載される会計報告では、報恩講への寄付者全員の氏名が記されており、それはちょうど日本の寺院の本堂に寄付者の氏名と金額が貼り出されているのと同じことである。

とはいえ、アメリカで行われる報恩講は日本人移民向けであり、管見では「白人」が参加したという記述は見あたらない。主にサンフランシスコ仏教会になるが、アメリカ人仏教徒／同調者は英語礼拝に参加し、『米国仏教』の会報にもそのことがしばしば報告されている。しかし彼らは、釈迦を教祖とする仏教に関心があるのであって、先述の降誕会は理解できるが未知の日本人僧侶である親鸞の命日には、それほどの重要性を見いだせなかったということなのであろう。

一方、政治的な意味合いをもつ「文化」行事として、明治期に創設された紀元節や天長節が各仏教会で毎年行われている。報恩講と比べれば、さまざまな行事のひとつという程度の扱いだが、アメリカでもこれらの行事が実施されたのは、日本国内において仏教諸宗派がおしなべて天皇制国家の政策に沿うかたちで宗教活動を行っていた歴史的背景からすれば、自然な流れといえる。というのも、幕末から維新期にかけて早くから「勤王報国」(広如 1989：242)を法主自らが主張した西本願寺教団では、こうした政治への妥協を「真俗二諦」(広如 1989：249；明如 1989：251；鏡如 1989：361)という教学用語によって教団傘下の寺院に申し渡していた。これは、「真諦」(仏教的真理)と「俗諦」(世俗の掟、法律)を車の両輪のように重視するよう説いた教説で、結果として、仏教的真理よりも世俗の法律や命令を遵守するよう僧侶と檀家に求めたものである。このような、日本特に天皇家に特化した結びつきを示すことは、日本人移民にとってはナショナル・プライドの現れであったかもしれない。しかしアメリカ人からすると、一九二〇年代には排日論者のV・S・マクラッティが「ミカド崇拝」(McClatchy 1921)と呼んで仏教徒の日本人移民を批判することに根拠を与え、一九四〇年代には戦争によるヒステリー情況と相まって、FBIが要注意人物として開教使をリストアップし、他の日本人移民に先駆けて真珠湾攻撃直後から逮捕を開始する——憲法に保障された信教の自由を犠牲にして——ことにつながったのである。

都市部から郊外の農村部へ

サンフランシスコから郊外の農村部への人口移動に伴って、さらに新たな支部や仏教会が設立されるが、一九〇五年七月号の『米国仏教』の広告には、次のようにある。

本月より部数を増し農園、鉄道のキャンプに配贈す、之れ地方労働者に幾分の慰籍と教訓を与たへ又仏陀の妙法を伝へて現当二世の御利益を得せしめんが為なり
地方在住の人は住所御通知あらんことを望む。

カリフォルニア州など西海岸の仏教会は、都市部と郊外の農村部にある日本人移民集住地域に新設されていったが、労働者に「慰藉と教訓」を与える雑誌という自負をもって配られていたのである。

『米国仏教』の読者には、右のように鉄道工夫が少なからずいたのであり、それを反映した求人広告がみられる。ロサンゼルスとサンフランシスコに勤める脇本勤、西村龍雲、田村徳之助は、(7)「サンタフ井鉄道工夫募集」(一九〇二年一月号)の一面広告を出し、サンフランシスコからカリフォルニア州南部を経由してアリゾナ州に至る本線と、ロサンゼルス近辺の支線の建設工事に従事する人材を募集している。広告には「給金勘定正確にして気候良好且飲料水はすべて検査済みの物を用ゆ故に水当風土病等の心配なく又冬に入りて人数を減じ工夫解雇することなし」とあり、反語的に読むと労働条件が不安定になりうる移民労働者の様子がうかがえる内容となっている。

また、一九〇八年一月号には、安孫子久太郎がカリフォルニア中部のマーセド郡リビングストンに設立した「大和コロニー」の広告がある。そこには、「堅忍不抜なる小資本家諸氏を奨励して勤勉耕耘の業に従はしめ其所得中より年々僅か借地料に均しき小額の払込をなし数年にして地主となり得る方法を設く」とあり、「米国に在りて土着永住の基礎を固め子孫百年の繁栄を計らん」と願う日本人移民の入植を促している。安孫子は周知のように、福音会の修学生として渡米したキリスト教徒であり、リビングストンの大和コロニーには仏教会がなくキリスト教に改宗した日本人ばかりであった。その点、仏教会側としては会員を失うことになる広告だといえるが、一九一九年に同じマーセド郡のコーテズに安孫子が建設したコロニーには一二家族の仏教徒がいて、一九三四年にストックト

ン仏教会の「支部」が設けられている（Matsumoto 1993：53-54；Buddhist Churches of America 1998：338-339）。

こうしてさらに新たな支部や仏教会が設けられるのだが、「会報」には地方でまとめ役となる在家信者の家やキャンプへ開教使が泊まり込みで出張伝道をしながら、寄付を募っていた様子が報告されている。たとえばペンリン仏教会は、サクラメント仏教会（桜府仏教会とも記される）の支部としてスタートしている。サクラメント仏教会が毎号出す広告（一九〇二年二月号）には、次のように記されている。

本部説教　毎日曜午後八時より
地方説教　第一土曜ペンリンに於て
　　　　　第二土曜フロリンに於て
　　　　　第三土曜アキヤンポに於て
　　　　　第四土曜ウラーナッツグローブに於て
英学堂　　毎夜午後七時より

サクラメント仏教会は、後に別院に昇格する規模の仏教会であり、本部、つまりサクラメントでは毎週日曜の夜に説教があり、近郊の四ヶ所へは週を変えて土曜日に出張していたことがわかる。このほか、後に別院となるフレズノ、サンノゼの仏教会でも近郊の町に出張伝道を行っていた。「地方説教」を行う町で会員数が大きくなって寄付が集まれば、仏教会を新しく建立し、さらに駐在する開教使の派遣をサンフランシスコに要請するという流れになっている。一九〇七年四月号では、サクラメント仏教会の広告に「日本小学校　寄宿学校あり父兄に代り、家庭教育の実を挙ぐ」という案内が追加されている。近郊の町で、子どもに日本語を教えさせようとする移民の家族にとっては、この広告によってサクラメントの寄宿学校で子どもに学びの機会を与えられると知ることになる。

5　在米日本人移民にとっての日露戦争

日露戦争（一九〇四～〇五）での勝利は、在米日本人移民にとって大きな出来事であり、遠隔地でのナショナリズムを高揚させることとなった。現地教団は各地の仏教会で祝勝会を催し、『米国仏教』誌面は日本軍の勝利を讃える和歌や論説が増えている。

一九〇五年にはまた、臨済宗の釈宗演が渡米したことを受けて、サンフランシスコ仏教会で彼を歓迎するほか、『米国仏教』でも写真付きで彼の説教や揮毫した書を載せている。彼は一八九三年の万国宗教会議に日本代表団として渡米した僧侶の一人だが、今回の訪米で行った説教を弟子の鈴木大拙が英訳した著書には、戦争容認ともとれる内容の仏教論説が含まれている（Shaku 1906）。

近代日本史において、徴兵忌避を除いて思想信条の点から戦争協力を拒否した日本人は多くはないから、釈宗演をはじめアメリカ駐在の開教使が仏教的見地から反戦思想を表明したということはあまり考えがたい。日本軍の勝利を祝いつつ戦死者の追悼を行うことが、当時の日本人僧侶の一般的な対応であった。そのため、サンフランシスコ仏教会では戦争終結後の一九〇五年一二月、釈も出席して戦死者の追弔会を「金門会館」（Golden Gate Hall）で執り行っている（釈 1905）。一九〇六年一月号の巻頭には、「日露戦役戦死病歿者大追弔法会祭壇」とその周りに集まった参加者を写した写真が大きく載っている。

戦勝によるナショナリズムの高揚は、一九〇六年四月のサンフランシスコ大地震によって一時的に誌面から消える。それは、地震による打撃からの復興を目指していた仏教会と日系コミュニティにとっては当然のことであったろう。しかし、戊申詔書とそれに呼応した西本願寺法主の大谷光瑞よる「直喩」がアメリカに届くと、『米国仏教』一九〇九年一月号は、この二つを巻頭で大きく取りあげる。口絵に釈迦の誕生地であるルンビニの遺跡の写真を載せ、そのページの後に戊申詔書と直喩が続くのは、雑誌としては奇妙な取りあげ方であり、急きょ内容を追加したようにも見える。巻頭の論説には次のようにある（欠字は省いた）。

> 吾人同胞、殊に海外殖民地に在る者は、須く先、感泣すべきなり、右に国王、左に法王《ママ》の御遺瀬なき御仁徳を捧戴しては惰夫も亦立つべきなり、天皇の仁政は独り仁徳の朝に限らず、洩れ承はれば、近頃、至尊に於かせられては人民の負担を軽からしめむが為に皇室費増額を御裁可あらせられざりしとか（「御詔書を拝読して」1909：5）

このように天皇の「仁政」への感謝を示し、続いて法主の「賢明」さが「亦我等蒙昧を開導して余りあり、現代大和民族たるもの何ぞ夫れ多幸なる」（「御詔書を拝読して」1909：5）と述べて、政治と宗教それぞれの支配者への恭順を表明するのである。

6　一九一〇年代以降の動き

カリフォルニア州の仏教会の歴史を大きく変えたのは、排日運動とサンフランシスコ大地震である。カリフォルニア州は排日運動の激しさで知られるが、テツデン・カシマは、一九〇五年にＢＭＮＡが所属寺院をアメリカ風に「仏教会」と名称変更した背景には、人種差別があったと捉えている（Kashima 1977：18）。現地教団のアメリカ化への動きと、日露戦争勝利に伴うナショナリズムの高揚、そしてホスト社会の排外主義が皮肉にも同時に交錯するなか、地震の打撃を受けて、冒頭でふれた英語雑誌 *Light of Dharma* は廃刊となる。日本語の『米国仏教』はその後も続くが、当時のアジア系移民への人種差別が、日系コミュニティのなかで活動するＢＭＮＡをますますエスニック共同体内部へと閉じ込めることになり、アメリカ人仏教徒／同調者との、英語による対話の回路は断たれたかにみえる。

しかし、英語話者である二世が成長する一九一〇年代以降、仏教会の布教は新たな展開をみせる。日系コミュニティ内部に日本語・英語の二言語状況が生まれ、アメリカ人である二世たちは、仏教青年会の新たな担い手として、英語で仏教を学び、理解するようになる（守屋 2012a：2012b）。とりわけ、大学町のバークレーにあるバークレー仏教青年会が一九三〇年代末から発行した『バークレー仏青』（*Berkeley Bussei*）は、一九五〇年代になると日系アメリカ人の青年たちのエスニックな雑誌から、カウンターカルチャーの影響を受けたヨーロッパ系アメリカ人同調者を取り込んだ、マルチエスニックな雑誌へと大きく変貌を遂げた。戦後の同誌はビート詩人の投稿もあり、アメリカ社会史とのかかわりからみても、興味深い展開である（Masatsugu 2008）。稿をあらためて論じることとしたい。

付記

本稿は、二〇一五年度一般財団法人仏教学術振興会研究助成および二〇一五年度阪南大学産業経済研究所助成研究（C）による研究成果の一部である。記して謝意を表したい。

注

（1）日本語と英語の雑誌について比較検討したものとして、拙稿（守屋 2016a）で論じている。なお、一部の議論が重複していることをおことわりしておく。
（2）筆者は未見だが、一九〇〇年の創刊当時は『桑港仏教青年会会報』としていたが、一九〇一年より『米国仏教』へと改題している。
（3）サンフランシスコ大地震を受けて、一時的に「米真舎活版所」に印刷所が変わるが、また日米印刷会社に戻っている。
（4）長尾助三郎（一九〇二～〇五年）、田上辰喜（一九〇五～〇七年）、長沼大道（一九〇七年）、吉井凌雲（一九〇七～〇九年）、池信常宣（一九〇九年～一〇年）。
（5）本文には句読点がないが、そのままとした。以下同様。
（6）トウィードは、この時期に仏教に近づいたアメリカ人を三つの類型に分け、「秘教的タイプ」「合理主義的タイプ」「ロマン主義的タイプ」としている。トウィードは、彼らを改宗仏教徒と、仏教に関心を持つが必ずしも改宗者ではない「同調者」に分け、後者を教団に所属せず自分の好みで宗教を取捨選択する人々であると分析している。

（7）　このうち、田村徳之助はサンフランシスコ仏教会の会員である。

文献

Almond, Philip C., 1988, *The British Discovery of Buddhism*, Cambridge : Cambridge University Press.

Ama, Michihiro, 2001, *Immigrants to Pure Land : The Modernization, Acculturation, and Globalization of Shin Buddhism, 1898-1941*, Honolulu : University of Hawai'i Press.

Asato, Noriko, 2006, *Teaching Mikadoism : The Attack on Japanese Language Schools in Hawaii, California, and Washington, 1919-1927*, Honolulu : University of Hawai'i Press.

Buddhist Churches of America, ed., 1974, *Buddhist Churches of America : Volume 1 75 year History, 1899-1974*, Chicago : Nobart.

Buddhist Churches of America, ed., 1998, *Buddhist Churches of America : A Legacy of the First 100 Years*, San Francisco : Buddhist Churches of America.

同志社大学人文科学研究所「海外移民とキリスト教」研究会編、一九九一、『北米日本人キリスト教運動史』ＰＭＣ出版。

Fields, Rick, 1998, "Divided Dharma : White Buddhists, Ethnic Buddhists, and Racism", Charles S. Prebish and Kenneth K. Tanaka, eds., *The Faces of Buddhism in America*, Berkeley : University of California Press, 196-206.

「フレスノ仏教青年会々報」一九〇九、『米国仏教』一〇（六）：一三-一七頁。

「御詔書を拝読して」一九〇九、『米国仏教』一〇（一）：四-五頁。

Kashima, Tetsuden, 1977, *Buddhism in America : The Social Organization of an Ethnic Religious Institution*, Westport : Greenwood Press.

Ketelaar, James Edward, 1990, *Of Heretics and Martyrs in Meiji Japan : Buddhism and Its Persecution*, Princeton : Princeton University Press.（＝二〇〇六、岡田正彦訳『邪教／殉教の明治――廃仏毀釈と近代仏教』ぺりかん社）

King, Richard, 1999, *Orientalism and Religion: Postcolonial Theory, India, and 'Mystic East',* London and New York: Routledge.

広如（大谷光沢）、一九八九［二〇〇三］、「広如集」福間光超・佐々木孝正ほか編『真宗史料集成』六、同朋舎メディアプラン、一九五–二四九頁。

鏡如（大谷光瑞）、一九八九［二〇〇三］、「鏡如集」福間光超・佐々木孝正ほか編『真宗史料集成』六、同朋舎メディアプラン、三六一–三七七頁。

McClatchy, V.S., 1921, "Japanese in the Melting-Pot: Can They Assimilate and Make Good Citizens?" *Annals of the American Academy of Political and Social Science,* 93: 29-34.

McMahan, David L., 2008, *The Making of Buddhist Modernism,* Oxford: Oxford University Press.（＝二〇一四、田中悟抄訳「仏教モダニズム」末木文美士・吉永進一・大谷栄一編『ブッダの変貌――交錯する近代仏教』法蔵館）

Masatsugu, Michael K., 2008, "'Beyond This World of Transiency and Impermanence': Japanese Americans, Dharma Bums, and the Making of American Buddhism during the Early Cold War Years", *Pacific Historical Review,* 77(3): 423-451.

Matsumoto, Valerie J., 1993, *Farming the Home Place: A Japanese Community in California, 1919-1982,* Ithaca: Cornell University Press.

森本豊富、二〇〇八、「日本における移民研究の動向と展望――『移住研究』と『移民研究年報』の分析を中心に」『移民研究年報』一四：三三–三六頁。

守屋友江、二〇〇一、『アメリカ仏教の誕生――二〇世紀初頭ハワイにおける日系宗教の文化変容』現代史料出版。

守屋友江、二〇一二a、「太平洋を越えた仏教東漸――ハワイ・アメリカにおける日系コミュニティと仏教教団」中牧弘允・ウェンディ・スミス編『グローバル化するアジア系宗教――経営とマーケティング』東方出版、三〇九–三二三頁。

守屋友江、二〇一二b、「日系二世仏教徒が見いだした「仏教」――比較思想史の視点から」マイグレーション研究会編『来日留学生の体験――北米・アジア出身者の1930年代』不二出版、九三–一一〇頁。

守屋友江、二〇一三、「日本仏教のハワイ布教と文化変容――ハワイ本派本願寺教団を中心に」『歴史評論』七五六：二三–三六頁。

守屋友江、二〇一六a、「『米国仏教』と *Light of Dharma*——日本語と英語で発行された日系仏教雑誌の比較から」河原典史・日比嘉高編『メディア——移民をつなぐ、移民がつなぐ』クロスカルチャー出版、二七三-二八〇頁。
守屋友江、二〇一六b、「日系アメリカ仏教雑誌・新聞総目次」(https://www2.hannan-u.ac.jp/~tmoriya/catalogs_index/index.html 2016.3.27)
明如（大谷光尊）、一九八九［二〇〇三］、「明如集」福間光超・佐々木孝正ほか編『真宗史料集成』六、同朋舎メディアプラン、二五一-三六〇頁。
Nattier, Jan, 1998, "Who is a Buddhist?: Charting the Landscape of Buddhist America," Charles S. Prebish and Kenneth K. Tanaka, eds., *The Faces of Buddhism in America*, Berkeley: University of California Press, 183-195.
Seager, Richard Hughes, 1995, *The World's Parliament of Religions: The East/West Encounter, Chicago, 1893*, Bloomington and Indianapolis: Indiana University Press.
釈宗演、一九〇五、「戦死追弔香語」『米国仏教』六（一二）：一四-一七頁。
Shaku, Sōen, 1906, *Sermons of a Buddhist Abbot: Addresses on Religious Subjects*, trans. Daisetz Teitaro Suzuki, Chicago: Open Court.
島田法子、二〇〇三、「ハワイにおける日系人仏教にみる文化変容とアイデンティティ」『立教アメリカン・スタディーズ』二五：三三-五一頁。
下田正弘、二〇〇六、「近代仏教学の展開とアジア認識」岸本美緒編『「帝国」日本の学知三　東洋学の磁場』岩波書店、一七五-二一四頁。
高橋典史、二〇一四、『移民、宗教、故国——近現代ハワイにおける日系宗教の経験』ハーベスト社。
Tweed, Thomas A., [1992] 2000, *The American Encounter with Buddhism, 1844-1912: Victorian Culture and the Limit of Dissent*, Chapel Hill: University of North Carolina Press.（＝二〇一四、島津恵正抄訳「秘教主義者、合理主義者、ロマン主義者——欧米仏教徒の類型」末木文美士・吉永進一・大谷栄一編『ブッダの変貌——交錯する近代仏教』法藏館）
Williams, Duncan Ryūken and Tomoe Moriya, eds., 2010, *Issei Buddhism in the Americas*, Urbana: University of Illinois Press.

第8章　比嘉トーマス太郎の「巡講」

――戦時下米大陸における講演旅行

森本豊富

1　比嘉太郎と米大陸巡講

比嘉太郎には『移民は生きる』（一九七四）と『ある二世の轍』（一九八二）という編著が二冊ある。前者は、戦後の沖縄救済運動、在ハワイ沖縄系移民に関する記録映画「ハワイに生きる」の制作・上映、北南米ハワイの沖縄県人の記録などをまとめたものである。後者は「奇形児と称された帰米二世が太平洋戦を中心に辿った数奇の足どり」という副題のつく自叙伝的な著作である。本章では、後者の中で記されている北米大陸の講演旅行「米大陸巡講記」を取り上げる。

比嘉太郎に関しては、沖縄県公文書館に「比嘉太郎文書」が存在する。また、UCLA図書館所蔵JARPコレクションにもThe Taro Higa Papers, 1944-1964とオーラルヒストリーテープがある。JARPオーラルヒストリープロジェクトは、一九六〇年代半ばから七〇年代初頭を中心に、JACL（Japanese American Citizens League=日系アメリカ人市民協会）のジョー・グラント・マサオカが主な聞き手となりハワイを含む全米各地の在米邦人または二世にインタビューを実施したものである。『ある二世の轍』の最終章「反日運動の真相（正岡ジョウ氏の談話）」に

図８－１　比嘉太郎（左）とジョー・グラント・マサオカ（右）
出所：沖縄県公文書館　比嘉太郎文書所蔵

は、ジョー・マサオカ談話が収録されている。比嘉とマサオカとの出会いは、このときが初めてではない。二人の出会いは、それより約二五年前、一九四四年の講演旅行「巡講」までさかのぼる（図8-1参照）。

「巡講」とは、当時北米にあった一〇ヶ所の強制収容所のうちツーリレイク収容所[1]とジェローム収容所[2]を除く八ヶ所と、在米邦人が当時住んでいた全米七〇ヶ所以上を一九四四年八月一五日から一二月一〇日にかけてめぐった講演旅行のことである。収容所から志願しヨーロッパ戦線などで戦っている二世の親たちに、最前線で負傷し帰還した二世兵士として戦地の実情を伝えるというのが、ＪＡＣＬから比嘉太郎に託された使命であった。しかし、比嘉の講演は強制収容所に留まることなく、全米各地の在米邦人居住地域に広がっていった。巡講先は別表にあるように合計二一州、重複訪問地を含めれば九五ヶ所にのぼった（章末表8-1参照）。巡講の記録は、ハワイの邦字紙「布哇タイムズ」紙に「米本土巡講の旅より」との見出しで一九四四年九月一八日から三三回にわたって記事が掲載されている。これらの連載記事は、後に加筆修正され『ある二世の轍』の第五章「米大陸巡講記」として転載されている。しかし、「巡講」のすべての旅程を網羅しているわけではなく、旅程も断片的にしか知ることができない。また、第三者による比嘉太郎の巡講に関する記述については、JACL史をまとめたビル・ホソカワ『一二〇%の忠誠』にわずかに記載されていたり（1982：282=1984）、荒了寛編『ハワイ日系米兵』に『ある二世の轍』からの記述が転載されていたりする（1995：106-109）程度で、個別の研究として巡講を取り扱った論文は見当たらない。

本章では種々の原資料、インタビューをもとに巡講を再現し、その移民史的・個人誌的な意義について考えてみたい。「巡講」について詳しく見る前に、まずは巡講に至るまでの比嘉太郎の生い立ちを概観してみよう。

2　比嘉太郎の生い立ち

比嘉太郎は、沖縄県中頭郡中城村字島袋出身の比嘉亀三・カナの間に生まれた七男五女のうちの次男として、一九一六年九月二二日にハワイ・オアフ島ホノルル市に生を受けた。幼少の頃、母に連れられ兄、姉とともに沖縄県中頭郡北中城村字島袋の祖父母に預けられた。やがて、九歳のときに、大阪府岸和田の紡績工場で働いていた従兄を頼って大阪に移り住む。この頃から、自らの意思で人生を切り開いていく行動力がすでに芽生えていたといえる。

ハワイに戻った比嘉太郎は、大阪在住時代に得た知識をもとに廃車の部品などを利用し自家用発電機を作りあげ、地元の新聞にも取り上げられた。このことを伝え聞いた早稲田大学理工学部の山本忠興教授の勧めで、一九三七年に再来日する。山本教授に勧められた富士電炉興業会社（後にオリジン電気）で働くかたわら、早稲田予科に通い学びを深めた。十数種類の特許を取るほど発明家としての才能を開花させていた比嘉太郎は、特許申請のためアメリカ市民の証明をする必要があり、アメリカ大使館に幾度か足を運んだ。アメリカ大使館に頻繁に出入りする比嘉太郎は、在京のアメリカ日系二世を監視していた当時の特高（特別高等警察）の目にとまることになった。そして、ついに一九三九年末のある日、同僚と牛込区を歩いていたときに特高に呼び止められ、交番の裏に連行、訊問され、殴られるなどの暴力を振るわれた。このことがきっかけとなり、比嘉太郎はハワイへの帰郷を決意する。

ハワイに戻った比嘉太郎は、一九四一年六月末に第三回徴集兵として米陸軍に入隊する。一二週間の基礎訓練を終えて、比嘉太郎は第二九八連隊に配属された。そこでも、比嘉太郎の積極性は発揮される。自身も含めて英語がおぼつかない日系二世が少なからずいたため、有志を募って英語授業の開講を嘆願し許可された。また、兵役に服しながらも、父親の農園を手伝っていた比嘉は、毎週金曜日の午後からカハルウの自宅に戻り農業に従事することも許された。

一九四一年一二月七日、日曜日、比嘉太郎は自宅にいた。朝から「陸海空軍の見事な合同演習」（比嘉 1982：45）が行われていると感心しながら空を飛ぶ戦闘機を見ていた。やがて実践さながらの演習ではなく日本軍による攻撃であることを知り、弟の運転する車でホノルルの軍人車両待合所まで駆けつけ、そこからスコーフィールド兵営を目指した。年が明けて一九四二年早春、第二九八連隊、第二九九連隊に属していた日系米兵は武装解除を強制された。そして、日系米兵のみから構成される一四二〇名は六月五日に輸送船マウイ号の船上にいた。船は米本土西海岸、サンフランシスコの対岸にあるオークランド桟橋に接岸。そこから列車に三日揺られウィスコンシン州マコイキャンプに到着した。在ハワイの日系二世で編成された第一〇〇歩兵大隊の誕生である。

比嘉は翌一九四三年八月には北アフリカを経てイタリア戦線のただ中にいた。米軍最大規模の犠牲者を出した部隊で、比嘉も敵軍の砲弾破片を受けて重傷を負った。その後、二度目の負傷をし、戦列を離れ、イタリア、アフリカの陸軍病院を経てアメリカ・ジョージア州ペアイ陸軍病院に入院する。一九四四年六月九日に退院後、コロラド州ローガン兵営に移動。そこで、二五日間の静養旅行休暇を得た。この休暇が比嘉太郎に、もうひとつの転機をもたらした。

3　全米「巡講」

二五日間の静養期間を利用して、沖縄系在米邦人の山城ジャッキーに伴われコロラド州にあった日系人強制収容所のひとつアマチ収容所（正式名称はグラナダ収容所）を訪れた。そこで、出征兵士の肉親らと会って話をするうちにブルースター・マザーズクラブ（出征兵士の母親たちの集まり）に懇願されて講演会を開いた。はじめは数家族を対象とした座談会形式で行ったが、全キャンプを対象に話してほしいとの要請があり、食堂で講演会を開くことになった。その講演会が好評で、ハートマウンテン収容所、トパーズ収容所、デンバー市、ソルトレイク市などで一五回の講演会を開催した。八月一五日以降の本格的全米巡講の前哨戦となる静養期間中の講演旅行となった。

六月二七日の地元邦字紙『コロラド・タイムス』には「おい大和魂を出せよ！　帰還兵比嘉君の体験談」との見出しでコロラド州デンバー市の美以（メソジスト）教会での講演内容が紹介されている。「巷間日系兵特別部隊は最悪敵前に於いて敵の力を試すために最前線に向けられるとか、差別虐待せられるとかの噂もあるが、それは全くデマの甚だしきものであり、軍隊では極めて公平なもので、出征軍人の親達は安心して可なりだと云った」と記事では紹介している。また、ハートマウンテン収容所内で発行されていた新聞『ハートマウンテン・センチネル』には「伊太利戦線カシノ攻撃に参加奮戦し、遂に負傷した廿七歳の古参日系兵比嘉トーマス君は知友訪問のため廿九日来所したが、数日滞在の予定である。同君は五尺一寸半で歩兵第百部隊中の一番小男で『戦争には小男に限る。弾丸のあたる率が少ないから』と笑っていた」とある（Vol. III, No. 2, 89号、July 1, 1944, p. 1）。さらに、『トパズ新聞』では、「亡き戦友に代り、生き残った私から私たちの心持ちを親様たちにきいていただきたいと思ひます」と冒頭で述べたことが記されている。「血の滲む体験と感想を具に物語り、聴衆殊にお母さん達には深い感動を与へた」（Vol. VIII, No. 1, July 5, 1944）と紹介されている。また講演会場で集められた義捐金三二ドルが比嘉太郎に贈呈されたという。

戦時中、一〇ヶ所の強制収容所に収容されていた在米邦人とその家族の中には、第四四二連隊の兵士としてヨーロッパ戦線に赴いた二世が約八〇〇人いた。その親たちの間では、自分の息子たちが白人兵士の盾になっているという噂が絶えなかった。たとえば、次のような噂である。ハワイから北米本土に送られた日系米兵が鉄道で訓練地に送られたときは、車窓から景色が見られないようにブラインドが下げられていた。第一〇〇歩兵大隊がイタリアのサレルノに上陸した際、まず日系米兵が先に降ろされ、迎え撃つドイツ兵の標的になった。戦場で負傷した日系米兵の治療は、白人、黒人兵士が終わってから行われた等々である。これらの噂が真実でないことを伝えるために、ＪＡＣＬはヨーロッパ戦線から戻ってきた日系帰還兵を探していた。該当する人物は複数いたが、比嘉太郎は、まさにＪＡＣＬが探し求めていた逸材であった。日本語が流暢で一世の親に説得力をもって語りかけることができ、かつ誠実な人柄が一世たちに好印象をもって迎えられるとの期待があったからである。一世の親たちは、一二〇％の忠誠心を示すために従軍した息子たちの安否、戦地の情報に飢えていた。そして、日系米兵に対する不当な扱いに関する噂に疑心暗鬼になっていた。日系帰還兵の話が直に聞けるという朗報は、不安を募らせていた一世とその家族たちに瞬く間に広まった。当時のＪＡＣＬ会長サブロウ城戸《きど》はＪＡＣＬの機関誌 *Pacific Citizen* 紙の一九四四年九月九日号で次のように説明している。

> 比嘉上等兵の巡講は今日まで大成功を収めている。海外派遣された二世兵士への関心は大変強いものがある。ＪＡＣＬにとって、比嘉上等兵による講演の成功はとりわけありがたいものといえる。なぜなら、戦地での正しい情報を広めること、またそうすることによって二世ＧＩの親たちや友人を苦しめている根も葉もない噂を否定することにつながるからである。……出席した一世は私のところにやってきて、是非、次なる講演をと嘆願した。首都ワシントンＤＣに願い書をしたためたところ、返事は前向きなものであったので、具体的な旅程を立てた。（*Pacific Citizen*, Sept. 9, 1944, p. 6　筆者抄訳）

城戸会長はソルトレイクシティでの講演が終わった後、正式に巡講の計画を比嘉太郎に打診し、比嘉は快諾した。ＪＡＣＬは早速、陸軍省と戦時転住局長宛に巡講の許可願いを出し認められた（比嘉 1982：142-143）。

4　巡講旅程

比嘉太郎は、一九四四年八月一二日午後、オレゴン州ワイト兵営を発った。行き先はワシントン州スポーケンであった。オレゴンの山岳地帯を列車で移動しスポーケンに到着した頃には、夜の八時を過ぎていた。駅にはＪＡＣＬのジョー・マサオカと西村三郎ゴンザガ大学講師が迎えにきていた。一九四四年八月一四日付けの『ロッキー新報』には、「比嘉一等兵の講演旅行主催方を陸軍省に交渉中であったが、このほど許可が下りたので、デンヴァ事務所の主任正岡ジョー氏を塩湖市（協会本部所在地）に招き、講演日程を決める事になった、依って正岡氏は去る十日同市に向かって出発したが比嘉一等兵の講演旅行は正岡氏同伴で先づ明一五日より華州のスポーケンを最初に華州、オレゴン、アイダホ、ユタ、ネブラスカ及びコロラド格州に亘る筈である」と旅程が記されている。新聞報道にあるとおり、第一回講演会は、八月一五日にスポーケン市で唯一の日系人教会である美以教会（メソジスト教会）で行われた。会場には約二〇〇名が集まり、中にはハワイ出身者もいた。スポーケンは鉄道の要衝として発展した町だった。当時の人口は約四万人。日系人は市内に一五〇〇人、周辺地域を含めると約四〇〇〇人が在住していた（『布哇タイムズ』、一九四四年九月一九日）。

比嘉は、幼少期を沖縄と日本で過ごしたこともあり、英語には多少問題があった。しかし、日本語が流暢であるため一世に温かく迎えられ、その様子を伝える礼状がＪＡＣＬに多数届いた。*Pacific Citizen* 紙には、当初の予定は九月二一日までであったのが、好評を博していることから一一月二三日まで延長されたと報道されている（*Pacific Citizen*, Sept. 9, 1944, p. 6）。しかし、表8-1で示した通り、実際にはさらに延長されて一二月まで講演旅行は続いた。

マンザナ収容所での講演に関する礼状には「比嘉氏の講演会の噂は野火のごとく広がり、収容所は講演会の話で持ちきりでした。……二世が米陸軍に志願する理由を一世に理解させせようと白人スタッフが長い間努めてもまったく効果がなかったのに、比嘉一等兵は一夜にしてやってのけたと褒め称えておりました。」（UCLA JARP Collection Pfc. Thomas Higa Speech Tour, Sept. 15-Dec. 10, 1944.　筆者訳）。

これらの功績に対してＪＡＣＬは、次のような感謝状を送っている。

比嘉太郎上等兵への感謝状決議文

日本人を祖先に持つアメリカ人は鉄条網で囲まれた戦時収容所から戦場に赴いた。戦地での犠牲者は多大であった。……比嘉太郎上等兵は、訓練中や戦地での日系米兵に関する噂や誤った情報を払拭することに貢献を果たした。全米各地を一二〇日間にわたって旅したトーマス比嘉上等兵は七三の講演において二万三〇〇人の聴衆を前に話した。八〇以上の新聞がとりあげ講演内容が紹介された。日本で教育を受けたため、比嘉上等兵の英語は十分ではなかったが、日本語の流暢さのおかげで素晴らしい講演者となった。できるだけ多くの日本語話者の聴衆に聞いてもらうために、日本人が集住している地域を訪れるようにスケジュールは組まれた。その結果、全米各地を巡ることになった。比嘉の旅程の初めの二ヶ月間、ＪＡＣＬの地域代表ジョー・グラント・マサオカが広報担当として同伴した（筆者訳、以下省略）。（UCLA JARP Collection）

5　全米「巡講」の意義

比嘉太郎は、一九四四年一二月に巡講を終えてハワイに戻るや否や、今度は沖縄戦線に赴いた。戦禍の中で沖縄方言を駆使し、壕に潜んでいた沖縄県民に呼びかけ多くの人命を救った。さらに、戦後には沖縄戦災救援運動のために奔走した。その後は、ＪＡＣＬの依頼を受けて、一世の帰化権回復運動にも力を注いだ。また、ハワイのＪＡＣＬ支部の立ち上げや強制収容の補償運動にも多くの資金を提供した。さらにまた、沖縄系移民史研究家として、ハワイの沖縄系移民の記録映画「ハワイに生きる」を制作し、南米各国にも赴き沖縄系移民について調査し編著

『移民は生きる』を著したことは冒頭でも述べた通りである。

比嘉太郎の行動は沖縄、ハワイ、そして帰米二世という三つの基軸に支えられていた。山城ジョージという北米在住ウチナーンチュと知り合いアマチ強制収容所を訪れたのが巡講のきっかけであった。巡講で訪れた先々で沖縄やハワイにゆかりのある人物と巡り会い郷愁にかられる。鹿児島と沖縄で布教活動経験のある白人宣教師の女性とウチナーグチで語りあっては郷里を懐かしみ、訪問先の強制収容所においてレイで迎えられては望郷の念をおさえきれなかった。また、帰米二世ゆえの日本語能力と一世への気遣いがあってこそ在米邦人の琴線に触れる語りができた。これら三つの属性を最大限に活かしながら、比嘉太郎は強行軍の巡講を遂行していった。JACL主催、米陸軍省・戦時転住局後援ゆえに、帰還兵を利用した講演会であるとの批判はあった。しかし、比嘉太郎個人に対する批判は資料から見つけることはできなかった。

戦時下、比嘉太郎ほど多くの在米邦人一世に接した人物はいないと思われる。比嘉太郎をよく知る大田昌秀氏は、気さくで誰にでも好かれる人物であったと回顧する。その人当たりの良さで、重い話題を熱情と勇気と機知で語り聴衆に感動を与えた。ハートマウンテン収容所に収監されていたある一世は、比嘉太郎の話は「いうことに飾りがなく、一言一言真実の発露が人の心の琴線にふれた」と述べている（比嘉 1982：145）。巡講中の一九四四年八月から一二月にかけて、*Pacific Citizen* 紙や収容所内で発行された新聞は、毎号ヨーロッパ戦線での二世兵士の死傷に関する報道で埋めつくされている。比嘉太郎は、戦地に散った子息を持つ親を前に講演したり、個別に遺族と面談したりしている。ミネドカ収容所での講演内容に関する記事では、「戦没者英雄に対し卅秒の黙祷を捧げ約三時間に亘る実戦体験及び日系兵の勇敢なる奮戦振りにつき幾多の実例を挙げ、数百の聴衆をいたく感動せしめた」（*The Minidoka Irrigator*, August 26, 1944, p.1）とある。記事では講演の中で読み上げた母親からの便りが一部紹介されている。「ダイ一グンヂンニ　デタイゾーワ　クニノタメレモ　ハタラケヨ　オカサンワ　アサバンニガキ（願ひ）ヲル……」。沖縄方言での母親からの手紙は、他の講演会場でも読み上げられていたことが別の収容所の新聞でも伝えられている。このくだりでは、すすり泣く声が聴衆から聞こえてきたという（*Manzanar Free Press*, December 9,

1944, 和文面 p. 2)。強制収容所という閉鎖的で情報が限られた環境の中で、現場のありのままの状況を伝え、一世の親の心情に寄り添い混乱と不安を除去した功績は大きい。

比嘉太郎は、巡講の旅のバスや列車の車中で遭遇した見知らぬ白人の乗客たちの多くに、地元新聞で報道された日系米兵部隊の活躍や比嘉の収容所等での講演内容を知り感激したと声をかけられている（表8-1参照）。比嘉への強い激励となり勇気を与えたことであろう。比嘉太郎はコロラドを起点としカリフォルニアを終点とする一九四四年の約半年間におよぶ米大陸巡講の旅に筆者を導いてくれた。米大陸巡講は比嘉太郎の人生の中で最も光り輝いていた六ヶ月間であったかもしれない。しかし、比嘉は全米巡講の後には第二の故郷の沖縄で人命救助にあたり、ハワイに戻っては沖縄救済運動を呼びかける。筆者もしばらくは「ある二世の轍」を検証する旅を続けていきたいと思っている。

謝辞

本章を執筆するにあたり、国際日本文化研究センター（細川周平代表）および早稲田大学特定課題研究（2013A-6378, 2014B-391）の研究助成を受けたことを記し謝意を表したい。沖縄県公文書館、ＵＣＬＡ図書館には文献調査にあたり大変お世話になった。また、比嘉太郎と親交のあった大田昌秀元沖縄県知事には、二度のインタビューを通じて比嘉の人となりについてご教示いただいた。厚く御礼申し上げたい。

注

（1）　ツーリレイク収容所は一九四三年七月一五日に「不忠誠組」の「隔離センター」（Segregation Center）となった。収容所の設立にはＪＡＣＬも関与していたことから、ＪＡＣＬ主催の講演会が開催されることは事実上困難であったと推測される。また、同センター内発行の新聞 *The Newell Star* の一九四四年八月二四日号には、身内の死や重篤な病気などの緊急性のある理由以外での同センター訪問は禁止される旨の通達が掲載されている。

（2）　ジェローム収容所は、一〇ヶ所の強制収容所の中では最も早く、一九四四年六月三〇日には閉鎖されていた。したがって、比嘉太郎の巡講が開始された八月一五日にはすでに存在していなかった。多くは「不忠誠組」としてツーリレイクに、その他は同じアーカンソー州内にあったローワ収容所かアリゾナ州のヒラリバー収容所に転住した。

文献

荒了寛編著、一九九五、『ハワイ日系米兵——私たちは何と戦ったのか?』平凡社。

比嘉太郎、[一九八二]一九八三、『ある二世の轍』日貿出版社。

比嘉太郎文書「日系人の権利に関する文書」比嘉太郎講演会公報（アリゾナ州ポストン収容所）、比嘉太郎巡講関連記事集他、比良時報（*Gila News-Courier*）一九四四年一〇月七日、朗和（ローワ）市政参事会より比嘉太郎宛書簡、米大陸巡講の旅よりハワイタイムズ記事集、比嘉太郎講演についての諸報告、決議、スピーチ内容、比嘉太郎講演会記事、*Colorado Times*, June 27, 1944. p. 3、*Heart Mountain Sentinel* VOL. 3 NO. 27 第八九号、*Pacific Citizen* 一九四四年九月九日、*Topaz Times* 一九四四年七月一日　VOL. 7 No. 27、の極まで（To the End of the Earth）一九四四年一〇月二九日、ロッキー新報、August 14, 1944、*Pacific Citizen*, September 9, 1944. p. 6.（沖縄公文書館所蔵）

Hosokawa, Bill, 1982, *JACL in Quest of Justice: The History of the Japanese American Citizens League*. Mas & Chiz Satow Memorial Committee.（=一九八四、猿谷要監修『一二〇%の忠誠——日系二世・この勇気ある人びとの記録』有斐閣）

Ichioka, Yuji ed., 1989, *Views from Within: The Japanese American Evacuation and Resettlement Study*. Asian American Studies Center, UCLA.

Japanese American Citizens League. *Pacific Citizen* [Microform] August 26–December 30, 1944.（国立国会図書館所蔵）

Japanese Camp Newspapers [microform] *Gila News Courier, Granada Pioneer, Heart Mountain Sentinel, Minidoka Irrigator, Poston Chronicle, The Rohwer Outpost, Topaz Times, The Newell Star*.（和歌山市民図書館移民資料室所蔵）

Manzanar War Relocation Center Records Collection 122 Box 92, Folder 1, Relocation Center Newspapers, Topaz, Utah, Newspapers, *Topaz Times*: April–December 1944, UCLA Department of Special Collections.

Masaoka, Mike with Bill Hosokawa, 1987, *They Call Me Moses Masaoka*, William Morrow and Company.（=一九八八、マイク正岡・ビル細川著、塩谷紘訳『モーゼと呼ばれた男　マイク正岡』ＴＢＳブリタニカ。）

大田昌秀氏へのインタビュー（二〇一五年三月二三日、二〇一六年一月九日）
The Taro Higa Papers, 1944-1964, Japanese American Research Project (JARP) Collection, Collection number : 2010, UCLA Library Special Collections.
UCLA JARP Collection Box 391, Tape 180 Side 1, Interviewee : Higa, Thomas, S., Interviewer : Joe Grant Masaoka, Place : Honolulu, Hawaii, Date : March 24, 1969.
United States. War Relocation Authority. Records of the War Relocation Authority, 1942-1946 [microform] : Field basic documentation located at the National Archives, Washington, D.C. Alexandria, Va.: Chadwyck-Healey, 1991.（早稲田大学図書館所蔵）

表８－１　比嘉太郎北米大陸講演旅程，1944年６月～12月

静養休暇中の講演

	月日 曜日			訪問先・内容	移動手段	出典・ 関連資料他
1	不明			Amache（Granada）WRC, CO に山城ジャッキー氏と訪れる；ブルースターマザース倶楽部（二世兵士の母親たち）の座談会他で話す		「轍」p. 165
2	不明			Denver, CO の日本人町（ラリマー街）の食堂で JGM と初対面；Topaz WRC での講演を依頼される		「轍」 pp. 142-150
3	6/15 Th.			デンバーの刑務所で収監されていた日系人20数名に面会		「轍」p. 151
4	不明			コロラド州デンバーの美以教会で講演		CT：6/27
5	6/29 Th.			Heart Mountain WRC, WY		HS：7/1
6	7/4 Tue.			Topaz WRC, UT 座談会３回，講演会２回；ソルトレーク市美以教会で講演後，JACL 城戸三郎会長から巡講依頼受ける		「轍」 pp. 142-143, p. 169；TT：7/5
7	8/12 Sat.			オレゴン州 White 兵営から Spokane, WA へ移動，戦時転住局・陸軍省後援，全米日系市民協会主催のもと三ヶ月の予定で米大陸巡講の旅	鉄道（寝台車）	「轍」p. 166
8	8/13 Sun.			早朝，ポートランドに到着，親友K，ホノルルへの郷愁，再び列車に乗り Spokane へ		「轍」p. 168
	8/14 Mon.			午後８時20分に Spokane 到着，JGM と西村三郎（ゴンザガ大学講師）駅で出迎え		「轍」 pp. 168-169 ロ新報：8/14

JACL・米陸軍省・戦時転住局後援「巡講」1944年８月15日～12月12日

	月日 曜日	到着 時間	出発 日時	訪問先・内容	移動手段	出典・ 関連資料他
9	8/15 Tue.	20:20	8/16 17:15	Spokane, WA 邦人約1500人在住，市外を入れると4000人；多くは農業に従事；日本人美以教会で第１回講演会	鉄道 （UP）	「轍」 pp. 169-170
10	8/17 Th.	08:31		Weiser, ID　行きの車中の食堂車で，講演会の新聞報道を見たとの白人紳士に，日系米兵の活躍を褒められる	車	「轍」 pp. 171-173
11	8/18 Fri.			Ontario, OR. Weiser から約60マイル，約4000人の邦人在住，約1/3は自営農業従事	車	IPR p. 14

12	8/19 Sat.			Nyssa, OR	車	
13	8/20 Sun.			Adrian, OR 労働キャンプで講演，沖縄県・鹿児島で布教活動をしていた宣教師 Miss Peet と琉球語で会話	車	「轍」p. 176
14	8/21 Mon.		8/22 09:55	Caldwell, ID　世界最大のドライポテト製造所を見学，トラックドライバーとして日系青年多く働いていると聞く	バス	「轍」p. 177
15	8/22 Tue.	10:55	8/23 11:35	Boise, ID	バス	
16	8/23 Wed.	04:20		Twin Falls, ID 邦人約50家族在住，邦人経営農場見学，イチゴ，トマト，シュガービーツ，麦などの機械化された農法に感心	バス	「轍」p. 178
17	8/24 Th.		8/25	Minidoka WRC, ID　２回講演，収容所内のスポーツ施設，学校，病院，公園，共同墓地を見学；MI に講演内容（母からの手紙）紹介	バス	「轍」 pp. 178–180 MI：8/19，8/26
(18)	8/26 Sat.		8/26 10:25	Twin Falls, ID	バス	
19	8/26 Sat.		8/27 14:25	Pocatello, ID	バス	
20	8/27 Sun.	17:32	8/28 12:28	Rexburg, ID	バス	
21	8/28 Mon.	13:30	8/29 09:00	Idaho Falls, ID	バス	
(22)	8/29 Tue.	10:48	8/30 11:30	*Pocatello, ID　バスの車中で，赤十字に届ける靴下を編む老婦人と会話，新聞報道で比嘉の講演を知っていたという	バス	「轍」 pp. 181–182
23	8/30 Wed.	16:00	8/31 16:00	Honeyville, UT　△「轍」では，８月29日にソルトレイク市に到着，２度目とある（p. 183）	バス	「轍」 pp. 183–184
24	8/31 Th.	16:20	8/31 17:11	*Bushnell Hospital, UT　邦人モルモン教布教の草分け寺沢知恵氏に会う，ハワイ負傷帰還兵見舞い	バス	「轍」 pp. 184–185
25	8/31 Th.	17:56	9/1 12:16	Ogden, UT 仏教会館	バス	「轍」p. 188
26	9/1 Fri.	01:36		Salt Lake City, UT　二世ビクトリーコミティの水泳ピクニックに招かれる，ハワイ出身者と会う	バス	「轍」 pp. 187–188

27	9/2 Sat.			Davis County, UT	車	
28	9/3 Sun.			Murray, UT　米大陸内部邦人歴史の始まりの地	車	「轍」p. 188
29	9/4 Mon.			Central Utah Rel. Center		
(30)	9/6 Wed.		9/6 13:10	Salt Lake City, UT	R. G. Trailways	「轍」p. 187
31	9/6 Wed.	17:30	9/7 12:52	Price, UT　邦人約200人在住，谷底の地，車窓から見える景観にイタリア戦線での戦死者を回想	R. G. Trailways	「轍」 pp. 188-189
32	9/7 Th.	17:45	9/8 07:45	Grand Junction, CO　△「轍」では９月６日早朝出発とある；邦人約50家族在住，果樹園など経営，JACL 支部	R. G. Trailways	「轍」p. 189
(33)	9/8 Fri.	16:35		Denver, CO 米大陸内陸部では最も邦人多い，約8000人在住，邦字新聞２紙，ホノルルとデンバー市街地とを比較	R. G. Trailways	「轍」 pp. 190-191
34	9/8 Fri.			Littleton, CO デンバー市から東南に約12マイル，邦人約50家族，８月26日に雹による農業大損害	Inter-urban	「轍」p. 192
35	9/9 Sat.			Longmont, CO　大農経営者・比嘉山氏の農場を訪問，家族11人で機械化農法，セロリ，オニオンなど	バス Colo. Mtrways	「轍」 pp. 193-194 PC：9/9
36	9/10 Sun.			Brighton, CO	バス Colo. Mtrways	
37	9/11 Mon.			Fort Lupton, CO　△「轍」では９月10日に到着とあり；転住所や西海岸から移り住んできた邦人170家族	バス Colo. Mtrways	「轍」 pp. 194-195
38	9/12 Tue.			Greeley, CO	バス Colo. Mtrways	
(39)	9/13 Wed.		9/13 17:00	*Denver, CO	バス CB & Q	
40	9/13 Wed.	18:21	9/14 10:58	Keanesburg, CO	バス CB & Q	
(41)	9/14 Th.	12:16	9/14 16:00	Denver, CO	UP PR	

42	9/14 Th.	07:55	9/15 19:55	Iliff, CO 大農・木村氏に会う，40年前に鉄道工夫，後に農業に従事現在は邦人17家族，いずれも中流家庭	UP PR	「轍」 pp. 196-198
43	9/15 Fri.	21:05	9/16 19:56	Julesburg, CO	UP PR	
44	9/16 Sat.	21:07	9/18 17:55	North Platte, NE 空軍で活躍した黒木ベン軍曹出生地；日本軍の二人乗決死潜水艦の巡回展示中；GP にデンバーで潜水艦「対面」記事	UP PR	「轍」 pp. 198-199 GP：9/30
45	9/18 Mon.	11:25	9/19 11:25	South Mitchell, NE　△「轍」では Scottsbluff に到着とある；転住所からの邦人75家族在住，約500人	UP PR	「轍」 pp. 204-205
46	9/19 Tue.	16:25	9/20 12:50	Sheyenne, WY　邦人早くから足跡を印した地，邦人20家族，約150人在住，主に商業に従事	UP PR	「轍」p. 205
(47)	9/21 Th.			Heart Mountain WRC, WY Denver, CO かつて１万人余だったが４千人近くが外部へ再転住し今は７千人；HS に比嘉太郎講演予告	UP PR	「轍」 pp. 205-206 HS：9/16

巡講当初の予定は９月21日までだったが，11月23日まで延長との報道（Pacific Citizen, Sept. 9, 1944, p. 6）

(48)	9/21 Th.		9/22	Denver, CO コロラド大学の特種日本語学科（海軍日本語学校）で白人学生に講演，能力の高さに感銘うける	バス Colo. Mtrways	「轍」 pp. 207-208
49	9/22 Fri.			Boulder, CO		
(50)	9/22 Fri.			Denver, CO		
51	9/25 Mon.	18:20	9/26 23:25	Pueblo, CO　高木氏宅で日本食ご馳走になる	D & RGW	「轍」p. 208
52	9/27 Wed.	07:30	9/28 19:59	La Jara, CO　△「轍」には Blanca に向かったとある；ドラ・ワグナー女史の出迎えを受ける；田舎のお化け宿に投宿	D & RGW	「轍」 pp. 208-212
(53)	9/29 Fri.	02:45	9/29 18:25	*Pueblo, CO	AT & SF	
54	9/29 Fri.			Rocky Ford, CO	車	
55	9/30 Sat.			*La Junta, CO	バス	
56	10/1 Sun.	09:09	10/1 10:45	*Raton, NM 地元住民と憲兵の乱闘に加勢，欧州戦線からの帰還白人兵が日系米兵を褒め称える，比嘉太郎，メキシコ兵と間違えられる	バス	「轍」 pp. 212-214

57	10/1 Sun.	16:57	10/1 10:02	Santa Fe, NM　敵国人抑留所を訪問，ハワイオアフ島カハルウ日本語学校校長の佐々木義一先生に再会	バス	「轍」 pp. 215-216
58	10/1 Mon.	12:18	10/3 15:30	Albuquerque, NM　鐘ヶ江ヘンリー氏出迎え，鐘ヶ江氏友人の飛行機に搭乗，空から見学，恐怖体験	バス	「轍」 pp. 218-219
59	10/3 Tue.		10/4	Grant, NM 展望車を改造した旧日本語学校のフリーメソジスト教会，日本人に対する偏見差別なし	バス	「轍」 pp. 221-222
60	10/5 Th.	08:45		*Phoenix, AZ	バス	
61	10/5 Th.			Glendale, AZ　排日派も多い地域，西部方面司令部区域立退き境界線が近い	バス	「轍」p. 222
(62)	10/5 Th.		10/7	*Phoenix, AZ	バス	
63	10/7 Sat.		10/9	Gila River, AZ　ハワイ出身の女性たちに歓迎されハワイへの望郷の念つのる，JGM 同行終え比嘉太郎一人旅	バス	「轍」 pp. 223-224 GN：10/3, 10/7
(64)	10/9 Mon.		10/9 17:50	*Phoenix, AZ		
65	10/9 Mon.	22:25	10/10	*Parker, AZ	AT & SF	
66	10/10 Tue.		10/13	Poston WRC, AZ　ニコルソン牧師の車でポストン収容所へ，アグネス・バートレット女史に会う；PC に比嘉太郎講演予告記事	バス	「轍」 pp. 225-231 PC：10/7, 10/10
(67)	10/13 Fri.		10/13 21:35	*Parker, AZ	AT & SF	
68	10/14 Sat.	10:30	10/14 09:00	*Los Angeles, CA　リトル東京訪問，戦前は2万3千人の日系人在住，建物は残っているが今は黒人町に	SP Coast Liner	「轍」 pp. 231
69	10/15 Sun.	06:45	10/15 12:50	*San Francisco, CA　△「轍」ではサクラメント訪問に；老紳士に「ジャップ」と言われるが日系米兵の活躍賞賛	SP Pac. Ltd.	「轍」 pp. 231-232
70	10/16 Mon.	7:00	10/17 19:15	Reno, NV 約100人の邦人在住，1867年渡米した最初の日本人と言われているウイリアム高橋の墓参る		「轍」 pp. 232-233
(71)	10/18 Wed.	15:15	10/19 19:00	*Salt Lake City, UT	UP Challenger	

(72)	10/20 Fri.	10:30	10/27 15:40	*Denver, CO	UP Pony Exp.	
73	10/28 Sat.	15:00	10/29	St. Louis, MO		
74	10/29 Sun.		10/30	*Chicago, IL 各転住所から再転住してきた邦人約6000人在住，コーンビーフ缶詰工場見学	C & NW	「轍」pp. 234-235
75	10/31 Tue.		11/1	Minneapolis, MN		
76	11/1 Wed.		11/2	Fort Snelling, MN		
77	11/2 Th.		11/2	*Minneapolis, MN 第100大隊がハワイを出て最初に訓練を受けたCamp McCoy に立ち寄る	C & NW	「轍」pp. 239-241
78	11/2 Th.		11/3	Milwaukee, WI Camp Snelling でA中隊長の福田光吉大尉，松永スパーキ正行中尉に出迎えられる	C & NW	「轍」pp. 242-243
79	11/3 Fri.		11/6	Chicago, IL	Penn. R. R.	
80	11/6 Mon.		11/6	*Toledo, OH		
(81)	11/7 Tue.		11/8	Detroit, MI		
82	11/8 Wed.		11/9	Ann Arbor, MI		
(83)	11/9 Th.		11/9	*Detroit, MI		
(84)	11/9 Th.		11/10	*Toledo, OH	Penn. R. R.	
85	11/10 Fri.		11/11	Cleveland, OH 約450人の邦人在住	Penn. R. R.	「轍」p. 244
86	11/12 Sun.		11/16	New York City, NY　1943年8月21日に自由の女神像を見ながらヨーロッパ戦線へ向かった時を回顧	Penn. R. R.	「轍」pp. 244-238
87	11/16 Th.		11/17	Philadelphia, PA 収容所から出て働く邦人・日系人の多かった野菜冷凍・乾燥工場の Seabrook Farm で講演	Penn. R. R.	「轍」pp. 248-250
88	11/17 Fri.		11/20	*Washington, DC ファリントンハワイ選出代議士を表敬訪問，ヴァージニア州のアーリントン墓地墓参		

(89)	11/20 Mon.		11/20	*Philadelphia, PA　△「轍」では Cincinnati, OH 訪問；列車の中で第100大隊知る女性，海軍水兵と意気投合	Penn. R. R.	「轍」pp. 250-252
(90)	11/21 Tue.		11/21	*Chicago, IL	UP	
(91)	11/22 Wed.		11/22	*St. Louis, MO　約350人の邦人在住		
92	11/23 Th.		11/26	McGehee, AR；Rohwer WRC, AR. クルーセーダー・クラブの女性と質疑応答		「轍」pp. 252-255 RO：11/22, 11/25
(93)	11/27 Mon.		11/27	*St. Louis, MO　△「轍」では Kansas City 訪問；邦人数300	UP Pony Exp.	「轍」p. 255
(94)	11/28 Tue.	15:35	11/29 17:05	*Denver, CO	UP Pony Exp.	
(95)	11/30 Th.	9:30	12/4 23:05	*Salt Lake City, UT　△「轍」では12月1日に Salt Lake City 到着；JACL 代表者会議の晩餐会に出席	UP Pac. Ltd.	「轍」p. 255
(96)	12/6 Wed.	6:50	12/7 21:00	*San Francisco, CA	SP Coast Liner	「轍」p. 256
(97)	12/8 Th.	9:00	12/10	*Los Angeles, CA　△12/10は12/09の可能性あり		
98	12/9 Fri.			Manzanar WRC, CA　収容所内の孤児院，病院に最年長者の隈田信輝翁を訪問；MF には3日間滞在し初回は700人の一世に講演△旅程には記載なし，「轍」と新聞記事にあり		「轍」pp. 255-259 MF：12/9（日 p 2）
99	12/10 Sat.			Santa Barbara, CA　△旅程記載は，ここまで		
	12/12 Mon.			2万3,000マイルの旅，米大陸巡講終了		「轍」pp. 259-261
	12/23 Th.			MF に12月23日付けで，比嘉太郎からマンザナ収容所長のメリット氏宛に感謝の手紙が送られた旨，手紙の内容とともに紹介されている		MF：1/27/1945（英 p 4），（日 p 2）

注

(1) 8月15日からの旅程は UCLA JARP Collection 所蔵 Itinerary of PFC. THOMAS HIGA—SPEAKING TOUR に依拠した。出発時間・到着時間・移動手段については同資料に記載のあるものだけを載せた。

(2) 9月21～29日にかけては，Itinerary の Part I と Part II で重複しており，旅程も多少異なる。ここでは，Heart Mountain WRC 訪問までを Part I，それ以降を Part II に基づき記載した。

(3)『ある二世の轍』記載の旅程・内容と UCLA JARP Collection 所蔵の旅程が一致しない場合は「訪問先・内容」欄に△を付して記した。

(4)左欄の番号は訪問先順に連番で振った。（　）の番号は再訪地を示す。

(5)＊は，No Engagement（Junction points）すなわち，講演の訪問先ではなく，列車の乗り換えなどのために立ち寄った場所を示す。

(6)地名についてはカタカナ表記の揺れを避けるために，一般的に知られている地名以外は原則，英語表記とした。

(7)州名の略語は次のとおり：AR = Arkansas, AZ = Arizona, CA = California, CO = Colorado, ID = Idaho, IL = Illinois, MD = Missouri, MI = Michigan, NE = Nebraska, NJ = New Jersey, NM = New Mexico, NV = Nevada, NY = New York, OH = Ohio, OR = Oregon, PA = Pennsylvania, UT = Utah, WA = Washington, WY = Wyoming

(8)強制収容所内で発行された新聞の略語は次のとおり：CT = Colorado Times, GN = Gila River News-Courier, HS = Heart Mountain Sentinel, MF = Manzanar Free Press, MI = Minidoka Irrigator, PC = Poston Chronicle, RO = Rohwer Outpost, TT = Topaz Times

(9)その他の略語の意味は次のとおり：「轍」＝『ある二世の轍』，ロ新報＝「ロッキー新報」，WRC = War Relocation Center（戦時転住所＝強制収容所），JGM = Joe Grant Masaoka

第9章　サンパウロのサムライ

——戦前ブラジルの日本語連載小説

エドワード・マック（細川周平訳）

1　新聞小説の生態系

一九三九年、『日伯新聞』の出版者、輪湖俊午郎が編集した年報『バウルー管内の邦人』には、サンパウロ州の主要な鉄道（ノロエステ線、パウリスタ線）が走るバウルー地区に所在する約一万一五〇〇戸の読書習慣についての調査報告がある（輪湖 1939：18）。この地区はサンパウロ市の外にある基本的に農村部だった。調査によれば、子ども雑誌が一〇七八部、婦人雑誌が一九〇八部、男性雑誌が五九七六部、新聞は一万一五四部が購読されていた。この数字からだけでも、日本移民たちの中で、日本語の新聞・雑誌に親しむ習慣が広く根づいていた様子がうかがえる。さらに日本発行の新聞を読む家庭は非常に珍しく、大多数はブラジル発行の日本語新聞を読んでいると調査は明らかにしている。

日本語新聞は最初の日本移民到着（一九〇八年）から一〇年足らずのうちに出版された。ブラジル移民で歴史家の半田知雄（一九〇六～九六）によると、新聞は日本より（ほぼ五〇日かけて）輸入されたモノよりも素早くニュースを提供しただけでなく、移民の知識人とオピニオン・メーカーの広場となった。その結果、彼らは移民自身が「在伯同胞」という意識をしだいに強く持ち始めるのを手助けした（半田 1970：594）。小説は、新聞の中の重要な構成要素だった。それらは紙面の文学的生態系《エコシステム》を作り上げる多様な形式で書かれていた。この生態系《エコシステム》というメタファーが必要以上に高いレベルの有機性や相互の関係性を示唆してしまうとすれば、むしろ、読者のさまざまな期待や欲望に応えるために意識的に――どこまで綿密だったかにはバラツキがあったが――選ばれたジャンル、選ばれた作品から成る畑と言いあらわした方がよいのかもしれない。作品へのアクセスについて言えば、上の統計が示唆するように、第二次世界大戦前の一部の日本語読者が小説に接することがあるならば、それは現地で出版された日本語新聞という媒介を介してということになるだろう。

　新聞掲載の小説の形式にはブラジルを舞台としたリアリズム的な作品、過去を舞台とした時代物、現在を舞台とした探偵物や「毒婦物」、ポルトガル語や英語（たぶん他の言語からも）からの翻訳、喜劇的な逸話物、ミステリーが含まれる。ブラジルの日本語小説についてのこれまでの研究は最初のカテゴリーに焦点をあててきた。たぶん他のカテゴリーは日本を基盤とする文化産業からの一般的な生産物と考えられてきたのだろう（安良田 2008：細川 2012-13：前山 1975：Rivas 2009）。この想定は少なくともある程度は正しい。以下で詳細に述べる通り、これらの作品の大部分は日本で作られ、「輸出」され、産業的に特徴ある文学的生産と流通のシステムを通過してブラジルに行き着いたからである。

　しかし同時にこれらの作品を無視することは、当時ブラジルの読者が目にすることができた大多数の小説を無視することでもある。これらの連載小説を詳細に見ていくと、戦前ブラジルの日本語文学の風景をより具体的に理解することができる。さらに時代を通した変化を調べると、この文学的生産と流通の「産業」システムは、日本を中心とするが、日本国内でさえ均一の文学的「文化」を作っていたわけでは必ずしもない。ましてや海外の読者共同体では均一性からはさらに遠かった。むしろ凝縮された（ある程度均質化された）創造源から相対的に独特の地域文学環境を作り上げていた。もしこれが正しいなら、通常「国民文学」の論理に込められた独自の日本文学の生態系《エコシステム》の概念は、さらに問題視されるだろう。

本章はブラジルの日本語新聞の文学的な生態系《エコシステム》の一部を取り上げる。新聞のなかで高い地位を誇り、通常は「大衆小説」と分類される長編連載物である。ここではこの時期を通して最大の文学的コンテンツを供給してきた『伯剌西爾時報』（以下、『時報』と略す）に焦点をあてる。結論はブラジルの読書共同体総体を明らかにはできないとしても、一九一七年から一九四一年にかけてブラジルで最も読まれた日本語小説がどのようなものであったのかを教えてくれるだろう(1)。

2　『伯剌西爾時報』上の時代小説

小説はブラジル発行のほぼすべての新聞で、ある役割を果たしていたが、『時報』では最も重要でまた目立った役割を果たしていた。第一号（一九一七年八月三一日付）は現存しないが、少なくともその内容を推測することはできる。それは『寛永御前試合』という講談を載せていた。なぜなら現存する第二号（一九一七年九月七日付）には連載の第二回が含まれているからで、これは一年と少し続き、一九一八年九月一三日に終わる。

この物語は徳川家光将軍の前で寛永年間（一六二四～四四年）に開かれたとされる有名な試合に基づく。全国より集められた伝説的な豪傑が得意の武芸を使って次々に相手を倒していく試合の物語である。これは『時報』の連載のために創作されたのではなく、日本国内の講談師によって演じられ、国内ですでに出版されていた。同紙が出版した版は、以前に八千代文庫のなかから三一巻『寛永御前試合』と三三巻『寛永勇士武術誉』の二巻としてすでに出版されていたものである(2)。この有名な講談の版は元々は四代宝井馬琴（一八五三～一九二八）が演じ、今村次郎（一八六八～一九三七）が速記した。

この作品は『時報』紙面の上で目立っている。『寛永御前試合』という題名、講談師と速記者と目を奪う題字飾りカットで記され、挿絵がついている。各回の初めに使われた挿絵は八千代文庫の第一頁に複写されている。ところが、頁の構成、文字の選択、ルビなどは同一ではない。こうした変更すべてが語ることは、物語の活字はブラジルで新聞構成全体のなかの一部として組まれたということである。

さらに新聞の連載化に際してもっと実質的な変更も現地で加えられたことも示唆している。当然ながら、変更はよく各回の最初と最後に現れる。書籍版にはなかった各回ごとの分割のために、文章は移動され、二分され、(めったにないことだが) 拡張される。組版が現地で行われた事実からわかることは、この当時合衆国や他のところでは普通だった新聞連載小説の出版プロセスが使われていないということである。そこでは通信社《シンジケート》があらかじめ組まれた記事の紙型 (時には広告も含めた面全体) を掲載紙に分配する方式が採られていた。

『時報』の連載は八千代文庫の二巻の全内容を載せてはいない。一九一七年八月三一日から一九一八年六月二一日までの回は八千代文庫の最初の巻 (三二巻) を、六月二一日の回から第二巻 (三三巻) を扱っているが、連載終了時にはその第二巻の五〇頁にしか達していない。一九一八年九月七日には『寛永御前試合』が「近々に一段落つきますから」、代わって『条平内』の連載が始まるとだけ予告された。

読者の直接の反応を示すデータはないので、このような作品がどのような意味を持ったのかは、想像するしかない。最強の将軍に支配された日本における名誉、力、正義、知恵、行動の物語は過去を栄光に輝かせ、ブラジルに到着して馴染めない風景だけでなく、物質的にも心理的にも苦しい周辺的な位置に置かれたと感じる読者に、大いなる慰めを与えただろう。しかし同時に読者が文学作品に対して、単なるテクスト分析からは予想できないような一人一人異なる反応を示したことも忘れてはならない。『寛永御前試合』の受容に関して言えることは、少なくとも『時報』の最初の競争紙のひとつには、成功と映ったことである。当時ブラジル第三の規模の日本語新聞『聖州新報』は一九二一年九月七日付で、『寛永勇士武術之誉』の題で、同じ物語を再び連載し始めたことからわかる。

『時報』と『聖州新報』がともに同じ物語を利用したことからわかるのは、どのように既存の文学テクストを初期に用いたのか、新聞はこの特定のテクストにどれほど特別の価値を置いたのかである。この物語の魅力は明確だった。編集者にとって連載化に絶好の標準ユニットの物語で、必要に応じて始め、止め、飛ばすことができ、空いた場所を埋め、読者を次の回に引っ張っていくことを彼らは知っていた。一回の中でさえ、彼らは必要あればいくらでもテクストに介入する権利を持つと感じていた。間違いなく物語は部分的には内容の文学的（もしくは娯楽の）価値から選ばれたが、同時に新聞編集者にとって、その内容とはあまり関係ない他のかたちの価値も持っていたことを認めるべきであろう。

3　歴史小説――一九一七～二三年

『寛永御前試合』は『時報』が存在した最初の一五年半に、つねに連載された歴史小説六編のうちの最初の一編だった。その次には『粂平内』が二年半、一一六回続いた（一九一八年九月二七日～一九二一年一月二八日）。これは九州の浪人が多くの殺人を犯した後、浅草で僧侶となり犯した罪を償うという物語で、それまでに何度も出版され、さまざまの版を持った。過去に新聞連載され（早くは一九〇四年に）書籍のかたちでは一九〇五年に出版され、一九一一年より複数回映画化されている。[3]『時報』連載に用いられたのは小金井蘆洲（一八七三～一九二五）の語り版で、書籍としては博文館より一九一八年に出版された（小金井 1918）。

『寛永御前試合』と同じように、『時報』は博文館版の文章だけでなく挿絵も再録した。しかし『寛永御前試合』と違い、約三〇〇頁にわたる版の全体を掲載し、ほとんど何も変更を加えなかった。『時報』版は全体を通してルビ、送り仮名、その他小さな要素を変え、連続性をはっきりさせるために各回の初めと終わりに実質的な変更を加えた。それ以外は五ヶ月前に東京で出版されたのとほぼ同一のまま再録された。

一九二一年一月二八日、『粂平内』の最終回と並べて、次の連載は半井桃水の『大石内蔵之助』だと告知されている。日本の新聞小説史を書いた高木健夫は、半井を一九一〇年代の歴史物の重要作家の一人と位置付けている（高木 1974：436-37）。その第一回は一九二一年一月四日に始まり、一九二八年一一月二二日まで三八三回、約八年間に及んだ。これは『時報』の連載小説の中では最長である。物語は『忠臣蔵』四十七士のリーダー大石良雄をめぐり、半井版は『東京朝日新聞』に一九一三年八月二九日から一九一五年四月二一日まで連載され、夏目漱石の

『こころ』（一九一四年四月二〇日〜同年八月一一日連載）と並んでいた。日本での連載が終わると東京の出版社、博愛館が一九一六〜一七年に四巻本として出版した。連載はこの版に正確に基づき、元の分割に沿って各回ごとに分けられている。

『大石内蔵之助』の後には三編の時代物が続くが、必ずしも講談由来ではない。第一は『大久保彦左衛門』（一九二八年一一月二九日〜一九三〇年五月二九日、七〇回）で、大久保（一五六〇〜一六三九）は粗暴だが気のおけない武士として、庶民に親しまれた徳川譜代の家臣である。『時報』版は作者名を記していないが、明らかに一九一一年の立川文庫版で、こちらは出版社が用いた筆名のひとつ、雪花散人作とされている（立川文庫に関しては、Langton 2000：100：足立 1980：67-68）。この筆名は個人ではなく、会社に雇われた作者／速記者のグループを指している。『時報』の連載は立川版独特の口調を忠実に守っているが、過去の連載に比べかなり激しくテクストを省略し圧縮している。これは編集側の態度の変更を反映しているが、立川版が実際の原典ではなかった可能性も語っている。連載と立川版は元になる別の版を共有していたかもしれない。

『大久保彦左衛門』は『時報』連載小説のうち、初めて作者、講談師（語り手）、速記者の名前なしで連載されたが、そうした事例はこれが最後ではなかった。この次の連載『日本十大剣客傳』にも名前がない。これは一九二六年、東京の誠文堂書店より霜田史光《のりみつ》作として同じ題名で出版されたテクストの複製だが、なぜ作者名が消されたのかはわからない。[4]『時報』の連載（一九三〇年六月五日〜一九三一年一二月一八日）は過去の複製よりもさらに大胆に、元のテクストの区切り方を変えている。新聞は原本の長いセクションを一回では載せられないが、元の分割を守り、新たな分割を追加していない。連載は原本の全体を再録し、序文、決闘や年代記に関する一連の格言にあたる部分だけを削除している。

最初の一五年間に連載された六編の歴史物の最後は『敵討槍諸共』（一九三二年一月一日〜一九三三年二月二日、五五回）だった。前二作と違い、作者名は記されている。長谷川伸である。元は『サンデー毎日』に一九二五年一一月八日から一九二六年二月一四日まで連載され、同年末、春陽堂より本として出版された。さらに平凡社の円本全集、

『現代大衆文學全集』第八巻（一九二八年）の巻頭を飾っている。『時報』版の最後は「さうであらうか知らん」で終わっている。これは『サンデー毎日』版には見られないが、全集版には見られる一文である。このことから同紙は後者を原本に用いたと推測される。

以上六編は最初の一五年間のほぼすべての号の、きわめてわずかな例外を除き最終面に登場している。最短でさえ一年以上かかっている。すべては武士と彼らの手柄を描いた時代物で、物語の主役が多くの読者にすでに馴染のある人物であるばかりか、どの版も比較的名門で、たいていは著名な出版社から出版されていた。出版社の規模や知的財産権保護の意識から考えて、無許可で再録された可能性が高い。これを証明することはむずかしいが、ブラジルの同時代の逸話から考えてこれはまちがいないだろう。

4　実験と移行――一九三二～三四年

一九三二年には六編の歴史物の最後が連載中のなか、新聞の文学欄には多くの変化が起こった。同年一月一五日金曜を最後に月曜と木曜刊行に変わり、一月一八日には小説は掲載されなくなる。次の号（一月二一日）には「文藝欄擴張に就いて」という告知がなされ、月曜には小説は載らず木曜に拡張された文芸欄（八面中の第五面）と『敵討槍諸共』の続きが掲載された。(5)

この台割――木曜の五面と八面に小説、月曜には小説なし（新聞が八面ではなく四面だった時代と違い）――はしばらくの間、時々変更しつつ一九三二年八月二二日まで続き、この号から戦争と実録物の中編が試された。一九三二年八月一二日には水曜と土曜の発行に出版日程をもう一度変更し、その次の号から土曜版は短い四面構成で文学テクストはなし、水曜版は長い八面構成で内側の面（たいていは四面）と最終頁に文学テクストあり、となった。前期以来の最後の歴史物『敵討槍諸共』の連載は一九三三年二月二日まで続いた。(6)

同年二月九日から四月六日まで新聞は白井喬二『國入り三吉』を載せた。過去の作よりずっと短く、「短編」とはっきり銘打っていた。元は一九三一年七月の『週刊朝日』特別号に掲載されていた(7)。一九三三年の残りの号は一連の短い落語を載せた。この年の最終面掲載の連載は、それまで同紙を読み慣れた読者にはほとんど似ても似つかぬものだっただろう。

一九三三年二月二日より一九三四年の最初の数週間まで続いた『敵討槍諸共』の時期は、『時報』の移行と実験の時期にあたる。より短い作品を選ぶだけでなく、一回読み切りも多く、新聞は幅広いジャンルを試み、地元産の小説にもっと注意を払うようになった。何がこの変化を促したのかははっきりしないが、合法的にテクストを入手する圧力がかかった際に、予算を超える額の金銭的負担を強いられることを恐れた新聞側が、いちどは長篇の購入を避ける方向に動いたとも考えられる。しかし、いざ蓋を開けてみれば、テクストを適切なやり方で入手したとしても、それほど大きな経済的負担にはならなかったようだ。この想定はこの移行期の後に登場する新しいタイプの長編の連載を調べることで証明できる。

5　新体制——一九三四〜四一年

一九三四年一月一七日より新聞紙上の小説の掲載と性質は大きく変わった。そのことは、まず一時的な紙面構成に表れた。時代物ではなく現代物が始まっただけでなく、週二回刊になってからの大半の連載と違い、『金髪魔』が毎号、水曜と土曜の最終面に掲載されるようになったのである。水曜号の四面は（基本的に）多様な形式のブラジルで書かれた文学作品を掲げたが、最終面の小説はスマートになった。『金髪魔』は水曜の回には新しく大きな挿絵がついて視覚的なアピールを増し、毎回決まった挿絵つき題字がついた。この時から落語をはじめとする短編の大衆物は通常号から消え、正月号のような特別（増大）号にしか現れなくなった。『金髪魔』の連載は、一九三四年一月一七日から一九三五年七月二七日まで一年半にわたって一三五回を数えた。その後には一龍齋貞喬の歴史物『さんざ時雨』が、一九三五年七月三一日から一九三七年一月八日まで同じだけ続いた。

新聞が一九三六年三月二七日に週三回刊（月水金）になったとき、各号の第一面に現代小説の『アジアの幻影』を掲載し始めた。最終面には別に時代物（『さんざ時雨』）が続いた。[8] この構成――現代物と時代物を同時に別々に連載する――は廃刊される一九四一年まで維持された。『アジアの幻影』の後には谷信一郎の『農民』が少なくとも一九三六年一〇月一二日まで続き、その後には第一面に現代物は載らなかった。『さんざ時雨』が一九三七年二月八日に終わると、同紙による小説募集コンテストで選ばれた地元作家による短編が時々最終面を飾った。『麗人哀歌』は第一面から最終面に移された。小説の載らない号すらあった。

一九三七年八月二三日、『時報』は月曜から土曜まで発行される「日刊紙」となった。各号は四面に縮小され、文芸欄は土曜日に『麗人哀歌』の連載を含めて設けられた。これは一九三八年の新年号まで続き、この号には落語、講談、文芸欄などが含まれた。この年の最初の通常号（一九三八年一月五日）では、一九三七年一一月一日から中断があった『麗人哀歌』の連載が第一面に返り咲いた。[9] 一九三八年一月二六日まで第一面掲載が続いた後、最終面にもどった。

一九三八年五月三〇日、歴史小説は第一面に連載中の有名な時代物『忠臣蔵』にもどった。同時に第四面（最終面）では現代物の『峠の女性』（山中峯太郎）の連載が始まった（同年五月二七日）。[10] 新聞自体は一九三八年六月五日より「日刊」のスケジュールを火曜から日曜までに変更したが、小説の掲載には大した変化はなかった。『忠臣蔵』が一九三九年二月三日に終わり、第一面の欄は日岐《ひき》武の時代物『時雨八荒』に替わった。『峠の女性』が一九三九年五月一四日に終わると、次の号の最終面では菊池寛の『西住戦車長伝』が始まった。

『時雨八荒』が一九三九年一二月三日に終わると時代物は引き継がれず、最終面に掲載されていた『燃ゆる星座』が第一面に移動した。たぶん年末に近づいていたからだろうが、それに代わる連載はなかった。時代物『暴れ大名』の連載が一九四〇年一月七日に始まると、『燃ゆる星座』は第四面にもどった。一九四〇年四月二三日、『時報』は、『暴れ大名』がその日掲載されないのは、原稿が届かないからだと報じた。つまり新聞社は連載が始まったときに、必ずしも完全原稿を手にしているわけではなかった。この中断の間、『燃ゆる星座』が第一面に移り、最終面の連載は途絶えた。現存しない号があるため、中断がどれだけ続いたのか正確には述べられないが、連載の回数からして約二週間の中断と思われる。[11] 一九四〇年五月一二日、『暴れ大名』が第一面に、『燃ゆる星座』が最終面にもどった。

一九四〇年七月三〇日、『燃ゆる星座』の完結が紹介されるとともに、番伸二の『世紀の英雄』が代わりの作だと告知された。『英雄』はその年の一一月から一二月にかけて不定期に連載されたが、その間、『暴れ大名』の方は定期的に掲載されていた。その理由のひとつは通常最終面に掲載されるポルトガル語欄が拡大されたからだろう。一九四〇年末より最終面がすべてポルトガル語の場合もあった。『世紀の英雄』も『暴れ大名』もマイクロフィルム版の『時報』が終了する一九四一年八月八日には完結していない。しかし新聞発行が終了する八月三一日まで続いたと想像される。[12]

6　グローバルな文学的生態系

一九三四年一月から『時報』が廃刊される一九四一年八月まで、これら一一編が第一面と最終面に掲載された。それぞれが一〇〇回から三〇〇回までのかなり長い期間の連載だった（発行スケジュールが密になるにつれ、連載の期間は大幅に変わった）。初期には一人を除きすべての作者が日本の出身で、谷信一郎だけが地元作家だった。他は全員日本では一応知られていたが、大部分は新聞小説でしかほとんど認められない二流・三流の書き手と見なされていた。内容に関する最大の違いは時代物だけだった初期から、時代物と現代物の組み合わせへの移行だった（ただし後期になっても時代物のほうが優先されていた）。これは大衆の文学的嗜好の推移と内容に関する要求の増大、そして出版日程の増大によるだろう。しかし、これが唯一の変更というのではない。

日本ですでに出版されたテクストに基づく初期の作品と違い、後期の作品が（菊池寛の『西住戦車長伝』を最大の例外として）すでに発表されていたという証拠をまだ見つけていない。[13] 多くの場合、後から再出版されたのではないかもしれない。しかし他で別の題名で出版されていたり、名前を記された作者が実際の作者ではない可能性を除外することができないが、どちらも正しいとは思えない。まず第一に、改題する必要がない。異なる地方紙で同じ題名の小説を連載するのはよく知られた慣行で、菊池寛のような非常に有名作家ではなく、あまり有名でない作者に対して行われるのは奇妙である。第二に、記された作者が実際の作者でないとして、ではなぜ（この場合も菊池寛は例外だが）二流、三流作家を選ぶのだろうか。そして第三に、作品の紹介文と作者の肖像写真などの素材が、ブラジルで独自に集められたとは想像しがたい。作品と作者にかかわる安定的なパラテクスト（付随テクスト）は、非常に洗練された文化生産のシステムなしにはありえない。他の可能性もまったく否定できないわけではないが、これらの作品は額面通りに受け取らなくてはならないという仮説が正当だろう。つまりこれらの題名で書かれたテクストが記された名前の作者によって書かれたのだ、と。

『時報』が新聞の第一面と最終面に連載された地元外の作者による長編を、どのように入手したのかは不明だが、初期の作はあらゆる経路を通して入手された既存の出版物から法的許可なしに地元で複写されたと思われる。逆に短い実験と移行の時期をはさんで後期の作は合法的に入手されたと思われる（さまざまな理由のうち、特に上で述べた理由により）。もしそうならば、新聞はふたつの入手先を握っていただろう。ひとつは現存する代理店の制度を通して間接的に、もうひとつは作者自身を通して直接的に。後者であることがはっきりした例がひとつある。尾崎士郎の『燃ゆる星座』のパラテクストは、まさにそのような取り決めを採ったと記されている（『時報』一九三九年五月一三日）。案内記事によれば、伯剌西爾時報社は作者に直談判し新聞のために筆を執ることを依頼し、作者は快く合意した。これに類した前者の明確な証拠はないが、同社が他の内容については通信社を利用していたことが知られている。日本国内の地方紙と同じように、同じことを小説に応用しても驚きに値しない。

日本のシステムでは代理店を通して作品を地方紙に売った作者は、その最終的な行き先を必ずしも把握していなかっただろう。一九三四年から四一年にかけて『時報』に掲載された作品の場合、作者は（谷を例外として）自作がブラジルで出版されるとは知らされなかっただろう。ここでもやはり証拠は状況的にすぎないが、説得力はある。

作品の宣伝に含まれた作者の言葉はいずれもはっきりと読者に向けているが、読者層の例外性については述べられていない。北米移民を含む『麗人哀歌』や満州移民を含む『世紀の英雄』のように、ブラジルとの関連を明示することを期待されるような場合ですら、徹底して一般的記述に留まる。

国民文学の論理内部に通常留まる単独の日本語文学生態系の発想にもどると、ここでは初期と後期の連載の間に実質的な違いがあることを見てきた。初期には本国全体で大きく共有されていたような登場人物と物語――必ずしも個別のテクストではなく――の連載を見出せる。[14] ここではしかし通常は単独の著者による（比較的）安定したテクストを想定した近代文学研究に内包された論理とは相当異なっていた。この論理あってこそ、歴史的作者に結びつけられる綿密な文体分析が正当化されている。どのように用語を用いるかによって、共有された文化についての議論は狭義の共有された文学の議論よりも説得力を持つだろう。後期には連載はより安定し（個別的である）が共有部分は小さい。これらのテクストは本紙以外に、いくつかの地方紙（その数は同じではない）に載ったことがあったかもしれない。したがって文学は受容に関して一般化できない。たとえ制作者の間に均質性がある程度あるとしても。この意味でブラジルの連載作品はただはるか遠方のコミュニティに存在した大衆小説に対する関心をかきたてるだけでなく、単数の（国民）文学 literature が呼び出されるたびに融合される複数の文学 literatures を想起させる。

付記

論文の執筆にあたっては、特に日本語の文学研究・出版研究の学術用語について、五味渕典嗣氏よりアドバイスをいただいた。

注

（1）ここでは『時報』に焦点をあてるが、それがブラジルで発行された唯一の日本語新聞だからではないことを銘記すべきである。読者はニュースであれ文学的娯楽であれ、複数の地元産のソースと接触していた。そして、本章はいくつかの例外的な作品を明らかにできなかった。これらの例外については後日、議論する。

(2)　第三二巻の第六刷（一九二〇年）の奥付には初版が一九一八年三月二日と記されているが、これは誤記と考える。第三三巻の初版（国会図書館所蔵）は一九一七年四月五日に出版された。三二巻がその続編と書かれている三三巻より先に印刷されたとは考えにくい。一九一七年刷のデータは『時報』に一九一七年末に届いたことも説明する。三三巻の巻頭にはまずそれが『寛永御前試合』の続編と記されている。

(3)　渡辺霞亭による同名の物語は『東京二六新聞』に一九〇四年九月八日より連載されている。国会図書館デジタル・ライブラリーには敬文館からの三宅青軒の一九〇五年版と三芳屋からの一九〇九年一二月版の二つの版が上がっている。どちらも連載の原典ではない。映画化のうちのひとつは「日本映画の父」牧野省三（一八七八〜一九二九）による（一九一四年）。

(4)　これは一九二九年に大阪の新興社より出版された誠文堂版の再版の慣行からも外れているだろう。

(5)　そこで新聞は「文藝欄を解放し文藝愛好者の活動臺に提供する」計画を明らかにした。おそらく「邦人社会」の中でこそそのような解放、つまり読者投稿作品が待ち望まれたのだろう。新しく拡張された欄は「時報文壇」と題され、短編小説（朝来生の「心の波」）、詩、評論（バーナード・ショーからエレン・テリーへの最近出版された恋文について）、そしてたぶん植民文芸短編小説懸賞募集の最初の呼びかけを集めた。『敵討』も最終面にもどった。

(6)　これは同年五月一八日出版の改造社刊『斬るな剣』に同作が掲載されるのに先駆ける。

(7)　二〇巻一号、六六〜七三頁。復刻は原本に忠実だが、同種の文字やルビが元の版には見られる。『時報』は週刊誌版につけられた木村荘八の挿絵も省いている。

(8)　文芸欄は八面構成の水曜版の四面に作られた。

(9)　同年最初の土曜の通常号（一九三八年一月八日）では最終面に文芸欄はもどった。

(10)　一九三八年五月二七日付は見当たらないが、五月二五日付の連載告知から日付が確定できる。

(11)　『暴れ大名』の九〇回は四月二二日、一〇〇回は五月一七日に掲載。現存紙の傷は他の番号づけをわからなくしているが、五月一二日付は九五回と思われる。『燃ゆる星座』の回数は毎号に振られていないので、あまり手助けとならない。

わかっているところでは四月二八日が一一六回、五月一二日が一二五回。

（12）新聞は一九四一年八月三一日まで発行されたが、最後の数週間はマイクロフィルムに収録されていない。

（13）菊池寛の『西住戦車長伝』は『時報』の一九三九年五月一六日から同年一一月二日まで連載されたが、元は『東京日日新聞』と『大阪毎日新聞』の夕刊に一九三九年三月七日から同年八月六日まで連載された。小さな変更点（特に振り仮名の数）はあるが、テクストと挿絵は事実上同一である。ミシガン大学図書館のケイコ・ヨコタ・カーター氏に両者の比較を助けてもらったことに感謝する。

（14）これは決して明確な区別ではない。たとえば速記者の関心は単にあらすじの基本だけでなく、物語が採る正確な形（正確な言語学的形状）にあった。

文献

足立巻一、一九八〇、『立川文庫の英雄たち』文和書房。

安良田済、二〇〇八、『ブラジル日系コロニア文芸』下巻、サンパウロ人文科学研究所。

半田知雄、一九七〇、『移民の生活の歴史』サンパウロ人文科学研究所。

細川周平、二〇一二・一三、『日系ブラジル移民文学』第一・二巻、みすず書房。

小金井蘆洲、一九一八、『粂平内』小林東次郎編『長編講談』第三一巻、博文館。

Langston, Scott C., 2000, *A Literature for the People : A Study of jidai shōsetsu in Taishō and early Shōwa Japan*, Ph. D. diss. Ohio State University.

前山隆、一九七五、「解説——移民文学からマイノリティ文学へ」コロニア文学会編『コロニア小説選集』第一集、コロニア文学会。

高木健夫、一九七四、『新聞小説史——明治篇』国書刊行会。

輪湖俊午郎、一九三九、『バウルー管内の邦人』日伯新聞社（石川友則編、一九九九、『日系移民資料集』第二五巻、日本図書センターに再録）。

Rivas, Zelideth Maria, 2009, *Jun-nisei Literature in Brazil : Memory, Victimization, and Adaptation*, Ph. D. diss., University of

California, Berkeley.

第10章 デカセギ文学の旗手でもなく、在日ブラジル人作家でもなく

――日系ブラジル人のマルチクリエーター、シルヴィオ・サム

アンジェロ・イシ

1 短命に終わったデカセギ文学

本章では、一九八〇年代以降に顕在化したブラジルから日本へのいわゆるデカセギ移民現象をきっかけに、日本での就労・生活を体験した一人の日系ブラジル人作家にして、ジャンルを越えた創作者、シルヴィオ・サムを通して、日伯を往来するトランスナショナルな移動民による文学を超えた創作を考察する。デカセギ経験者による文芸の多数は日本で（＝日本滞在中に）芽生えた活動や作品であるが、サムの創作はデカセギから帰国後にブラジルで開花し、デカセギ経験に限定されない創作にも向かっている。

そもそも日本におけるポルトガル語メディアとブラジル移民文学の発展には強い相関関係が認められる。在日ブラジル人の文学的試みの土俵（発表の場）を築いたのは、九〇年代初期におけるポルトガル語のエスニック・メディアの創刊ラッシュだった。最初のブラジル系商業紙『インターナショナル・プレス』の投書欄には読者によるポエムまで頻繁に掲載され、読者の投書をテーマ別にまとめた単行本二冊（ポルトガル語およびその邦訳版）まで出版された（イシ 2008）。ライバル紙『トゥード・ベン』は紙上で文学コンクールを開催し、やはり二ヶ国語で単行本

化した。文学的試みを広義に捉えて曲の歌詞まで含むならば、最も想像力豊かで洗練された在日ブラジル人の創作活動は作詞である。日本語がわからないゆえに体験した「言葉の壁」をネタにして言語的ハンディを笑い飛ばす曲や、リーマンショック後に東京で開催された歴史的なデモ行進で使われた曲など、注目すべき作品は多い（Ishi 2003：イシ 2003：2010）。在日ブラジル系文学の発展にとって、前述した新聞二紙の廃刊がもたらしたダメージは大きい（廃刊の背景についてはイシ 2012を参照）。ウェブメディア全般（ネット空間）も無料雑誌の投稿欄も、かつての新聞投稿欄のようには「文学的」土台として機能していない。ジャンルとしての「デカセギ文学」は「デカセギ時代」が終焉したという意味でも、「文学」的な試みが低迷しているという意味でも、そしてその主要な発表の場であったポルトガル語新聞が廃刊になったという意味でも、三〇年足らずで幕を閉じたといえる。

2　デカセギ小説を生んだシルヴィオ・サム

シルヴィオ・サム（Silvio Sam 本名 Silvio Kazushi Sano）は一九五〇年、サンパウロ州内陸のフェルナンドポリス市で生まれた。父親は三重県、母親は北海道出身の日系二世である。大学で建築学を学び、一九七五年に卒業後、サンパウロ市内の建築事務所に就職。作家としてのデビューは一九九六年と遅い。いつごろから物書きや絵描きに目覚めたのか問うと、大学時代、自宅の設計図を書く課題に対して、家族メンバーが交わす会話をマンガのコマのように書き込んで提出したことがあると答えた（以下、二〇〇一年八月、二〇一三年八月、二〇一六年一月の筆者とのインタビューに基づく）。絵に文章を添えて物語性のある建築プロジェクトを創作した手応えが、作家への予習だったという自己分析である。しかし結論を先取りするならば、作家シルヴィオ・サムを生んだ決定的要因は彼が日本とブラジルを往復し、日本で工場労働を経験し深く洞察したことである。

サムは異なる身分で四度、日本への渡航を経験した。一度目は大学を卒業した翌年、父親の出身地である三重県の県費研修生として七ヶ月間過ごした。二度目は妻とハネムーンを兼ねて、観光で日本を訪れた。三度目は名古屋大学の大学院に私費で二年間留学した。その後ブラジルに帰国したが、市街で強盗に襲われ、ブラジルの未来に絶望した。そこで四度目の渡日を決心する。デカセギ者として。

日本では工場労働者としてスタートしたが、学歴や語学力などが認められ、数ヶ月後には「担当者」に抜擢された。昇格と中間管理職的な職務ゆえに、彼はデカセギ者を雇用する企業と在日ブラジル人の仲介役を務めることになる。後述する『*Sonhos que de cá segui*』（以下『ソーニョス』と略）第二版の紹介文で彼は次のように綴っている。「三年半の勤務期間で述べ一〇〇〇人のデカセギ者と知り合った。この人たちとの出逢いが文学とジャーナリスティック・クロニクルに導いた。しかし、本書が処女作にならなかった理由は、この重要な題材を無駄にするわけにはいかなかったからである。」

いきなり長編に挑んで失敗すれば取り返しがつかないという試算から、サムは敢えて移民問題とは無縁の小説から始め、その第一作『*O Seqüestro*』（誘拐）は「『ソーニョス』を書くための研修であった」と彼は言い切る。物語はそのタイトルの通り、ある誘拐事件の一部始終だが、数ページごとに諺や格言、有名人による自己啓発的な名言が登場人物の口からこぼれるという構成が興味深い。四六件の引用発言が作中に登場する。引用発言が登場するページの下には発言者の名前が脚注の形式で明記され、通し番号が付されている。ナポレオン・ヒル、ヘレン・ケラー、アリストテレス、プルーストに加え、ブラジル人作家のマシャード・デ・アシースやマリオ・ダ・シルヴァ・ブリト、ブラジル版ビートたけしとも言えるコメディアンのジョ・ソアーレスの発言も引用されている。

デカセギ者を主人公にした物語

無事にデビュー作が完成し手応えを実感したサムは、すかさず「本命」のデカセギ小説に挑む。第二作『*Sonhos que de cá segui*』（1997）は「ここから追った夢」という意味のポルトガル語で、de cá segui は「ここから（何かを）追って出発した」の意味だが、dekassegui デカセギと語呂合わせをしている。

サムは日本から戻った当初、日本で収集した証言やメモ書きをプロの書き手に託して本を執筆してもらおうと考えた。「フィクションかルポルタージュか、形式もその人に委ねるつもりだった」という。しかし、この企画について友人に話すと、「あなたは書く力があるし、出会った人たちについて最もよく理解しているのだから、自分で書いてみれば」と励まされた。どうせ書くなら、できるだけ多くの人に読んでもらいたい。小説という形にすれば、それが叶うだろう、と考えた結果、『ソーニョス』を構想した。

『ソーニョス』は日系ブラジル人男性ペドロとブラジルに移住した日本人女性のミエコ、そして夫婦の間に生まれた二人の子どもの四人家族がブラジルから日本にデカセギに向かう物語である。これはサムの実体験と重なる。もう一人の重要な登場人物であるセザールは、人材派遣会社の通訳兼世話役である。在日ブラジル人の間では、この仕事をする人々は単に tantosha（担当者、後述）と呼ばれ、しばしば企業側の利益ばかりを優先してデカセギ者を見捨てる人々として批判の的となる。「担当者」はまさにサムが日本で実際に担った役職である。「私は時にはペドロ、時にはセザールの身になって執筆した」と冗談交じりに解説するが、物語を支配するのはまぎれもなく弱者の視点、工場労働者として悪戦苦闘するペドロの視点である。

物語は夫婦がサンパウロで大学を卒業したにもかかわらず失業に苦しむという、八〇年代に多くの中間層の日系人が経験した苦悩を描写するところから始まる。ペドロは機械エンジニアとしてのキャリアを夢見たが、なかなか職が得られない。父親が日系新聞でデカセギのニュースを読んで彼に伝え、ペドロとミエコはサンパウロ市の中心街の人材派遣会社を訪れる。職場についても住居についても思いのほか好条件を提示され、日本行きを決心する。しかし成田空港に到着した直後から、ブラジルで聞かされた話とはまるで異なる不本意な体験や試練が重なる。あくまでも「平凡で平均的な」デカセギ家族の日本体験が、落ち着いたトーンとシンプルな文体で綴られる。夫婦は四年後に目標としていた貯蓄を果たして無事にブラジルに戻り、夢のマイホームを購入して小規模の雑貨屋を開店し、そこに突然現れた「戦友」のセザールと再会しデカセギ体験について回想・総括するところで幕を閉じる。しかしこれは必ずしもハッピーエンドとは言い切れない。このリスタートは「ペドロが専門職での復帰をあきらめた」ことを意味するからだ。ここにサムのブラジルの政治経済情勢に対する憤り、学歴や職歴が意味をなさない労働市場に対する挫折感が垣間見られる。これはサム自身の挫折感が作品に投影されたという解釈も可能だが、何より、八〇年代末のデカセギのパイオニア世代の大多数が味わった挫折感を代弁している点が重要である（詳しくはイシ 1997 を参照）。

この作品の特長のひとつは物語の信憑性である。娘が寮の和式トイレに戸惑うというカルチャーショック関連のエピソードや、宿舎で七人という大人数が同じ一部屋に放り込まれた様子や、人材派遣会社が労働者を引き抜く手法などが克明に描かれる。成田空港で家族が別々の列に並ぶという場面は、サム自身の体験を思い出しながら書かれたという。「私の息子は二重国籍なので成田では日本人の列に。妻も日本国籍なので同様。私だけが外国人用の別の列に並んだ」。九〇年代前半に起きた群馬県在住のブラジル人男性による日本人女性の殺害容疑者の裁判、いわゆる「マエダ事件」についてペドロとセザールが議論を交わす場面もある。また「現時点では残業もアルバイトも豊富にあるが、果たしてこの状況はずっと続くだろうか」というセザールの言葉は二〇〇八年のリーマンショックに続く経済危機・雇用危機を予言しており、興味深い。

カラオケの替え歌というサントラ

『ソーニョス』のもうひとつの魅力は、作中に登場する曲がまるで映画のサウンドトラックに匹敵する役割を果たしているという点にある。登場人物がカラオケで有名曲の替え歌を即興で歌う場面は、作品に奥深さをもたらすばかりでなく、読者の聴覚に訴えて作品にリズムを与えている。

物語の中盤（一六四頁）でペドロが宴会でマイクを握り、長渕剛の「ろくなもんじゃねえ」のメロディーに乗せて歌う「Dekokôssegui」（デココセーギ）は悲喜劇的な要素が満載で、『ソーニョス』のクライマックスのひとつと言える。Kokô の発音（cocô）はポルトガル語で大便を意味する。デカセギ体験を排便にたとえるという、これ以上にない皮肉である。

（ウンコ）コ、コ、コ、コ、コ、コ…
俺は今、自分の体内でよくわからない何かを感じている
たいてい朝方にしか感じない、慣れきっている何かを
もう痛すぎて我慢ができない、俺はどうなるのだろう？
どうやら今来そうだ、ここでしちゃいそうだ
それが出るのを感じる、ゆっくり出てきている
俺の内臓を辿って、辿って。
だからそれを俺から追い出したい！
だからこれにケリをつけたい！
ドアを閉め、ズボンを下ろす
迫り来るものに備える…
ミゲルのことを考え、紙を探す…
もう爆発しそうだ!!

（ウンコ）コ、コ、コ、コ、コ、コ…
やっと気分がよくなった、下すことができたので。
でも告白しよう、一分前は、泣いてしまった。
日本での就労に対するぼくの感想はといえば、
力を入れすぎて、臭くなって、手を汚す、
そして、あの冷や飯で我慢しなければならない。
母ちゃんがいつも作ってくれていたあの料理がなんと懐かしいことか。

だから私はブラジルに戻りたい
そして全てを放り投げたい、あちら、ら、ら、らに…!
だって、私があちらに戻ったら
この痛みは止むだろう
今感じているからには
やる気をなくさずに
俺の尻を拭う…
そして全てが終わる!
（ウンコ）コ、コ、コ、コ、コ、コ…

一二行目の「ミゲル」はブラジルの人名だが、大便も意味する。「デコココセーギ」の痛快さは、大便という究極の「汚い」ものを排出しようとする行為が生々しく語られている点にある。「力を入れすぎて、臭くなって、手を汚す」という表現は明らかにデカセギ者の多くが強いられるきつい、汚い重労働への言及である。作中のペドロはこの曲を忘年会の余興の時間に歌い、あまりにも気に入られてアンコールを求められたが、時間不足で一回限りの熱唱となった。セザールはペドロに「日本は時間にとても厳しく、会場の使用時間をちょっとでも過ぎたら延滞料金を課せられるので」と説明した。時間に追われる日本の日常に伴うストレスが強調されるが、これもまた、在日ブラジル人のデカセギ者にとって十分にリアリティに富むエピソードである。

『ソーニョス』の終盤（一九一頁）にはもう一曲、見逃せない曲がある。「ろくなもんじゃねえ」と同じ長渕剛の「乾杯」の替え歌で、「Kampai? Komo? Kuando?」という曲である。ポルトガル語話者にとっては奇異な言葉の組み合わせである。KomoとKuandoのKをQに変えれば、「どのように」と「いつ」という意味になるが、作中の説明によれば、このタイトルの頭文字を三つのKで揃えたのはデカセギ者が強いられる「3K」（きつい、汚い、危険な）労働になぞらえる意図があったからである。歌詞の一部を邦訳する。

俺は君に話したいことが山ほどある、兄弟よ、聞いてくれ！
この地を踏んだ瞬間から、地に足がついていない気がする
この物語はブラジルでの茶番に始まり
こちらでこれだけの搾取が続いている。
成田でさっそく違う方向に連行された
移動では小さな乗合自動車に大勢の者が詰められた
アパートに大勢の者と共に放り込まれた
あの工場では他にも無くしたものが…俺の手を!!

なぜ、両曲とも長渕剛の替え歌なのか。サムによれば、それは長渕が日系ブラジル人のカラオケシーンにおいて最も人気が高いシンガーソングライターであるからに他ならない。サムは読者の多くが替え歌の歌詞を読みながら、原曲のメロディーを思い出して口ずさむことを期待していたと思われる。

二〇〇九年には自費で『ソーニョス』の第二版を発行している。表紙を除けば初版とほぼ変わりないが、自ら装丁も担当し、巻頭のページにおいて重要な内容の入れ替えがなされている。初版の巻頭には、“O dekassegui se aquece ao stove, supondo-o lareira.”「デカセギ者はストーブで温まる、暖炉を推しながら」という俳句がページの真ん中に、そして同じページの右下に次のような読者へのメッセージが綴られていた。「デカセギ者と元デカセギ者、さらにはある日、夢を追ってここから外国に向かった全てのブラジル人へ。本来なら生まれた国にいながら果たされるべき夢を」。

一方、第二版においては右下の読者へのメッセージは残されたが、ある些細な加筆が試みられた。初版の「デカ

セギ者と元デカセギ者」に加え、本書は「ブラズッカと元ブラズッカ」にも捧げられている。ブラズッカ（brazuca）とは、主としてアメリカに移住したブラジル人を指す呼称であり、ブラジルを離れた人々全般の意味で使われる場合もある。ではこの加筆から何が読み取れるのか。初版の発表から第二版の作成までの間に、サムは『ソーニョス』の想定読者層として、日本以外の国々に在住するブラジル移民、すなわち「在外ブラジル人」の存在を「発見」したと考えられる。第二版が発行された前年の二〇〇八年には政府主催の初の「世界のブラジル人」会議が開催され、在外ブラジル人のトランスナショナルなネットワーキングが急進した。そもそもサムが第二版に挑んだ動機のひとつは、日系あるいは在日ブラジル人以外の潜在的読者層に気づいたからだといえよう。そしてそれは、彼の著書が扱う題材の普遍性、在日ブラジル人デカセギ者と他の在外ブラジル移民の体験には多くの接点があることをも意味する。

同じ第二版には俳句の替わりに一八行の無題の詩が掲載されている。訳せば次のようになる。

方向が分からず道を歩いている
そうなっていた時、私は決断した
「遠くへ旅立とう、自分の痛みのことを考えず」
希望していたわけではないが、他に道がなかった
希望していたわけではないが、他に道がなかった
戻ってきた時、彼女がまだここにいることをただただ願う。

成功者になるために勉強し、頑張った
不公平な闘いで自分の居場所を求めた
「遠くへ旅立とう、自分の痛みのことを考えず」

社会的不平等が私を旅立たせる理由だ
社会的不平等が私を旅立たせる理由だ
だから私はここを出たくないのに去っている。

いつかは戻れるだろうとまだ信じたい
生まれ故郷で私の愛しい人と一緒になれるように
「遠くへ旅立とう、自分の痛みのことを考えず」
放棄しているのではない、ここが私の居場所だから
放棄しているのではない、ここが私の居場所だから
私は解決することがわかっている…「ここから追った夢」を

この締めくくりの言葉、「ここから追った夢（Sonhos que de cá segui）」は書籍のタイトルでもあり、この歌詞は本全体のメッセージを凝縮している。不本意ながら日本に行かざるを得なかったという理由付け、その理由が社会的不平等であること、デカセギが痛みを伴う行為であることを明言している。そして何より、ブラジルを放棄したわけではない、最終的な居場所はブラジルにあることを宣言している点が、九〇年代のデカセギ先発者の宣言と一致する。

　ところでこの詩は千昌夫の名曲「星影のワルツ」のメロディーに乗せて歌える形で書かれており、ユーチューブでサム自身の歌う姿が公開されている。画面にはテロップ代わりに次のようなポルトガル語の解説文が表示される。「日本の出稼ぎ者たちの問題を取り上げた曲のポルトガル語版。日本でレコードの販売記録を塗り替えたオリジナル曲は、自然災害に言及している。私が作ったブラジル版は経済的な困難と社会的不平等に触れている」。また「『星影のワルツ』は日本国内の出稼ぎ者を題材した曲としては先駆的である」という解説文もある。別の画面では、

最初のデカセギ者たちは八〇年代末に日本に渡り、その多くはブラジルで大卒であったが、出身国において相応の給料が得られなかったというのがデカセギを決心した理由である、と解説されている。

「ここから追った夢」を小説の巻頭で通読するのと、名曲「星影のワルツ」のブラジル版として口ずさむのでは、まるで味わいと奥深さが異なる。「社会的不平等が私を旅立たせる理由だ」という詞は、「星影のワルツ」の「冷たい心じゃないんだよ」という詞の部分で唄われている。九〇年代初頭にブラジルから日本に渡航したデカセギ先発者の大多数は単身赴任の男性組であったが、その条件は原曲の歌詞と一致する。「星影のワルツ」では男性が愛する女性に出発前に告げる別れの言葉として書かれているが、「ここから追った夢」では、旅立つ理由が愛情不足ではなく社会的不平等という外的要因であることが読者（＝一般社会）に向けた宣言として語られる。

3　風刺画からゴールのイラスト本まで――横断的な創作活動

サムが作詞する日本歌謡曲の替え歌は、彼自身に限らず、ブラジルの複数の日系芸能人によって歌われている。*A energia do amor*（「愛のエネルギー」）はその好例である。二〇〇一年の九・一一事件をテレビで観たサムは、直後に長渕剛の「乾杯」のメロディーに愛のメッセージの歌詞を付けた『ソーニョス』に続き「乾杯」の替え歌に挑んだのは二度目になる）。全体的には「みんな手を取り合って愛のエネルギーで世界を変えよう」というような当たり障りのない抽象的なメッセージを繰り返す内容だが、「恐怖に脅かされても、世界がブラジルを見習って、異なる人種や心情を抱く人々が仲良く共生できるだろう」という、ブラジル人の愛国心をくすぐる言葉も含んでいる。

この替え歌は当初、ある女性歌手に提供したが、彼女はこれがサムの作品だということを明かさずに各地で歌い歩いていると知り、ユーチューブ上でのビデオクリップ公開を思いついた際に、もっと親しく信頼できる男性歌手に依頼したという。さらにサム自身が歌詞を数百枚単位でコピーしてカラオケ大会や県人会の忘年会などに出向き、即興で大合唱を促すという活動を繰り返した。日系イベントに限らず、接点のある市内の小学校の教室で子どもと

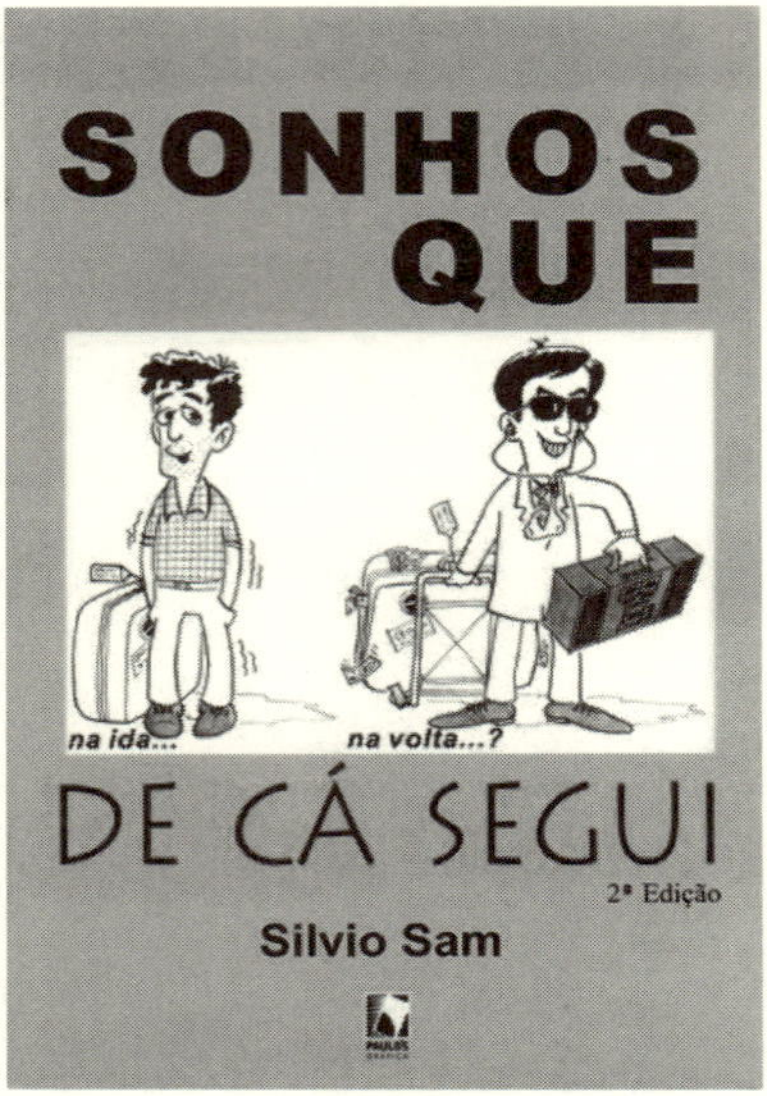

図10－1　『ソーニョス』第２版の表紙
出所：Sam, Silvio（2009）

図10－2　日本ではブラジルと違って賄賂は通用しないよと説くイラスト付きの俳句
出所：Sam, Silvio（2005）

合唱したこともあり、その映像もユーチューブで公開している。

本章では深入りしないが、サムはブラジルの二つの日系移民紙のポルトガル語欄、および日本のブラジル系雑誌に長年にわたってエッセイ、川柳、イラスト、そして風刺画を提供し、それは三冊の単行本としても刊行された（Sam 1997：2005：Yoshioka & Sam 1999）（図10-1、図10-2参照）。二〇一六年現在も彼は *Jornal do Nikkey* において「Nipônicas」（「日本的クロニクル」の意）という連載を続けている。

サムのイラストレーターとしての本領が存分に発揮されたのは、イラストが主体の最新作、*Corinthians 100 anos—Gols ilustrados*（『コリンチャンス百年——ゴールのイラスト』（図10-3））である。そして同書は彼の名が日系社会の枠を超えて知られるきっかけにもなった。この本では、サムが熱狂的なサポーターであるサッカーの名門クラブの創立一〇〇周年を記念して、クラブの歴代一〇〇ゴール

図10－3　『コリンチャンス百年』の表紙

出所：Sam, Silvio (2010)

を選んでイラストで再現した。得点の場面がダイナミックに活写されているが、圧巻はまだテレビのなかった時代のゴールシーンが鳥瞰図の角度から細かく描かれていることである。ボールが描くカーブなど、建築学で身につけた技がふんだんに応用されている。「私のような職人芸は近年のコンピューターグラフィックスでのゴール再現には到底かなわない。しかし、私のようにひとつの画面・場面でゴールまでの道のりやしなやかな動きをすべて再現するのはそう簡単ではない。その証拠に、数学の教員から、弾道学の授業でこの本を使わせてもらいたいという問い合わせもあった」と自讃している。本書はサンパウロ州政府の補助金を受けて出版が実現し、初版は数ヶ月のうちに完売した。大手メディアからのインタビュー申し込みもあった。重大な方針転換は、彼がサムというペンネームを止めて、本名のSilvio Sanoを名乗ったことである。「Samというペンネームは、処女作が色眼鏡で見られないために、日系であることをカムフラージュする狙いがあったが、もうそれを隠す必要性を感じなくなった」。

ペンネームについてのエピソードがもうひとつある。二〇〇八年の日本ブラジル移民一〇〇周年を記念してサンパウロの日本ブラジル文化協会が主催した第一回短編小説コンクールに応募した際、サムが完全な匿名性を確保するペンネームで応募した。作品名は"Oku no hosomichi… nordestino"（北東部の「奥の細道」）で、ペンネームはBana Neira（バナナの木を意味するBananeiraを姓と名に二分した）であった。なぜわざわざペンネームで応募したのか。文化協会が色眼鏡なしで審査するかを試したかったからだという。優勝者として選ばれたのは案の定、名の知れた日系文化人だった。重要なのは、審査が公正だったか否かではなく、サムが日系移民団体に対して懐疑的だという点である。彼は新聞連載でもしばしば日系社会のリーダー層に対して批判的な記述をしている。コンクールの応募作品群は一冊のアンソロジーとして刊行されたが、単行本でも著者名は Bana Neira のままである。

4　孤独なジャンル開拓者

本章では多才な日系ブラジル人クリエーター、シルヴィオ・サムと、彼の代表作ともいえる小説『ソーニョス』の事例を中心に、日系ブラジル文学の新しい潮流と在日ブラジル文学の（不）可能性を探ってきた。サムの生活の拠点、創作活動の拠点はブラジルにあるが、最もデカセギ者の心情を鋭く捉える作品を生み出し、在日のブラジル人以上に在日ブラジル人を代弁し切っている。日本を複数の異なる肩書きで多角的に体験できたこと、日伯を幾度も往来することにより、両国の社会や文化を相対化・客観視できたことが彼の創作の糧となったのは明白である。

サムは自らの活動や肩書きを「作家」と定義することを否定しており、名刺や自己紹介文には「建築家、作家、記者」など複数の肩書きが並列される。彼の作品はこれまでブラジルの日系社会でも在日ブラジル人社会でも、十分に評価されてきたとは到底言い難い。サンパウロの日本文化協会はまだ一度でさえ、サムに講演会を依頼したり、彼の作品展を開催したりしていない。在日ブラジル人の学校でも各団体でも、彼の著作を輪読・購入しようという動きはない。日伯両国の記者や研究者が『ソーニョス』の文学作品としての価値を認めた形跡もなければ、デカセギ現象を解読する素材として引用された形跡もない。文学コンクールのエピソードが物語る通り、サムは自分が「職業作家」、「文化人」、「インテリ層」として認められていないことを内心で痛感している。しかし「素人の文学」、「平凡な文学」の価値は計り知れない。「文学する——動詞としての文学」（細川 2012：11）という表現は、サムにも見事に当てはまる。むろん「文学」にとどまらず、たとえば作詞や歌詞提供に満足せずに自らの歌詞をイベントでばらまいて大合唱セッションを起こすという活動が示すとおり、サムは「カラオケさせる――動詞としてのカラオケ」を貫く芸能人でもある。彼は小説、エッセー、俳句、歌詞、ユーチューブ、イラストを「相互応用」することによって相乗効果を図り、複数の表現法や表現媒体を駆使する、クロスジャンルのマルチクリエーターである。

ゴールイラスト本『コリンチャンス百年』の前書きで、サムは重大な告白をしている。「自分が建築家になったのは、その職業にやりがいを感じるという理由もあったが、実はイラストレーターになるよりははるかに高収入が得られる職業だったからだ。」そしてこうも綴っている。「私の趣味をなぜ今になってようやく披露しているのか、不思議に思われるかもしれない。しかしその理由は我々が直面する社会経済的および教育面の現実にある。（サッカーが上手い人々は別として）なんらかの才能を持つ者がそれを発揮できないという（この国の）現実である。」サムが嘆く現実とは、まさに多くの日系ブラジル人をブラジルから追い出し、デカセギという道、そして日本へと導いた現実である。

「Dekassegui com muita honra」（「デカセギ、とても誇らしく」）というエッセーのなかで、前述した歌詞 Sonhos que de cá segui への重大な言及を試みている。「3K労働に従事するのは不名誉なことではないが、本来の職業ではない、不本意なことである。日本人もブラジル人も誇らしくこれ（デカセギ）を直視すべきである。……生き残るために自分の故郷を去らなければならないというのはあまりにも理不尽で不可解なことである」（Yoshioka & Sam 1999）。ここに彼のデカセギ観が集約されている。それは、デカセギが望まれざる選択肢であったという悲観論である。本来の職業に就けなかった人々の悔しさ、虚しさ、気持ちの切り替えなど、初期のデカセギ者の集団心理の記録として、サムの作品は時とともにその価値が高まるだろう。

デカセギ先発者の心境や境遇は『ソーニョス』に記録されたが、二〇〇〇年代以降のデカセギ後発者については、結局、同様の文学作品が出現しないまま、デカセギ文学は終焉を迎えた。本章の表題でもなぞった通り、サムはデカセギ文学の旗手を名乗り出たわけでもなければ、「在日ブラジル人」作家でもないが、結果的には最もデカセギ者の心情を鋭く捉える作品を生み出し、在日のブラジル人以上に在日ブラジル人を代弁している。そして彼の『ソーニョス』は、開花さえしなかったジャンルの金字塔になった。

文献

細川周平、二〇一二、『日系ブラジル移民文学Ⅰ――日本語の長い旅』みすず書房。

Ishi, Angelo, 2003, "Searching for Home, Wealth, Pride and "Class": Japanese-Brazilians in the "Land of Yen"", Jeffrey Lesser ed., *Searching for Home Abroad : Japanese-Brazilians and Transnationalism*, Duke University Press, 75-102.

イシ、アンジェロ、一九九七、「大卒技師が３Ｋ労働者になった時――デカセギ日系ブラジル人の仕事とアイデンティティ」河合隼雄・内橋克人共同編集『仕事の創造』岩波書店、一〇二-一四〇頁。

イシ、アンジェロ、二〇〇三、「在日ブラジル人にとっての音楽と芸能活動の意味と意義―― "デカセギ移民の心" を歌ったＣＤとその制作者の事例」白水繁彦編『「われわれ」の文化を求めて――民族・国境を越える「エスニック」エンターテイメント』科研費調査報告書、六四-九一頁。

イシ、アンジェロ、二〇〇八、「デカセギ移民の表象――在日ブラジル人による文学および映像表現の実践から」鶴本花織・西山哲郎・松宮朝編『トヨティズムを生きる』せりか書房、一一五-一三九頁。

イシ、アンジェロ、二〇一〇、「在日ブラジル人による表現活動の戦略と意義――音楽家の事例を中心に」中川文雄他編著『ラテンアメリカン・ディアスポラ』明石書店、二二六-二四八頁。

イシ、アンジェロ、二〇一二、「エスニック・メディアの担い手たち――在日ブラジル系メディアビジネスの興亡」樋口直人編『日本のエスニック・ビジネス』世界思想社、一三三-一五七頁。

Sam, Silvio, 1996, *O Seqüestro*, DVS Editora.

Sam, Silvio, 1997a, *Sonhos que de cá segui*, Ysayama Editora.

Sam, Silvio, 1997b, *O meio faz o homem—Trinta e duas nipônicas*, Editora Winner Graph

Sam, Silvio, 2005, *Confrontos & Conflitos*, Paulo's Comunicação e Artes Gráficas.

Sam, Silvio, 2009, *Sonhos que de cá segui—2a. edição*, Paulo's Comunicação e Artes Gráficas.

Sano, Silvio, 2010, *Corinthians—100 Gols Ilustrados*, Imprensa Oficial do Estado de São Paulo.
Yoshioka, Reimei and Sam, Silvio, 1999, *Dekassegui com os pés no chão ... No Japão*, Ysayama Editora.

第Ⅲ章　詠む

第11章　アメリカを故郷にして柵に住み
――川柳が詠む日系アメリカ人強制収容所

粂井輝子

1　監督下の敵国語文学活動

日系アメリカ人は「竹のような人々」、あるいは「おとなしいアメリカ人」と形容されてきた。そうしたイメージに一石を投じたのがイエローパワーを叫んだ三世だという。一九七〇年代の彼らの異議申し立ては、強制収容の歴史を掘り起こし、リドレス運動へと展開し、一九八八年市民の自由法を勝ち取った。アメリカ政府は日系アメリカ人強制収容の非を公式に認め、レーガン大統領の法案署名日に生存していた被収容者に謝罪文を送り、一人当たり二万ドルの補償金支払うこととした。

確かに、ごく少数の人々を除き、被収容者たちは政府の方針に、異議を唱えなかったかにみえる。『アメリカ強制収容所』を著したミチ・ウェグリンは、真珠湾奇襲攻撃を身内の犯した大罪かのように恥じ入り、アメリカへの忠誠の証として収容所に入ったのだ、と当時の気持ちを告白している。『マンザナールよさらば』のジーン・ワカツキ・ヒューストンも、戦後数十年は、忌まわしい過去として封印した、と語っている。しかし、彼ら日系アメリカ人が即時的に抗議運動を展開しなかったことは無感覚であったことを意味しない。では、立ち退き・収容のとき

に、彼らはどのように感じていたのであろうか。本章では日本語話者に限定して、その想いを探ってゆく。(1)

問題発生時に当事者が残した記録は歴史資料として重要である。しかし、水野剛也によれば、収容所内の言論活動を、陸軍が統括した仮収容所内では日本語による集会と出版は禁止され厳しい検閲が、ＷＲＡ（戦時転住局）が管轄した収容所では検閲ではなく「監督」が、実施されたという。そして、日系アメリカ人の言論活動は、収容所内で発行された新聞であれ、所外で発行された『ユタ日報』や『格機新報』などの日本語新聞であれ、当局の方針に合致するよう自主規制した、と水野は論じている（水野 2014）。

収容所内で日系アメリカ人の言動に規制が課せられていたのであれば、敵国語である日本語による活動にはさらに制約があったはずである。本章で扱う川柳の指導者であった清水其蜩《きちょう》も、(2)敵国に収容されている境遇を自覚して作句するようにと、投句者に自重を求めた（粂井 2013：66-67）。資料としての限界はある。とはいえ、現実には、禁じられていたはずの仮収容所内でも日本語による文芸活動は行われ、収容所では、文芸復興であるかのように、活動は活発となった（粂井 2002）。

本章では、「検閲」「監督」下で残された日本語による文芸活動に着目し、彼らが外的、内的な制約下でもどのように自らの心情を詠み続けたのか、残された作品をもとに考察したい。日本語による文芸活動は多彩であったが、ここでは、川柳に着目する。最初に、川柳活動の概略を『ユタ日報』の紙面で、続いてアメリカ連邦公文書館に保存されている収容所新聞日本語欄で概観する。最後に、清水其蜩の指導した句会の記録を中心に考察する。清水其蜩を軸に据えたのは、川柳選者として柳人から一目をおかれた存在であり、仮収容所時代から収容所の末期まで、活動の記録が一定程度まとまったかたちで残っているからである。川柳の指導者として尊敬を集め、戦前は『羅府新報』やつばめ吟社の選者を務め、サンタアニタ仮収容所、ジェローム収容所、ヒラリバー収容所でも選者を務めた（粂井 2013：63）。なお、資料的な制約を補完するために、『ユタ日報』の川柳欄、収容所新聞日本語面も補足的に活用する。彼は、日本のきやり吟社の雑詠採点表では一九三四年、本多華芳とともに二位の成績を獲得している。

2　収容所内の川柳活動概観――『ユタ日報』と収容所新聞

『ユタ日報』に、一九四二年五月六日に掲載された松井秋水の「文芸グルツプの組織に就て」によれば、サンタアニタ仮収容所では、四月末までに文芸グループの結成が企画され、六月までには、川柳が月曜日午後一時半、俳句同午後七時、新俳句水曜日午後七時、短歌木曜日午後七時、詩人会土曜日午後一時に毎週会合がもたれたという(6.12)。山中桂甫の記録『サンタニタ戦時仮収容所馬小舎川柳』によれば、五月一〇日には、「諦め」で句会がもたれた。まもなく陸軍当局から日本語での集会、出版禁止が通達され、松井は文芸活動についての寄稿は「では暫く休みませう」と『ユタ日報』に活動停止を告示している(7.17)。

このように公的には日本語による文芸活動は中止されたはずであったが、山中の記録では、川柳の句会は続けられていた。『ユタ日報』にも、清水其蜩選による雑詠が、八月一〇日に、「サンタニタ川柳互選会」の句が七月三一日、九月二三日、一〇月一二日にも掲載された。また、九月二一日には、マンザナとサンタアニタの柳会間で行われた「川柳角力吟」が掲載された。なお、同仮収容所が閉鎖されるのは、一〇月二七日である。閉鎖に先立って、松井は、一〇月二日に、「ああ空も心も未練な憧憬の旅路！　逢ふては別れ笑ふては涙ぐむ流浪の朝夕！」と嘆きながらも、『ユタ日報』と『ロッキー日本』の両紙に、「アメリカ流転文芸欄」を設置し、移動の生活を「我等の永遠の記念として遺さう」と呼びかけた。

『ユタ日報』を通覧すると、サンタアニタ仮収容所からの通信が最も早い。しかし、『満座那川柳三周年記念号』(一九四五年)に寄稿した清水其蜩によれば、サンタアニタ仮収容所の柳会よりも早く、「満座那川柳会」が創設されたという。同書には祝吟として、峯土香吟社(ミニドカ)、ハート山吟社、ツールレーキ吟社、筏吟社(ツーリレイク)、ポストン吟社、トパーズ吟社から川柳が寄せられている。これらの吟社は、活動が一九四五年まで続いた吟社と見なしうる。いずれも戦前日本のきやり吟社と交流をもった北米川柳吟社とつばめ吟社の系列である。

『ユタ日報』紙面にまとまった川柳が掲載されるのは、六月一五日で、「ヒヤロップ」からの投稿句が掲載されている。同仮収容所には、ワシントン州シアトル市および近辺からの日系人が収容された。同地方は北米川柳互選会他の川柳活動が活発であったため、同仮収容所でも、毎日午後一時から市川土偶、村岡鬼堂、山本竹涼を中心に四ヶ月間、句会が催されたという（『川柳きやり』1946.6：6）。ＷＲＡ管轄の収容所からは、ポストン八月二三日、マンザナ九月七日、ハートマウンテン九月一六日、ツーリレイク九月二一日、ミネドカ一〇月五日、ヒラリバー一〇月九日、ジェローム一一月一一日、ローワー一二月二三日とそれぞれからの川柳が『ユタ日報』に掲載され始めている。大陸連合川柳互選会の句はローワーを本部として、一九四三年八月二七日に掲載されている。また、一九四三年一二月二七日にはサンタフェ高原吟社の川柳が登場する。開戦後官憲に逮捕抑留された崎村白津の通信によれば、収監地のモンタナ州ミズラで美空川柳吟社、ルイジアナ州リビングストンで留意路穴《るいじあな》川柳吟社、ニューメキシコ州のサンタフェで高原吟社を、塩出大洲とともに興したという（『川柳きやり』1947.5：6）。

必ずしもすべての句会記録が掲載されているのではないが、吟社の活動として、鶴嶺湖《つるれいこ》川柳は一〇〇回記念大会が四四年八月二日に、一五〇回記念が一九四五年八月一日に、川柳峯土香は同年五月五日三四回が、マンザナ川柳は一九四四年五月一二日に一〇〇回記念、一九四五年一〇月一五日に一八三回の句会記録が掲載されている。大陸連合川柳互選会は、一九四四年一二月一三日に一四回を数えている。『ユタ日報』の紙面から見る限り、継続的な吟社ないし句会の活動が見られるのは、仮収容所ではロサンゼルス地区の柳人が集まったサンタアニタとマンザナ、シアトル地区からのピュアラップ、収容所では、清水其蜩が指導したジェロームとヒラリバー、森田玉兎《ぎょくと》が選者を務めるマンザナ、市川土偶のミニドカ、矢形渓山や石川凡才のポストン文芸の川柳部門、山本竹涼、竹原白雀のツーリレイク隔離収容所である。

記念号や冊子体が確認されたのは、『サンタニタ戦時仮収容所馬小舎川柳　山中桂甫記録』（一九四二年、一九八八年再製）、米岡日章が主宰した『（鶴嶺湖四八区）川柳』（上下、一九四五年）、満座那川柳句会『満座那川柳三周年記念号』（一九四五年五月）、ジローム文芸協会『川柳しがらみ』である。柳誌として残るのは、『峰土香川柳』、『比良志がらみ』がある。この他、文芸誌に川柳部門があったのが、『ハートマウンテン文芸』、『ポストン文芸』、『怒濤』(ツーリレイク収容所)、『もはべ』(ポストン収容所)がある。なお、ツーリレイク収容所で橋本京詩、山中桂甫、石川凡才らが興した筏吟社は毎月三、四回の句会をもち、一九四四年五月に創刊号を、さらに結婚記念号や、一周年記念号などを出したという。こんにゃく版で三〇〜七二頁であったというが、未見である(『川柳きやり』1946.7：6)。

『ユタ日報』の紙面からは、六ヶ所の収容所での活動が確認されたが、収容所新聞を通覧すると、すべての収容所で確認された。WRA(戦時転住局)の管理した一〇ヶ所の収容所の新聞とは、ABC順に、『デンソン時報』(ジェローム)、『比良時報』(ヒラリバー)、『グラナダパイオニア』、『ハートマウンテンセンチネル』、『満座那自由新報(フリープレス)』、『ミネドカイリゲーター』、『ポストン新報』、『朗和時報』、『トパーズ新聞』、『ツーリアンヂスパッチ(鶴嶺湖事報)』、『鶴嶺湖新報』である。

収容所新聞の日本語面は、収容所によって発行日数やページ数に違いがある。ごく少数の例外を除き、ほとんどが手書き謄写版刷りで、紙面一枚の文字数は活字に比べ少ない。当局の通達、収容所内の各種行事、所内の冠婚葬祭、出征兵士名、出所者名、出所のための外部情報などを載せれば、文芸活動に割ける紙面は限られる。収容所内のストライキ等の新聞編集部とは直接関係のない事情、あるいは編集陣の病気や出所等の事情による人員不足によって発行が滞る場合もある。ときには、当局によって発行停止を命じられることもある。(3) 当局の姿勢は収容所によって異なり、たとえば英文の内容説明がある場合とない場合がある。(4) このようなさまざまな要因によって、当然、文芸に対する紙面の扱いも異なってくる。

新聞紙面に比較的頻繁に川柳句会抄が掲載されたのは、『ツーリアンヂスパッチ(鶴嶺湖事報)』、『ミネドカイリゲーター』、『トパーズ新聞』、『朗和時報』である。トパーズ収容所での活動開始は比較的遅く、一九四四年三月、三上茶里が来所してからである。『朗和時報』では、国次史朗が主宰する大陸連合川柳互選会の句抄の他に、朗和川柳吟社の句抄も掲載されている。特に戦争末期になるに従って朗和川柳吟社の句抄が多くなる。

句抄は掲載されていなくても、川柳句会案内や出版物情報が掲載される場合もある。『デンソン時報』は一九四三年七月二〇日、「川柳志がらみ」五号が七月一〇日に発刊されたと伝えている。活動が早いのは、川柳峯土香吟社で、『ミネドカイリゲーター』によれば森田玉兎、村岡鬼堂、山本竹涼らを選者として、月二回第一、第三土曜日に例会を設けている（1942.12.30）。『満座那自由新報』では、四二年の一〇月には川柳や俳句が紙面の埋め草のように登場していたが、四三年一月以降は文芸欄は掲載されなくなる。それでも、一九四四年四月八日には川柳句会一〇〇回を記念する祝賀懸賞川柳募集のような句会案内はある。『比良時報』では、定期的に句会の案内がある。この収容所では、柳誌が発行された。また、ポストンやハートマウンテンのように文芸協会の活動に組み込まれているような場合もある。川柳吟社の活動の度合いは、新聞からでは完全には解明されないが、少なくとも存在は確認できた。

3　ジェローム収容所——鉄柵の中の生活、共同体の再生

清水其蜩はジェローム収容所に移送された。ミシシッピ河デルタ地帯でアーカンソー州デンソンにある。開設は一九四二年一〇月六日、閉鎖は四四年六月三〇日であった。サンタアニタ仮収容所の柳人らは、一一月までには山中桂甫、児玉八角らを中心にしがらみ吟社を創り、清水其蜩が選者となった。句会は毎日曜午後、戦後、其蜩が日本のきやり吟社に送った書簡によれば、百余名の投句があったという（『川柳きやり』1948.12：6）。

新しい収容所では、

語るべき友なく独り霜を踏み　其蜩（ユタ 1942.11.13）

と其蜩が詠むように、孤独の悲哀を感じる人もいたことであろう。

収容所ではすべてがあてがわれたわけではない。被収容者は、自分たちの収監施設を建て、日常の衣食をまかな

うことが求められた。

結局は月十二弗署名する　白雀（ユタ 1942.11.20）
横文字の程度で貰ふ仕事口　桂甫（ユタ 1942.11.20）
収容所我が物顔で職あたへ　抱陽（ユタ 1942.11.20）

白雀の句には、屈辱的な安月給でも生活のためには働かざるを得ない悔しさが、桂甫の句からは伎倆ではなく英語力で差別される不満が、抱陽の句からはどこまでも上から目線の管理局への不満が読み取れる。
やがて収容所で新年を迎えた。とはいえ、「お正月」ではなかった。

盛りつけの雑煮不平を皿が聞き　一枝（ユタ 1943.1.25）
愚痴一つ云はぬセンタのお正月　阿恵（ユタ 1943.1.25）

一枝は内心に鬱積する不満を、阿恵はその不満を口外しない人々の心持ちが「お正月」なのだと詠んでいる。
それにしても、収容所を囲む鉄柵は腹立たしい。

あの垣は牛馬予防と言い訳し　龍耳（川柳しがらみ 1943.1.17）
柵内の俺を野牛がまた覗き　水郷（比良 1944.11.15）
鉄柵の刺はキャンプの内へ向き　曲水（比良 194.9.15）
キャンプ住み神世からなる色で堪へ　迷舟（ユタ 1943.12.27）

龍耳の句は合法的永住者と市民を鉄柵で囲む政府の欺瞞性を、水郷は動物と人間の立場が逆転している「喜劇」を詠んでいる。当局がなんと言おうとも鉄柵は自分たちを危険分子扱いにしているのだ、と曲水はつぶやいている。そして迷舟は、日本人であるがゆえに強制収容されているが、その苦難を支えているのは日本人であることの誇りだと詠んでいる。

やり場のない不満を抱えながらも、時が日常を取り戻す一助となる。そして、共同の労働を通じて、あるいは趣味を通じて新たな友情が生まれる。

鉄柵に馴れて親しき友が出来　○目（川柳しがらみ 1943.3.27）
黒人の歌が揃った溝浚い　水郷（川柳しがらみ 1943.4.25）
丑の日に蛇蒲焼きに友が来る　雅楽（川柳しがらみ 1943.6.6）

○目や水郷の句からは新しい共同体意識の芽生えが、雅楽の句からは鈴蛇を蒲焼きにして楽しむしたたかさが感じられる。丑の日という言葉から、伝統を忘れぬ心持ちも伝わってくる。

水郷の詠む溝浚いは灌漑のためだろうか。被収容者は、砂漠に水をひき、緑地に変えた。

一年の汗が砂漠を化粧する　鏡水（川柳しがらみ 1943.6.20）
五千英加自給自足の畑の色　流二（川柳しがらみ 1943.7.18）
鬱憤のやり場で育つ花畑　十九（川柳しがらみ 1943.7.18）

鏡水の句からは、砂漠が農地化され、豊かな稔りの約束されている光景を前に、誇りと満足を感じている被収容者の姿が浮かんでくる。一年の汗という言葉から、一致協力の賜だという感慨が伝わる。流二の句からも誇りが感じられるが、自給自足という言葉には強制収容しながらも自給を強いる政府への抗議も感じられる。十九が詠むのは、おそらくはバラック前の小さな庭であろう。丹精された花や野菜が見事に育ったという。それは、日々のストレス発散の場なのだという、抗議がつぶやかれている。

確かに、

何も彼も投げてセンタに追い込まれ　勝水（川柳しがらみ 1943.6.13）

と悔しさを思い起こすときもあるが、川柳を通して、

槍のように旭くり出す節の穴　竹凉（ユタ 1943.9.24）
田園詩キャンプの床に草も生え　緑平（川柳しがらみ 1943.5.30）

と、薄い節だらけの板を使った安普請の暮らしについて、竹凉は壁の節穴から差し込む朝日を、緑平は床板から出てくる草の芽を愛でる句としている。収容所生活をものともしない精神の強靱さが感じられる。また、批判めいた言葉を使わずに、収容所政策を痛罵する効果を生んでいる。

4　問われる忠誠

生活がようやく落ち着きはじめたとき、収容所内は「忠誠登録」をめぐって再び混乱した。親子夫婦間でさえいかに答えるかをめぐって深い亀裂が生じた。本人でさえ、答えに迷った。

明日の陽を待つ身に辛き登録紙　烏水（川柳しがらみ 1943.3.21）
故郷の土アメリカの土登録紙　其蜩（川柳しがらみ 1943.3.7）
中庸を取る気忠誠又聞かれ　又三（川柳しがらみ 1943.8.21）

日米の戦争下では、移民の心情は、父と母の喧嘩に巻き込まれた子どものようなものであった。アメリカ国内の収容所に暮らす以上、アメリカへの敵対的言動の結果が何をもたらすのか、それを考えれば自重せざるを得ない。かといって、一世はアメリカに忠誠を誓うと答えれば、アメリカ市民になれないまま、日本への反逆となる。烏水はそうした迷いを詠む。其蜩は、土という言葉で、単に墳墓の土という意味以上に、日系人の過去、現在、未来すべてがこの答案にかかっていることを暗示している。又三は、なぜ日米ともに傷がつかないように、という「中庸」ではダメなのか、困惑した様を見せている。

環境は発つまで云わず志願兵　白峯（ユタ 1943.8.27）
自尊心イエスが書けぬ答案紙　白雀（ユタ 1943.13.27）
イエースと何度書いても日本人　踏舟（比良 1944.10.15）

白峯の句は、志願兵になることへの収容所内の深い亀裂と疑心暗鬼を物語っている。白雀は、イエスと答える方がこの先のアメリカでの暮らしを考えれば良いはずだが、それでは計算高いことを示すようで、そんな自分は情けないと思う、心の葛藤を詠む。踏舟は、イエスと書いても日本人であることに変わりはない、と詠んでいる。踏舟が、イエス組であれば、日本人であることを誇る気持ちがあり、ノー組であるなら、イエスと書いても差別は変わらないよ、と冷ややかな批判を込めていることになる。

アメリカの理念と現実の差別政策の落差に、

今更に独立祭の意義を説き　十九（川柳しがらみ 1943.6.27）
何時からか自由の鐘に亀裂が入り　魯牛（比良 1944.9.15）

十九や魯牛の句は自由の旗手と自認するアメリカの欺瞞性を直撃している。「今更に」という言葉には、人権無視を棚上げして、という批判が滲んでいる。

鉄柵のなかで問われた「忠誠」に追い打ちをかけるかのように、四四年一月から被収容者も「平等の権利」の証として徴兵されるようになった。

ドラフトが起す波紋の収容所　扇城（ユタ 1944.5.17）
帰休兵故郷の様に訪れる　踏舟（ユタ 1944.5.17）
他所事とは思へぬ兵の所民葬　仁逸（比良 1944.9.15）
日々に見る名誉てふ字の呪はしく　五松（比良 1944.11.15）

収容所からの徴兵に反発があったのは当然であろう。扇城はその気持ちを波紋という表現にとどめている。踏舟も仁逸も、日系人を徴兵し前線に送りながら、なおその親兄弟を危険視して収容し続けることの欺瞞性を、「故郷の様に」と「所民葬」という言葉で詠んでいる。五松は、武勲章を与えても本音は捨て駒ではないかという気持ちを「呪はしく」という言葉に込めている。日系兵士への複雑な想いは数多くの句に残されている。

花散れば忠節なりと政府云ひ　繁有喜（比良 1944.9.15）
殊勲甲立ててもジヤツプイズジヤツプ　曲水（比良 1944.10.15）
排日へ平等叫ぶ紫心章　鶴山（比良 1945.6.15）

興亡の短波に済まぬ子の手柄　　曲水（比良 1945.6.15）

繁有喜は、戦死しなければ忠誠を認めないのかと、戦功をたてても収容は終わらないのかと、いらだちを詠んでいる。一方鶴山は、日系兵士の武勇は排日に抗うのための戦いだと讃える。曲水は、南洋の島々や沖縄の激戦を短波で聞くにつけ、アメリカのために戦う日系兵士の武勇も素直に喜べない複雑さを詠んでいる。

5　ヒラリバー収容所――再移送、再定住

ジェローム収容所は一九四四年六月三〇日に閉鎖され、清水其蜩はヒラリバー収容所に移された。同収容所は、アリゾナ州リバースのインディアン居留地にあった。ここでは其蜩の入所を機に、しがらみ吟社が組織され、柳誌が編纂され、会則も作られた。

この頃までに日本の敗色は明らかだった。前述の曲水の句が詠むように、なかにはこっそり短波ラジオで日本からの放送を隠れ聞く人もいた。日米の報道内容の落差、人それぞれの思惑、そしてあり余る時間から、収容所内はデマの温床となった。

今聞いた短波隣で倍になり　　冨子（ユタ 1945.5.14）
来年はキャンプ閉鎖のデマが飛び　九一（比良 1944.12.15）

九一の詠むキャンプ閉鎖は、デマではなかった。しかし強制立ち退き収容が被収容者に残した傷は深かった。

分散をしろとは皮膚を変へる意か　緑平（比良 1944.12.15）

覆水を盆に返へさう帰還令　　白峯（ユタ 1945.6.18）
帰還論俺には帰る家がない　　頑老（比良 1945.4.15）

緑平は、日系人をアメリカ全土に分散させて再定住させようとする政策の問題点を鋭く衝いている。全土に拡散することで、日系人を目立たせない、言い換えれば、日系のエスニック色を無色化する意図がある、と疑ったのである。カリフォルニアに帰還が許されても、白峯が詠むように、覆水は戻らない。頑老が嘆くように戻れる家はないのである。

三年の歳月で、砂漠を農地に変えたように、不便と孤独と不自由な収容所生活は苦楽をともにした一体感を育んでいた。

第三の故郷はキャンプと定めて出る　一沙（ユタ 1944.5.17）
惜別を馴れたキャンプの同じ皮膚　塵外（比良 1944.12.15）
センターを故郷のやうに名乗り合い　露角（比良 1945.6.15）

一沙が詠むように、収容所は「故郷」となった。再定住先でも、同じ収容所出身であることがわかれば、露角が詠むように、同郷人のような親しさを、初対面の人に感じるようになったのである。塵外は、「同じ皮膚」という語に、差別と苦難をともに乗り切ってきた共有感がある、という感慨を込めている。

しかし出所しても、排日感情は残っていた。

ジヤツプには売らぬ油の旅行先　　無綾（比良 1945.4.15）
白人が私語く道を狭く抜け　　踏舟（比良 1945.6.15）

帰還してどれ程の自由かち得たる　蒼逸（加州在）（比良 1945.4.15）

無綾はガソリンスタンドで受けた排斥を詠んでいる。車社会では、ガソリンを売ってもらえないのは死活問題になる。踏舟の句は、思い過ごしだと簡単に片付けられない、差別を受け続けた人間の痛みを詠んでいる。蒼逸は、カリフォルニアに帰っても、偏見差別のなかで生きる肩身の狭さを衝いている。

八月一四日日本はポツダム宣言を受諾し、戦争は終わった。日本人移民は、敗戦国民となった。

張り詰める力を挫く十四日　白舟（ユタ 1945.10.15）
笑つても見る淋しさの平和晴　白津（ユタ 1945.11.14）
日本人だから日本人で好し　白津（ユタ 1945.11.14）
再興へ南加の空は晴れ渡り　桂馬（ユタ 1945.11.14）

白舟は敗戦の報にこれまでの張り詰めた気持ちが一気に崩れた様を、白津は、やっと平和となったが日本人としての淋しさを、また偏見差別があってもありのままの自分を肯定しようという気持ちを静かに詠んでいる。桂馬は敗戦を区切りとして、再建へ頑張ろう、南加の青空のように、未来は明るいと詠んでいる。

6　一世の声を伝承する意味

日系人社会は、強制収容政策によって、彼らがこれまで築き上げてきた財産が奪われただけでなく、コミュニティも解体に追い込まれた。反逆者であるかのように、軍隊によって内陸部に追放、収容されたことで、人としての誇りは傷つき、自らのアイデンティティの基盤も揺らいだ。仮収容所では再びコミュニティを作り上げたが、それも内陸部の収容所への再移動で再度崩れた。収容所では、忠誠登録という「アンケート」によって自らのアイデンティティを疑われた。結果として、アメリカへの忠誠組と不忠誠組に分けられ、後者はツーリレイク収容所に隔離された。さらに防衛地区外への再定住促進が行われた。四四年末から西海岸への帰還が許されるが、社会に受け入れられたと感じることはできなかった。収容所が完全に閉鎖されるのは、四六年四月であった。日系人コミュニティは四二年から四六年という期間に、コミュニティの崩壊・再建を何度も繰り返したことになる。

共同体の解体と再生の繰り返しは、個人のアイデンティティの基盤が何度も崩れることであった。偏見差別のなかで、反逆者のように追われ、一時は母語の使用を厳しく制限され、さらには柵の中で国家への忠誠を問われた。そうしたなかで、人々を支えたのは川柳であった。川柳を詠むという、自分が持っている文化的資源を活用し、自らの複雑な、ときに相矛盾する心境や周囲を客観視し、句に残した。投句したり、互選したりすることで、仲間意識を高めた。彼らは日本人の血を理由に立ち退き収容されたが、日本の伝統文化を続けることで日本人としての誇りを再生し維持した。アメリカ政府の暴力に抗議の想いを込めることで、鬱憤を軽減した。彼らの残した川柳を通読すると、収容所内の複雑さだけでなく、一人の個人でさえ、相反する複雑な揺れ動く想いを持っていたことがわかる。そして被収容者が決して「おとなしい」、権威に盲従する人々ではなかったことを示している。

二〇一五年四月、アレン・H・イートンの収集品を競売するという事件が起こった。強制収容所のなかで、被収容者が自らを支える行為として制作し、彼らの想いを理解してくれる人に善意で贈られた作品が、商業取引の対象にされる。差別を受けた人々の痛みを理解しない鈍感さが怒りを生んだ。最終的には事前に全米日系博物館が取得することで落着をみたが、強制収容所問題に関しては、アメリカ政府の謝罪と個人賠償で決着がついた過去の事件として受け止められているからこそ、競売に付するような事態が発生したのであろう。強制収容の痛みを理解する一助として、彼らがその時々にどのような想いであったのか、その記録としての川柳や俳句、短歌の収集保存の必要性は高い。

注

（1）本章の章題は、露角『川柳しがらみ』(1943.8）による。
（2）本章では本名ではなく、号を用いた。また川柳のかなは旧字体を用いている。
（3）グラナダ収容所では一九四四年六月に日本語面の発行が停止に追い込まれた。
（4）英文の箇条書き内容説明は、紙面の下に小さく出ているが、比較的早期になくなる場合と、最後まで残る場合とがある。おそらくは各収容所の情報部長の「監督」姿勢によるのであろう。

文献

粂井輝子、二〇〇二、「『唇を噛んで試練へ血を誇り』川柳が詠むアメリカ強制収容所」佐々木みよ子・土屋宏之・粂井輝子編著『読み継がれるアメリカ――「丘の上の町」の夢と悪夢』南雲堂、二一三-二四四頁。

粂井輝子、二〇一一、「アメリカ合衆国敵性外国人抑留所内の短詩型文学覚書」白百合女子大学『言語・文学研究論集』一一：五五-六九頁。

粂井輝子、二〇一三、「アメリカ合衆国強制収容所内の短詩型文学覚書――『川柳しがらみ』考」『白百合女子大学研究紀要』四九：六六-六七頁。

粂井輝子、二〇一四、「鶴嶺湖四十八区『川柳』が詠むツーリレーキ隔離収容所の生活」『白百合女子大学　言語・文学研究論集』一四：六九-八一頁。

水野剛也、二〇一四、『「自由の国」の報道統制――大戦下の日系ジャーナリズム』吉川弘文館。

篠田左多江・山本岩夫編、一九九八、『日系アメリカ文学雑誌集成』不二出版。

第12章　窓としての短歌

――ブラジルから日本へ短歌を送ることについて

松岡秀明

優劣の子をふたりもつ母のごとむねを燃やして二カ国にゆるる　滝友梨香

1　里帰りした短歌

日本とつながった最初のブラジル短歌

ブラジルの日系人の短歌については、細川周平の精緻な分析をはじめとして、いくつかの研究がある。(1)本章では、これらを参照しつつこれまで論じられていないブラジルから日本の短歌コンクールに応募するという営為について検討する。(2)

ブラジルで日系人が詠んだ短歌（以下、ブラジル短歌）が、日本のコンクールに応募され海を越えて日本にたどり着いたのはいつか。一九三二年創刊の『短歌研究』は、創刊直後から現在に至るまで公募した短歌のなかから優れたものを誌上で公表してきた。創刊当時から海外の日本人が投稿した短歌も掲載されてきたが、その一九三八年八月号で公募短歌の選者の一人佐佐木信綱は次のように記している。

> 短歌研究の読者短歌の応募される数多の歌稿のうちには世界各国に在住する人々のものが尠くない。即ち、短歌が、日本人の居る所は、世界中何処にも愛好せられてゐるのであると云ふ感を深くして、喜びにひたることである。（佐佐木 1938：186　傍点は引用者による）

事実、この号だけでも、北米、ホノルル、台北、朝鮮等々から日本に送られた短歌が活字となっている。信綱が、短歌を日本人であることの証明として捉えている点に留意しておきたい。

さて、信綱選の短歌のなかで最上位のカテゴリーである「推薦作品」と、それに次ぐカテゴリーの「秀逸」それぞれ一五首のなかにブラジルからの短歌が一首ずつ選ばれている。

> よもすがら荒き風吹き外に掛けし馬のくび輪の鈴なりつづく（推薦作品）ブラジル　清谷益次
>
> わが家にはもの珍しき花模様初着は軽く風に乾ける（秀逸）ブラジル　清谷勝馬

管見の限り、この二首がブラジルで詠まれて日本に送られ活字化された初めての短歌である。爾来、現在に至るまで日本で公になることを目標としてブラジルから日本へ短歌が送られてきたのである。

短歌を詠むこと、それを投稿すること

およそ半世紀にわたり朝日歌壇の選者を務めた近藤芳美は、そこに寄せられた秀歌を編んだ『無名者の歌』で、短歌の第一の意味を「民衆の抒情詩」と規定している（近藤［1974］1991：v）。さらに近藤は、新聞歌壇に投稿する者の「ほとんどが短歌とも、文学とも関わりのない無名の生活者」であるが、「うたわずにはおれない思い、内部衝動というべきもの」に突き動かされて短歌を詠み投稿しているのだ、と述べる（近藤［1974］1991：viii）。ここで注意しなければならないのは、「うたわずにはおれない思い、内部衝動というべきもの」に突き動かされて短歌を

詠むことと、それを投稿するということは別の行為であるということだ。また、新聞歌壇や短歌コンクールに投稿される短歌は、必ずしも「うたわずにはおれない思い、内部衝動というべきもの」に突き動かされて詠まれたものとは言い難い。そのなかには、入選を目標としてつくられた短歌も混在している。そこで、短歌全体に対してふたつの極を設定してみる。一方の極を「うたわずにはおれない思い、内部衝動というべきもの」に突き動かされて詠まれた短歌、もう一方の極を「コンクールの入選を目的として作られた短歌」として、以下日本のコンクールで入選したブラジル短歌を検討してみたい。

2　ブラジルの風物を詠んで

入選短歌の類型（1）――ブラジルの風物を詠み込んで

ブラジルから日本の短歌コンクールに応募される短歌では、ブラジルの風物を詠み込んだものが評価されやすいであろうということは想像がつく。多くのブラジル短歌が送られてきた歌会始、明治記念綜合短歌大会、海外日系文学祭に入選したブラジルから送られた歌を読んでいくと、事実そのような歌が目につく。歌会始の入選歌から具体的にみていくことにする。

歌会始は毎年一月に皇居で行われる歌会で、広くマスメディアに取り上げられている。現在の歌会始の原型は、一八六九年（明治二）の明治天皇による歌御会始である。一八七四年（明治七）に一般の詠進が認められ、一八七九年（明治一二）からは一般の詠進歌のうちから選ばれた「預選歌」が天皇の前で披講される現在の歌会始のかたちとなった（青柳 2002）。

ブラジルから初めて歌会始に歌が送られたのがいつかは不明だが、初めて入選したのは一九五九年であり、これまでに一七人が入選している。そのなかから、ブラジルの風物を詠み込んだ歌を三首引く（括弧内は入選した年次）(3)。

燃えつづく山へはひりて黒人と声あはせつつ火止め切りゆく　遠山実（七二年）
日本語を学ぶ児童らスコールのあとのみどりの丘帰る見ゆ　多田邦治（八四年）
スコールの晴れ渡り行くアマゾナス原始の森は七色に映ゆ　重富儀一（九〇年）

明治記念綜合短歌大会は、戦後明治神宮を拠点とする歌会として始められ、現在では春と秋の大祭ごとに開かれており、二〇一五年秋の大祭で一三三回を数える。一九六七年、ブラジルの短歌誌『椰子樹』の中心的メンバーだった徳尾渓舟と大場時夫の二人がブラジルからこの歌会の委員に選ばれて以来、ブラジルから日本に多くの歌が送られてきている。[4]入選歌を三首あげてみる（括弧内は入選した年次と春季・秋季の別）。

スコールに吹きあふられてアマゾンの青色青光山蝶の群れ　上村唯市（六七年秋）
積年の励みむなしくひと朝の霜に枯れたるカフェ眺むる　蒔田禎蔵（六九年秋）
揺れながらクレーンにあげらるる太き材夕日のアマゾン河は輝く　小川貴美枝（八三年春）

海外日系文学祭は、海外日系新聞放送協会設立三〇周年を記念して、二〇〇四年にその第一回が開催され、二〇一三年の第一〇回をもって終了した短歌・俳句のコンクールである。第一回海外日系放送協会会長賞を受賞したのは、次の歌である。

ブラジルのこの一点は吾が土地よ稔り豊かな稲を刈り居り　瀬尾天村（1：6）[5]

以降、次のような歌が見られる。

アンデスの雪解けの水混ざり合うアマゾン大河は雨にけぶれる　田口愛子（2：39）
アマゾンの落日にもゆる夕茜郵便物もとどかぬところ　波村ヨシノ（3：6）
コーヒー園に鋤の手休め仰ぐ空いよいよ澄みて昼の星見す　柴尾勝（4：2）

ブラジルの歌人による「輸出短歌」批判

ブラジルから日本のコンクールに応募して選ばれたこれらの歌に対して、読者はどのような感想を持たれただろうか。『椰子樹』の中心的なメンバーとしてブラジルで短歌を詠んできた者のなかには、日本のさまざまなコンクールの入選作に対して批判的な見解を示す者もいる。たとえば、森谷風男は次のように述べる。

入選するのは、決まってブラジルの景色を色濃く添えたものに限られていた。…海を越えるそうした応募歌を「輸出短歌」と称しやや軽蔑する傾向がなかったとは言えない。（森谷 1986：25）

また、清谷益次はこう心情を吐露している。

入選作の殆どがブラジル特殊の情景、風俗などを詠みこんだものばかりであることです。…アマゾン、混血児、ワニ、黒人、…。入選を喜んであげたいが、割り切れなさが伴うのも事実です。(6)

先に引用した日本のコンクールで入賞したブラジルの風物が巧みに詠み込まれている短歌に対しては、清谷の批判が妥当であるとも言えるだろう。しかしだからといって、こうした歌を否定するつもりはない。そのことについては後に述べることとし、こうした短歌とは異なる短歌も、しかし、日本の短歌コンクールで入選している。

3　ブラジル日系人の心情を詠んで

入選短歌の類型（2）——ブラジルの日系人の心情を詠んで

先に短歌の総体に対してふたつの極を設定したが、つづいて「コンクールの入選を目的として作られた短歌」の極よりも「うたわずにはおれない思い、内部衝動というべきものに突き動かされて詠まれた短歌」の極に近い歌を読んでいきたい。それらの短歌は、ブラジルという異国における一世や準二世（親に連れられて幼小時に移民した人々）のさまざまな体験に基づいたおもいを運ぶ。(7) たとえば、子や孫が日本語から遠ざかっていくことに心楽しまなかった者は少なくないだろう。

妻は二世子等は三世の家の中アイデンティティの壁厚かりき　神林義明（7.14）

一般論だが、世代が下がるにつれて日本語の能力も落ちてくる。この歌で二世の妻は、日本語よりもブラジルの公用語であるポルトガル語の方が得意なのだろう。そして三世となる子は、その傾向がさらに強いのではないか。立ち居振る舞いも自分とは離れ、ブラジル人のようになっていく。この短歌には、子孫が日本生まれの一世である自分とは遠いところにあるという感慨が滲み出ている。

一九六〇年代から九〇年代にわたって『椰子樹』の中心的なメンバーの一人として短歌を作り続けた陣内しのぶ（一九二〇〜二〇〇五）は次のように詠んだ。(8)

映ゆるなく五十五年を外国にありてなお故国の殻負うわれか（陣内 2007：175）

「故国の殻」とは、いったい何だろうか。いくつかの殻があるかもしれないが、陣内にとって、日本語が殻のひとつであることは間違いないだろう。そして、そのことは多くの一世や準二世にとってもそうであったはずだ。だからこそ、次のような短歌が現れるのだ。

家中に横書きの本散らばりて我が城のみぞ縦書きの山　神林義明（5：13）

先にアイデンティティの壁についての歌を引いた神林の一首である。家人が読むのはポルトガル語で、横書きの本が家中に散らばっている。一方、日本語は自分しか読まない。畢竟、縦書きの日本語の本は自分の部屋に押し込められるという状況で、作者の肩身は狭い。ある日系人の家庭の中での、ポルトガル語の繁栄と日本語の衰退が見て取れる歌である。

日本語話せますかと問ふ人に笑みつつ答へいきどほりあり　葛西継代（1：10）

作者は日本語を日常的に用いている一世か準二世であろう。自分は日本語が母語なのに、そうと思われなかったことに憤りを感じているのである。

移り来て今は一人やテレビより日本語流る慈雨の如くに　武田知子（10.36）

夫を亡くした高齢の方の作と思われる。ブラジルでも日本のテレビ番組を見ることが可能で、作者はテレビから流れてくる日本語に安らいでいるのである。日本語しか理解できなかった移民にとっては、母語としての日本語はまさしく「生命線であり、存在の証」なのである（細川 2008：30）。

「短歌を詠む民族」とされた日本人

ブラジルの公用語であるポルトガル語以上に日本語を日常的に用いてきた一世や準二世で日本語で短歌を詠む者にとって、その行為は日本人であることを担保する手段である。二四歳の夫とともに一九歳でブラジルにやって来た西田季子は、一九三八年の『椰子樹』創刊以前から邦字紙『伯剌西爾時報』の短歌欄に投稿していた。四〇年近く短歌を作ってきた彼女は、『椰子樹』一五〇号記念号（一九七七）で「日本に未練はない。と心に固く誓った私がなぜこの日本の最も古い形式の短歌に深いかかわりを持つ様になったのだろうか」と自らに問いかけ、次のように答えている。

> それは結局自分のなかに流れている日本人としての血であり心の叫びなのではなかろうか。短歌の形式、この五七五七七の詠嘆が日本人にとって、私にとって最もふさわしいという事であろうか。どこで生まれても、私にとって最もふさわしいということであろうか。（西田 1977：83）

西田のこの感慨は、本章冒頭に引いた、世界各地から『短歌研究』誌に投稿された短歌を読んで一九三八年に佐佐木信綱が述べた感想、「短歌が、日本人の居る所は、世界中何処にも愛好せられてゐるのであると云ふ感」とつながっている。佐佐木も西田も、日本人を歌を詠む民族として捉えているのである。西田はまた、次のようにも自問する。

> どこで生まれても、死んでもうけついだ血の中を脈々と巡る日本人の詠嘆・叙情とはなんであろうか。（西田 1977：83）

この問いに答えるならば、ブラジルの日本人が歌に託す詠嘆や叙情のなかで際立つのは、自らが日本人であるという思い、そして日本へつながろうとする願いである。

一九三一年にブラジルに移民してきた中井益代は、やはり『椰子樹』一五〇号記念号に寄せたこの短歌誌の歴史について回顧する文のなかで、「伝統短歌が育つのには不毛と言っても過言ではない悪条件の異国」で、この短歌誌が存続してきたことが「奇跡の様に思える」と感慨を記している。そのうえで、「反面、又、異国であったからこそ見事な開花、結実を遂げた、とも言えるのではあるまいか」と続ける（中井 1977：86）。

中井が述べるように、海を越えて移民したことによって、日本そして日本語へのこだわりが強まったというブラジルの日系一世や準二世の心情に注目したい。海外に移住した日本人による短歌について論じた小塩卓哉の著書のタイトルは『海超えてなお』だが（小塩 2001）、ブラジルに渡ってもなお日本人として日本語にこだわり短歌にもこだわる者はあったろう。しかし、文化人類学者でブラジルの日系人について研究を行った前山隆が、日本を出て初めて人々は「日本人」になった、と指摘しているように（前山 1996）、ブラジルに渡ったからこそ日本人としての自らの拠りどころとして短歌にこだわったという者の方がむしろ多数派だと思われる。

短歌が「日本人」や「国民」と結びついたのは明治も半ばを過ぎてからであり、明治初期に渡欧した日本人にとってさまざまな体験を記述する様式は漢詩文であったという事実に基づいて（村井 1999：川口 1981）、西田や中井を批判することはたやすい。しかし、彼女たちは日本人を短歌を詠む国民とする世界観のなかで生き、歌を詠んだのである。


ブラジルに移民して五十年富まざりきうたにすがりて死にたまひけり　長島和夫

一九八〇年春の明治記念綜合短歌大会の入選歌である。ブラジルで短歌を詠んできた者への挽歌である。貧しいまま生涯を過ごしたある一人の移民にとって、短歌がいかに大きな意味を持っていたかが明らかになる。

窓としての短歌

本節の終わりに、ブラジルの日系人にとって短歌とはどういうものかを示していると思われる短歌を紹介したい。

帰るなき日本恋ほしくよる窓のアバカテ青葉夕かげりして　小松好五郎

一九五九年、ブラジルから初めて歌会始に入選した歌である。帰ることのない日本が恋しくて窓に近づいてみる。自分が日本で生活していたのはある特定の地域なのであり、それを「日本」としてしまうことは論理的には跳躍である。しかし、日常の感覚では理解できる。下句の「アバカテ青葉夕かげりして」の、「アバカテ」はアボカドであり、作者が栽培しているものだろう。上句には、おもいのなかの日本が、下句にはブラジルの現実が描写されている。窓とは、それを通して遠方を眺めるものであるとともに、時として窓に向き合う者にとって鏡となる。一世や準二世にとって、短歌は遠い日本をおもう文芸であり、そしてまた日本人としての自らを確認する文芸と捉えることができる。清谷は、準二世にとって短歌を作ることは、「自己を日本へつなげるもの、自分とは何かを確かめ探るもの」といった「自己存在に関わる一大事」だったと記している（清谷 1986：142）。このことは、一世についても当てはまるだろう。

4　消えゆく詩形に寄り添って

日本に歌を送らなかったブラジルの歌人

ここで、日本人であることと日本語にこだわり続けたが、日本の短歌界とは無縁だった弘中千賀子（一九二四〜九八）に目を転じたい。(9) 九歳で家族とともにブラジルへ渡り、一五歳になる前から短歌を作ってきた弘中は、ブラジルの歌人のなかで傑出した一人である。弘中には、日本そして日本語に対する喪失感を伴ったおもいを詠んだ歌が数多くあるが、二首だけ引く。

国語異なる哀しみいよよ深くしてこの国によわい重ねゆくなり　（弘中 2007：130）

住む土地の言葉と自分の使う言葉が異なることが、齢を重ねるに従ってますます悲しくなってくる。一世や準二世たちの人口は年々減少の一途をたどっており、彼らはブラジルで近い将来日本語は使われなくなることを知っている。そして短歌を詠む者は、ブラジルから日本語の短歌が早晩消えてなくなることを痛切に感じてきた。

異国にて歌に據《よ》るとは淋しきよ継ぐ者乏しきにっぽんの言葉　（弘中 2007：284）

こう詠んだ弘中だが、歌を詠むことは決して淋しいことばかりではなかったはずだ。生前に出版した唯一の歌集『小さき詩形』の「おわりに」で、彼女は「作歌することによって自分の心との対話を持ち、多くのものを見、識ることができた」と記しているのだから（弘中 1976：266）。

日本の短歌界とどうかかわるか

前山は、一九六〇～九〇年にかけてブラジルの短歌界を牽引した弘中、陣内しのぶ（第3節に一首引用）、小笠原富枝の三人の女性歌人は、「日本語と短歌を手がかりとし、『日本』という隠喩とその叙景を活用しながら、移民として、日系人として多民族社会ブラジルに生きるアイデンティティを模索構築」し、日本の短歌界に歌など送らず、その評価を恃まず、『椰子樹』を守り育ててきた、と述べている（前山 2007a：319）。

日本の短歌の世界とはつながらないことも、確かに選択の一つだ。しかし、日本に短歌を送って日本で自分の短歌が公になることを願うこともまた選択の一つである。先に見たように、日本へのおもいを詠んだ歌が日本に送られてきた。また、入選することを目標としてブラジルの風物を読み込んだと思われるような短歌も、ブラジルの風物を日本へ伝える挨拶の歌、日本人である私はこういう環境に生きていますよと伝えるメッセージと捉えるならば、それはそれで意味のある短歌と考えることができるのではないか。

5　ブラジルから日本へ短歌を送るということ

私的領域と公的領域をつなぐ行為としての短歌の投稿

短歌を詠むという行為は、私的な行為である。一方詠んだ短歌を投稿することは、活字化されることで公になり不特定多数の読者に読まれることを目標とした行為である。そしてその目的が達成されたときに短歌は公的な領域に属することになる。つまり、短歌を投稿するという行為は私的な領域と公的な領域を架橋する営為であるということだ[10]。誤解を避けるため、私は行為を私的／公的に二元論的に分けようとしているのではないということを明らかにしておきたい。行為を、一方に「私的」な極、もう一方に「公的」な極を持つ連続体として捉えている[11]。

先に引いた弘中の「作歌することによって自分の心との対話を持ち、多くのものを見、識ることができた」という一節は、短歌の私的領域における機能に焦点を合わせている。しかし、弘中は詠んだ短歌を自分一人だけのものとしていたわけではない。彼女は、公の場である『椰子樹』に投稿し、その中心的なメンバーでもあった。ブラジルのなかでも短歌を公にする場は存在してきたのである。では、なぜブラジルで日本語で短歌を詠む者のなかに日本の短歌コンクールに応募する者が存在し続けてきたのだろうか。

日本とつながる――ブラジルから日本へ短歌を送るということ

ブラジルから日本へ短歌を送るという行為の動機として、自己の顕示、自己の確認等々があるだろう。こうしたもの以外に、「日本とつながる」が動機として考えられる。日本とつながることとは、自分は日本人であるという日本への帰属意識である。

短歌コンクールを通して日本とつながることは、ブラジルで短歌を詠む日系人の間で重視されてきた。一九七七年一〇月発行の『椰子樹　一五〇号記念別冊特集号』を繙くと、表二の下半分は目次となっている。その上に「コロニ《ママ》歌人の宮中歌会始入選歌　一九六九年以降」という囲み記事があり、入選一首と佳作五首が載せられている。『二〇〇号記念別冊特集号』（一九八五年十二月発行）には、こうした記事は見られないが、『二五〇号記念別冊特集号』（一九九四年六月発行）には、「歌会始予選歌（入選）及び佳作歌」続いて「明治記念綜合歌会　入選及び佳作」という記事がある（七七～七八頁）。前者は一九五九年の最初の入選歌から最新の一九九四年の入選歌までの九首、後者はブラジルからの出詠が始まった一九六七年から一九九三年までの入選者名を掲げている。また、二〇〇八年に刊行された合同歌集『祖国はるかに』には、巻末に、歌会始、海外日系文芸祭、ＮＨＫ全国短歌大会、明治記念綜合短歌大会のそれまでの入選歌がすべて掲載されている。

一方、サンパウロの邦字新聞であるニッケイ新聞によれば、二〇〇八年四月十八日には、ブラジル日本文化福祉協会主催が主宰した「歌会始の儀」詠進歌ブラジル入選者祝賀会が文協ビル貴賓室で開催された。この式典には、この年までに歌会始に入選した一五人（故人の場合は遺族）が招かれ表彰された[12]。文協とはブラジル日本文化福祉協会のことで、その前身が一九五五年に発足したこの団体は、ブラジルの日系社会の紐帯となってきた。

これらの事実は、ブラジルにあって短歌を詠む者のうちに「輸出短歌」に批判的な者はいたとしても、日本の短歌コンクールに関心を持っていた者、そしてそれらコンクールを通して日本とのつながりを重視していた者が少なからずあったということの証左であろう。

社会学者の栗原彬は、天皇制と天皇が伝統文化の象徴でありその最高の司祭であることを表現した儀式と捉えている（栗原 2001：144）、ブラジルで一世や準二世の家庭を訪れた折に、居間などに飾られている天皇皇后の写真に遭遇することは決して珍しいことではない。その空間では、天皇はまさに日本を象徴するものとして存在している。であれば、ブラジルから歌会始に応募することは、日本とつながろうとする営為であると考えることができるだろう。そして、歌会始以外の日本のコンクールにブラジルから歌を送ることもまた、日本とつながろうとすることである。

第一回海外日系文学祭で実行委員長を務めた石丸和人は、『第一回海外日系文芸祭作品集』に寄せた文のなかで、「海外に進出した日本人の間にも多くの愛好者が存在し、長年、海外と日本文化、そして日本を結ぶ絆としての役割を果たして」きたと述べているが（石丸 2004：2）。本章冒頭で一九三八年に詠んだ短歌を引用した清谷によれば、自分の歌が掲載された『短歌研究』一九三八年八月号は、短歌を送ったことも半ば忘れ、購読も止めてしまった頃に清谷のもとに届いたという。そして清谷は、短歌が推薦作品になったことを知らせようと、掲載誌をブラジルまで送ってくれた改造社の思いやりに「ひどく感激した」と記している（清谷 1985：90）。短歌を通じて遠く離れた日本とつながっているという感覚は、手紙の往復に三、四ヶ月かかった当時も今もさして変わりがないように思われる。

注

（1）細川は、日系ブラジル人の表現行為について論じた著書の一章で、郷愁の観点からブラジルの短詩形文学を分析するとともに（細川 2008）、短歌についての包括的かつ詳細な研究を行っている（細川 2012）。歌人の小塩卓哉は、海外の日本人の短歌を論じた著書のなかでブラジル短歌に論及している（小塩 2001）。ブラジルの歌人によるものとしては、清谷益次によるさまざまな観点からの論考をあげておく（清谷 1998：2006）。

（2）歌会始や新聞歌壇といった日本の短歌についての論考としては、歌人の近藤芳美の著書（近藤［1974］1991）、思想史の村井紀の論文（村井 1999）を参照のこと。

（3）歌会始および明治記念綜合歌会の入選歌は、合同歌集『祖国はるかに』から引用する（合同歌集刊行委員会 2008：325-333）。

（4）『椰子樹』は、一九三八年一〇月に創刊され現在に至るまで刊行されているブラジルの代表的短歌誌で、その歴史的展開については細川（2012）第四章「短歌――大きな椰子の樹の下で」に詳細な記述がある。

（5）掲出歌は、第一回から第一〇回までの『海外日系文芸祭作品集』から引用し、括弧内に回数と頁数を（2：34）のように示す。出版社はすべて海外日系新聞放送協会のため、引用文献には第一回作品集のみを示す。

（6）座談会「コロニアの短歌――その道程と今後に託すもの」での発言。『椰子樹』第二五〇号記念別冊特集号、一九九四年、一五頁。

（7）細川は、「思い」を「予想、嘆き、心配、心のはたらきかけ、思慕、願望、執念、自然な心の成り行きなどを指す」多義的な語（細川 2008：21）とする一方、「想い」を「『思』以上に対象への志向がはっきりしている」と述べている（細川 2008：64）。本章では、これらを合わせた意味内容を「おもい」とする。

（8）陣内しのぶについては、細川（2008：39-44：2012：444）、前山（2007b）を参照のこと。

（9）弘中千賀子については、細川（2008：443-444）、前山（2007a）を参照のこと。

（10）究極的に私的な表現行為を行った者の一例として、生前は誰にも知られずに物語を書き絵を描き続けたヘンリー・ダーガーをあげておく。もっとも彼の場合は死後発見されたその作品は世界的に知られるようになったのだが。

（11）この問題関心は、人類学者のガナナート・オベーセーカラが、私的なシンボル（private symbol）と公的なシンボル（public symbol）を二元論的に捉えるのではなく連続的に捉えることによって、スリランカの宗教をダイナミックに検討した論議を参考としている（Obeysekere 1981：14-18）

（12）http://www.nikkeyshimbun.jp/2008/080411-66colonia.html, 2016. 2. 10

文献

青柳隆志、二〇〇二、「明治初年の歌会始――和歌御会始から近代歌会始への推移」『和歌文学研究』第八五号：一―一一頁。

合同歌集刊行委員会編、二〇〇九、『祖国はるかに』合同歌集刊行委員会。

弘中千賀子、一九七六、『小さき詩型』メタ出版。

弘中千賀子、二〇〇七、『異土の歌』御茶の水書房。

細川周平、二〇〇八、『遠きにありてつくるもの』みすず書房。

細川周平、二〇一二、『日系ブラジル移民文学Ⅰ――日本語の長い旅』みすず書房。

石丸和人、二〇〇四、「ごあいさつ」『第一回海外日系文芸祭作品集』海外日系新聞放送協会、二―三頁。

陣内しのぶ、二〇〇七、『合鐘《カリリヨン》の記憶』御茶の水書房。

海外日系新聞放送協会、二〇〇四、『第一回海外日系文芸祭作品集』海外日系新聞放送協会。

川口久雄、一九八一、『平安朝の漢文学』吉川弘文館。

清谷益次、一九八五『遠い日々のこと』私家版。

清谷益次、一九八六、「あとがき」『椰子樹』二〇〇号記念別冊特集号、一四一―一四三頁。

清谷益次、一九九八、「証言としての短歌――ブラジル日系人の百二十一首とその周辺」梶山美那江編『積乱雲：梶山季之――その軌跡と周辺』季節社、六九六―七六七頁。

清谷益次、二〇〇六、「〝移民の精神史〟への試み《アプローチ》」清谷益次・拓野桂山『ブラジル日系コロニア文芸　上巻』サンパウロ人文科学研究所、五―一五二頁。

近藤芳美、［一九七四］一九九一、『無名者の歌』岩波書店。

栗原彬、二〇〇二、「現代天皇制――日常意識の中の天皇制」網野善彦ほか編『天皇と王権を考えるⅠ　人類社会の中の天皇と王権』岩波書店、二一九―二六一頁。

前山隆、一九九六、『エスニシティとブラジル日系人』御茶の水書房。

前山隆、二〇〇七a、「編者あとがき」『異土の歌』御茶の水書房、三一八―三一九頁。

前山隆、二〇〇七b、「編者あとがき」『合鐘《カリリヨン》の記憶』御茶の水書房、二五八―二五八頁。

森谷風男、一九八六、「移民にとって短歌とはなにか」『椰子樹』二〇〇号記念別冊特集号、二六―三一頁。

村井紀、一九九九、「歌会始めと新聞歌壇」藤井貞和編『短歌と日本人Ⅳ』岩波書店、六五―九二頁。

中井益代、一九七七、「回顧――わが心の拠り所として」『椰子樹』一五〇号記念号、八六―八八頁。

Obeyesekere, Gananath, 1981, *Medusa's Hair*, University of Chicago Press.

小塩卓哉、二〇〇一、『海越えてなお』本阿弥書店。

佐佐木信綱、一九三八、「推薦短歌」『短歌研究』（六）八：一八六頁。

第13章　「間」を生きた「日系」歌人
――上江洲芳子の沖縄、ハワイ、カリフォルニア

高木（北山）眞理子

1　歌集から歌人の人生を探る

ベトナムに征きし子ありて神棚にみあかし絶えぬはらからの家　（昭和四六年歌会始　お題「家」佳作入選歌）

これは一九七一年の宮中歌会始で入選した、カリフォルニアに住む日系女性上江洲芳子の短歌である。この時芳子は七八歳。この年の佳作受賞者の中では最年長だったようだ。

一九七〇年代前半、アメリカはベトナム戦争の泥沼の只中にあった。カリフォルニアで医師の息子夫婦とともに暮らしていた上江洲芳子は、ベトナム戦争に息子を送り出した日系同胞の家の神棚にお灯明がずっと灯っているのを見て、先の日米戦争に自らの子どもを送り出していたときのことを思い出していたのだろう。冒頭の歌の中では、日系の友人の子どもはベトナム戦争にアメリカ軍人として従軍していたのに対して、芳子の次男は軍医として日本のために尽くしていた。そしてこの次男は「お国のために」命を落としたのだった。しかし冒頭の短歌では、アメリカのためとか日本のためとかは関係なく、戦争に自らの子どもを送り出した親として、芳子が同胞の気持ちによ

りそっているのが伝わって来よう。

上江洲芳子の短歌はハワイ島ヒロの短歌結社「銀雨詩社」による歌集『銀雨』（以下Aと記す）に、上江洲芳園の名で初めて一〇首発表された。戦後、個人歌集『夕虹』（一九五七年、以下B）と『れもんの庭』（一九七八年、以下D）を出版したほか、戦後復活した「銀雨詩社」による『銀線集』（一九七〇年、以下C）にも歌を寄せている。

本章では、日記を綴るように詠まれてきた芳子の短歌を引きながら、上江洲芳子という日米両国に生きた女性の人生をたどり、その時々の歌人の心情を読み解いてみたい。

2　上江洲医師の妻として渡布

芳子の生い立ち

上江洲芳子は、一八九二年（明治二五）沖縄に生まれた。三歳のときに父と死別し、その後は母の手で育てられた。母一人子一人の寂しい生活だったが、当時ではまだ女子が高等教育を受けることが一般的ではなかったにもかかわらず、母親は芳子を県立女学校に通学させ、芳子の望むまま教員養成所まで入れてくれたという（B：91）。しかし教員として貢献する機会がないまま、芳子は一九一一年一九歳で久米島出身の医師上江洲智綸《ちりん》と結婚した。

上江洲智綸は一八八三年に生まれ、医師を目指し医学専門学校を卒業後、東京の順天堂病院などでインターンを務め、一九一一年に医師として沖縄に帰郷し芳子と結婚。一九一二年、妻を沖縄に残して単身ハワイに渡り、ホノルルで当地の医学を学んだ。元来身体が弱かったため、気候の良いハワイで医師となる道を選んだという。一九一三年二月ハワイ準州の医師免許試験に合格し、医師の資格を得た智綸は、ハワイ島のヒロ市にて開業した（Bruno 1985：9）。

ハワイ島の東海岸にあるヒロの北側の沿岸地帯は、雨が多く砂糖栽培に適していたため、製糖会社がいくつもあり、多くの日本人が砂糖プランテーション労働者として移民した。日系人口は日米戦争前には全島人口の四五％以上に達していた（飯田 2003：18）。
芳子は、智綸の渡布の際、長女を出産したばかりで同行できず、一九一五年、長女を母に預けて夫のもとへ向かった。その後ハワイで五人の子に恵まれ、芳子は約一〇年間、沖縄から呼び寄せた子も含む六人の子の母として忙しくも楽しいヒロの日々を過ごした。
忙しい子育ての中で、芳子は女学校で習った短歌を詠み始めた。夫の智綸に勧められ、一九二三年にヒロに発足した短歌結社「銀雨詩社」にも参加した。芳子は上江洲芳園の名で、『銀雨』（一九二五年）に、二三人の銀雨詩社同人とともに一〇首の短歌を発表した。

青空も吾子の瞳も今朝は澄みてすがすがしくも衣洗ふ我（A：22）

ここには子育てをしながら忙しい時をハワイ島ヒロの美しい自然の中で過ごす母親芳子の姿が見える。渡航当時のハワイの様子を芳子は次のように歌った。

月冴ゆる浜辺にうたふカナカ等の弾くウクレレの音のわびしき（D：6）
ヒロの街弦月湾を前にして雪に輝くマウナケヤそびゆ（D：6）

ハワイの美しい自然が詠みこまれ色彩豊かなうえ、ヒロの海辺の静けさまでも感じさせられる作品である。「月冴ゆる」の短歌では先住ハワイ人（当時日系は彼らをカナカと呼ぶことがあった）の奏でるウクレレのメロディーなどが聞こえてきそうである。ハワイを常夏と思っているものにとって「ヒロの街」の短歌からは、ヒロの静かな三日月型の美しい入江（弦月湾）から、冬には雪を頂くマウナケヤ山が聳え立っているのが見えることが、珍しく感じられるのではないか。

芳子は、沖縄に残している母のことをよく思い出していた。自分が母娘二人きりの寂しい家庭で育ったからこそ、子沢山のにぎやかな家庭が嬉しいものであっただろうが、一方で、沖縄に寂しく暮らす母のことがいつも気がかりだったのだろう。

子等に明け子等に暮れぬる今の我に戀しきものは故里の母（A：22）

母一人娘一人の身は時の間も古里の母忘れかねつも（D：7）

また、ハワイに生まれた長男を四歳から八歳の四年間、単身沖縄の母のもとに送って過ごさせたこともあった。これは沖縄に残っている母のことを考えてのことでもあり[1]、また、日本語の環境に少しでも身をおくことで、長男を日本語のきちんとできる子どもに育てたいという想いの表れであったのかもしれない。以下は一九二四年（大正一三）その長男をハワイに呼び戻し、波止場で船の着くのを待っていたときの心情である。

やがて見ん吾が子の笑顔偲びつつ船待ち居れば胸は波打つ（A：23）

四年ぶりに合ひて手を取り抱けどもはにかむ吾子に時の間寂し（D：8）

智綸医師と子どもたちと

芳子は育児と家事に追われながらも、毎晩仕事で帰りの遅い夫を待ちつつ、夫への溢れるばかりの愛情を胸に秘めていた。

六人の母となりしが君を待つ夕となれば心ときめく（A：23）

子等寝かせ夜の野道を夫と共に歩みつつ仰ぐ星のまたたき（D：12）

医師として忙しく働く夫の姿も短歌に詠まれている。

己が身をかへり見る暇もなく夜半に重患を診て廻る夫（D：16）

貧しき病人より金請求せず通院させて心を満たす夫を尊ぶ（D：17）

戦後になってから、雑誌『おきなわ』の第一六号が「故人追憶特集＝第二集＝」の中で「故ドクトル上江洲智綸の追憶」を掲載した。これは智綸医師の従弟にあたる與世盛智郎が書いたもので、それによるとヒロで開業してから約一〇年の間に、智綸医師の病院は毎日多くの患者が診察のためにやってくるという、評判の高い病院になっていたとある（與世盛 1951：32）。

「一度上江洲ダクターに診察して貰って治らぬ病気は諦めたほうがよかろうと云ふ人々さへあった」（與世盛 1951：32）という。同じ與世盛智郎の記事によると、戦前から沖縄移民の中でも成功者であった当山哲夫は、智綸医師没後に自ら出版した『故上江洲智綸記念誌』（実業之布哇社）の中で、智綸医師の死を「英雄の戦死」にたとえているという（與世盛 1951：31）。自らの健康も顧みず貧しい患者からは治療費も徴収せず治療をしたという智綸医師が、ハワイ島ヒロの人々から大いに尊敬されていたのもうなずける。妻である芳子は、「重篤な患者を深夜にも見て回る夫」を見て、その健康を心配しながらも、そういう夫の姿を「尊んでいた」のである。

元々体の強い方では無かったうえに無理をしすぎたのであろう、一九二四年（大正一三）六月、智綸医師は不治の病に倒れた。

代理のドクターに病院をゆづりて静養すと定めし夫の病は重し（D：17）

智綸医師は、自らの病院を同じ沖縄出身で若い頃からの友人であった又吉全興医師に任せ、治療に専念することにした。そして、自分が不治の病であると知ると、妻芳子に子どもたちを託したのである。当山哲夫によれば、「夫人に対する遺言に『お前はこれからは女ではないよ男に生れたつもりで六名の子女を己に代って教育して呉れ』と頼んだ」（與世盛 1951：31）という。この夫の頼みを、夫の死後もずっと妻の芳子は忠実に実行していくことになるのである。一九二四年一二月一一日、夫は四二歳の若さで帰らぬ人となる。そのとき芳子はまだ三二歳であった。

息絶えし父にすがりて泣く子等に吾が責任の重きを悟りぬ（D：19）
十二を頭に六人の子等を残されて涙も出でぬ三十二（D：20）

まさに子ども六人をかかえ、芳子はこれからどう生きていくのか途方にくれたことであろう。当時ハワイには直接の親戚もおらず、六人の子どもを育てながら暮らしていくのは無理と判断した芳子は、ハワイを去って、母のいる故郷の沖縄に帰る決心をした。

子等伴ひて君眠るアラエの墓訪ね別れを告げぬ去りがてにして（D：22）
ケヤの峯よ弦月湾の白波よ遺しゆく夫の墓守れかし（D：23）
涙もてわれらの帰り迎ふらむ老いたる母のあはれの姿よ（B：19）

一度は定住を決めたハワイを後にし、夫の墓をアラエ(2)に残し、芳子は子どもたちを連れて帰郷した。

3 那覇、そして東京

噂に苦しんだ那覇時代

胸の包みをときて語らむ友もなく那覇の人々の冷めたき目差し（D：24）

芳子は一九二五年六月、子どもたちを連れて帰郷した。久方振りの那覇で、六人の子どもとともに暮らしている芳子に対して、なぜ「那覇の人々」は「冷たき目差し」を向けたのだろうか。これまでの蓄えや夫の残した保険などがあって、芳子が未亡人となっても仕事をしなくとも暮らしていけるのを見ての嫉妬心だったのか。またこの時代、若い未亡人に対する偏見もあったのではないか（中野 1983）。さまざまな憶測や噂が人々の口端に上り、めぐりめぐって芳子の耳に入りその心を傷つけた。(3)

二年もたたばいとしき子等の為東京に住まむ決意堅めぬ（D：30）
那覇の行商人の口数多き女等のあらぬ噂に我は憤怒しぬ（D：30）
時ありて子等は子等なり我は我と思ふ日のあり行く末の事（D：28）
斯る事思ひしのちに悔ゆるなり我一人頼る子等の姿に（D：29）

この時期の短歌には、芳子が今後子どものためだけに暮らすのか、それとも自分の幸せ、おそらく再婚を考えてもよいのかということに悩んだ様子が窺われる。子どもと自分の人生は別、と考えることもあるが、子どもたちには頼るのは自分しかいないと考えなおす。当時は子どもを抱えた未亡人が再婚することに対しても批判的な見方があったが、芳子自身が短歌の中で、多少の迷いはあってもそれを打ち消して、子どものために一人で生きていくという硬い決心をしているのが見える。それ故子どもによりよい教育を与えたいと、東京への転居を決心したのであろう。子どもの将来のために最善をつくす芳子は、夫から六人の子を託されたからという受身的な考えからではなく、自らの意志で子どものためを考えて東京行を決心した。

武蔵野の秋を好みし亡き夫偲びて広野に建てし家を買ひたり（D：34）

しかし、そういった生活の仕方に対してなのか、故郷の人々からの芳子を謗る声が、東京まで追いかけてきた。

子等に明け子等に暮れぬるわれなるに古里人の噂に泣きぬ（D：36）
あな悲しうつせみの世のあらぬ噂ききてなげくも夫亡き故ぞ（D：36）
我はなを正しく生きむと思ふのみ強き味方の子等あるを想ひて（D：37）

実際は、子どもを一人前にすることを目標に生きようとする未亡人の芳子に交際を求める人があったが、子どものために生きると固く決心していることを証明するように、申し入れを丁重に断ったことが次の短歌からもわかる。

歌人の君とし知らば歌をもて清き交のいざや結ばむ（D：38）
糸切紙鳶の我を思ふな強くつながる六人の子等のあるを知らずや（D：38）

自分を糸の切れた凧にたとえ、「私に心を寄せないでください。私には六人の子どもがつながっているのですから」と詠んだ芳子。亡き夫から託された子どもたちを育てることを自分の使命とし、何も恐れず進んでいる芳子の決心が見えてこよう。

芳子にとって、子どもを育て上げることとは「教育を与え、幸せな結婚をさせること」であった。智綸医師がなくなって八年たった頃（一九三二年）、まず長女を嫁がせている。その後一九三六年に次女が結婚。その頃には長男も次男も医師への道を歩み始めており、一九四二年には三男が京都大学に入学したことが次の短歌とともに歌集に残されている。

西京は眺めよろしと便りせし三男を喜びて心安らぐ（D：47）

太平洋戦争

一方、太平洋戦争が始まると、医師への道を歩んでいた長男、次男の運命も変わっていく。一九四四年には次男の毅が東京大学を卒業し佐賀病院に勤務し始めた。次男は母の芳子を佐賀への旅行に連れ出す。

かかる世に子は我呼びて嬉野の出湯の宿に三日泊りぬ（D：49）
母は母子は子の想ひ胸に秘め黙して歩む虹の松原（D：51）

次男が母を旅に連れ出したのは、自分が軍医となって戦場に赴くことになると告げるため、そして母と二人の時間を持っておきたかったからなのではないか。母芳子は次男が佐賀病院に戻ってから一人雲仙に向かった。

一人来し雲仙の宿に夜はふけて召さるる吾子の行く末想ふ（B：66）

長男智秀は、慶応大学医学部を卒業して軍医を志願するなか、一九四四年に晴れて結婚する。二人の息子が亡き夫と同じ医師の道を歩んでいたことは、母親である芳子にとって誇らしく嬉しいことであったろう。そして長男の結婚にはまさに独り立ちさせたという思いを強くしただろう。

亡き父に似し長男の晴姿見入りつつ我はただに寂しく（D：56）
丸顔の可愛ゆき嫁の晴れ姿夫まさば共に愛でにしものを（D：56）

長男の嫁は姑である芳子と義妹である三女康子との同居を始めた。しかし、三人の息子たちの道は平坦ではなかった。まず長男が病を得て、大阪陸軍病院に入院してしまった。嫁はすぐに大阪へ向かいそこにとどまり看病に励む。さらに、京都にいた三男智俊も胸を病んで入院してしまう。

一方、次男毅は軍医として沖縄に出征していった。ところがその次男までもが半年で胸膜炎を患い、東京陸軍病院に入院してしまった。息子たちが三人とも病気で入院という状況に、母親芳子は何を思ったであろうか。特に芳子にショックを与えたのは、その後箱根療養所にいた次男毅が病が癒えぬうちに再び召集を受け、また沖縄へ向かったことだった。

病得て治療につとむ病兵を再び召すは鬼なりと泣く（D：60）

次に芳子の耳に飛び込んだのは、沖縄に向かった次男の乗った軍用船がアメリカの機雷にふれて沈没したという知らせだった。だが次男を含む五人の兵士は、運良く奄美大島に泳ぎ着いて助かったのである。

大島に泳ぎつきたりと母はきく毅よ生きよと合掌続けつ（D：61）

病床にある長男、病をかかえながら沖縄に軍医として務める次男、京都の三男に心をよせながら、芳子は娘ととも

に山形に疎開した。その後長男を見舞った母は、

眼はくぼみ髪ぼうぼうと病み臥す子を訪ねる母は言葉も出でず (B：70)
よくなりて山形に来よ白き飯も腹いっぱい食へると病む子に語る (B：71)

と詠む。疎開先の食糧事情が都会よりはよいことが窺われるが、病む息子にとにかく満腹まで食べさせてやりたいという母の心情が感じられる。

そんな中、家族で心配していた次男についての最悪のニュースが届く。一九四五年(昭和二〇)三月、次男は沖縄で戦死したのである。逝年二七歳であったという(4)。

戦死の広報を手にして吾は茫然と涙も出でず狂人の如し (D：63)
父在らば生れ故郷の布哇にて命ありしをああいとし子よ (D：64)
想ひあらば母につげよ吾子の霊よ何地迷ふかと夜空仰ぎぬ (D：66)

「父在らば」の歌には、父親の智綸医師が生きていれば家族ともどもハワイから日本に戻ることも、日本軍軍医となることもなく、次男は死なずにすんだのではないかと考えてしまう母の気持ちが痛いほど感じられる。もちろんハワイに住んでいたとしても、日系兵として米軍に従軍していたかもしれないのであるが。

終戦を宣りし給ひし大君のラジオの御声に我泣きぬれぬ (D：68)
陸軍病院より病いえて帰りし子に命得たりと嬉し涙す (D：68)

一九四五年八月、芳子にとってかけがえのない次男毅の命を奪った日米戦争が終わった。辛く悲しい戦争であった。しかしずっと入院していた長男が全快して退院できたことは、まさに「命得たり」であり、家族にとっては悲しい中での最高の喜びであったのだろう。

4　子どもたちの成人とアメリカへの移住

戦後五人の子どもたちはそれぞれの道を歩んでいく。一九四九年（昭和二四）、三女の康子が嫁いでいった。夫が他界したときはまだ小さかった末娘が嫁ぎ、あとは三男が結婚したらこれで夫の智綸と約束した自分の責任を全うできるのだと芳子はつぶやく。その後しばらく芳子は東京で一人暮らしをした。次男の眠る沖縄を訪問したり東北を旅行して、これまで通り日々の出来事をその時々の気持ちをこめて歌に詠み続けた。そして一九五七年（昭和三二）には、それまでの歌をまとめて『夕虹』として出版している。

長男夫婦と娘夫婦はアメリカに渡った。(5) 歌集からはそれがいつだったのかなど事情は汲み取れないが、在米の子どもたちは、東京で一人暮らしの母が次第に年をとっていくのを心配して、アメリカに来るように声をかけた。六〇代後半だった芳子はおそらく一九五八年頃に子どもたちの招きに応えて渡米し（D目次：東京ひめゆり同窓会 1975：123）、長男夫婦の住むオハイオ州のデイトン市や、娘夫婦のいるカリフォルニアなどを行き来したようだ。年をとってからのアメリカ移住であったが、本人が一人暮らしの寂しさを感じていたこともこの決心の背後にあったのだろう。芳子はオハイオの長男の家で暮らすことになり、息子たちはいろいろと世話をやいた。

長男はシンナテーに我をつれて永住権をとりて与へたり（D：82）

眼を見れば互いに心通じるとて英語教へるスクールに入学す（D：83）

シンナテーとはオハイオ州の中心都市であるシンシナティのことである。医師である長男が母芳子の永住権取得の手続きをとったのだ。この芳子の渡米は、日本ではなくアメリカを終焉の地とするという一大決心を伴っていた。だからこそ芳子は英語を学ぼうと七〇歳近くでスクール、つまり英語学校に入ったのである。以前ハワイに移住し、一〇年近く住んでいたこともあるので、芳子にとってアメリカに来ることはそこまで躊躇するものではなかったのかもしれない。しかし一九一〇年代のハワイ島ヒロと、子どもたちの暮らす戦後二〇年近くのアメリカ本土とは事情がちがっていた。日本人移民の多かった戦前のハワイ島で、特に子育てのためほとんど日系コミュニティの外に出る必要がなかった芳子は、日本語と少しの英語で日々生活することができた。さらに日本へ帰国して四〇年近くも暮らしたのだから、英語を忘れていても無理はない。そこで英語を覚えてもっとアメリカに馴染もうと英語学校に通ったのは活動的な芳子らしい。

吾が英語の発音を笑ふ人あれど我は意にせずスクールに通ふ（D：84）

こうして芳子はアメリカ生活に親しみながら、歌を詠み続けた。一方長男夫婦は、妹たち家族の住まいも近く、温暖な気候やより良い住環境を考えてであろうか、母を連れて南カリフォルニアへの転居を決める。

長男夫婦新築の家買ひて我を養ひて三人で住む（D：85）

息子夫婦は共働きだったようで、カリフォルニアでの芳子の日課は、昼間は一人で留守番をすることとなっていく。庭の手入れをし、時に家族の食事をつくり、あとは作歌に勤しんだようだ。時には観光団に参加してヨーロッパを旅行するなどもした。

朝々の庭に吾がまく水しぶき虹をうつして七色に映ゆ（D：86）

芳子が同居する長男夫婦のもとには、同じカリフォルニアに住む娘の家族や沖縄に住む三男などが訪ねてきた。

ラスベガスとグランドキャニオンに旅をしつつ沖縄を吾れに語る三男（D：91）

長男夫婦には心から感謝しているが、次の歌には、日々何か物足りない寂しさを感じているらしい芳子の心情が感じられる。

御仏と子等にすがりて不足なき我に立ち塞ぐ寂寞のあり（D：93）

胃潰瘍と胆石というふたつの大病を克服した後も、芳子は日本やハワイを訪れ、その想いを短歌にしたためていく。芳子の日米両国、特にハワイと沖縄に対する気持ちは、どのようなものだったのだろうか。

5　日米両国を生きた芳子の人生

芳子にとっての「ハワイ」と「沖縄」

一九一一年に智綸医師と結婚し、二年後ハワイ島ヒロに向かった芳子は、医師の夫とともにハワイに定住する決心であった。夫が他界してしまったため故国に戻ることになったが、その後も家族で過ごしたヒロは芳子にとってなつかしい故郷のような場所だった。帰国後特に東京に移転して以降、海を訪れることがあると、ハワイの海を思い出すことがよくあったようだ。一九三三年夏、家族で神奈川県吉浜にて避暑をした折は、

海越へて想ひはとぶよ詩の街の君眠る丘のアラエの墓に（D：45）

と詠んだ。また、一九四四年に佐賀の病院に勤務していた次男毅の招きで嬉野や唐津の虹の松原を旅したときも、眼前に広がる青い海に、ハワイの海を重ねた。

見はるかす唐津の海は思ひ出のハワイの海にあやしくも似て（D：52）

アメリカ本土へ転居後、七〇歳代になった芳子はついにハワイ訪問を果たしている。

溢るばかり夢多かりし亡き夫と住みたるヒロにはるばると来つ（D：119）
夫なき後吾が売りし病院を訪ねゆきて在りし日の思い出の胸に顕ち来る（D：120）

彼女にとってハワイとは結局何だったのか。カリフォルニアで彼女が詠んだ次の歌に答えがある。

棕櫚の木の葉陰に立ちてはるかなる第二の故郷の布哇偲ぶも（D：155）

芳子にとっては最愛の夫との生活を始めたハワイ島のヒロこそが忘れがたき「第二の故郷」なのだった。彼女の人生にとって、夫との一一年の生活を営んだ場所として、大きな意味を持った場所だったのだから。

ハワイが「第二の故郷」なら、芳子にとって沖縄が「第一の故郷」だった。しかし沖縄生まれ沖縄育ちの芳子の沖縄への想いは、複雑に揺れ動いた。

夫の死後すぐにハワイ島から那覇に戻った当時は人々の噂に苦しんだ。東京に引っ越してから太平洋戦争前までに芳子が沖縄を訪れたかどうかは、残された短歌からは計り知れない。しかし、沖縄が太平洋戦争末期に壮絶な戦いの場になったこと、その沖縄で最愛の息子が戦死したこと、戦後アメリカの占領地となり、一九五二年のサンフランシスコ平和条約で日本が主権を回復した後も、沖縄が本土から切り離されて米軍の施政権下におかれたことなどで、芳子の生まれ故郷沖縄への気持ちは揺れ動き、次第に愛着の想いが強まったことが想像できる。

罪もなき心美しき古里人を見捨て給ふな大和の大臣《おとど》よ（D：71）

この歌は一九五三年（昭和二八）頃、沖縄の行く末を憂慮して詠ったものだ。沖縄が日本から切り離されたままになることを心配し、日本政府に見捨てないでほしいと願っている。

その後まもなく芳子はついに次男の散った沖縄を訪れる。

はるかにも我は来にけり吾子散りし島の果てまでわれは来にけり（D：77）
来て見ればききしにまさる痛ましさ骨を埋むる塔の数々（D：78）
軍医なりし吾子眠れりと駈け行きて塔を抱きぬ冷めたき石を（D：78）

最愛の息子の戦争での足跡を求め、最期の場所はどこだったのかと芳子は息子の手がかりを探した。そして芳子は激戦地であった沖縄で散っていった多くの人々に対して、世界平和を願いながら鎮魂の歌を詠む。

幾十万の霊よ静かに眠れかし世界平和の礎となりて（D：80）

その後再び沖縄を訪れた芳子は、あらためて戦死した次男のゆかりの場所をめぐって多くの歌を残す。同時に、沖縄でその人生を終えた亡き母の墓を参り、自ら経を唱え、母に想いを馳せた。

うらうらと亡き母の墓に春陽さして吾が読経の声の澄みゆく（D：118）

一九七二年五月、沖縄はついに本土復帰を果たした。しかし二〇年間も事実上米軍の勢力下で本土と異なる歴史を刻んだ沖縄に住む人々は、本土復帰後沖縄がどうなっていくのか不安を隠せないでいた。友人とのやりとりからそれを感じていた芳子は、故郷沖縄への想いをこめる。

すばしこき本土商人入り来たり沖縄の人々を下敷きにするな（D：144）
圧迫に堪へし沖縄は本土と対等の位置を占めよと祈りて止まず（D：145）

日本の中で沖縄が平等に扱われることが芳子をはじめとする沖縄人の望みであると芳子は歌に詠んだ。それはなかなかそうならない現実を憂えての声であったのかもしれない。

6　日本人の心をもってアメリカに生きる

芳子はカリフォルニアに移住後、一九六四年（昭和三九）に、東京の短歌結社「樹木社」に入会し、中野菊夫の指導を受けるようになった。これは、夫亡き後その病院を引き継いでくれた又吉全興医師の紹介であった。戦前ハワイ島ヒロに誕生した銀雨詩社は盛衰を経て、日米戦争中は敵国語の日本語文化として活動は中止せざるをえなかった（島田 2011：15；Yokoyama 2012：103）。しかし戦後しばらくたった一九六七年（昭和四二）、銀雨詩社は又吉医師を中心に蘇り、中野菊夫の指導を受けた。そして戦前のごく初期にその一員であった芳子も、銀雨詩社が一九七〇年に出版した『銀線集』に作品を寄せた。ヒロの銀雨詩社入会がきっかけで短歌を本格的に始めた芳子にとって、ヒロは自分を歌の道に誘った場所だった。そして日本で暮らそうとアメリカで暮らそうと、心に秘めた複雑な想いを短歌に織り込んで詠み続けてきたのである。一九七八年（昭和五三）、八六歳となった芳子は樹木社の中野の指導のもと、それまでの短歌をまとめ、歌集『れもんの庭』を出版した。芳子にとって日本語で自由に自己表現をできる短歌は、自分の気持ちをこめて人々に伝える術として必要不可欠のものだったのだ。それ故、どのように辛い経験をしながらも、日本でも、ハワイでも、カリフォルニアでも、自分らしさを失うことはなく、若々しい感性で歌を詠み続けられたのだろう。日米を行き来しつつダイナミックな人生を生き、最後はカリフォルニアを終の棲家と決めた芳子だったが、その軸足は短歌を通じてしっかりと日本文化に根ざしていたのである。

芳子は、六人の子どものよりよい将来のために自分を犠牲にしても最善の努力をし、老境に入ってからは「老いては子に従え」のように子どもたちによってアメリカに呼び寄せられた。一見、奥ゆかしく夫や長男の言に従ってきた女性の人生に見える。しかしこれまで見てきたように、芳子は「受け身」の女性ではなかった。逆に、自分がこうあるべきだと思う道へまっすぐ進みながら生きた強い意志を持った女性であった。芳子は「日系一世」の中で、自分の感情や意見を書き残したパイオニア女性の一人だったのではないか。上江洲芳子はカリフォルニアにて一九八三年（昭和五八）一〇月に九一歳で亡くなった（中野 1983）。

この国の広野に一人漂々と風に吹かるる旅をし想ふ（C：142）
金門パークの日本庭園の清しさに胸張りて通りぬ我は日本人（D：98）

注

（1）芳子が渡布する際、母を一人ぼっちにするにしのびず、その母のもとに託した長女については、ハワイにいつ呼び寄せたのかなどの詳細は歌集の内容を追うだけでははっきりしない。

（2）アラエ墓地はヒロの郊外にあり、Suisan Fish Market から、今でも車で一〇分弱のところにある。布哇日本人先亡慰霊塔も建立されており、日系の先人の多くが眠る場所である。

（3）中野（1983）は、戦前の日本ほど未亡人や離婚した女性を精神的に迫害した社会はなかったであろうと述べ、当時の社会の中で、芳子がいかに強い母でも苦労しただろうという。

（4）『れもんの庭』六二頁には、次男毅は三月一九日に戦死とあり、逝年二七歳とあるが、『夕虹』七一頁には六月一九日戦死とあり逝年も二八歳とある。本章では一九七八年出版の『れもんの庭』にそろえた。

（5）『ひめゆり同窓会誌　東京支部三五周年記念全国版』（東京ひめゆり同窓会編 1975：123-124）に芳子が寄せた文によると、長女と三男が沖縄に、長男、次女、三女の家族が米国カリフォルニアに住むとある。

上江洲芳子作品掲載短歌集

A＝銀雨詩社、一九二五、『銀雨詩社合同歌集　銀雨』銀雨詩社。
B＝上江洲芳子、一九五七、『歌集　夕虹』出版社不明。
C＝銀雨詩社、又吉全興代表、一九七〇、『ハワイ銀雨詩社歌集　銀線集』樹木社。
D＝上江洲芳子、一九七八、『歌集　れもんの庭』久茂地文庫。

文献

Bruno, Leon H., 1985, *The Private Japanese Hospital : An Unique Social Phenomenon on Hawaii 1907-1960*, McNabb, Doris J. and Sakai, Robert eds. Lyman House Memorial Museum.
飯田耕二郎、二〇〇三、『ハワイ日系人の歴史地理』ナカニシヤ出版。
宮内庁ホームページ　昭和四十六年歌会始　お題「家」http://www.kunaiho.go.jp/culture/utakai/utakai-s46.html
中野次郎、一九八三、「ハワイ秀歌（8）」*The Hawaii Times*. 一九八三年一一月二四日付。
島田法子、二〇一一、「ハワイ島ヒロ銀雨詩社に展開した日本人移民の文芸活動――移民の同化とアイデンティティ形成に関する一考察」『海外移住資料館研究紀要』六：一-二〇頁。

東京ひめゆり同窓会編、一九七五、『ひめゆり同窓会誌　東京支部三五周年記念全国版』東京ひめゆり同窓会。
Yokoyama, Kay, 2012, "The Issei Poets of Hawaii", Aloha Aina Committee ed., *Aloha Aina : Big Island Memories*, Compiled by East Hawaii Cultural Council, 99-104.
與世盛智郎、一九五一、「故ドクトル上江洲智綸の追憶」『おきなわ』第一六号（第二巻第九号）おきなわ社、三〇-三三頁。

第14章 『あるぜんちん日本文藝』を中心に
――崎原風子論として

守屋貴嗣

1 アルゼンチンへの移住とその記録

アルゼンチンへの日本人の移住は、一八八六年に入国した定着移民第一号の牧野金蔵、その一四年後の一九〇〇年に正規移民第一号として移住した榛葉贇雄《しんばよしお》と鳥海忠次郎を考慮しても、すでに一一〇年以上が経過している。アルゼンチンへ向かった日本人は、ブラジルやペルーのような、日本との移住協定に依拠した集団契約移民としてではなく、アルゼンチンとの移住協定が未だに締結されないまま、個々人の自由渡航者として移住を開始した。そのため、ブラジルやペルーといった、近隣のラテンアメリカ諸国とは異なった歴史をたどることになった。その歴史を書きとどめた書籍は数多く存在する。日本人アルゼンティン移住史編纂委員会によって出版された『日本人アルゼンティン移住史』（一九七一）や、鑑賞花卉園を最初に創業したことでも知られる、賀集九平によって著された『アルゼンチン同胞五十年史』（誠文堂新光社、一九五六年）[1]、一八九八年に締結された修好通商航海条約の一〇〇周年を記念した『日本アルゼンチン交流史』（日本アルゼンチン修好一〇〇周年記念事業組織委員会・社団法人日本アルゼンチン協会、一九九八年）などが主立ったものである。なかでも『アルゼンチン日本人移民史』（アルゼンチン日本人移民史編纂委員会・社団法人在亜日系団体連合会（ＦＡＮＡ）は、第一巻・戦前編（二〇〇二年）と第二巻・戦後編（二〇〇六年）に分けられ、スペイン語版も出版されている、アルゼンチンへの日本人移民史を網羅した大著である。その第二巻・戦後編には、日本人社会の文学活動について、次のような記述がある。

文芸活動も花卉業者が邦字紙の文芸欄を独占し、「ら・かなすた」、「亜都文学」、「アロマ吟社」、「空瓶（あきびん）会」、「拓人文化」、「地平線」、「ぱちゃまま」など小説、詩、短歌、俳句、川柳の同人誌に足跡を残し、定型俳句の「南魚座吟社」、自由律俳句の「層雲・マテ茶の会」、女流俳句の「ハカランダの会」、「マテ茶文芸会」、「川柳ブエノス」、など多彩な文芸グループの中核となって活躍した。（アルゼンチン日本人移民史編纂委員会・社団法人在亜日系団体連合会 2006：235）

ここに併記されている同人誌はそれぞれ刊行された時期は異なる。しかし、アルゼンチンの日本人社会で多くの日本語文芸同人誌が創刊され、また、多くの文芸コミュニティが組織されていたことがわかる。三万人程度と言われた日本人移民の規模から考えれば、旺盛な創作意欲が発揮されたと言えよう。さらに、ここに記されてはいない重要な文芸団体と文芸同人誌が存在した。それが「アルゼンチン日本文芸会」であり、その会誌『あるぜんちん日本文藝』である。

本章では日本語文芸同人誌である『あるぜんちん日本文藝』を時間軸とともに確認し、当時のアルゼンチンにおける日本人社会での文芸活動と、崎原風子に注目し、その作品解釈および文学的意義を明らかにすることを目的とする。

2 『あるぜんちん日本文藝』刊行時期

『あるぜんちん日本文藝』の創刊は一九六八年九月である。創刊三ヶ月前に「アルゼンチン日本文芸会」という日本語文芸同人会が結成され、その会誌(紙)として刊行された。「アルゼンチン日本文芸会」は、らぷらた報知社初代社長・平良賢夫の提言により、菊地喜代治(一路)と戸塚九平(静想)が表立っての代表となり、崎原朝一《ちょういち》(風子)が幹事として手伝い役となり、らぷらた報知社内に事務所を置き、創設された。同人会員制を組織し、「在亜同胞社会における日本文芸の興隆と進歩に貢献し、特に新人の育成と指導に力を表す」(「日本文芸会『同人会員』推選に関して」、第四号、一九六九年五月刊)ことをその目的とした。

同人誌といっても、印刷はすべてらぷらた報知社で行われており、その形態は『らぷらた報知』と同じ大きさ、つまり新聞紙である。終刊号である第六六号(一九八五年九月刊)までの大半は新聞紙一枚の両面二頁であり、一見すると『らぷらた報知』の文芸欄、あるいは特集版のようである。前述のように、会事務所は「らぷらた報知社内」にあり、社長の平良賢夫は賛助会員であり、『あるぜんちん日本文藝』の刊行に対しては全面協力する旨を述べている。一九七〇年に平良が急逝した後も、二代目社長・比嘉良秀が遺志を引き継ぎ、「私は紙面提供に関する限り、従来通り全面的協力を惜しまない所存でおる。その他についても出来る範囲の支援はする積りである」(「総会記」、第三八号、一九七五年八月刊)と述べ、『あるぜんちん日本文藝』刊行への「全面的協力」を約束し、「アルゼンチン日本文芸会」の総会にも、編集長の高木一臣とともに毎回出席している。らぷらた報知社の協力が無ければ「アルゼンチン日本文芸会」の存続も、『あるぜんちん日本文藝』の刊行も継続されていなかっただろう。当時の編集委員会からは「らぷらた報知社からは、用紙代も送達費も無料提供されています。それでモノタイプと印刷工に対する謝礼として毎回一万ペソを差上げていますから御諒承下さい」(「報告一束」、第八号、一九七〇年一月刊)と述べられており、そのことを裏付けている。

そのような、らぷらた報知社全面協力の下ではあったが、代表の菊地喜代治は、「日本文芸は一部の人達が思っている様に新聞の附録や文芸欄ではありません。言うまでもなく、純然たる文芸会の会誌であり同人誌であります。今の姿では誤解されても仕方ないが、当事者はその独自の誇りを持って発行しています」（「姿勢」、第一三号、一九七〇年一一月刊）と述べ、あくまでも文芸同人誌として刊行されていく。一九八五年九月、第六六号の終刊まで、その形式は変わることなく継続された。

題号は、創刊号から第五号（一九六九年七月刊）までは『季刊日本文藝』として、年二回から三回のペースで刊行された。第六号（一九六九年九月刊）から『隔月刊日本文藝』と改題して二ヶ月に一度の刊行となる。そして第一〇号（一九七〇年五月刊）以降は『あるぜんちん日本文藝』と改題され、終刊号まで刊行された。

「アルゼンチン日本文芸会」が体制を整えるのは、発足翌年の一九六九年からと言ってよいだろう。初代会長に菊地喜代治、幹事に崎原朝一、『季刊日本文藝』の編集人に戸塚九平が任命されたことが第四号（一九六九年五月刊）に記載されている。この三名の「編集委員」体制でもあった。

菊地喜代治の俳号は一路。秋田県の出身である。花卉栽培業に携わり、「アルゼンチン花卉産業組合」創設に尽力した人物でもある。秋田県人会である「在アルゼンチン千秋会」の会長でもあった。『あるぜんちん日本文藝』創刊時の代表であり、編集長も歴任した。第一七号（一九七一年七月刊）の時点で「引退」を宣言し「アルゼンチン日本文芸会」の会長を辞すも、一執筆者として『あるぜんちん日本文藝』には俳句、随筆の投稿は続けている。また、アルゼンチン移民史資料編纂委員長も務めた。一九八三年一一月、心臓麻痺で逝去。第六一号（一九八三年七月刊）では「菊地一路・追悼特集」が組まれている。

戸塚九平の俳号は静想。一九〇四年生まれ、静岡県の出身である。一九二四年に渡亜し、牧場労働、別荘番、蔬菜栽培などを経験し、花卉栽培業を営む。崎原風子と同じく、ブエノスアイレスの俳句結社、南魚座吟社のメンバーである。『あるぜんちん日本文藝』第四六号（一九七八年八月刊）では「静想俳句特集」が組まれ、略歴も掲載されており、「句風には加藤楸邨の影響が見られる」と自筆している。「アルゼンチン日本文芸会」会長、編集責任者を歴任している。

崎原朝一の俳号は風子。一九三四年、沖縄生まれである。一九五一年に渡亜し、父の後を継ぐかたちで洗染業に従事するも、日本への出稼ぎを経て『らぷらた報知』記者となり、日本語紙面編集部長を務めた。『アルゼンチン日本人移民史』編纂も手掛けた、アルゼンチン日本人社会における生き字引的存在であった。ブエノスアイレスの俳句結社、南魚座吟社の中心メンバーでもある。金子兜太主宰の句誌『海程』には第六号から参加し、第二回海程新人賞を受賞。多くの俳句作品や随筆を投稿している。「アルゼンチン日本文芸会」では幹事、会計、編集、会長を歴任し、『あるぜんちん日本文藝』全号にわたって多大なる貢献をした人物である。『崎原風子句集』（海程新社、一九八〇年）がある。二〇一四年一一月四日、心臓麻痺にて急逝。辻本昌弘が崎原の評伝（辻本 2013：219）を著しており、そこには崎原の父の渡亜、残された母と兄弟たちとの暮らし、戦時中沖縄から宮崎への疎開、日本への出稼ぎの様子などが書かれている。また『海程』掲載の俳句作品や随筆を数多く紹介している。

3　総合文芸同人誌としての存在

第一号は一九六八年九月、前述したように『季刊日本文藝』という題号での創刊である。編集・発行は「アルゼンチン日本文芸会」、印刷は「らぷらた報知」、新聞紙一枚両面、計二頁でのスタートである。「編集後記」を見てみると、「編集委員の寄りが悪いので風子を助手にして招集、大いに働いてもらってやっと骨組みが出来た」と書かれており、担当者として「風子、静想、一路」の名が記されている。

第一号から一貫している特徴は、さまざまな作品ジャンルを網羅し、掲載していることである。第一号では自由詩七編、随筆三編、民謡一編、童謡一編、短歌四名・計二〇首、俳句一〇名・計五八句、川柳六名・計三九句、短文一編が掲載されている。中心となっている前述の編集委員の三人はみな俳人なのだが、俳句に限定することなく、広く日本語文芸作品を求め、掲載していくことが示されている。

短歌
パライソの落葉散りたるそこばかり夕陽あかるき路をもとほる　川村さとし
俳句
ポンチョ着てなぜか人々にうとまるる　戸塚静想
川柳
スペイン語たしかな方は辞書をひく　守屋斗京
ミシオネス地主は蟻か人様か　西田義雄

右のようなアルゼンチンらしさ溢れる作品が掲載された。また「連絡室」という新聞のベタ記事欄では、投稿者からの問い合わせに対して、編集側から返答が掲載され、「用紙がまちまちで編集部が大変です。便せん程度にして下さい裏書きも絶対困ります」という、現在から見ると微笑ましいコメントも載せられている。アルゼンチン日本人社会における総合的な文芸同人団体として存在していこうとする意識が、編集側だけではなく、同人として参加した人々にも共有されていたことがわかる。

第四号（一九六九年五月刊）では、「文芸會改組御報告」が掲載されており、「アルゼンチン日本文芸会」が組織立っていく様子をうかがうことが出来る。

一、新たに同人制とし、役員は置かない。同人は寄稿家層から広く求め、第一期三十名以上を推選し同意を得ること。同人は最低の寄稿義務を分担する（年二回以上）。同人は承諾と同時に年額二千ペソ又はチェッケ［小切手］で、本会事務所菊地宛送金すること。この会費は原則として経常費に当てる。

一、編集委員三名を同人中より選定する。編集委員は現状維持とし（菊地、戸塚、崎原三氏）一切の庶務会計を司る。

一、当分現状維持で、らぷらた報知に依存する。
一、本会の目的を新人の育成と文芸作品の向上進歩に置くことに変りはない。

このように、会の運営をしっかりと行っていこうという意志が示されたのである。「編集室から」の欄にも「同人制をガッチリ組んで、不動の体制を固めます。いずれ依頼状を寄稿家諸子に送りますが、自発的な申込も受付けますから連絡して下さい。寄稿の確保と経常費の解決が目的です」と書かれており、各人の意気込みが伝わってくる。すでに「アルゼンチン日本文芸会」発足から半年ほど経過していた時期で、ようやく体制確立の表明であったと言えよう。同欄の記載は「分類の面では、川柳と童謡が一番弱い。作家の意欲が足らないのだ」と、作品の質的向上に向けて寄稿者への叱咤も続いている。

そして編集者三名によるすべての作品についての「寸評」も始まっている。『弟の死』(カピタル　寺沢正之)と題した俳句「アルバムを見つめ独語の寒夜かも」「天に母ありかの冬星を指して行け」には、「御同情にたえません。異郷に相わかれる運命に胸をつかれます」との評がつけられ、『パンパ旦夕』(サンタフエ　石川晴ぜん)の俳句「炎天へ担げる梯子尻つまづく」「秋風や屠殺刃物に酔ふ眼する」「秋無限童跳れば天降る詩」に対しては、「句に文句はないが、漢字のおどしから脱却されることを望む」といった、作句姿勢に対しての注意もなされている。編集の三名は、みなアルゼンチンの日本語文芸界では有名人で、分担して全作品の寸評を担当している。単なる作品褒めに終始しているのではなく、文芸同人への投稿作品の質を高めるべくなされた作品批評であったと見ることが出来る。

「○随想。短文＝一千字程度／○創作(短篇)＝二千字程度／○自由詩＝一枚程度／○民謡、歌謡、童謡＝自由／○短歌、琉歌＝十首まで／○俳句、川柳＝十句まで」(第六号原稿募集)との内容で原稿募集も規定され、すべての文芸ジャンルの作品を募集していく体制が決定され、『あるぜんちん日本文藝』は総合文芸同人誌としての体裁を整えたのである。

4　同人会員はアルゼンチン各地に

第六号（一九六九年九月刊）が「アルゼンチン日本文芸会」にとって最良の時期だったのではないだろうか。「事務報告」では、同人入会申し込みが予想以上で五三名に達し、「編集部一同感激しております」とのコメントを載せている。そして「本会同人會員名簿」として居住地区と氏名を掲載している。アルゼンチンの日本人移民の特徴として挙げられるのは、そのほとんどがブエノスアイレス周辺に居住したことである。そのため近郊栽培としての蔬菜栽培や洗染業、カフェ従業員などが、日本人移民が就く職業として代表的であった。記載されている同人の居住地もブエノスアイレス周辺の地名が多いが、しかしそればかりではない。ミシオネス、メンドーサ、ポサーダスといった遠方の地名も数多く見られる。つまり、アルゼンチン各地に住む同人会員によって、「アルゼンチン日本文芸会」は成り立っていたことがわかる。その意味でもアルゼンチンを代表する日本語文芸同人会であった。

資金の処置：早速らぷらた社の印刷に対して薄謝を差上げました。残金は全部東銀に入れて十四万ペソ程あります。創立からの組織費や諸雑費の赤字も決済しました。

「東銀」とは東京銀行ブエノスアイレス支店のこと。同人会員増加による会費納入によって、初めて運営費に余裕が生まれたことが切実に言い表されている。そして、題字が「隔月刊日本文藝」に変更されたことからもわかるように、年六回の刊行になる。「姿勢」という文芸批評欄も新たに作られ、「日本文芸会の意義と姿勢を」方向付けたいとの結論で、次のような提言を行っている。

「亜国日本文芸」は、乏しいその火をいつくしみ、かき立てて燃えあがらせようとする試みに他ならない。だから、故国日本の現代文学の範チュウであっても、その移植でもないし、模倣ではむろんない筈だ。（中略）巷間偶々、日本の書籍雑誌を対照として、異端とか幼稚とか評価されるようだが、私達はその見解にこそ反撥と啓モウを続けて行かねばなるまい。

「K生」＝菊地一路はこのように記す。外地の日本語文学は「日本文学」なのかという問いは戦前から内地・外地で問われているが、ここでもその系譜の問いが未だに存在していることが示されている。しかし、「故国日本の現代文学の範チュウ」と記されているように、「アルゼンチン文学」を目指したわけではなかった。菊地は創作者の視点から「文芸は生活である。生活の息吹である」として、日本とアルゼンチンの生活の違いをそのまま文芸創作の基盤として表現していくことを推奨する。それこそが「アルゼンチン日本文芸会」の向かうべき方向であると提言し、新たな「文学」を創造するのではなく、「移植」や「模倣」ではない、「日本文学」の一流派として自己規定し存在していくことを目指したのである。

5　「コロニア」とのつながり

第一五号（一九七一年三月刊）には、次のような「予告」が掲載されている。

来る四月十八日入港予定のあるぜんちな丸でブラジル俳句会の大御所佐藤念腹宗匠、東山農場専務夫妻等一行八名の来亜が予定されておりますついては本会の主催を以って歓迎の一夕を設けたいと思いますので、文芸人多数の出席を希望します。

ここに記されている佐藤念腹（一八九八〜一九七九）は、ホトトギスの門人で、高浜虚子から餞別に「畑打って俳諧国を拓くべし」の句を寄せられ、一九二七年にブラジルに移住している。念腹は虚子の唱える「客観写生」「花鳥諷詠」を理念とし、自然をそのままに詠んだことをその特徴として挙げることが出来る。念腹は戦後、ブラジル邦字紙『パウリスタ新聞』の俳句欄初代選者になり、また俳句誌『木蔭』を創刊するなど、一九五〇年代のコロニア俳句全盛時代を担った人物である。

そして「予告」の結果報告として、『あるぜんちん日本文藝』第一六号（一九七一年五月）には、次のような記事が掲載された。

伯国俳句会の大御所佐藤念腹一行四名が、四月十九日来亜されたので、前後四日間本会が中心となって歓迎や案内をした。初日はボーカ見物とペスカディートの夕食会、二日目市内見物、三日目ルハン吟行、四日目の朝パソ・デ・リエブレ経由帰伯四人共大変満足されて行きました。（「事務報告」）

参加した同人会員も、「アルゼンチン日本文芸」以外には南魚座吟社、マテ茶文芸会、川柳ブエノス、ハカランダ句会などが中心で、ブラジル俳句界とアルゼンチン俳句界との交流の意味合いが強い。その後も句誌の交換が行われているが、相互の文学的影響というよりも、圧倒的な俳句人口を持つコミュニティとの俳壇交流のきっかけとなる歓送迎であった。

時代は下るが、第二九号（一九七三年九月刊）では「ブラジルの風土と文學」特集が組まれている。弘中千賀子『やし樹』の位置」、間島稲花水「ブラジル俳句の現況」、杉村次郎「私における『コロニア文学の土着性』」が掲載されている。これはブラジルで発刊された『コロニア文学』が二〇号記念特集を組んだ際の抜粋であり、日系コロニア文学の現状と、それを比較対象としながら、アルゼンチンにおける日本語文学が考慮されている。ちなみに『コロニア文学』二〇号は、一九七三年四月刊行、全二〇八頁というぶ厚い特集号であった。

第四九号（一九七九年一一月刊）では、日系移民七〇周年記念刊行『コロニア万葉集』への投句が呼びかけられて

料金受取人払郵便

山科局承認

1447

差出有効期間
平成30年9月
30日まで

郵便はがき

6 0 7 - 8 7 9 0

(受　取　人)

京都市山科区
日ノ岡堤谷町1番地

ミネルヴァ書房
読者アンケート係 行

◆ 以下のアンケートにお答え下さい。

お求めの
書店名＿＿＿＿＿＿＿＿市区町村＿＿＿＿＿＿＿＿＿＿＿＿書店

* この本をどのようにしてお知りになりましたか？　以下の中から選び、3つまで○をお付け下さい。

A.広告（　　　　）を見て　B.店頭で見て　C.知人·友人の薦め
D.著者ファン　E.図書館で借りて　F.教科書として
G.ミネルヴァ書房図書目録　H.ミネルヴァ通信
I.書評（　　　　）をみて　J.講演会など　K.テレビ·ラジオ
L.出版ダイジェスト　M.これから出る本　N.他の本を読んで
O.DM　P.ホームページ（　　　　　　　　）をみて
Q.書店の案内で　R.その他（　　　　　　　　　　）

書名 お買上の本のタイトルをご記入下さい。

◆上記の本に関するご感想、またはご意見・ご希望などをお書き下さい。
文章を採用させていただいた方には図書カードを贈呈いたします。

◆よく読む分野（ご専門）について、3つまで○をお付け下さい。

1. 哲学・思想　2. 世界史　3. 日本史　4. 政治・法律
5. 経済　6. 経営　7. 心理　8. 教育　9. 保育　10. 社会福祉
11. 社会　12. 自然科学　13. 文学・言語　14. 評論・評伝
15. 児童書　16. 資格・実用　17. その他（　　　）

〒 ご住所 Tel　（　）		
お名前《ふりがな》	年齢 歳	性別 男・女
ご職業・学校名 （所属・専門）		
Eメール		

ミネルヴァ書房ホームページ　http://www.minervashobo.co.jp/

＊新刊案内（DM）不要の方は × を付けて下さい。 □

いる（「日本文芸会ニュース」）。佐藤念腹の来亜時の歓送迎も含め、コロニア文学界とのつながりを持つアルゼンチンの代表的な日本語文芸団体として、アルゼンチン日本文芸会は存在していたのである。

6　終刊への足音

途中何度か廃刊の危機がありながらも、『あるぜんちん日本文藝』は刊行を継続してきた。しかし第五〇号（一九八〇年七月刊）で大きな出来事が訪れる。編集を担当していた大城光三郎の急逝である。

大城光三郎は一九二一年、ペルー生まれ。沖縄第二中学を卒業後、熊本工業専門学校（現熊本大学工学部）に進学、卒業している。一九五七年に来亜し、一九六三年東京銀行ブエノスアイレス支店に勤務。『歎異抄』のスペイン語翻訳やガウチョ文学の傑作「マルティン・フィエロ」の翻訳も行っていた語学的才を持った人物であった。『あるぜんちん日本文藝』では、第三六号（一九七五年一月刊）から「アルゼンチン文学小史」を大士路光の筆名で連載している。遺稿集として『草原《パンパ》を吹いた風』（勁草出版サービスセンター、一九八四年）があり、「アルゼンチン文学小史」も収録されている。

移民一世の高齢化により、アルゼンチン日系社会の日本語話者の減少は明らかになっていたが、そんな中、会誌の編集作業が出来、日本文学のみならずアルゼンチン文学にも造詣が深い大城光三郎の急逝は、『あるぜんちん日本文藝』にとってその継続が危ぶまれるほどの大きな痛手であった。

翌第五一号（一九八〇年一〇月刊）からは編集担当として増山朗《あきら》が参加している。増山は一九一九年二月北海道生まれ。札幌第一中学卒業後、北日本植民学校を経て、「昭和一三期」農業実習移民として一九三九年五月に渡亜している。牧場労働や蔬菜栽培業を経て、晩年は「ニッパル図書部」の管理者として働いている。すでに「南東の風は……」を『らぷらた報知』に掲載したこともある作家でもあった。増山は当時編集責任者であった崎原朝一よりも一五歳年長で、移民としても先輩にあたり、文学関係者の長老たちの意見もあっての勧誘だったようである。

増山自身は入会に関して次のように記述している。

> 去る七月、崎原文芸会長より、同会主催詩歌大会受賞の席に連なるように、又、文芸入会勧誘の意も含まれた書状をいただいた。（中略）「増山も同人に誘ってやれよ」と言われたのは、あるいは久保田氏か菊地氏の発言であったかも知れない。又はラプラタ報知に載った吾小説「南東の風は」のあほりが同人諸氏の同情を買って「あいつも入れてやれよ」位の話になったのかも知れない。（中略）私は其の場で、日本文芸会入門の束ばく代として本年度の幹事を務める様申し付かった。（「日本文芸入門次第」、第一五号、一九八〇年一〇月刊）

こうして、編集責任・崎原、幹事・増山体制が採られることになり、最終号まで継続していくのである。以降の号に目を通していくと、増山が『あるぜんちん日本文藝』のために苦心し、改善を図ろうとしたことがわかる。らぷらた報知社に「印刷代」はしっかり支払いすることで、「印刷面は報知社、編集面は同人側」という業務分担をするべきと提言し、作品投稿の際、規定の原稿用紙を使用するよう、同人にも呼びかけている（「文芸誌について」、第五二号、一九八一年二月刊）。そして、次年度の総会で議題に取り上げ、原稿用紙使用の件は承認されている（「文芸報告かたがた」、第五四号、一九八一年八月刊）。

また、増山作品も数多く掲載されている。原稿が集まらなかった際の埋め草的な記事もあるが、第六二号（一九八三年一〇月刊）には「平原の国のおとぎ話『聖イシドロ虎と狐の話』」を書いている。これは「口伝え人　もりぢやなぎ」であり、それを増山が編集し、作品化したものである。

この「もりぢ　やなぎ」とは、柳守治のことである。柳は一九二四年生まれ。埼玉県立熊谷商業高校を卒業後、海外植民学校に入学。卒業後に第五次実習生として一九四四年渡亜、増山と同期の農業実習移民であった。破天荒な人物であったらしく、日本人移民の間では名物男として知られていた。「ガウチョ・ハポネス」と称されていたほどガウチョの言葉を解し、多くの伝承、民話、土地の物語を知っていたようである。一九七四年に交通事故で死去している。柳守治についての増山の記述は幾つかあり、(2)同期生としての個人的な友情としてのみ書き記しているのではなく、アルゼンチンに渡った日本人移民の、ある世代が共有していた移民イメージを体現したように生きた人物として描写されているように思われる。

他にも「GUALICHO」（第六四号、一九八四年九月刊）や「W・H・ハドソンの手紙」（第六六号、一九八五年九月刊）といった、史実を基にしながら小説風に仕上げていくという創作手法は、増山自身が中心となって、一九八九年に創刊された日本語文芸同人誌『巴茶媽媽《ぱちゃまま》』にも継承されていくことになる。

7　崎原風子について

崎原朝一は編集の側から『あるぜんちん日本文藝』全号の刊行にかかわっている。『らぷらた報知』の記者でもあった崎原は、ブエノスアイレスの俳句結社・南魚座吟社の中心的なメンバーであり、日本の俳誌『海程』には第六号から参加し、第二回海程新人賞を受賞している俳人である。創刊号の編集後記にすでに「風子」の俳号で紹介されていることからも、同人には俳人・崎原風子として認識されていたことがわかる。一九五八年から南魚座吟社に参加していた崎原は、次のような俳句を作っていた。

野の十字架冬日尽きむとして屠る
納骨堂《パンテオン》口をひらけばみな独語
大旱の夕焼修道女の仰ぐ

ブエノスアイレスでの生活の中で目にする情景を詠み上げている。字余りは散見されるが、基本的には五七調を用いて作句している。この時から六年後の一九六四年、崎原は第二回海程新人賞を次のような作品で受賞する。

ツイストおわり河へ鮮明に靴ぬぐ母
わたしと寝棺のまわりゆたかな等高線
　婚礼車あとから透明なそれらの箱

『海程』一四号（一九六四年）に掲載された受賞作である。ブエノスアイレスでの情景を直接的に詠むのではなく、一度形而下で修正された語句を使用しているのであろう。また、意識的に破調を行い、字余りを誘発している。

金子兜太はこの時の受賞作の一句「婚礼車あとから透明なそれらの箱」を取り上げ、「一つの〈喩えを含んだ情景〉」であり、「異国のもろもろにたいする好奇心だらけの異和感」と「生活にも馴れてきて自国の親しみもおぼえつつある気分」とが含有された「二重の心理状態」（金子 1978：25）が詠まれていると捉えている。崎原の俳句作品に見られる異国性を指摘し、移民心理として評するのは、他の評者にも共通している。

この後、崎原の俳句作品は前衛色を前面に押し出したものに激変していく。

ドー待ちながらギーである臨床的時間
る！！　それは神を線的時間をクライ
う死の季節のなか性的な接尾辞・兎

「『連作・ダミュの真の旅』」（『あるぜんちん日本文藝』第二一号、一九七二年三月刊）と題された俳句である。「ドー」「ギー」「る！！」「う」といった文字が散見され、区切れや切れ字などお構いなしの、異物感をまとった言葉が前面に押し出されていく。

このような俳句を作った意図について、崎原は「私は日本という土地にいる俳人の誰よりも俳句をゆさぶらなければならない」（崎原 1976）と述べている。スペイン語圏で生活し続けることによって、日常の中で咄嗟に出てこなくなる日本語。失せていく感覚が相俟う日本語に対する足掻きを崎原は続ける。日本的なものが揺れ動くような日常を味わい続ける崎原は、日本語で創作を行う俳人としての自覚のもと、俳句に「ゆさぶり」を行うために、破調や字余りではない、物質としての言葉を多用したのであった。

日本の俳句界では崎原のこのような試みは好評であったと言ってよいであろう。

大石雄介は『崎原風子句集』（海程新社、一九八〇年）の「解説」で、崎原の俳句が「作品の新鮮さでは驚嘆をもって迎えられた」と邂逅する。

い。そこに薄明し熟れない一個の梨
ガリア的にしろくらひらする神父の手
〈赤い犬〉というジン嘸下するレー時間

右の三句を例に挙げ、「異国語の断片によって触発される、ひきつりや惑乱」を取り入れた「克明な実験記録」と述べ、言葉に具象性を付与することで「恣意性と類型を超えようとした」とする。

原満三寿は「光体の行方〈崎原風子詩論〉」（原 1996：129）の中で、多言語使用者としての崎原に注目する。崎原が私信で述べた「白色光体」との語を念頭に、「沖縄語、日本語、スペイン語を積み重ねることによって風子の光体は徐々に白色化していき、アルゼンチンという辺境・異郷に至ってついに白色になった」と指摘する。その具体例として、原は崎原の「8」の用い方に注目している。

8月もっとはるかな8へ卵生ヒロシマ
重量8チリーのあさのながい海岸線
8から見えるかーんかーんと犬の昼

原は「『8』は、一般的には数字としての8であり、無限軌道の8であるが、風子の場合はもっと複雑な音（沖縄では8はヤーチ、スペイン語ではオチョ、英語ではエイト、日本語ではヤ、ハチ、ヤッツ、それら全体としての音感、語感）や間（円環の境界）や形（無限、円環の重なり、重量）など、そういったもろもろの総体としての代替語として機能させようとする」とその作品創作意図を分析し、「一句の中に『8』という夾雑物が入り込んでいて、そのことが読み手にあるカタストロフィーを起こさせれば成功なのだ」と続け、崎原の俳句を肯定的に捉えている。

ともに「異物感」「夾雑物」と、崎原の俳句作品に見られる、言葉の物質性とでもいうものに重点を置いて評している。それを評価するか否かによって、崎原の俳句作品の評価はわかれる。これらの考察には共通して、日本の言語芸術としての俳句、日本語使用者が創作した俳句であるということが前提とされているだろう。そのため、奇抜な破型は注目を集め、日本国内では見られない植物や風景が素材とされた場合は異国性とされる。有季定型、旧かな文語体を基本スタイルと考える日本的俳句の論調においては、対比される無季、自由律、口語体を用いることへの評がなされる。

辻本昌弘は著書において、前述の大石と原の論考にも触れ、『海程』に掲載された崎原の文章を取り上げている。評伝という性格もあり、崎原俳句の論考というよりも、俳句創作における崎原の精神遍歴に焦点が当てられている。そして崎原の随筆に注目し、アルゼンチン・ブエノスアイレスに住む崎原が、自身の立ち位置に対して「辺境」との意識を持つに至った精神遍歴を、その創作過程と重ね合わせて読み解いている。

朝一の俳句の背景には移民特有の風土があるのかもしれない。（中略）移民は、言葉を道具として使うだけでなく、言葉そのものを対象として見つめている。この移民風土が、イメージやリズムを生かした俳句の複線になったのかもしれない。（辻本 2013：219）

著書の中で注として付された文章なのだが、辻本の崎原俳句に対する考えがまとめられている文章と思われる。

前衛的な崎原の俳句に対し、移民風土にその源泉を求めている。

崎原の俳句はアルゼンチン日本文芸会同人内でも話題を呼び起こしており、『あるぜんちん日本文藝』第四四号（一九七七年四月刊）では、「風子の俳句を語る」という、本人も交えての座談会が開かれている。


風子＝金子兜太は僕の進む方向は認めているが作品はまだ認めていない。以前に兜太が「風子の作品には妥協しない」といったのはそのことを意味している。実験の段階と見ているようだ。

古丹＝意味のない単なる音感の「い」の部分と他の意味のある部分とのつながりはどうなのか。「い」を無機として他の意味ある部分を有機とすると無機と有機との釣合いの必然はどこにあるか。

風子＝無機と有機とがぶつかり、そこから発生する効果をねらっている。

古丹＝その効果はまだ出ていないと思う。

風子＝僕も俳句に新しいリズムを生み出したいと思っている。それには在来のリズムをまずぶちこわさねばならない。僕はそのぶちこわしを今やっているんです。

勝子＝それは国語の乱れだと思う。アルゼンチンに住んでいるからそうなるのだろう。

古丹＝自分のリズムにはまだなっていない。

風子＝そう、今実験途上にあるんです。（中略）その上に新しいリズムを生み出していきたい。

天城子＝そう。それは将来の問題だ。


同人たちは、崎原の俳句のわからなさを理由に否定的な意見を述べている。特に全否定的な物言いをしている久保田古丹は、『らぷらた報知』紙上では「俳壇」の選者でもある重鎮であった。画家としてもアルゼンチン美術展で入選している。また漆芸家として、漆芸品修復作業のため北米出張している旨が「日本文芸会ニュース」（『あるぜんちん日本文藝』第四一号、一九七六年七月刊）に掲載されている。井尻香代子によれば、久保田と崎原が協力し

「アルゼンチン・ハイク協会」と、ボルヘス財団内の「アルゼンチン・ハイク・センター」を立ち上げ、日本大使館全国俳句コンクール審査員を務めたことを指摘している（井尻 2011）。ともに革新的俳句を目指す方向性は同一でありながら、あるいは同一であるからこそ、久保田の否定的な意見は興味深い。

崎原が述べた「辺境」とは、日本を中央と見た際に遠く離れた土地であるアルゼンチン・ブエノスアイレスであり、俳句創作において日本に対して感じていた心理的な距離でもある。五七調の破調にとどまらない、句切れや切れ字とも異なる、即物的な文字そのものを挿入し、作品の全体的な調べを拒否する。そして「８」にさまざまな意味を含有し、「太陽《ボール》」といった表記で視覚的に有機性を加味し、崎原風子にとっての俳句を再度捉え直すため、表現形式としての俳句にゆさぶりをかけたのである。「俳句というものの演奏の仕方、演奏家としての肉体的な行為である」（崎原 1976）と述べるように、崎原は行為としての俳句を意図した。俳句と演奏が並列されていることからも、俳句の音楽性、「新しいリズムを生み出したい」ことが重要視されていることがわかる。しかし五七調を切断し、即物的物質的な、言葉というより文字を挟み込む行為は、音楽性の創出ではなく破壊であり、拒否である。それを安直に「イメージやリズムを生かした俳句」とは言えないだろう。「新しいリズム」の創造を目指した崎原の俳句は、日本では好評であったが、アルゼンチンの日本語文芸界を席巻したわけではない。異物感を纏った「夾雑物」としての言葉の挿入も規定があるわけではなかったし、新たな定型的リズムが生み出されたわけではなかった。むしろ定型的リズムを拒否することから崎原の俳句は生み出されているため、崎原の個人的才覚として集約されてしまい、俳句革新の萌芽は収束してしまった。以後、崎原に連なる俳人が『あるぜんちん日本文藝』から輩出されていないことが、それを裏付けている。

崎原の俳句に見られる前衛性は、アルゼンチンに居住することで生まれ得たなどというヨーロッパ的視点によるエギゾチシズムに集約されるものではない。崎原がアルゼンチンに居住していることを無視出来るはずはない。しかし崎原はアルゼンチンの日本人社会における日本語に対して、次のような意識を持っていた。

われわれにとって「日本語」文学の延命策の問題は切実ではないのです。切実ではない、と言うとウソになりますが、三万五千人という日系人を含む日本人社会を背景にして「日本語」文学が滅びるのは当然であり、切実さを通りこした上でのどうしようもない定められた行程として受けとろうとしているのです。つまり、延命策を口にすることもできないのが実情なんです。ブラジルの日本人社会が「切実さ」を感じるところに、まだ残されたエネルギーの大きさを感じます。（崎原 1976b）

お隣のブラジル日本人社会を形成する絶対数の違いが、日本語に対する意識の相違を生み出していることに注目している。日本を祖国としながらも、日本以外の土地に定住している者たちのアイデンティティ、世代間のアイデンティティ、主体としての本来的な意味のアイデンティティの問題として文章は進んでいくのであるが、日本人としての同心性と同質性とともに、創作者たちの日本語意識に対しての差異を感じ取り、対比することでアルゼンチン日本人社会の現状を認識し、その上で日本語での文芸創作を行っていくことの問題を考慮している。「日本語消滅の危機」が述べられ、日本語延命策を採ろうとするブラジルのコロニア社会に対して懐疑を持つ崎原は、日本語消滅の行程に自身の歩む道を見ざるを得ない。その場所は、異文化混合など当たり前の前提でしかない、有季定型へのこだわりなど日本的なものの再現でしかない場所であった。「日本」から自由である場所は、「辺境」として自己認識されていく場所でもあった。日本語を母国語として守り、継承していくだけでは決して見出し得ない、言語的特質を抽出しようという崎原の意識は、外地に居る者が新たなる表現行為の出発点を作り出そうとしたことに他ならない。安直に俳句に回帰するのではなく、滅ばざるを得ない言語に対して「ゆさぶり」をかけ、特質を暴き出そうとする意識が、崎原の俳句を作り出したのである。

崎原はこの時期、アルゼンチン日本文芸会会長の任にあり、「亜国の俳人たち」（第一九号、一九七一年一一月刊～）を連載してもいる。つまり、アルゼンチンで試みられてきた俳句の歴史的意味付けを行っている時期であった。その姿勢は、後に『アルゼンチン日本人移民史』の編纂責任者や、『アルゼンチン沖縄県人移民史』の編纂責任者となることと一貫している。アルゼンチン日本人社会の歴史を知ることと、革新的表現を目指すこととは矛盾しない。それはアルゼンチン日本人移民の原点を明確にすることであり、自身が起点となって、そこから生み出されるべき表現だったのである。

日本語の延命を信じない、「辺境」において新たに起点を作り出そうとした創作行為は、日本を中央として思考する視点を有する者たちからは「前衛」＝わからないものとして認識されることになった。そして、日本語教育の規定も定まっていない地においては、その実験性は、「日本語の乱れ」として評されたのである。

崎原は生前、私に対して、自分の俳句は前衛ではない、と述べたことがある。崎原は自身の俳句作品を、先人の日本人移民たちの俳句史につらなるものと捉えていたと考えられる。崎原は「8」という無限軌道の世界に、「もっとはるかな8」を目指して身を置いたのである。

8　「辺境」での集大成

『あるぜんちん日本文藝』は、一六年以上続いた、大変息の長い文芸同人誌であった。日本人移民の総数は三万人程度であり、創刊当時からその数はあまり変化していない。南米大陸の中でも、ブラジル、ペルーに次いで三番目という日本人社会の規模を考えると、その刊行年数には驚愕せざるを得ない。関係者、特に編集作業にかかわった者たちの、弛みのない超人的な努力と、無報酬でも行われた献身性と刊行への執念、そしてアルゼンチンにおける日本語文芸を担い続けているというプライドが無ければ継続されなかっただろう。

その中で崎原朝一は、アルゼンチン日本文芸会を存続させ、編集の面から『あるぜんちん日本文藝』の刊行を続け、崎原風子として、新たな日本語表現の起点を作り出そうとした創作行為を行っていったのである。

『あるぜんちん日本文藝』が終刊し、アルゼンチンの日本語文芸が消滅したわけではない。さまざまな県人会誌や機関誌などに発表された作品もあれば、『らぷらた報知』、『亜国日報』といった邦字紙文芸欄にも、日本語文芸作品は掲載され続けた。さらに、最後の編集者であった増山朗と、新たな若い日本人移民たちが創刊した『巴茶媽媽』へと続いていった系譜を、われわれは確認することが出来るのである（守屋 2012）。『あるぜんちん日本文藝』は戦前からのアルゼンチン日本人社会における、文芸活動の集大成として存在した文芸同人誌であった。

注

（1）賀集九平の著作には『アルゼンチン同胞八十年史』（六興出版、一九八一年）もある。

（2）増山の柳守治についての記述は、「『昭和一三期回想』」（『牧笛　アンディノ・クラブ五十年記念誌』一九八五年）、「風来坊『ドン・サウセ』ことヤナギ・モリジ夜話」（『巴茶媽媽』創刊号、第二号、一九九〇年二月刊）、「風来人柳守治の足跡」（『アルゼンチン日本人移民史　第一巻戦前編』二〇〇二年）がある。

文献

原満三寿、一九九六、『いまどきの俳句』沖積舎。

井尻香代子、二〇一一、「アルゼンチンにおける日本の詩歌の受容について」『京都産業大学論集』四四号：二一一-二三七頁。

金子兜太、一九七八、『愛句百句』講談社。

守屋貴嗣、二〇一二、「アルゼンチン日本語文学論――『巴茶媽媽』について」『法政大学国際文化学部　異文化』一三号：二一一-二四三頁。

崎原風子、一九七六、「ある辺境から――私の俳句の周辺」『海程』一二四号：一五-二三頁。

崎原風子、一九七六、「T氏への手紙」『あるぜんちん日本文藝』第四一号：一頁。

辻本昌弘、二〇一三、『語り――移動の近代を生きる　あるアルゼンチン移民の肖像』新曜社。

第Ⅳ部　競う

第15章　ブラジル日系社会における少年スポーツの役割
――戦前期の少年野球を中心に

根川幸男

審判のゼスチュア少ウシ見えも切り（『よみもの』柳檀一覧、一九五〇）（細川 2012：501）
柵盗まれし野球場にて試合中に入り来る牛を選手らが追う（梶田きよ、一九六七）（コロニア万葉集刊行委員会編 1981：112）

1　海を越えるスポーツ

これらの川柳・短歌はブラジル日系移民によって詠まれたものである。いずれも戦後の作品だが、野球が彼らにとって身近な娯楽であったことがうかがわれる。

実際、細川周平『日系ブラジル移民文学』（Ⅰ・Ⅱ）（細川 2012：2013）などを手引きとして、ブラジルの日系文学史をひも解いていると、日系アマチュア文学者の多くがスポーツや武道にもたずさわっていたことに驚かされる。香山六郎（一八八六～一九七六）、小林美登利（一八九一～一九六一）、野村忠三郎（一八九八～一九四六）、浅見鉄之助（生没年不明）、河合武夫（一九〇六～二〇〇五）、高野富継（一九〇四～五八）、弓場勇（一九〇六～七六）らはいずれも文芸とスポーツ・武道に親しんだ移民たちである。川柳の撰者でもあった高野富継（悟迷亭）が死去した時、『ブラジル川柳』の黒枠記事で、「川柳よりもブラジル野球の功労者や釣好きとしての顔を紹介しただけで、同じ号の井上信子（剣花坊夫人）、次の号の渋川蓬春の追悼に比べ、いかにも扱いが軽い」と細川は不満をもらしているが（細川 2012：494）、彼はやはり野球人として記憶された人物であった。

スポーツは、移民とその子弟にとって、必ずしも言語を媒介とする必要のない、ホスト社会における数少ない自己表出手段である。にもかかわらず、日本人移民とスポーツの関係については研究が少なく未開拓領域が多い。その開拓を試みた拙稿（根川 2016a）においては、一九一〇年代半ばから太平洋戦争直前までを対象とし、アメリカ発祥の baseball がブラジルに伝播し、日系人によって「野球」として継承され発展し、子弟教育としての役割を担うまでの過程を明らかにした。そのなかで、①国境とエスニック集団の境界を越える野球の二重の越境性、②日本語教育が禁止され太平洋戦争へと至る時期に野球が担わされた役割と意味という問題について考察した。本章では、ブラジル日系社会における少年スポーツ、特に野球の役割、エスニック集団としての統合の機能と、ナショナリズムとの関係、ハワイ・アメリカ日系野球との相違などについて考察してみたい。

2　ブラジルへの野球の伝播および日系社会における受容と発展

野球はアメリカ・メジャーリーグをはじめ日本やキューバ、台湾、韓国などのプロフェッショナルリーグだけでなく、オリンピック競技としても採用され、最もグローバルに拡散したスポーツのひとつである。また近年、「バンクーバーの朝日」や「KANO——１９３１海の向こうの甲子園」などの映画公開により、北米の日系子弟や台湾の現地少年たちによってプレーされた越境的スポーツであったことも知られるようなった。野球は、移民地でも植民地でも、子どもの教育に小さくない役割を果たしたようである。しかし、管見の限り、ブラジル日系少年野球に関する学術的論考は拙稿（根川 2016a）をのぞいてなく、日系子弟教育のなかでこのスポーツが果たした役割について解明しようとする場合、不分明な点が多い。

ブラジルに最初に野球を伝えたのは、アメリカ人であった。一八九九年七月にサンパウロに進出したカナダ資本のライト電力会社（The São Paulo Train way, Light and Power Company）やアメリカ領事館の職員が野球チームをつくりプレーしていた。ブラジル日系野球の開始は一九一六年とされるが、内陸のコーヒー農場からサンパウロに出て来た日本人移民が、アメリカ人に交じってプレーを始めたという（聖州野球連盟 1985：2）。やがて彼らは、ミカド倶楽部という野球チームを結成し、アメリカ人チームと試合を行うようになった（根川 2016a）。

ブラジルの日系野球は、アメリカ人との接触から始まったが、それは当時の日本人移民にとって、アメリカから輸入された外来スポーツというより、日本の学生スポーツとしての認識が強かった。実際、日本では、野球は最初学生スポーツとして普及した。第一回全国中等学校優勝野球大会は大阪朝日新聞社の主催で一九一五年に始まり、一九二四年からは甲子園球場で行われるようになった。一九二六年には、神宮球場が完成、東京六大学野球大会が開催されるようになり、野球人気沸騰に拍車をかけた。こうした野球人気は、学生を中心に選手層を広げるとともに、新聞やラジオでの報道を通じて、日本全国に観客層を増やしていった（坂上 1998：14-30）。ブラジル日系野球の起源が学生野球にあったことは、年少者の教育と結びつけられやすい要素を備えていたことになり、二世少年たちに普及するのに時間はかからなかった。

戦前期の日本人移民の多くは一九二〇年代後半から三〇年代前半にブラジルへ渡航しており、この時期は日本におけるスポーツの大衆化の時期と重なっていた。すなわち、スポーツを直接・間接に経験し、その熱狂的気分を抱えた人々が渡航したのである。その影響を受けた日系社会では、武道やスポーツ活動が一九三三年の「ブラジル日本人移民二十五周年」を契機に組織されはじめ、三〇年代半ばから汎日系社会規模の大会が開かれるようになった。

チームスポーツはチームワークが強調され、お揃いのユニフォームはその象徴とされるが、スポーツはブラジル日系人を一エスニック集団として統合するよう機能した。特に野球は、ハワイやアメリカで民族リーグなどを通じてホスト社会に同化していく手段とされたのに対して、ブラジルの場合、日系エスニック・スポーツに特化し、集団内の統合に働きかける結果となった。

ブラジル日系スポーツにとっての画期は、一九三三年の「ブラジル日本人移民二十五周年」であった。この年は、日本人移民のブラジル入国者数が二万五〇〇〇人に迫り、まさにブラジル日本人移民の最盛期といえた。この年、笠戸丸移民から四半世紀を祝うに当たり、さまざまな行事が行われた。たとえば、同年六月伯国柔剣道連盟が発足、ブラジル最初の柔剣道大会が開かれた。また、九月に在伯邦人スポーツ連盟が誕生し、一一月に全伯少年陸上競技大会が開かれ、同月リンス青年会によって「全伯少年野球大会」なるものが開かれている。また、翌一九三四年には、サンパウロ青年会主催で「第一回全伯選抜少年野球大会」が開催されている。これらは、いずれも規模としては地方大会の域を出なかったため、『ブラジル野球史・上巻』では公式の全伯大会にはカウントされていないが、少年野球大会が地域横断的に開催されるようになったのは注目される。このような日系スポーツの活性化と日系集団間の連携による地域的拡大は、「ブラジル日本人移民二十五周年」が契機となったが、同時に娯楽としてスポーツへの希求が集団間の連携と地域的拡大を促したのであろう。野球では、競技が本来的に持っている宿命として、より強い未知の相手を求め、自己増殖しながら活動を広域化させていった。当時日系社会唯一の広域メディアであった日本語新聞は、連日のように祖国の学生野球の実況を伝え、日系野球人たちはそれをブラジルで再現しようとしたのである。いや、出稼ぎ移民の性格を濃厚に残していた移民たちは、日本語教育が帰国後の再適応を促すと考えたように、野球の実践すらも、帰国後の再適応の手段と考えていたのかもしれない。

「二十五周年」の翌年、一九三四年成立の「外国移民二分制限法」は、以後の日本人移民数を制限し「非常時」の始まりを告げたが、二〇年代後半から増え続けた日本人移民の子どもたちの成長や二世の出生によって日系学童人口は増え、野球熱の高まる日本からやってきた新移民はその活性化に拍車をかけた。三〇年代初め頃の野球チームの写真を見ると、用具やユニフォームも揃いかなりサマになってきている。この頃、第一回全伯少年陸上競技大会（一九三三）や第一回全伯選抜少年野球大会（一九三四）が開催される。特に、全伯日本人小学校野球大会は、一九三七年に日伯新聞社の主催で始まり、一九四一年の第四回大会（戦前最後の大会）まで、ブラジル日系少年たちを興奮の渦に巻き込むことになる。ブラジル・ナショナリゼーション政策が進行する三〇年代半ばから日本語教育が禁止される一九三八年にかけて、少年スポーツも組織化が進められ、野球・陸上競技を中心に、むしろ活性化していく様相さえ見られるのである。

3　徳育の手段としてのスポーツと銃後運動

日本語教育制限から禁止に至る三〇年代後半、日系少年スポーツは最盛期を迎えつつあった。そして、スポーツは徳育の代替という面だけでなく、日系社会でもうひとつの重要な役割を担っていた。野球は団体競技であり、選手たちだけでなく、コーチングやサポート、応援という手段で全世代が参加できる娯楽であった。したがって、日本語教育禁止による親子や世代間のコミュニケーション不全という危惧に対して、家族やコミュニティを統合する手段としても期待された。特に、ブラジルでは、三〇年代に野球をプレーするのはほぼ日系人に限られていたため、ナショナリゼーション政策が進むなか、エスニック・スポーツとして機能し、日系コミュニティ統合の手段としての役割を果たしたといえる。

この時期、日系子弟を動員したもうひとつ注目すべき日系社会統合の契機がある。一九三七年はブラジルで新国家体制《エスタード・ノヴォ》が開始された年であったが、日本を含むアジアでも大きな激震が起こった年でもあった。すなわち、同年七月九日、盧溝橋事件が勃発、『伯剌西爾時報』ではこれを受けて、七月一二日号第一面で、「七日夜北平郊外で日支両軍衝突す――支那側の計画的挑戦行為、我方は徹底的に糾明せん」という見出しで事件を報じている。また、七月二三日には、日本で国防献金など銃後運動が活発化したことを報ずる記事を掲載している（『伯剌西爾時報』一三六三号、一九三七年七月二三日付）。「非常時」とは、子弟教育の面だけでなく、「祖国」存亡の危機をはらんでいた。ブラジル日系社会でも、これに激しく反応し、献金に応じようとする動きが現れた。それは慰問袋や千人針作成とともに次第にエスカレートしていった。スポーツが興隆したこの時期、日系子弟たちはこうした銃後運動

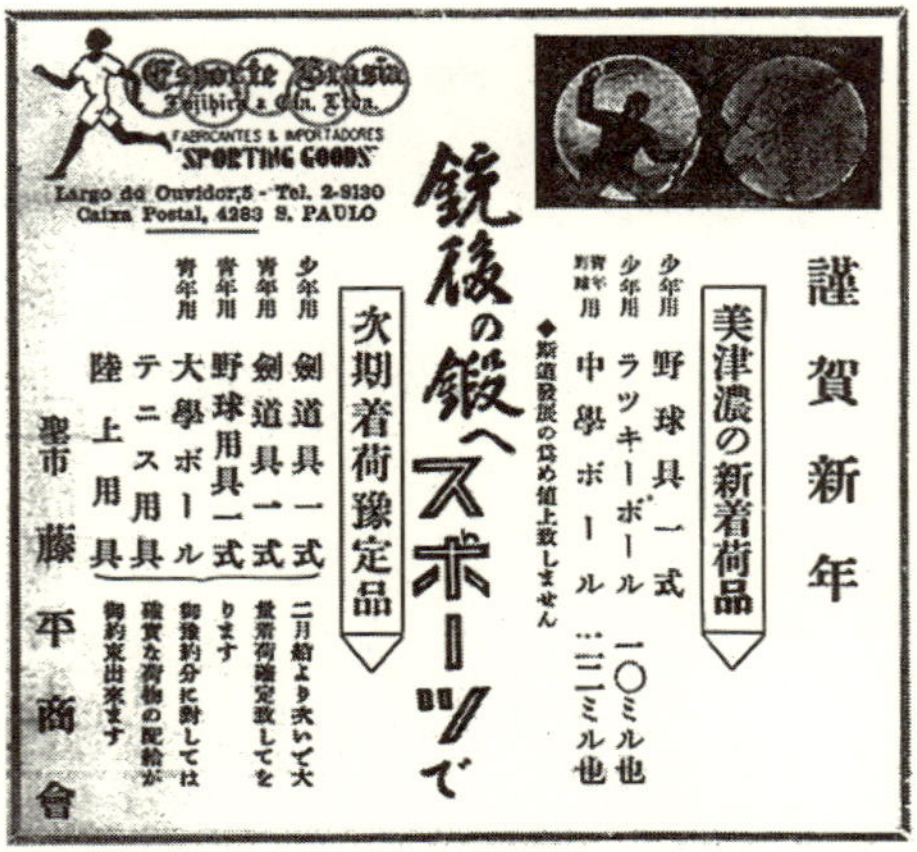

図 15－1　銃後運動とスポーツの通底

出所：藤平商会広告（『日伯新聞』1596号，1939年１月１日付）

にも動員されていく。先述のように、日本語教育が禁止されると、それにかわってスポーツが脚光を浴びるようになったが、銃後運動もまた徳育の手段として考えられた形跡がある。銃後運動とスポーツは、図15-1のような新聞広告に見える運動器具の販売戦略においても同列におかれていた。両者は、移民子弟の徳育という文脈で通底していたと言えよう。

この時期における、徳育の手段としての銃後運動とスポーツの通底は、次のような記事にも見える。

邦人スポーツ界一年の回顧――誇る赫々の戦果、銃後の健康・火を吐く気魄

……この秋に当り、青年スポーツの持つ役割も亦平時に比して一層の崇厳さと敬粛さがなくてはならぬ。スポーツの至上のものは即ちその高貴な精神であり、運動精神による体位向上の合理化であると確信する。パラダイスと目された伯国に於いても、最近国粋化が絶叫され、稍もすれば我らは白眼視されんとする悪情勢にある時、ひとりスポーツのみは国境なく、これら白眼の前にて堂々大和民族の優秀性を中外に鮮明することが出来る。即ちスポーツは各方面の門を閉ざされた邦人発展の一通路と見ることができる。（『日伯新聞』一五九六号、一九三九年一

月一日付）

ここにはスポーツが、徳育としての役割だけでなく、日系人がホスト社会へ向かって、「大和民族の優秀性」を表明する手段であることが述べられている。(1)

4　ブラジル日系少年野球の歴史的意味

ブラジルの野球は、アメリカ人によってもたらされ、彼らとの交流のなかから日系チームが結成された。両者はしばしば試合を行い、日系選手がアメリカ人チームに交じってプレーすることもあった（根川 2016a：279）。アメリカから野球がブラジルにもたらされ、日本人移民によって継承され大発展するという、国境とエスニック集団の境を越える二重の越境は、このスポーツのグローバル化とブラジル社会の多文化化に貢献することになった。

しかし、ブラジルにおける野球は日系アマチュア・スポーツとして発展したため、同時期に国民化・プロ化が進んだサッカーのようなホスト社会への進出はなかった。ハワイやアメリカ本土のケースのように、民族対抗という形式や本土チームがハワイに来島して日系チームと試合するというような複雑な越境経験（清水 2007：足立 2012）を持ちえなかった。ハワイ、アメリカ本土の日系野球は、やがてプロ化、セミプロ化していくチームや選手も現れるが、ブラジルではあくまでもアマチュアレベルのエスニック・スポーツの域を出ることはなかった。したがって、野球を通じてブラジル社会に同化したり、社会上昇の契機となることはなかった。これはＡＪＡ野球リーグが野球をアメリカ化の手段とした点とはひじょうに異なっている。すなわち、アメリカの日系野球がホスト社会の影響下で「ベースボール」として成長したのに対し、ブラジルの日系野球は初期にアメリカ人との交流はあったものの、日本の学生野球の影響のもと日系社会を中心に発展し、日本的な徳育と結びつけられることとなった。これは、陸上競技が同じくブラジル日系スポーツの花形でありながら、オリンピック競技としてブラジル人や他のエスニック集団との対抗戦も開かれ、日系人の資質の高さを示しホスト社会と融和していく手段ともなりえた点と異なる。逆に言うと、ブラジルにおける野球のエスニックな性格が「野球道」というような精神性とも結びつき（飛田 1986）、日本語教育の役割と代替しうる根拠と考えられたのであろう。

ブラジル少年野球の発展した三〇年代末は、日本語教育が制限・禁止された時期であった。日本語教育に期待されたのは、親子のコミュニケーションや帰国した際の子どもの適応力であったが、親孝行や忠君愛国の精神といった徳育の面も大きな比重を占めていた。子どもが日本語を通して日本的な徳目を身につけるという期待は、アメリカ日系社会にも存在していた。ただし、アメリカ日系社会の場合、排日予防啓発やアメリカ化運動も進んでおり、三〇年代には子弟教育全体のなかで日本語教育の占める比重は縮小しつつあった。これに対し、ブラジルの場合、三〇年代に日本人移民入国の最盛期を迎えたため、多くは新移民とその子どもたちを含み、教育の面でも実生活の面でも日本語の比重は高かった。日本語教育禁止という事態が「非常時」として認識されたのは、親子のコミュニケーションの問題とともに、まさに忠孝を誰が教えるのかという問題をはらんでいたからであった。それゆえ、野球は、アメリカ日系人のようにホスト社会への適応の手段として意識されたのではなく、郷愁の面から日本とのつながりを確認する手段であり、教育の面からは体育であると同時に徳育のひとつとして捉えられた。祖国の「非常時」としばしば重ねられた「教育非常時」に、野球に期待されたのは、銃後運動とも共通する徳育的効果であった。

また、野球は選手たちだけでなく、コーチや応援という手段で全世代が参加できる娯楽であった。したがって、日本語教育禁止による親子や世代間のコミュニケーション不全という危惧に対にして、家族やコミュニティを統合する手段としても期待された。特に、ブラジルでは、三〇年代に野球をプレーするのはほぼ日系人に限られていたため、ブラジル・ナショナリゼーション政策が進むなか、日系社会統合の手段として機能したのである。日本語喪失によって親たちが懸念したのは日本人性の喪失であったが、少年たちがお揃いのユニフォームに身を包み、礼儀正しく、正々堂々と競技する姿は、徳育の効果と映ったことであろう。このスポーツが日系コミュニティ活動の中心のひとつとなり、日本的価値観に基づく日系子弟の躾の場として機能し、「日系人の文化と伝統の維持」を目的としていた点ではアメリカの場合と共通しているが、ブラジルの場合、エスニック・スポーツとして日系コミュニティのなかに内向し、日本語教育の代替という役割を担わされた点は大きく異なっていると言える。このように考えると、日本的教育の特徴とされた徳育がスポーツの分野で活性化したことは、この時期のブラジル日系子弟教育の特徴として注目すべきであろう。

5　徳育としての野球に対する二世の反応の一例

ここで、この時期の日系少年スポーツが胚胎していたもうひとつの可能性にも注目しておきたい。野球は、ある程度の身体能力がありルールさえ覚えれば、語学力と関係なくプレーできる。一世世代の理解において野球が日本語教育に代替する役割を担ったと同時に、このスポーツが日本語能力不十分でも日系社会と関係を維持できる回路を開いた点もみのがせない。少年野球は日本語教育に代替する徳育の手段としての期待を担ったが、実際にプレーする二世世代の子どもたちは、こうした期待をどう受け止めていたのであろうか。

少年野球が日本語教育に代替する徳育の手段としての期待を担ったことは確かであるが、一世世代の親たちの嘆きや期待をよそに、同時期の二世世代の自律的成長を透かし見ることもできる。それは、日本人性への傾斜が一方にあるとともに、他方でのそれに抗するようなブラジルへの帰属に比重をおいた二世の出現である。

たとえば、ブラジル日系二世世代のアイデンティティにかかわる心情の揺れと一世世代の保守性を、「学連事件」（あるいは「菊花事件」）と呼ばれる事件に見ることができる。以下、この事件を前山（[1995] 1996）によって、概観してみよう。この事件は、日系学生の組織であるサンパウロ学生連盟(2)の機関誌 *GAKUSEI* 創刊号（一九三五年一〇月発行）に、当時サンパウロ法科大学の学生であった下元健郎が、“A Nossa Mentalidade”（われわれの心情）と題する小論を発表したことに始まる。原文はポルトガル語であるが、その論旨は、「……われわれは日本人の子弟であるが、ブラジル人であり、ブラジル国家にこそ責任がある。日系人が同化しないというブラジル人の非難は当っていない。われわれは同化している。血は日本人でも、心はブラジル人である。父兄の祖国日本を敬うことはできるが、愛することはできない。われわれの祖国はブラジルである。遠い未見の国、菊の花の国を愛することはできない。われらはブラジルを愛す」というものであった(3)。

この小論が日本語訳され、学生連盟の日本語機関誌『学友』に転載されると、国粋主義的な一世たちから不敬だという非難が出た。これを邦字新聞や総領事館が問題とし、学生連盟をはじめサンパウロの日系社会で大きな物議を醸した。日本語訳したのは下元ではなく別人で、「文意が曲げられていた」というが、非難された点は愛国心は日本ではなくブラジルに向けられると明言したことであるという（前山 1996：355-356）。

この事件で非難された下元は、かつて聖州義塾の野球選手として活躍していた。事件そのものは野球とは関係なく、下元の本意はつかみかねるが、前山の指摘するように、当時のブラジルの政治情勢において、日系ブラジル人としての選択を迫られた苦衷のなかから導き出した意見だったのであろう（前山 1996：354）。それはブラジル人としてのナショナル・アイデンティティと日系人としてのエスニック・アイデンティティとの相克のなかから湧き出した二世の叫びと受け取ることができる。下元が学んだ聖州義塾は、プロテスタント教育機関であり、創立者の小林美登利は二〇年代の初めから「真の意味の伯化」という理念を説いていた。「真の意味の伯化」とは、小林独自の永住論・同化論であり、日本民族の「最善最良の美質」を保持しそれを発揮しつつ、建設途上にあるブラジルにおいて日本人移民が「最も優秀なる伯国市民となる事で」あり、「忠良無比の伯国市民たる事を事実を以て示す」ことであるとされる(4)。下元は成績優秀で、当時のブラジル最高のエリート養成機関であるサンパウロ法科大学に進んだ。同大学卒業後、ブラジル日系二世最初の弁護士となり、戦後はサンパウロ州税務最高裁判所判事として活躍している。自らを「ブラジル人」と規定し「われらはブラジルを愛す」と叫んだことは、ブラジル生まれの二世として「真の意味の伯化」を目指し、「忠良無比の伯国市民たる事」を試みた結果であったと言えるかもしれない。この下元のように、少年野球経験者のなかから日本人性に疑義を呈しブラジル国家への同化を宣言した者が出たことは、野球が必ずしも一世世代の期待した日本的な徳育として二世世代にストレートに作用するものではなかったことを物語っている。

6　移民・エスニック集団とスポーツ

海外日系社会におけるスポーツは、移民の生活のなかで大きな比重を占め、子弟教育面でも少なからぬ影響力を持っているにもかかわらず、研究の面で等閑視されてきた。文芸などの文化活動とともに、移民の生活における歴史的意味を吟味してみる必要があろう。

特に、本章で取り上げた野球は、ブラジルの日系スポーツとして現在も継承されている。そうしたエスニック・スポーツとしての継承はどのように行われたのか、野球とともに野球道思想は次世代に受容されたのか、受容されたとしたら、どの点が評価されたのか。そうした世代間の連続／非連続についても追究する必要があろう。

また、野球とともに、「少年スポーツの華」と言われた陸上競技についての研究は、野球や武道との比較を通じて今後の課題となる。特に、野球が男性スポーツとして発展したのに対して、陸上競技では女性選手も活躍する。さらに、ブラジルの国民的スポーツであるサッカーでは、なぜ日系選手の活躍があまり見られないのか。世代、ジェンダー、とともにこうした間エスニックな視点も取り入れた移民研究が今後の課題となろう。

注

（1）ブラジル新国家体制期の日本語教育制限、日系少年スポーツの興隆については、根川（2016b：128-156）、銃後運動については、根川（2016b：514-535）参照。

（2）サンパウロ学生連盟（Liga Estudantina Nipponica em São Paulo）は、サンパウロ市で中等学校以上の教育機関に通う日系二世たちが一九三四年一〇月に結成した学生組織。

（3）前山（1996：354）から引用。

（4）　小林美登利「再び聖州義塾設立趣意に就て」四、『時報』二七〇号（一九二二年一二月八日）。「真の意味の伯化」については、根川（2012：137-138）参照。

文献

足立聿宏、二〇一二、「ハワイAJA野球リーグの現状と将来の展望——ハワイ最後の民族野球リーグと日系コミュニティ」『移民研究年報』第一八号：三-二八頁。

ブラジル日本移民百周年記念協会／日本語版ブラジル日本移民百年史編纂・刊行委員会編、二〇一三、『ブラジル日本移民百年史第四巻・生活と文化編（2）』トッパン・プレス印刷出版。

伯剌西爾時報編、一九三三、『伯剌西爾年鑑』伯剌西爾時報社。

ブラジル日本移民七〇年史編さん委員会編、一九八〇、『ブラジル日本移民七〇年史』ブラジル日本文化協会。

細川周平、二〇一二、『日系ブラジル移民文学Ⅰ——日本語の長い旅［歴史］』みすず書房。

細川周平、二〇一三、『日系ブラジル移民文学Ⅱ——日本語の長い旅［評論］』みすず書房。

コロニア万葉集刊行委員会編、一九八一、『コロニア万葉集』。

香山六郎、一九四九、『移民四十年史』私家版。

前山隆、一九九五、「国家・ひと・エスニシティ——一九三〇年代サンパウロ市における日系学生結社（その一）」柳田利夫編著『アメリカの日系人』同文館出版、五七-八六頁（前山隆、一九九六、『エスニシティとブラジル日系人——文化人類学的研究』御茶の水書房、三三三-三六二頁に再録。本章ではこちらを参照した）。

根川幸男、二〇一二、「近代における一日本人キリスト者の越境ネットワーク形成——小林美登利の移動と遍歴を事例として」『日本研究』第四六集：一二五-一五〇頁。

根川幸男、二〇一六a、「越境するスポーツと移民子弟教育——太平洋戦争直前期ブラジルにおける日系少年野球を事例に」根川幸男・井上章一編著『越境と連動の日系移民教育史——複数文化体験という視座』ミネルヴァ書房、二七七-二九四頁。

根川幸男、二〇一六b、『ブラジル日系移民の教育史』みすず書房。

日本移民八十年史編纂委員会編、一九九一、『ブラジル日本移民八十年史』移民八十年祭典委員会。

坂上康博、一九九八、『権力装置としてのスポーツ――帝国日本の国家戦略』講談社。

聖州野球連盟監修、一九八五、『ブラジル野球史・上巻』伯国体育連盟。

清水さゆり、二〇〇七、「ハワイの越境日本人・日系人野球とアイデンティティ――一八九〇年代から一九二〇年代までを中心に」米山裕・河原典史編『日系人の経験と国際移動――在外日本人・移民の近現代史』人文書院、一一九-一四三頁。

飛田穂洲、一九八六、「野球清談」『飛田穂洲選集』第三巻、ベースボールマガジン社、二七-二八頁（「野球は無私道なり」東海出版社、一九四〇を再録）

第16章　奉祝から記念へ
――ペルー日系社会における「文化装置」としての運動会 Undokai

柳田利夫

1　天長節奉祝大運動会

ペルー日系社会戦後復興のシンボル、ラ・ウニオン運動場は、大学街に隣接した閑静な住宅地の一角に位置し、本格的な陸上競技場から幼児のための遊具施設まで完備した、日系人のための会員制総合スポーツクラブである（AELU 2014）。その陸上競技場を主会場に、四月末ないし五月初頭の週末を利用して、日系社会全体が集う運動会Undokaiが毎年開催されている。戦前の運動会との連続性を多分に意識して「由緒ある運動会」tradicional Undokaiと日系紙では表記されるのが常となっているこの運動会は、日系社会の変容と時代背景の変化に伴いその意味と役割とを変えながらも、現在に至るまで、日系社会最大のイベントのひとつでありつづけている。

移住初期のスポーツ

錦衣帰郷を胸に、耕地で労働の日々を送っていた日本人移民たちは、休日には、相撲や撃剣といった当時の大衆層に馴染みの深いスポーツに無聊を慰めていた。日本政府の意向により休日とされた天長節にも、思い思いに撃剣や相撲を楽しみながら一日を過ごしていた（八木 1963：16-17）。

一九一〇年代にはいると、近代都市に変貌しつつあったリマ市には、地方の耕地で貯えた僅かな資本を持った日本人移民が続々と入り込み、インフラ整備のための労働者を中心として拡大しつつあった都市大衆層を顧客としたサービス業へと進出していった（柳田 1993：385-399：1995）。同業者組合や県人会といった互助組織も形成されるようになり、これらを単位に、春秋の清遊会などが恒例行事として催されるようになった。清遊会では、郊外の原野に出かけ飲食をともにしながら語り合うとともに、余興として小さな運動会が開かれるのが常であった（『アンデス時報』一九一六年七月二八日）。清遊会や県人会の祝賀会などは、日米開戦による中断期を挟み、戦後日系組織の復活とともに再開され、Seiyukay（近年ではむしろPaseoとスペイン語で表記されることが多い）として現在に至るまで続けられている。

一九一五年一一月一〇日に執り行われた大正天皇の即位式では、日本領事館の呼びかけに応じて、多くの組織が一体となって即位大礼祝賀会を催すことになり、君が代斉唱、万歳三唱といった公式行事のあとに、余興として相撲・撃剣の他に、野球の試合や、飛び入り自由の徒競走、提灯、旗取りといった当時日本国内の運動会で定番となっていた各種の競技が行われた（『アンデス時報』一九一五年一一月一〇日）。

一九一七年一〇月三一日には、日本人全体を統括する組織として、秘露中央日本人会が創設され、一九二〇年一一月一八日には、同会により二世のためにリマ日本人小学校が開校されている。リマ日本人小学校では、翌一九二一年から毎年一一月一八日に、創立記念運動会を開催するようになり、内容・形式ともに日本の学校行事としての運動会が踏襲され、教育の一環としての運動会がペルーの日系社会でも恒常化することになる（『リマ日報』一九四〇年三月三一日。『秘露報知』一九四一年一一月八日、一九四一年一一月一五日）。戦後、ペルーの教育カリキュラムに則り再開、新設された日系人学校においても、戦前からの系譜を引く運動会がそれぞれ個別の学校行事として現在も続けられている。

天長節奉祝大運動会

都市部に入り、徐々にその経営を拡大していった自営移民たちは、地縁、血縁をたどって若者たちをペルーに呼び寄せるようになった。渡航費や支度金を雇い主である自営移民に工面してもらった若者たちは、週末にわずかばかりの小遣いを受け取るだけで、早朝から深夜まで数年間働き詰めの生活を送ることになる。県人会の正規の構成員で彼等の雇用者でもあった店の主人たちは、彼等の健全な精神の涵養と娯楽のため各種の運動を奨励し、一九二〇年代にはいると、福島、熊本、愛媛、福岡、広島などの県人会に運動部が置かれるようになる。また、撃剣・相撲にかわり、早くから人気のあった野球と、記録を競い合う性格の陸上競技が運動の中心に据えられてゆくようになった。多くの県人会では、正規の会員とは認められない若者たちを運動部員として受け入れ、ユニフォーム、応援旗などを整え、青年善導のための運動奨励に心を配っていた（熊本海外協会秘露支部編 1929：4-5；秘露福島県人会編 1929：14-23；櫻井 1935：154-156）。こうした動きを背景に、一九二五年、秘露中央日本人会は日本人社会全体の休日である天長節に、日系社会が一堂に会する行事として天長節奉祝大運動会を開催することになった。学校行事としての運動会とは異なり、県人会やスポーツクラブによる野球や陸上競技の対抗戦が中心に据えられ、日々の労働に明け暮れていた青年たちに、晴れの舞台を提供する場となっていった。

一九二八年の天長節には、こうした若者たちを中心に、秘露日本人体育協会が結成された。同協会は、秘露中央日本人会にかわって、事実上天長節奉祝大運動会の運営を担当し、その会場となっていたリマ日本人小学校の敷地にある日本人会共有運動場の管理運営をも自主的に担ってゆくようになっていった。この年の一一月には裕仁天皇の即位大典祝賀運動会も同協会により開催されている。程なく、各日本人小学校の生徒もこの運動会に参加するようになり、天長節奉祝青年児童連合大運動会と呼ばれる、日系社会最大の行事へと成長していった。同じ頃に、制定されたばかりの明治節（一一月三日）にも、秘露日本人体育協会によって明治節奉祝大運動会が始められるようになった（秘露中央日本人会庶務課 1939：12-18，24-25；櫻井 1935：153-157；田中 1969：112-114）。

一九三〇年代にはいると、秘露中央日本人会主催の天長節奉祝大運動会と秘露日本人体育協会主催の明治節奉祝

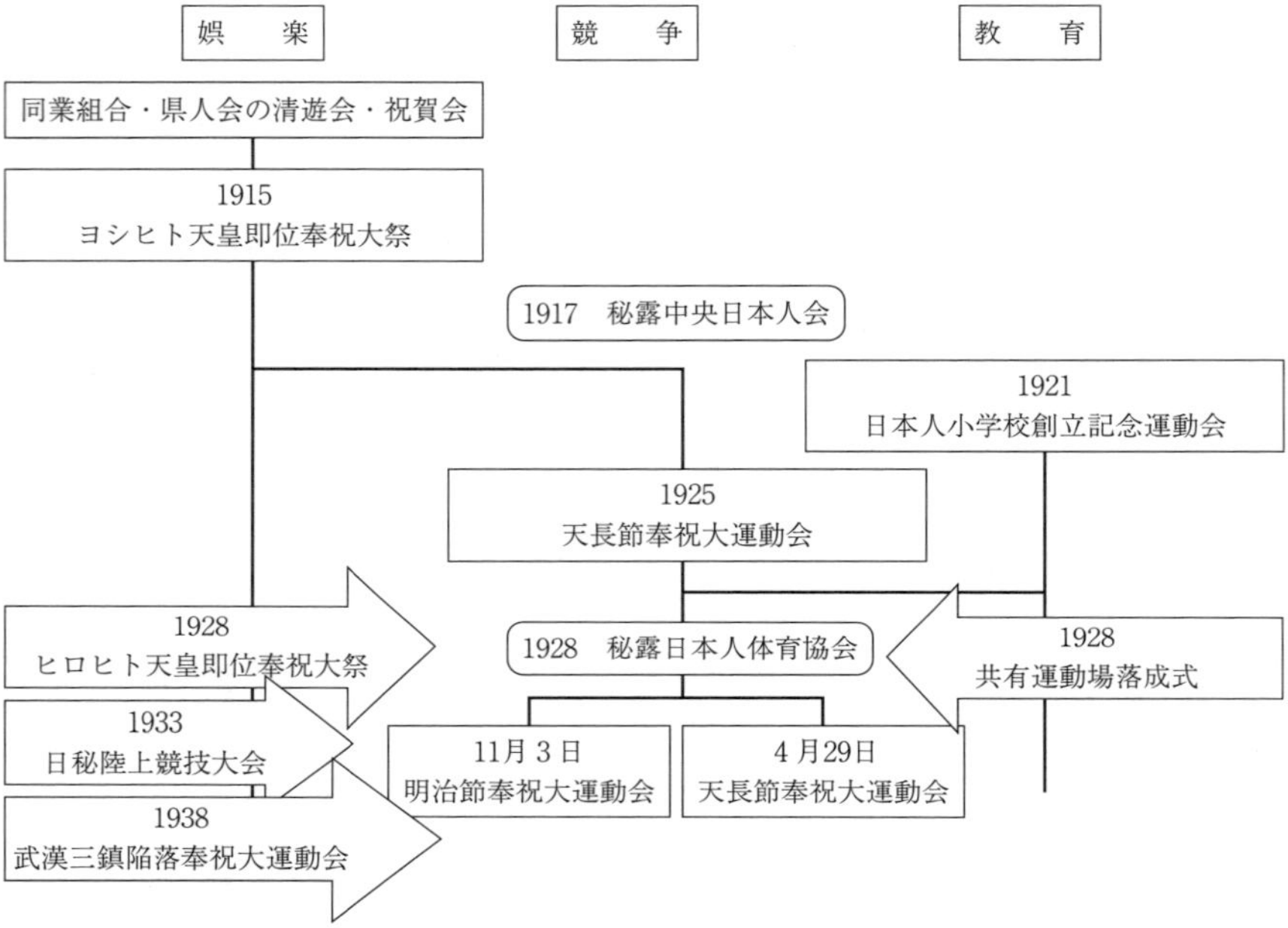

図16－1　戦前期運動会の系譜

出所：筆者作成。

大運動会が日系社会全体の参加を基本に、娯楽、競争、教育といった運動のもつ三つの側面を併せ持つかたちで恒常的に開催されるようになっていった（図16－1）。

一九三三年には、前年のロサンゼルス・オリンピックで活躍した日本の陸上選手一行が、ブラジル移民二五周年を記念して南米の日系社会から招聘され各地で競技会を行った。ペルーでも、五月五・六日の両日、リマの国立競技場を舞台に日秘陸上競技大会が催されている。この大会には、日秘両国の代表選手と並んで、秘露日本人体育協会の選手も参加し、移民社会の運動熱をいっそう強く刺激した（秘露中央日本人会庶務課 1939：37-38：櫻井 1935：157-159）。一九三八年には、日中戦争の影響を受け、一一月、武漢三鎮陥落奉祝青年児童連合大運動会も開催されている。

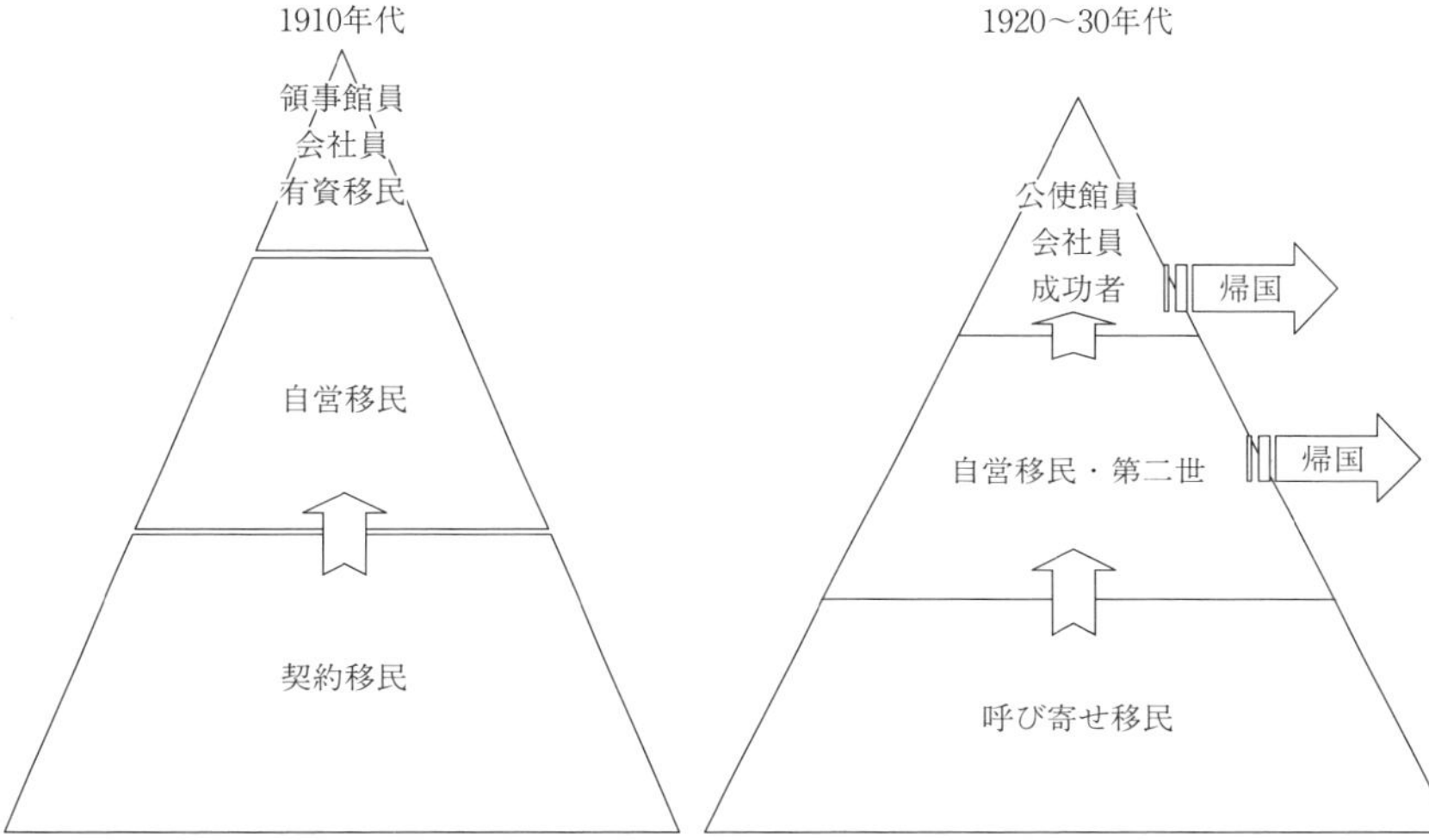

図16－2　移民の階層化モデル

出所：筆者作成。

2　日系社会の構造と運動会

日系社会の階層構造

ペルーへの渡航者数は、一八九九年から一九二三年までの契約移民時代に続き、一九二〇年代後半にもうひとつの山が見られる。日米開戦によって移民の入国が完全に止まるまでに、呼び寄せ移民としてペルーに渡ったのは再渡航者を含め、一万六〇〇〇人ほどになっている。（赤木 2000：11-19）。一方で、契約移民の成功者は帰国して行くことになり、戦前のペルー日系社会は契約移民から自営移民に上昇した者とその子どもたちからなる層から、呼び寄せ移民層へとシフトして行く途上にあったと言える。

図16-2は、移民たちの階層化の過程を一九一〇年代と一九二〇～三〇年代とに分けてモデル化したものである。一九一〇年代には、すでに述べたようにリマに移動し小さな店を開き自営移民として社会的な上昇をとげはじめていたが、移民会社の社員や資本を持って貿易商などを営んでいた人々との間には社会・経済的に大きな隔たりが見られ、相互の関係も必ずしもうまくいってはい

側　面	娯　楽	競　争	教　育
参加者	成　人	青　年	少　年
役　職	経営者	従業員	生　徒
身　分	県人会会員	準会員（運動部員）	未会員
参　加	娯　楽	競　技	競技・遊戯
場　面	郊外での清遊会	運動場での運動会	学校での運動会

表16－1　戦前期運動会の３つの側面

出所：筆者作成。

なかった。一九二〇年代にはいると、自営移民たちは事業を拡大するとともに、成功者は次第にペルーの有力者や在外日本公館との関係をも深め、社会・経済的に上昇をとげていく一方で、一〇代の若者たちが呼び寄せによって毎年ペルーへ渡航して来ていた。

自営移民たちのなかには、一九二〇年代後半から一九三〇年代に入る頃には、呼び寄せた兄弟や知人、同業者などに自分の店舗を譲渡し、成功者として帰国してゆく者が目立つようになっていった。故国の家族の事情、二世の教育問題、ペルーでの排日傾向の高まり、外地や植民地への憧れなどなど、帰国の理由はさまざまであったが、経済的な成功がその背景にあったことは言うまでもない。少数ながら、この時期に独立を果たす呼び寄せ移民も見られるようになる（柳田 1993）。

日系社会と運動会の構造

日系社会の構造と階層分化は、先ほど指摘した運動会の構造と重ね合わせて理解することができ、運動会は日系社会そのものの文字通り映し絵でもあった。それをモデル化してみたのが表16-1であり、以下の点を指摘することができるであろう。

一、運動の持つ、娯楽、競争、教育という三つの側面ないし要素が、移民社会の世代構成、即ち、成人、青年、児童にそれぞれ対応していること。

二、同じく、三つの要素は、経営者である成人層と、呼び寄せられ従業員として働いていた青少年層、二世の子どもたちにほぼ呼応していること。三、独立した経営者で県人会、同業者組合の会員である店の主人は、競争主体の種目からは引退し、従業員・店員などの青年が陸上競技を主体とした競技種目に参加し、児童たちは学校対抗の競技種目に参加すると同時に、集団体操、ダンス、ラジオ体操などを通じて教育の成果を披露した。

3　「文化装置」としての運動会

一体感と差異の不可視化

清遊会や、撃剣や相撲からスタートした小さな運動会は、県人会やスポーツクラブを仲介にやがて天長節奉祝という文化資本によって、日本での遠足や運動会の記憶を再生産しつつ、日本人社会全体をまとめ上げてゆく一大イベントに編成された。宮城遙拝や公領事の音頭による万歳三唱などのパフォーマンスを通じて、日本臣民としてのアイデンティティを確認、再生、あるいは新たに生成させる空間として機能していったことは想像に難くない。母国がオリンピックをはじめとする国際大会で顕著な活躍を見せ、スポーツが国威発揚に貢献するようになるにつれ、比較的陸上競技のレベルが低迷していたペルー社会で生活する日本人移民たちの間で、野球とともに大国日本を象徴するスポーツとして陸上競技熱が高まっていった。

先に見たように移民社会はさまざまな多様性や階層性を内包していたが、運動会という空間では、国旗や国歌、万歳三唱、宮城遙拝といった儀式や装置を通して一体感が高められてゆき、日常的な多様性や階層性はきわめて見えづらくなってゆくことになった。その一方で、運動会はまた、参加者の世代や経済的な地位に呼応した参加種目、服装、観覧席の位置、役割分担といったはっきりと目に見える差異を、一体感を享受しつつ不可視性の中に押し込める場として機能していた。運動会における一体感が非日常的なものであればあるほど、日常的な多様性や階層性をより深いところで受け容れ内面化、社会化する役割をはたすことになったと言えるであろう。

また、県人対抗、学校対抗という競い合いを通じて、それぞれの所属する県や学校に対しての一体感、県人意識や愛校心といったアイデンティティが生成されると同時に、日常的に他者に囲まれた異国の地においては、運動会の場での日本人同士の対抗を通じて、日本人としての一体感がよりいっそう強く醸成・享受されることにもなった。それぞれの県人意識や愛校心といった多様で、相互に対立するアイデンティティは、日本人というレベルではむしろその一体感の強化に貢献することになったのである。

「文化装置」としての運動会

成功＝独立を夢見つつペルーに渡り、従業員として生活していた若者たちが、それが近い将来に現実となる可能性が高くないことを認識するのにそう長い時間は必要ではなかった。ホスト社会はもちろん、日系社会においても社会的な地位を認められていない彼らにとって、運動会の競技は、数少ない自己実現の機会を提供する場となった。真摯な練習を積み重ねることによってのみ齎される勝利、という運動における自己規律を身体化する枠組みは、そのまま、辛抱・節約によって独立＝成功が齎されるとする人生設計の枠組みとも重なるものでもあった。これは広い意味で、上からの働きかけによって、社会的な差異を内面化するスポーツの「権力装置」としての側面と理解することも可能であろう。しかしながら、ペルー日系社会の運動会の事例においては、参加者がそれぞれに自らをその位置に応じて社会化していったという意味で、日本における通俗道徳的倫理観を背景としたヘゲモニー論的な理解に立つ「文化装置」という表現がより適切であるように思われる（Hargreaves 1986：1993）。

戦前期の運動会では、学校児童を除き、女性が競争種目に参加することはごく稀で、家庭の主婦の場合には、僅かな娯楽種目に参加する他は、数日前から準備して、運動会当日に家族や友人のために日本料理を供するという役割を期待され、かつそれを積極的に担っていったと言える。

また、年二回の奉祝運動会は、若い男女にとっては数少ない公認の出会いの機会ともなっていた。日本からやってきた若い女性や、ようやく青年期にさしかかりはじめた二世女性層からの声援が、若者たちの運動熱をどれだけ刺激したのかは想像に難くない（『ペルー新報』一九七四年四月二九日）。

二世と運動会

血統主義の日本臣民として、また同時に出生地主義をとるペルー市民として生まれた二世たちは、公式見解的には、忠良な日本臣民と良きペルー市民という二つの役割を演じることが期待されていたが、天長節奉祝大運動会という空間では、リマ駐剳の日本公使や日本人会の役職者などの来賓、日本人の教師、両親、そして他ならぬ自分の横にいる同じ生徒たちからの視線を意識しながら、一義的には一世の願いを受け止めつつ日本臣民を演じることになった。しかし、ペルー社会の中で成長し、多くがカトリックの洗礼を受けていた彼らは、ペルー人の教師や来賓の存在を通して、ホスト社会からの視線を感じないわけにはいかなかったであろう。運動会の空間ではつねに日本とペルーの国旗は並べて掲揚され、遊戯の小道具の小さな国旗もまた日秘両国のものであった。一世にとって、それはホスト社会に対する表敬のパフォーマンスにすぎなかったが、ペルーに生まれ育った二世の目には、自ずと違った像が結ばれていたはずである。運動会は日常的に繰り返されていた一世と二世の間のさまざまな葛藤が、奉祝という一枚岩の下で表面化こそしないものの、二世の生徒たちの身体を通じて内面化されてゆく場として機能していったものと思われる。

4　戦後の運動会

運動会の復活

日米開戦により中断された運動会は、一九五一年四月二九日（日曜日）、一〇年ぶりに開催されることになり、戦前期に天長節奉祝大運動会が開かれ、戦時中にペルー政府に没収されていた旧リマ日本人小学校の運動場を借りて行われた。戦後初のこの運動会は、スポーツの場を失った二世たちのために新しい運動場（後のラ・ウニオン運動場）を購入するための資金を集める目的で立案・実施され、「共有運動場購入資金調達のための天皇誕生日奉祝大運動会（二世組織連合運動会）」と銘打って開催された。翌一九五二年には、五月四日（日曜日）に「天皇誕生日並に独立奉祝大運動会」が、五三年には、正式に土地の登記を終えたラ・ウニオン運動場を会場にした初めての運動会が五月三日（日曜日）に「天皇誕生日奉祝大運動会」として開催された。以後毎年、昭和天皇の誕生日である四月二九日に近い休日が選ばれ、入場料収入、売店における飲食物の売り上げによる利益などが、同運動場の施設拡張のために利用されつつ、運動会は再び日系社会最大の行事として復活していった（サカタ編 1995）。

その後、天皇誕生日奉祝大運動会は、ラ・ウニオン運動場を会場に、同運動場の主催で続けられたが、一九六一年からは、秘露中央日本人会、ペルー日本婦人会、ラ・ウニオン運動場の共催行事として行われることになり、二世の運動クラブ対抗と日系人学校の対抗戦という形をとりながら恒常化していった。また、一九五八年七月三日には「三笠宮両殿下歓迎大運動会」、一九六七年五月一四日には「皇太子奉迎大運動会」と、皇族などのペルー訪問の機会をとらえ、ラ・ウニオン運動場で臨時の運動会を開催するのも、日系社会の慣例となっていった。

戦後の運動会

戦後の運動会では、県人会対抗に代わって、二世を中心としたスポーツ・社交クラブの対抗戦が競技種目の中心となった。当初は戦前からの陸上競技種目にサッカーやバレーボールの試合が加わり、集団体操、遊戯、娯楽を主とするプログラムなどから成っていたが、次第に戦前の運動会とほとんど変わるところがないものへと回帰していった。学校対抗戦も、小規模の日本語学校の参加により再開され、その後、戦前の日本人学校の系譜を引くラ・ウニオン校、ホセ・ガルベス校、インカ学園、戦後に誕生したラ・ビクトリア校、ヒデヨ・ノグチ校などの参加により、戦前期以上に活発となっていった。一方、五〇年代後半に相次いで活動を再開した県人会は、その後も運動会の競技種目に積極的に参加することはあまりなかった。二世スポーツクラブの中でも、日本における出自地域を結集の原理としたものは、戦後移住者があった沖縄の町・村人会を除けば僅かであり、ANC（カリャオ二世協会）、

Negreiros（ネグレイロス街クラブ）といったペルーにおける居住地区、Leóncido Prado、La uniónといった日本人が多く在学した学校や、日系人学校の同窓生などを中心に組織されたものが大部分になっている。

運動会最大の行事は、午後から始まる入場行進である。競技種目参加クラブ、県人会、各種日系組織と日系学校による行進が繰り広げられる。続いて、日秘両国の国旗が君が代とペルー国歌の演奏されるなか掲揚される。一九五三年に日本の在外公館が復活してからは、その来賓が音頭をとり、戦前期同様に日本に向かって「天皇陛下万歳」が三唱されてきた。その後、諸組織の来賓挨拶があり、高齢者の表彰などが続く。このような形態の運動会は、戦後生まれの二世や三世たちが行事の中心になっていった八〇年代に入っても続けられ、Undokaiというスペイン語表記が日常化するなかで、Tenchosetsuという言葉は生き続けた。天皇陛下万歳三唱もまた、歴代の公使（総領事）の音頭で続けられ、競技の熱戦の様子とともに、万歳三唱の写真が日系紙にキャプション入りで掲載されるのが常であった。

奉祝から記念へ

一九八九年の年頭、昭和天皇が逝去し、日本の年号は昭和から平成へと変わった。天皇誕生日奉祝をうたうのであれば、運動会の開催日は今上天皇の誕生日である一二月二三日に近い休日に変えねばならなかった。しかし、年末のクリスマス前後の週末に日系社会全体を動員するような行事を設定することは非現実的であった。まったくの偶然ではあるが、この年一九八九年が日本人ペルー移住九〇周年に当たっていたことから、この年の運動会は、「移民九〇周年記念」として開催されることになった。天皇陛下万歳三唱が継続される意味も失われた。一方、移民九〇周年に際して、当時のペルー大統領アラン・ガルシアは、日本人集団契約移民が初めてペルーに足跡を印した四月三日を「日秘友好の日」とする大統領令を公布した。この「日秘友好の日」が、若干の紆余曲折を経ながらも、次第に公的な運動会の開催原理として定着してゆくことになった（図16-3）。

もっとも、戦前・戦後を通じて日系社会が動員してきた天長節・天皇誕生日・奉祝といった文化資源の痕跡は短

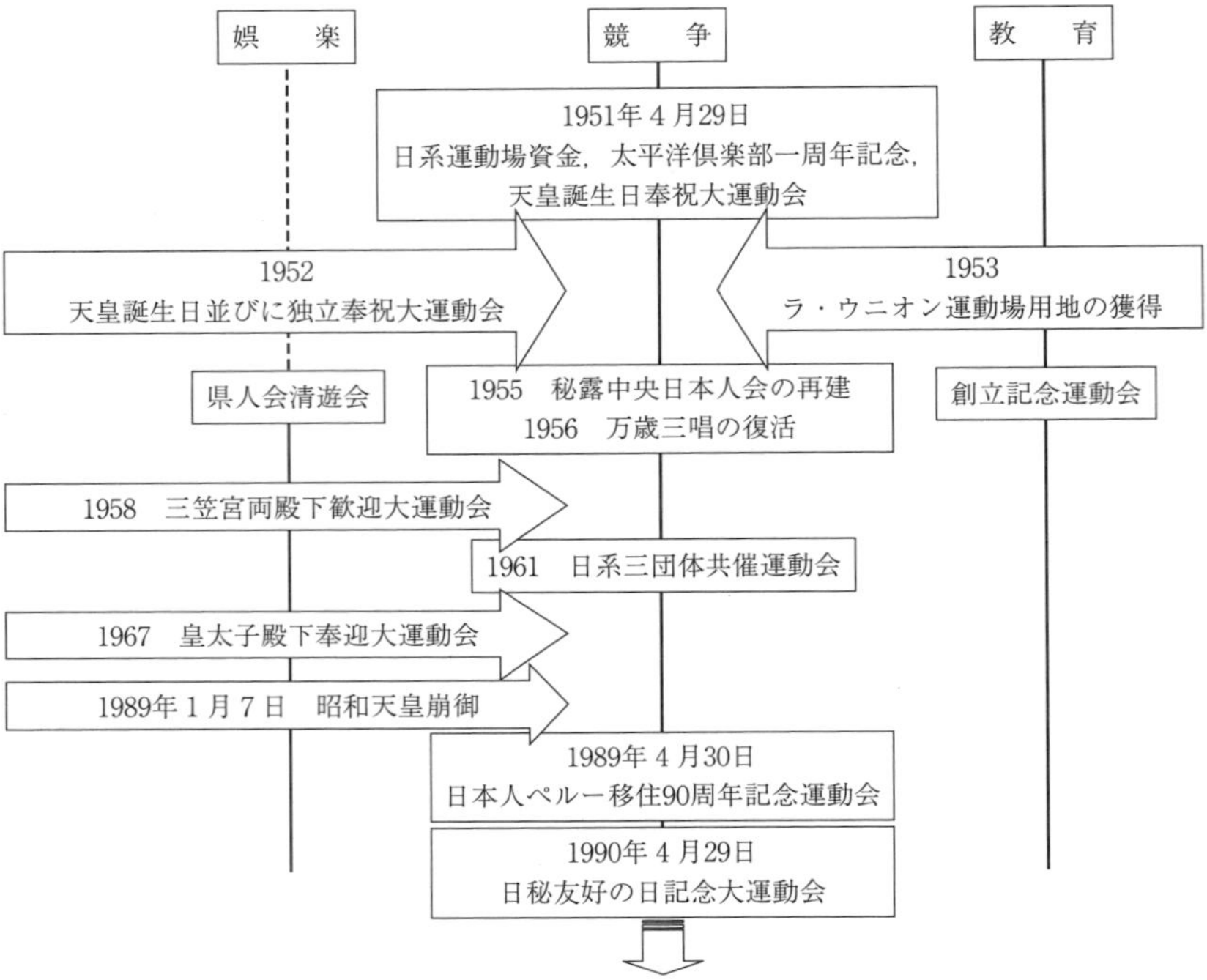

図16－3　戦後期運動会の系譜

出所：筆者作成。

時間で消え去るものではなく、日系社会のカレンダーに長年組み込まれていた運動会の日程を急に動かすこともまた困難であった。このため運動会はその後も、昭和天皇の誕生日に近い四月末から五月初旬の日祭日に開催され続け、「日秘友好の日」記念とされつつも、四月三日前後に行われる先没者慰霊祭などの行事からはほぼ一月近く遅れの行事となっている。一方で、日系紙の誌面では、天長節奉祝大運動会や天皇誕生日奉祝大運動会への思い出が、運動会のたびにノスタルジーを込めて語り続けられていくことになった。

　戦後の運動会は、わずかに残された一世や高齢の二世たちにとっては、天皇誕生日を奉祝することで、自らの日本人としてのアイデンティティを再確認（回復）しつつ、永住を決めた国ペルーで、息子や孫たちがペルー人として健全に成長してゆく事実を受けいれてゆくための時間と空間とを提供した。戦後生まれの二世たちは、一世の親に連れられ参加した運動会への郷愁を共有してはいたが、運動会は、そこに参加する各クラブが、屋台を設け、日本的なお弁当や巻き寿司、菓子などとともに、ペルーの庶民的な屋台料理、アンティクーチョやピカロンなどを売ることによる利益でクラブの運営資金を獲得する重要な場ともなっていたことを見、かつ自ら経験しながら成長していった。天皇誕生日を奉祝し、日本に向かい天皇陛下万歳を三唱するパフォーマンスは維持されていたが、一方で、戦前期のような店主と雇い人といった日系社会内部における階層性は実質的に失われていた。運動会は、ペルー人として成長していた二世たちのクラブが運動競技に参加し、同時に、運営資金を獲得する権利と義務とを得る場であり、二世の女性たちは戦前期同様に家族への昼食を準備する一方で、所属するクラブのために販売用の食べ物を準備するという役割を併せて担う場へと大きく変化していったのである。

一〇年の中断期を挟む、戦前・戦後の運動会は、天長節から天皇誕生日へ、四月二九日という固定された日から、それに近い日曜日へと変化しつつも、昭和天皇の誕生日の奉祝や、万歳三唱などにおいては明らかに連続性が見られた。しかしながら、一世や戦前生まれの二世による天長節奉祝大運動会への想いや郷愁と、文化資源としてそれを共有することのできない戦後ペルー社会の中で成長して行った二世や三世たちとの距離感とが、時とともに複数の中心を持つ楕円が広がるように、運動会の開催原理そのものへの意識を揺るがしてゆき、昭和天皇の逝去を契機に、奉祝から記念へのシフトが容易に実現したと言うことができるであろう。

ペルー移民一〇〇周年記念行事が盛大に催された一九九九年には、記念行事が錯綜しているという理由で、戦後だけでもほぼ五〇年間一度も中断することなく続けられてきた「由緒ある運動会」が中止となった。公的には、天皇誕生日奉祝から、移民を記念する「日秘友好の日」の行事となっていた運動会を、移民一〇〇周年記念行事のために中止することは、すでに大きな議論や決断を要するものではなくなっていたのである。

このように、日本、就中天皇という存在を参照項として開催されていた戦前の天長節、戦後の天皇誕生日を奉祝するための運動会は、一九八九年に「日秘友好の日」記念へと開催理由を変えながら、時の流れを越えて日系社会の伝統行事として現在も生き続け、二一世紀のペルー日系社会は、一世紀近い歴史を持つこの運動会を、自分たちの祖先たちを記念する「日秘友好の日」の行事とする新たな伝統を作り上げつつあると言えるだろう。

文献

赤木妙子、二〇〇〇、『海外移民ネットワークの研究――ペルー移住者の意識と生活』芙蓉書房出版。

Asociación Estadio La Unión, 2014, *Revista Commemorativa 60 años 1953-2013*, AELU.

熊本海外協会秘露支部編、一九二九、『創立拾周年記念会報』熊本海外協会秘露支部。

Hargreaves, John, 1986, *Sport, power and culture : a social and historical analysis of popular sports in Britain*, St. Martin's Press.（＝一九九三、佐伯聰夫・阿部生雄訳『スポーツ・権力・文化――英国民衆スポーツの歴史社会学』不昧堂）

秘露福島県人会編、一九二九、『創立拾五周年記念会報』秘露福島県人会。

秘露中央日本人会庶務課、一九三九、『會誌』秘露中央日本人会。

サカタ・ナンシー編、一九九五、『ウニオン運動場四十年の歩み』坂田嘉一。

櫻井進、一九三五、『在秘同胞年鑑』日本社。

田中重太郎、一九六九、『日本人ペルー移住の記録』ラテン・アメリカ協会。

八木宣貞、一九六三、『五十年前後の思い出』私家版。

柳田利夫、一九九三、「リマ市におけるレチェリア（牛乳商）と天草郡出身ペルー移民――契約移民の都市への動きと呼び寄せ移民の役割」『史学』第六二巻四号：三八三-四四八頁。

柳田利夫、一九九五、「戦前期リマ首都圏における日系社会の人口分布と職業構成」柳田利夫編『アメリカの日系人――都市・社会・生活』同文舘、三三-五五頁。

柳田利夫、一九九七、「日系人からLos Nikkeiへ」柳田利夫編『リマの日系人』明石書店、二七三-三一九頁。

「学事報告書」（在リマ日本総領事館所蔵資料）

「南米派遣日本陸上選手関係」外務省外交記録I.1.12.0.2-1（外務省外交史料館）

「日本婦人会議事録」（ペルー日本人移民記念史料館）

『アンデス時報』（ペルー日本人移民史料館）
『秘露報知』（ペルー日本人移民史料館）
『リマ日報』（ペルー日本人移民史料館）
『ペルー新報』（ペルー日本人移民史料館）

第17章　オリンピックと帝国のマイノリティ
——田中英光「オリンポスの果実」の描く移民地・植民地

日比嘉高

1　オリンピックを描く小説

オリンピック代表選手が書いた小説というものを、想像することができるだろうか。それはやはり競技をめぐる物語になるだろうか。あるいは、代表となるまでの苦難の歴史に始まり、輝かしい檜舞台に立つまでの成長譚となるだろうか。

実際、日本の近代文学史上に、オリンピック選手によって書かれた小説は存在する。一九三二年の第一〇回夏季ロサンゼルス・オリンピック大会においてボート競技（エイト）の日本代表だった田中英光による、「オリンポスの果実」（一九四〇年）がそれである。(1)

ただ、田中の中篇小説「オリンポスの果実」は、作者自身が選手として参加したロサンゼルス・オリンピックを確かに描いているが、しかしその描き方は〝スポーツ小説〟を期待する読者の期待を裏切る。スポーツ競技の盛り上がりもなければ、成長の苦難の起伏もない。雑誌発表時に月評を書いたある批評家は、「この作品の興味のあるところは、国際的なオリンピツク競技の裏面にひそむ、あまり綺麗でないところが、方々にさらけ出されてゐる点だ」と指摘している（嵯峨伝 1940）。この小説は、若い片恋の純愛を描いた青春小説としても読める。だが、ぐるぐると独り相撲を繰り返し、恋の対象となった女性との直接的な交渉をわずかしか描こうとしないこの作品は、恋愛小説と呼ぶこともまた躊躇させる。

疋田雅昭は「オリンポスの果実」を、「異常」なテクストと評している。作品の中にはさまざまな対比構造が見い出されるが――たとえば時局への迎合と抵抗、女性への純愛とその断念、体育会的な仲間意識と文学的自意識など――、結局ストーリーも主題も、これらの多くの対比からいずれも抜け落ちていってしまうというのである（疋田 2009）。

この小説は、確かに奇妙な小説である。だが私自身は、この小説の奇妙さは、必然的なものでもあったと考えている。オリンピックを取り上げながらオリンピックを描かず、恋愛を語りながらそこから逃げていくこの作品の特質は、舞台となった一九三二年と、作品が発表された一九四〇年の時代的推移の中にその秘密がある。田中英光は、一九三〇年代後半という、日本がアジア太平洋戦争へと向かう時代を、帝都東京と移民地ロサンゼルスと植民地朝鮮、そして中国大陸の戦線を移動して過ごした。「オリンポスの果実」のおさまりの悪さは、激しく動いた時代を生きた田中英光という一人の人間の、まとまらぬがしかし複眼的な観察によってもたらされている。

本章では、「オリンポスの果実」の表現の検討を通して、田中が何を見、何を語ろうとしたのかを考えてみたい。それは、オリンピックという強い光源が浮かび上がらせた帝国日本とその移民地・植民地の陰影をたどって行く作業になるだろう。

2　田中英光と「オリンポスの果実」

田中英光（一九一三～四九）は無頼派の小説家として知られる。体格に恵まれた田中は、一九三〇年、早稲田第二高等学院に入学したあと、同学院の漕艇部に入部し、一九三二年四月に早稲田大学政治経済学部に進学してからもボート競技を続けていた。早稲田大学に入学した直後の五月、同大のエイトクルーのオリンピック出場が決定、六月末にはロサンゼルスに出航した（磯編 2014）。

「オリンポスの果実」のあらすじは次のようなものである。京城に住む「ぼく（坂本）」は、裏庭に杏の実を捨てた。それはかつてロサンゼルスに向かう船上で、熊本秋子からもらったものだった。「ぼく」も秋子もオリンピックの日本代表で、それぞれボートとハイジャンプの選手だった。船中で秋子に一目惚れした「ぼく」だったが、先輩たちには詰られ、監督による船内での男女交際禁止の指示もあって、恋愛はうまく進まない。ハワイ、サンフランシスコを経由して一行はロサンゼルスに入る。在米の日系人たちの熱烈な歓迎とサポートがあったが、「ぼく」のボート競技は惨敗に終わった。

帰国の船中でも秋子と「ぼく」が接近することはなく、帰国後は連絡も絶えた。早稲田大学のボートクルーたちは、バラバラに散り、ある者は自死や戦死を遂げた。戦地から秋子に手紙を送ったことを思い返しながら、「ぼく」は、彼女がいったい自分のことを好きだったのか、とあらためて問いかけた。

「オリンポスの果実」は、基本的にはロサンゼルス往復の紀行記という構造を持つ。そこに横糸として、主人公「ぼく」の熊本秋子への恋情と独り相撲の様子が描かれ、若々しい恋の煩悶が作品の主調をなす。

だがこの作品にはいくつか気になる特徴がある。この作品は、オリンピックをめぐる紀行小説でもなければ、恋愛小説でもない。注目すべきなのは、主筋の傍らに田中が書き込んだ細々としたエピソード群である。それは確かに些細な断片だが、作品全体に埋め込まれたそれらの細部を総合すると、移民地・植民地へとスポーツの国際化と大衆化が及んでいく光景が浮かんでくるのである。その焦点となるのが、国際的なスポーツ・イベントとして世界中の注目を集めるようになっていたオリンピック大会なのである。

3　一九三二年のロサンゼルス・オリンピックと日本

近代オリンピックの歴史について簡略に振り返っておこう。フランスのピエール・ド・クーベルタンの提唱で、近代オリンピックが始まったのは一八九六年、会場はアテネだった。スポーツの祭典と呼ばれるオリンピックは、今、世界の国々から多様な人々が集う競技大会であるが、一九世紀末に再興された近代オリンピックは、当初白人たちの大会だった。欧米における白人のスポーツ大会だったそれが、多様な民族の競いあうものへと変貌していく過程は、スポーツ文化の世界化および大衆化とまさに平行していた。東洋からはじめてとなる日本の参加は一九一二年、ストックホルム大会である。依然としてスポーツ文化を取り囲んでいた人種・民族の壁は高かった。

多民族化という観点から日本のオリンピック参加史を振り返れば、一九三二年のロサンゼルス・オリンピックが画期だった。第一〇回となるこの大会には、はじめて朝鮮半島出身者三名と台湾出身者一名（いずれも男性）が出場した。

このロサンゼルス大会であわせて重要なのは、北米大陸の日系人たちが重要な役割を果たしていたという点である。夏季ロサンゼルス大会に送られた日本選手団は一三一名という大選手団だった。これはスポーツを通じた国威発揚の気運があったと同時に、開催地に日系人が多かったということも追い風になった（Yamamoto 2000：399-430）。実際、ロサンゼルスをはじめカリフォルニア州各地の日系人コミュニティでは、領事館や日本人会が深くかかわり、後援会の設立や寄付金の募集（総額七二七五ドル余）、映画公演巡行などが組織的に行われていた（白山 1933）。ロサンゼルス大会は、移民地・植民地も含む帝国としての日本が、総体としてかかわりを始めた大会だったのである。

もちろん、民族的な越境やそれに伴う参加者や観衆の多様化は、当然、軋轢も生んだ。川島浩平は、人種をめぐるさまざまな社会的規制が、〈スポーツする身体〉をとりまいていたこと、多人種化・多民族化というスポーツ界の人種をめぐる変化が顕在化するのは一九三〇年代だったこと、その背景として競技者の増加、競技の国際化、ナショナリズムの高揚（ナショナル・チームへの注目）があったことなどを指摘している（川島 2012）。ロサンゼルス・オリンピックの時代、スポーツするマイノリティの身体は、民族的抗争の賭け金となっていたのである。

4　「オリンポスの果実」とアメリカ日系移民

本章が注目する田中英光の「オリンポスの果実」が興味深いのは、オリンピックを描きながら、以上のような帝国とスポーツのかかわりに、しっかりとそのまなざしが及んでいるという点である。

たとえば作品には、ハワイ、サンフランシスコ、ロサンゼルスといったアメリカの主要な日系人コミュニティが、オリンピック選手団を歓迎する様子が書き込まれている。次に示したのは、横浜を出た派遣選手団がハワイに寄港したときの様子である。

> 恰も、直ぐそのあとで、ぼくの胸には、歓迎邦人からの、白い首飾りの花が掛けられました。……それから、間もなく催して頂いた、ハワイの官民歓迎会の、ハワイアン・ギターと、フラ・ダンス、いずれも土人の亡国歌、余韻嫋々たる悲しさがありましたが、ぼくは、その悲しさに甘く陶酔している自分を、すぐ発見して、なにか可憐《いと》しく思ったのです。（田中 1965：33-34）

選手団は、ハワイ到着後に「官民歓迎会」で歓待を受ける。それだけでなく、サンフランシスコでも「WELCOME の旗の波と、群集の歓呼の声」で迎えられ（田中 1965：48）、そのなかには「熱狂する邦人の一群」があったという。帰路のホノルルでもまた、主人公は「日本領事館で、官民合同の歓迎会」があり、「みも知らぬ赤の他人の邦人」の好意に「真実、日本人同士ならばこそという気持」を味わったりしている（田中 1965：74）。写真（図

図 17－1　ロサンゼルス日本人街の代表派遣団の歓迎振り

出所：日本陸上競技聯盟編（1934）

17‒1）は、歓迎に湧くリトル・トーキョーの写真である。

「オリンポスの果実」は、ロサンゼルスの日系人コミュニティによる選手団への援助についても記述している。

> 日本人のコックさんが、広島弁丸出しの奥さんと一緒に、すぐ、久し振りの味噌汁で、昼飯をくわしてくれました。娘の花子さんは十五歳でしたか、豊頬黒瞳、まめまめしく、ぼく達の汚れ物の洗濯などしてくれる、可愛らしさでした。
>
> 翌日、マリンスタジアムに練習始め。ぼく達よりも、近所の邦人の方々が、張り切って、自家用車で、練習場まで、送って下さるやら、スタンドに陣取って声援して下さるやら（田中 1965：50‒51）

> 日本の選手一同、車を連らねて聖林《ハリウッド》見物に行ったのもその頃でした。車は全部、在留邦人の方々の御好意で、提供して頂き、スマートな中級車から、豪奢な高級車ばかり。ぼくの乗せて頂いたのも、華奢な白塗りのリンカン・ジェノアで、車内に、ラジオも、シガレット・ライターも装備してある豪勢さでした。
>
> 途中、サンキスト・オレンジのたわわに実る陽光眩い南カルフォルニアの平野を疾駆、処々に働いている日本人農夫の襤褸ながらも、平和に、尊い姿を拝見しました。（田中 1965：62）

主人公の目は、日系人に対して好意的であり、その姿をしっかりと観察している。だが「オリンポスの果実」が、普通のテクストではないのは、その観察と表象が、単に日系人の姿を書きとどめたというレベルにとどまらない点にある。主人公「ぼく」は、ハワイで歓待してくれた日系二世の娘たちに対して、「ぼくはふき出したい衝動のあとで、泣き出したいような気になりました。だって、このお嬢さん達は、きっと祖国を知らないんだ。だから日本の礼儀、日本の言葉もよく知らないのだろう。笑ってはいけない」(37-38)と思ったり、観光で出かけた歓楽地のゲームで、ボールをぶつけられる的にされていた黒人が「意外にも日本人」の変装だったことに気付いたエピソードを紹介したりする。あるいはまた歓迎会の式典で「前田河広一郎の『三等船客』」――日本へ帰還する移民たちを描いたプロレタリア小説――を「懐中にねじこ」んでいる青年に会う場面もある。これらは、作品の本筋とは、ほとんど関係がない。

こうした細部のエピソードが、作品の主筋を逸脱してまで語ろうとしているのは、たとえばハワイの日系人二世たちと日本育ちの「ぼく」との文化的差異であったり、アメリカ社会において日系人がしばしば受ける差別や他者化の扱いであったり、日系人の内部に存在する多様性であったりする。

最も印象的なのは、次の場面であろう。ロサンゼルスでの日程を終え、主人公たちはアメリカ本土を発ってホノルルに寄港する。そこでは、行きにも見送ってくれた二世の娘が待っており、彼女は次のような手紙を主人公に渡したのであった。手紙は、彼女が見たという夢を記述している。夢では「ずっと前、日本に帰って死んだお祖母さん」が彼女の手を引いて、「これから坂本さんのお宅に行くんだよ」と見たこともない日本の町を歩いて行く。

　ところが、お家の前に広い深い河がありまして、お祖母さんは妾の腕を抜けそうに引張り、ジャブジャブ渡って行きましたが、妾の着物はびしょぬれで、皺くちゃになりました。すると、お祖母さんは、たいへん怖い顔になって、「坂本さんのお宅は、お行儀が煩いから、ちゃんとしたなりで、お前が行かないと、花嫁さんにはなれないよ」と怒ったので、妾はいつまでもいつまでも泣いていました。(田中 1965：75)

わかりやすい夢の話といえばそうである。二世の娘には、まだ訪ねたことのない日本への憧れと恐れがある。それは「日本に帰って死んだお祖母さん」や、自分自身の嫁入りのかたちによって、日本へのつながりが家系として明白に彼女の意識を貫いている。だが、そこには分断がある。彼女が新しくつながるべき結婚相手の坂本の家の前には「広い深い河」があり、彼女の侵入を拒んでいる。家族の係累を擬人化した存在としての「ずっと前、日本に帰って死んだお祖母さん」は、ぐいぐいと彼女の手を引っ張っていく。その力で彼女の身体はずぶ濡れとなり着物が乱れる。祖母は自身が招いたことでありながら、その不行儀を叱責する。この矛盾に彼女の引き裂かれた自意識が読めるだろう。田中の作品は、ハワイ二世の女性たちの分裂せざるをえない、祖国や家系、性、結婚への思いを、見事な夢の形象で表現するのである。

5　「オリンポスの果実」と帝国の光、帝国の影

「オリンポスの果実」における田中のまなざしを、さらに探ってみよう。マイノリティたちの表象に着目する。「オリンポスの果実」には、多様なマイノリティが登場する。たとえば、ハワイでは「午前中の甲板には、銭拾いの土人達が多勢、集まって来ていて、……その中に、ぼくは片足の琉球人城間《グスクマ》某と言う、赤銅色の逞しい三十男を発見し、彼の生活力の豊富さに愕いたものです」（田中 1965：36-37）というように「銭拾いの土人達」に混じっている「片足の琉球人」を発見する。

日本選手団がサンフランシスコ到着した場面も印象的である。語り手は「市長さんから、大きな金の鍵《ゴールデンキー》を頂くまでの市中行進も、夢のような眩惑さに溢れたものでした」といいながら、「そのうち、忘れられぬ一つの現実的な風景があ」ったと続ける。

　フリスコの日当りの好い丘の下に、ぼく達を迎えて熱狂する邦人の一群、その中に、一人ぽつねんと、佇ん

図17－2　徐廷権

出所：『羅府新報』1932年7月20日

> でいる男がいた。潰れた鼻に、歪つな耳、一目でボクサーと判る、その男は、あまりにも、みすぼらしい風体と、うつろな瞳をしていました。
>
> 　一行中の朴拳闘選手が、この男をみるなり、「金徳一だ！」と叫び、駆けよって手を握っていましたが、その男の表情は、依然、白痴に近いものでした。金徳一は、知る人ぞ知る、先のバンタム級世界ベストテンへ数えられた名選手でした。リングでの負傷が祟って、落ち目が続き、帰国の旅費もないとやら。ぼくは、絢爛たる、あの行進の最中、彼の幻が、暗示するものを、打消すことが出来なかったのです。（田中 1965：48）

　この「金徳一」にはおそらくモデルがある。徐廷権というのがその選手の名である（図17-2）。たとえば一九三二年のロサンゼルス・オリンピックがまさに開催されていたそのとき、地元の日系新聞『羅府新報』が、日本で負けなしの戦績を残していた朝鮮系のプロボクサー徐廷権がロサンゼルスで試合を行ったという記事を掲載している。(2)

当時、カリフォルニアで活躍していた朝鮮系のボクサーは他にいないため（Svinth 2001）、「金徳一」の発想の源になっているのは、徐廷権だったと見てよいと考える。とすれば、徐廷権を起点とした「金徳一」への変化のさせ方が興味深い。注（2）に示した『羅府新報』の記事および図17-2の写真キャプションが語るように、徐廷権は現役で活躍している「負けを知らぬ」「沸騰的人気」の選手だった。田中英光はその彼を「潰れた鼻に、歪つな耳、一目でボクサーと判る、その男は、あまりにも、みすぼらしい風体と、うつろな瞳をしていました」と表現し、「表情は、依然、白痴に近い」「リングでの負傷が祟って、落ち目が続き、帰国の旅費もない」と、落ちぶれてしまった過去の名選手として語るのである。

到着を祝う晴れの場面に、なぜわざわざこうした人物を配するのだろうか。語り手は、「ぼくは、絢爛たる、あの行進の最中、彼の幻が、暗示するものを、打消すことが出来なかったのです」（田中 1965：48）という。つまり、かつては華々しい活躍をしていた選手も、その盛りが過ぎてしまえば凋落して行かざるをえない、というスポーツ選手の運命を示し、日本代表選手としてオリンピックへ来ている自身を待ち受ける宿命を匂わせたものだろう。

田中は、「オリンポスの果実」を、自らの栄光の記録として書くつもりはなかった。なぜそうだったのだろうか。その理由を考えるためには、この作品がロサンゼルス・オリンピックが終わって八年後に発表されているという時間の経過を考慮に入れる必要がある（奥野 1965）。ロサンゼルス・オリンピックは一九三二年、「オリンポスの果実」の雑誌発表は、一九四〇年である。そしてその間、田中には植民地体験があり、戦場の体験があった。

一九四〇年といえば、すでに日中戦争は三年目を迎え、国家総動員法も成立（一九三八年）、ヨーロッパでは一九三九年にドイツがポーランドに侵攻し、大戦が始まっている。一九三二年の状況とは、社会も、田中自身も、まったく違っていたことに留意せねばならない。太宰治は田中が「オリンポスの果実」の原稿を持って彼を訪ねた時のことをこう回想している。「私に手渡した原稿は、戦争の小説ではありませんでした。オリンピック選手としての、十年前の思い出を書いた小説でありました」（太宰 1990：348）。この言葉には，過ぎ去った歳月への距離感が響いていると読むべきだろう。

本章が注目してきた，帝国のマイノリティたちに光を当てる作品の表現は，八年の時間経過の中で獲得された，作家の体験と視野の広がり，自身の経験を相対化する視線によって可能にされたものだったとみるべきである。振り返ってみれば，「オリンポスの果実」は，次のような冒頭近くの一節で始まっていた。

> 迷いというには，あまりに素朴な愛情，ろくろく話さえしなかった仲でしたから，あなたはもう忘れているかもしれない。しかし，ぼくは今日，ロスアンゼルスで買った記念の財布のなかから，あのとき大洋丸で，あなたに貰った，杏の実を，とりだし，ここ京城の陋屋の陽もささぬ裏庭に棄てました。そのとき，急にこうしたものが書きたくなったのです。（田中 1965：7）

そして作品の結末の一節は，次のようである。

> 戦地で，覚悟を決めた月光も明るい晩のこと，ふっと，あなたへ手紙を書きましたが，矢張り返事は来ませんでした。
> あなたは，いったい，ぼくが好きだったのでしょうか。（田中 1965：89）

つまりこの小説は，ロサンゼルスの記念を京城で捨てた場面で開始され，戦場から日本へと手紙を送ったことを想起しながら終わるのである。空間を大きく往還するのは，主人公だけではない。彼がロサンゼルスへともに赴いた漕艇部の仲間たちも，それぞれに散り散りになっていったと語られるのである。「オリンポスの果実」の結末部分から引用する。

『若き君の多幸を祈る』と啄木歌集の余白に書いてくれた美少年上原が、女に身を持ち崩し、下関の旅館で自殺をしたときいた。銀座ボーイの綽名があった村川が、お妾上がりのダンサーと心中して一人だけ生残ったとの噂もきいた。

沢村さんは満洲へ、松山さんは爪哇《ジャワ》へ、森さんは北支、七番の坂本さんはアラスカへと皆どこかへ行ってしまった。

東海さんは昨年、戦地で逢いました。サブの佐藤は戦死したと聞きました。（田中 1965：89）

クルーたちは自殺したり、心中し損ねたりしていた。あるいは戦地へ行き、そこで死んでいた。オリンピック代表選手同士の恋の物語という作品の表面的ストーリーの裏側には、時代の進行に伴う、帝国日本の変化があり、そのなかで翻弄された仲間たちのその後の生があった。

6　外地から帝国の影を読み直す

「ここ京城の陋屋」からあなたに宛てて書く手記として、「オリンポスの果実」を読み直すことにしよう。それは、戦地からかつて送った手紙と同様に、返答はないだろうし、そもそも届くことさえないのかもしれない。

「オリンポスの果実」は当初「杏の実」という名で執筆されていた。それを田中が太宰に相談して、今あるタイトルとなった。島田昭男は、命名の際に太宰の手許にあったという『ギリシャ神話』（早稲田大学出版部、一九二一年一一月）を念頭に置きながら、永遠に果実を手にできないタンタロスの神話の寓意に着目し、「永久に手に入ることのない果実はまさしく坂本にとっての〈永遠の恋人《エターナル・ラバー》〉であり、その眩暈的青春を象徴するもの」（島田 1989：116）だったと述べる。この指摘は表の主題の分析としては正しい。

しかし、今必要なのは、「オリンポスの果実」に上書きされてしまった「杏の実」を、「京城の陋屋の陽もささぬ裏庭」から再び拾い上げること——つまり帝国の光が塗りつぶした暗部を明るみに出すことではないのか。田中が書こうとしたのは、オリンピック代表だった時代の栄光の個人史であり、恋愛の想い出であり、そして同時にその光と共存していた帝国日本の影の部分だっただろう。

近代オリンピックの時代は、帝国の時代であり、植民地の時代であり、人の国際移動の時代だった。「オリンポスの果実」のまなざしは、スポーツと恋愛のすぐ脇に、植民地出身のボクサー同士の出会いや、移民地二世の娘の分裂したアイデンティティ、戦場に散っていく同級生たちの姿などを見い出した。田中英光の見た一九三〇年代の帝国の姿とは、まさに光と影の交錯する時空間としてあったのである。

注

（1）田中英光「オリンポスの果実」は『文學界』一九四〇年九月発表。のち同年一二月に高山書院から単行本として刊行された。概要と関連文献は田中励儀（2014）に詳しい。

（2）「負けたことのない徐廷権選手」（一九三二年七月一五日）、「沸騰的人気の徐廷権」（同、二〇日）、「寸隙なく奮戦した徐廷権判勝す」（同、二六日）、いずれも『羅府新報』掲載。

文献

太宰治、一九九〇、『太宰治全集』第一〇巻、筑摩書房。

疋田雅昭、二〇〇九、「スポーツしない文学者——祭典の熱狂から抜け落ちる『オリンポスの果実』」疋田雅昭・日比嘉高編『スポーツする文学——1920-30年代の文化詩学』青弓社、二九二-三一八頁。

磯佳和編、二〇一四、「田中英光年譜」越前谷宏他編『田中英光事典』三弥井書店、五四一-五五九頁。

川島浩平、二〇一二、『人種とスポーツ——黒人は本当に「速く」「強い」のか』中央公論新社。

日本陸上競技聯盟編、一九三四、『第十回　オリムピック大会報告』三省堂。

織田幹雄、一九四八、『オリンピック物語』朝日新聞社。

奥野健男、一九六五、「解説」田中英光『田中英光全集』第一巻、芳賀書店、三一三-三二五頁。

嵯峨伝、一九四〇、「創作月評」『新潮』三七（一〇）、九六-九七頁。

島田昭男、一九八九、「オリンポスの果実」『解釈と鑑賞』五四（六）、一一三-一一六頁。

白山源三郎、一九三三、「オリムピック前羅府に於ける準備」大日本体育協会編集『第十回オリムピック大会報告』大日本体育協会。

Svinth, Joseph R, 2001, "Fighting Spirit: An Introductory History of Korean Boxing, 1926-1945", *Journal of Combative Sport*, July 2001. (http://ejmas.com/jcs/jcsart_svinth_0801.htm, November 29, 2016)

田中英光、一九六五、『田中英光全集』第一巻、芳賀書店。

田中励儀、二〇一四、「オリンポスの果実」越前谷宏ほか編『田中英光事典』三弥井書店、五一-五四頁。

東原文郎、二〇一三、「1912年~2008年夏季オリンピック日本代表選手団に関する資料——所属組織と最終学歴を中心に」『スポーツ科学研究』第一〇号：二四一-三二六頁。

Yamamoto, Eriko, 2000, "Cheers for Japanese Athletes: The 1932 Los Angeles Olympics and the Japanese American Community", *The Pacific Historical Review*, 69(3): 399-430.

第Ⅴ部　交わる

第18章　ハワイ音楽と日系人
――人種意識の変化と「ローカル音楽」の形成

早稲田みな子

1　「ローカル音楽」にかかわる日系人

これまでのアメリカ日系文化研究では、盆踊りや太鼓など、日本から移入された文化に焦点があてられてきた。しかし、ひとたびハワイの音楽や楽器に目を向けてみると、そこにも日系人が少なからず関与していることに気づく。実際日系人はハワイ音楽を受容するだけでなく、その担い手として重要な役割を果たしてきた。一方、日系人の間には、かつてハワイアン（ハワイ先住民系の人々）に対する差別感情があったともいわれている。そこで本章では、日系人がどのような過程を経てハワイ文化の担い手となっていったのかを、日系人とハワイアンの関係に着目して考察する。まず戦前から現代に至るまでの日系人とハワイ音楽のかかわりを概観し、その後、戦前と戦後に行われた統計調査に基づき、日系人のハワイアンに対する人種意識の変化を探る。そして二〇一五年に筆者が行ったインタビューとアンケート調査を中心に、ハワイ音楽が人種を越えて共有される「ローカル音楽」となっていることを指摘する。

ハワイにおいて「ローカル」という言葉は、人種や民族を越えハワイの「土地っ子」という意識を共有する人たちの総称として特別な意味を持っている。特に一九七〇年代に起こったハワイ文化復興運動においては、アメリカ主流文化への同化、海外資本による土地開発など外部からの圧力に対し、地元の人々が共同体意識を形成するにあたって重要なキーワードとなった。このように「ローカル」は、汎民族的に共有されるハワイの人々のアイデンティティと文化を指す。伝統的なものから西洋の影響を受けたものまで、ハワイ音楽の担い手は、もはやハワイアンのみならず、混血・多民族からなる幅広い「ローカル」である。

2　日系人は、どのようにハワイ音楽とかかわってきたのか

戦前の日系人とハワイ音楽

ウクレレは戦前からハワイの人々の間で人種を問わず普及していた。弾くのはハワイ音楽とは限らず、歌の伴奏として気軽に使われていた（ハーブ・オオタ談、二〇一三年三月四日）。ハワイアン・スチールギターはウクレレほど普及していなかったが、後に日本で活躍することになるバッキー白片（一九一二〜九四）は、学校で知り合ったハワイアンの友人の影響で一七歳からスチールギターを始めている（ボロー白片談、二〇一三年二月一三日）。ハワイ大学在学中の一九三三年には、チャーリー野坂（一九一四〜？　ギター）、森脇悟（？〜？　ウクレレ）とともに、アロハ・ハワイアン・トリオを結成し、ホノルルのラジオ局のアマチュアコンテストで優勝、その懸賞として日本コロムビアからレコードを出した。白片の伝記の著者、早津敏彦によると、当時ホノルルでスチールギターを弾く日系青年は、白片の他にメル阿部正夫（一九一二〜？）とトマス太田喬《たかし》くらいであった（早津 1982：87）。また同じ頃、ジェリー栗栖（一九一六〜六一）がハワイアン・バンドでギターを弾いていたという（早津 1982：70）。白片らと同世代のへイゼル山口は、高校二年生のときにハパ・ハワイアンズというグループを結成している。三人の日系少年が、それぞれウクレレ、スチールギター、ギターを演奏し、その伴奏で山口が歌った。彼女の歌唱法は、ファルセット（高音の裏声）を駆使したハワイアン・スタイルで、日本語ラジオ放送でも放送されていたという（Kanahele 1982：

図18－1　第442連隊戦闘団　ハワイアン・バンド（於：イタリア）右端はバンド・リーダー兼スチールギター奏者，ハリー・ハマダ，隣はボロー白片

出所：ボロー白片提供

14)[1]。また、スチールギターの阿部は一九三八年にヘイゼル山口（歌）、トム・タナカ（歌）、サム・ヨシオカ（ギター）、ショーソー（Shoso）・ナリカワ（ベース）、ジョー・サトウ（ギター）とともにアロハ・セレナーダーズを結成し、一九五〇年に解散するまで活動を続けている(Kanahele 1982 : 14)。ハワイ出身の二世が多数所属していた日系人部隊、第四四二連隊戦闘団の中にもハワイアン・バンドがあった（図18－1）。この部隊のメモリアル・アルバムにもウクレレを演奏する日系兵士の写真が掲載されている（*The Album*）。

カナヘレは、ハワイ音楽がこうして徐々に日系の若者の間にも浸透していった背景として、ハワイ音楽の世界的流行を指摘している(Kanahele 1982 : 11)。当時流行していたのはハパ・ハオレ・ソングと呼ばれるもので、ハワイ音楽とアメリカのポピュラー音楽を融合し、ハワイを想起させる歌詞を英語で、あるいはハワイ語と英語を取り混ぜて歌ったものである。一九一五年にパナマ・大平洋万国博覧会（於サンフランシスコ）でハワイの音楽家によって披露されて以来、アメリカで人気に火がついた。アメリカ本土の作曲家たちもハパ・ハオレ・スタイルの曲を多数発表し、セクシーなフラ・ガールのイメージとともに、エキゾチックな南の楽園ハワイはアメリカ音楽産業において重要な位置を占めるようになっていった。

一方、バッキー白片に関する以下の引用が示唆するように、当時はハワイ音楽に対して一世からの反発もあった。

> ……当時の日本人移民のあいだには、ハワイ人の音楽をやることなど白眼視する風潮があったから、バッキーは外では絶対に弾かない、自分の家の中だけで練習するという条件付きで両親の許しを得たのである。（早津 2007：82）

> 当時ハワイアン・ギターを外で弾くのは絶対にいけないというので、外ではもっぱらミュージック・ショップに行ってレコードや、当時アメリカから功成り遂《ママ》げてハワイへ帰ってきていたソル・フーピー（ソロモン・ホオピイ）の演奏などを聞いては、家に帰って練習していました。（早津 1998）

チャーリー野坂も同様に、ハワイ音楽を演奏することを親から強く反対され、部屋の鍵をかけシーツにくるまって、音が聞こえないように練習していたという（Kanahele 1982：11）。

メル阿部の父は、もっと堅実な道を歩んでほしいという気持ちから、メルがハワイ音楽にかかわることに反対していた。保守的な進路から外れることに反対するのは、一世に典型的なリアクションだった。一方、メル阿部の母は、カウアイ島ワイメアのハワイ語主流のコミュニティで育った日系二世で、日本語や英語よりもハワイ語を得意とし、息子の音楽活動を応援していた。メルがハワイ語の歌詞の意味を聞くと、いつでも教えてくれたという（Kanahele 1982：11）。このように、同じ日系人でも生まれ育った環境によって、ハワイアンに対する態度には大きな違いがあった。しかし、いずれにしろ、戦前から確実にハワイ音楽は日系社会にも浸透し始めていた。

戦後――日系プロ演奏家の活躍

戦後になると、日系のプロ演奏家がハワイ音楽界で活躍し始める。灰田有紀彦・勝彦兄弟、バッキー白片など、戦前から日本で活躍するようになった二世もいるが、本論ではハワイの音楽界で活躍した日系人に焦点を絞る。

スチールギター奏者のメル阿部（一九二二～？　母：二世、父：一世）は、一九三八年に結成したアロハ・セレナーダーズを一九五〇年に解散した後も、家業の食料品店を経営する傍ら、ハワイアンの音楽家とともに演奏活動を続けた。一九五九年からは、それまで六年間演奏していたハワイアン・ヴィレッジ・タパ・ルームの仕事を辞め、ロイヤル・ハワイアン・サーフ・ルームのチャーリー・ミラー（Charlie Miller）のバンドでフルタイムで演奏するようになる（Kanahele 1982：14）。一九六〇年には、彼が憧れていたジュールス・アー・シー（Jules Ah See）が亡くなり、その穴埋めをバンド・リーダーのベニー・カラマ（Benny Kalama）に頼まれる。これを機に、多くのハワイ音楽家の目に留まり、彼らのアルバムにも多数参加した（Todaro 1974：18）。

ハーブ・オオタ（一九三四〜　母：ハワイ島生まれの二世、父：広島出身の一世）は、一九六三年にハワイのレコード会社（フラ・レコード）からシングル盤“Sushi”、続いてLP盤 *The Cool Touch of Ohta San* をリリースした。それまで主に伴奏楽器として使われてきたウクレレをソロ楽器として用い、日本の流行歌をボサノヴァ風にアレンジした斬新な演奏を聞かせて大きな注目を集めた。これらのレコードで初めてオータサンを名乗り、以後この愛称で知られるようになる。さらに一九七四年には、フランス人作曲家、アンドレ・ポップに委嘱した“Song for Anna”が大ヒットし、その名はアメリカ本土でも知られるようになる。

ハワイ音楽の枠を越えたウクレレ演奏は、実はオオタが初めてではない。彼が一番影響を受けた演奏家はエディ・カマエ（Eddie Kamae）というハワイアンである。オオタ一二歳、カマエ一九歳の頃、海軍から帰ったばかりのカマエは、日系人のショーイ（Shoi）・イケミとウクレレ・ラスカルズというデュオを組み、ウクレレをソロ楽器として弾きこなして、これまでにないほどウクレレの人気を高めていた。レパートリーは、タンゴ、ルンバ、ジャズ・スタンダードなど、ハワイ音楽以外の曲ばかりだった（Kanahele 2012：842）。カマエの演奏に衝撃を受けたオオタは、彼に直接会いに行き教えを乞う。そして一五歳からジョン・ルケラ（John Lukela）というハワイアンの友人と、陸海軍のＹＭＣＡの劇場で演奏するようになる。オオタは一九五三年から一九六三年、海軍の志願兵として日本に駐屯して士官付通訳をつとめ、その後一九六三年にハワイでデビューを果たすことになる（日本滞在中、灰田兄弟と会い、日本でも一九六一年と一九六三年にレコーディングしている）。

図18－2　ロイ・サクマと生徒たち

出所：2014年２月18日，カイムキの教室にて筆者撮影。

一九七〇年代――習い事としてのウクレレの展開

オオタの弟子、ロイ・サクマ（一九四八～　三世）はウクレレの指導者としてウクレレの普及に大きく貢献している。一九七四年にオアフ島のカイムキに教室を開いて以来、これまでに教えた弟子は五万人にのぼる（ロジャーズ 2012）。現在ではオアフ島に四ヶ所の教室を構え、インストラクターは計三〇名、すべてがもと弟子である（図18-2）。

サクマは母親の精神病などが原因で高校を中退した一六歳の頃、オオタのレコードを聞いて感銘を受け彼に教えを乞う。一九六六年、オオタの海外ツアー中にレッスンを任されたことがきっかけで教えることに生きがいを見出し、一九七四年にオオタの勧めで自分の教室を開いた。当初集まった八人の弟子のうち、四人の男の子でザ・ターマイツ（The Termites）というグループを結成し、いろいろなところで演奏させた。その知名度のおかげで子どもの弟子が急増し、その後も優秀な弟子を大勢育てている。

サクマはウクレレの普及を目的に、一九七一年よりウクレレ・フェスティバルをホノルルのカピオラニ公園で開催している。サクマの教室の有志からなる大規模ウクレレ・アンサンブルを編成し、演奏を披露する。その参加者数は、第一回＝二五人、第一四回＝二五〇人、第三五回＝八〇〇人と拡大した。なかでも秀でた弟子にはソロ演奏をさせ、さらに一流ウクレレ奏者によるゲスト出演もある。弟子の親族が大勢見に来るほか、参加無料であることも人気を呼び、一九七五年の集客はすでに三〇〇〇人を数えた。フェスティバルの宣伝効果でウクレレ教室の弟子も増加し、相乗効果をあげている。

サクマのウクレレ教室で二〇年以上に渡ってインストラクターをつとめてきたネリー・トヤマ・バデュリアとウェンディ・ヨシオカによると、特に人種による生徒の偏りは認識されていない。混血が多いので、名前や外見だけでは人種が判断できないことも多く、またそういう人たちに対して人種を尋ねることもないので、はっきりした人種分布や変遷は不明だが、ハワイの人種の多様性を反映したあらゆる人種が習いに来ているという（二〇一五年二月実施のアンケート調査より）。サクマはこうして習い事としてのウクレレを確立し、ハワイにおけるウクレレの活性化に大いに貢献している。

一九九〇年代——新しい世代の日系プロフェッショナルの台頭

ハーブ・オオタ・ジュニア（一九七〇〜　母：二世、父：ハーブ・オオタ）は、一一歳の頃から父がツアーで不在のときにウクレレ教室を任されていた。一九九〇年に父の録音に共演してデビュー、一九九七年には初のソロアルバムをリリースした。二〇一一年と二〇一三年にハワイのグラミー賞と言われるナ・ホク・ハノハノ賞を受賞、またハワイ・ミュージック・アワードも四度受賞している[2]。父とは対照的に、オリジナルも含みハワイ音楽にこだわった演奏活動を行っている。

ジェイク・シマブクロ（一九七六〜　沖縄系五世）は、七〜一一歳の間サクマのスタジオに通い、ウクレレの基礎を習得した。一九九八年にハワイアン・ポップスのバンド、ピュア・ハートのメンバーとしてデビューし、アルバム二枚をリリース、解散後にコロンを結成、そしてコロン解散後、ソロ活動を始めた。バンド時代からハワイで新人賞や最優秀アルバム賞を受賞し成功を収めている。特に、速弾きやエレキギターのような電気的な音の操作などで注目を集めた。二〇〇二年から日本人女性（一九九二年にハワイ移住）がマネージャーになり、日本のソニー・ミュージックエンタテインメントと契約を結んだ。以来、定期的な来日演奏を行っている。二〇〇六年に“Ukulele Weeps by Jake Shimabukuro”[3]と題したアコースティック演奏の動画を YouTube にあげ、記録的なアクセス数を獲得してからは、国際的な仕事の依頼も急増した（*Life on Four Strings* 2012）。同年、映画『フラ・ガール』のサウンド・トラックを担当し、日本でも知名度を上げた。シマブクロのジャンルを問わないアプローチは、オオタ、さらにさかのぼればカマエからの流れといえる。

マーク・ヤマナカ（一九八〇～　五世）は、いわゆるシンガー・ソング・ライターで、ギターやウクレレも演奏する。恰幅がよく長髪を後ろにまとめ、一見ハワイアンのように見えるが、両親は日系でハワイアンの血は入っていない。既存のハワイアン・ソングをハワイ語で歌うだけでなく、自身の作品にもハワイ語を使っている。歌唱スタイルは、ファルセットを駆使したハワイアン・ポップスに典型的なスタイルである。二〇一〇年のデビュー・アルバム *Lei Pua Kenikeni* はビルボード誌のワールド・アルバム部門で八位を記録し、翌年のナ・ホク・ハノハノ賞を、最優秀新人賞、最優秀アルバム賞など四部門で受賞した。また、二〇一三年のセカンド・アルバム *Lei Maile* も、ビルボード誌のワールド・アルバム部門で九位となり、ナ・ホク・ハノハノ賞を、最優秀男性ヴォーカル賞など四部門で受賞した。

3　ハワイ音楽と人種意識

これまでみてきたように、一世にはハワイアンやハワイ音楽に対して否定的な態度もみられたが、二世はハワイアンとの直接の交流を通じてハワイ音楽を吸収していった。戦後にはハワイ音楽のプロとして活躍する日系人も台頭し、現在では日系人がハワイ音楽の重要な担い手の一部となっている。この変化の背景を、統計調査、文献資料、現地調査から考察してみたい。

一九二九～一九三〇年のマスオカによる調査

社会学者ジツイチ・マスオカが一九二九年と一九三〇年に行った調査によると、当時の一世のハワイアンに対する好感度は、一一の人種のうち上から七番目、一方二世では上から四番目だった（Masuoka 1936）。一世がハワイアンに対してあまり好感を持っていないのは、彼らがハワイアンに対して、社会階級が低い、犯罪率が高いといったイメージを持っているためであるとマスオカは分析している。一方、二世においてハワイアンに対する好感度が上がっているのは、学校などの生活環境の中でハワイアンとの接触が増えたこと、また学校教育でハワイアンについて学ぶようになったことによると指摘している。そして、異人種間の直接の接触や異人種に関する教育が、人種差別をなくすと結論づけている。マスオカの調査結果は、一九三〇年代にバッキー白片、メル阿部などがハワイアンとの交流を通じてハワイ音楽に没頭していったこと、そして彼らの一世の親たちが、概してそれに対して否定的な態度であったことと合致する。

一九六三年のサミュエルズによる調査

フレッド・サミュエルズの調査は、マスオカの調査をベースに約三〇年後の比較を試みたものである（Samuels 1963）。日系人の家庭を対象に、親世代（二〇歳以上）と子世代（二〇歳以下）の差を調査している。それによると、当時の親世代と子世代の日系人では人種の好みの差はあまりなく、一九三〇年の一世・二世の差の方が大きい。一九六三年の調査時に二〇歳以下の子どもを持っていた親は、おそらく二世かそれ以降の世代がほとんどだっただろう。親世代・子世代、いずれも日常生活の中で異人種との実際の接触があり、また異人種に対して学ぶ機会も得ている。そのため、両世代間の差が小さかったと考えられる。またサミュエルズは、日系人全体として異人種に対する好き嫌いは減っており、人を人種のステレオタイプによってではなく個人として扱う傾向が強まっていること、またそのようなコスモポリタン的態度の度合いは教育レベルと連動していることを指摘している。

アジア系ハワイ音楽家に対するローカルの人々の反応

コスモポリタン的態度は、日系のみならず、当時のハワイの人々全般に育っていたように思われる。たとえばハ

図18－3　ハーブ・オオタ *The Cool Touch of Ohta San*（Hula Record, 1963）LP ジャケット

ーブ・オオタのハワイにおける成功は、ローカルの人々が彼の演奏を高く評価し受け入れた結果に他ならない。ハワイでのデビュー曲は灰田有紀彦作曲の「鈴懸の径」のウクレレ編曲だったが、"Sushi"というタイトルが付けられた。ＬＰジャケットの写真は錦鯉で、愛称は「オータサン」である（図18-3）。このように日系人であることをむしろアピールしたのは、数年前に全米一位となった坂本九の「スキヤキ」（「上を向いて歩こう」）の二匹目のどじょう（鯉？）をねらったプロデューサーのドン・マックダーミッド（Don McDiarmid）の戦略だった。しかし、その物珍しさだけでオオタが注目を集めたのではないことは、その後の人気が物語っている。ハワイの日刊新聞、ホノルル・アドヴァタイザーは、一九六七年の記事で「オオタは数年前の"Sushi"の録音で最もよく知られている」（*Honolulu Advertiser*, March 16, 1967）と紹介し、その後もオオタに関する記事を断続的に掲載している。

　メル阿部も同様に、ハワイで高く評価されている。トダロは一九七四年出版の自著の中で「阿部はすべてのハワイアン・エンターテイナーの尊敬と愛を獲得した」と称賛している（Todaro 1974：18）。また、カナヘレは一九八二年の雑誌記事で、ローカルの人々は全般的にチャーリー野坂とメル阿部を「好奇心と驚きを少々感じつつも賞賛している」と報告

図18－4　グアバ・ジャム録音当時のサンデイ・マノア，ピーター・ムーン（中央）とカジメロ兄弟

出所：ビショップ博物館所蔵

している（Kanahele 1982：15）(4)。

一九六〇年代末には日系以外のアジア系の中からも突出したハワイ音楽家が現れている。韓国系と中国系の血を引くピーター・ムーン（Peter Moon）は、ハワイアンの友人とともにサンデイ・マノア（Sunday Manoa）というグループを立ち上げ、当時のハワイアン・ルネッサンスの動きを反映した新しいハワイ音楽を打ちだした。一九七一年のアルバム、グアバ・ジャム（*Guava Jam*）が音楽におけるハワイアン・ルネッサンスの始まりと言われる。ケリー・タウア（Kelii Taua）は、「サンデイ・マノアがハワイ音楽に革命を起こしたことは誰もが知っている」と賞賛している（Tranquada and King 2012：157）。またオロマナ（Olomana）というハワイアン・ポップス・グループのジェリー・サントス（Jerry Santos）は、サンデイ・マノアの音楽は「……まるで、『OK、自分はハワイアンだ。みんなとは違う。みんなとは違うように育てられてきた。でも、自分の言いたいことを言ってはいけない理由はどこにもない』と主張しているかのようだった」と述べている（Tranquada and King 2012：157）(5)。ピーター・ムーンはアジア系であるにもかかわらず、彼の音楽はハワイアンの主張である、と強調しているのである。ちなみに、ピーター・ムーンの外見はいかにもアジア人で、サンデイ・マノアのメンバーだったカジメロ兄弟とは対照的である（図18－4）。

ハワイでは多人種が共存しているうえ、混血も多い。人種にかかわらず、ハワイで生まれ育ちハワイ文化に傾倒する人々を「ハワイ文化の担い手」として認める態度が、一九六〇年代末までにハワイアンの間に育まれていたことがうかがえる。これは、人種を越えてハワイ文化を共有する「ローカル」という意識の芽生えとも連動している。サミュエルズが示しているように、この時期日系人のハワイアンに対する偏見は以前に比べてずっと減少していた。それに加えてハワイアンも、日系を含むアジア系をもハワイ文化の担い手、あるいはハワイ・ローカルとして受け入れるようになっていた。それが、ハワイ音楽におけるアジア系の台頭にも影響を及ぼしたのではないだろうか。一九九〇年代以降、ハワイ研究者の間では、アジア系がハワイで振るってきた政治権力を、「ローカル」という言葉が覆い隠しているという批判もでてきた。(6) しかしながら、ハワイ音楽の「ローカル化」は政治権力とは別の次元で草の根的に展開し、受け入れられてきたといえそうだ。

新しい世代の日系ハワイ音楽家の人種意識

二〇一五年に行ったオオタ・ジュニアへのインタビュー、およびロイ・サクマ・ウクレレ教室の二人のインストラクターに対するアンケート調査では、日系と言う要素がハワイ音楽を演奏するにあたって特に意識されないもの、あるいは意識すべきではないものと思われていることが明らかになった。この三名は、いずれも一九七〇年代生まれである。

父とは対照的に、あくまでもハワイ音楽にこだわった演奏活動を続けているオオタ・ジュニアは、「ハワイ文化大使」の使命感を持っている。

> 僕が弾くハワイアンミュージックで、ハワイアンカルチャーやハワイの歴史をもっと知ってもらえたらいいと思っています。……僕の使命は自分の音楽を聴いてほしい、と売り込むと言うことよりは、「ウクレレをプロモーションすること」と思っている。(Alohawave 2014)

オオタ・ジュニアはさらに日系人とハワイ音楽との関係について、「ウクレレをやるにあたって、日系であるかどうかは関係ない。僕はそういうことは考えない。ある人がハワイ音楽にかかわるかどうかは生まれ育つ環境次第だ」と答えた。また「ウクレレのプロ演奏家の中に、日系人は今どれくらいいるか？」という質問に対しては、次のように答えた。

僕にとって誰が日系人かは関係ない。そんなことは気にしないから答えるのは難しい。僕はハワイアンが取り入れたポルトガルの楽器を弾いています、といつもみんなに言っているんだ。自分はハワイアンのソウルをもった日系アメリカ人。ハワイ音楽を演奏する人をみて、あ、アフリカ系の人がやっている、白人がやっているなんて思わない。そんなことは気にしない。そんな風に考え始めたら健全ではない。それは人をステレオタイプによって見ていることになるから。（二〇一五年二月六日）

オオタ・ジュニアは「音楽はユニバーサル言語」だから人種は関係ない、と強調した。「日系」という要素は、彼にとって意識すべきものではないのである。これは、彼自身が特に「日系だから」という目で見られていないということも意味するのではないだろうか。

サクマのウクレレ教室のインストラクター、ネリー・トヤマ・バデュリア（一九七六〜　沖縄系三世）は、フィリピン系ウクレレ奏者、ドナルド・バドュリアの妻である。サクマの教室で五歳からウクレレを習い、一四歳から現在まで二四年間インストラクターをつとめてきた。トヤマは、ウクレレにおける日系音楽家の貢献を賞賛する一方、現在において人種は関係ないという。

現在ハワイは人種的に多様ですが、みな共通のローカルとしての環境で育っています。そして音楽はユニバーサルなものです。だから、ウクレレで成功できるかどうかに人種による違いはなく、それはどれくらい努力で

きるかにかかっています。（二〇一五年二月一〇日、アンケート）

ウェンディ・ミチエ・カワノ・ヨシオカ（一九七五〜　父：二世、母：三世）はサクマの姪で、五歳からウクレレをサクマの教室で習い始めた。前述のトヤマ同様、一四歳から現在までインストラクターをつとめてきた。ヨシオカもまた、ウクレレの発展における日系人の貢献を大いに認め、その歴史に興味を示す一方、日系というエスニシティとウクレレの関係については、以下のように答えた。

日系であるということが、彼らの功績と関係があるかはわかりません。たとえばオータサンとジュニアは、親子でもそれぞれ独自のスタイルを持っています。音楽性はエスニシティによってではなく個人によるものだと思います。（二〇一五年二月八日、アンケート）

4　ローカルが共有する文化としてのハワイ音楽

筆者の調査をサポートしてくれたドーア・ミナトダニ（Dore Minatodani ハワイ大学図書館ハワイアン・コレクション司書、五〇代前後の日系女性）は、私がハワイ文化と日系人のかかわりについて調査しているといったところ、「そんなテーマは考えたことが無かった」と答えた。「日本人がハワイ文化にどういう興味をもっているかについての研究事例はあっても、"Japanese Hawaiians"（日系ハワイ人）についてのそういう研究は聞いたことがありません。日系人がハワイ文化に興味をもったり、ハワイ文化を実践したりするのは当たり前と考えられているから、特に研究テーマとして取り上げられなかったのでしょう」というのだ（二〇一五年二月二日談）。ミナトダニは、Native Hawaiians（先住ハワイ人）という言葉に対応させて、Japanese Hawaiians（日系ハワイ人）という言葉を使っていると考えられる。先住民系以外にもいろいろなエスニシティのハワイ人がいるとする考え方は、ハワイ・ローカルという考え方に通じる。オオタ・ジュニアが自身を「ハワイアンのソウルをもった日系アメリカ人」と呼び、マーク・ヤマナカが、自身を"ʻiwi, or native son of Hawaiʻi"（ハワイの土地っ子）（Wikipedia 2015）と認識しているのも、同様のメンタリティーといえる。

これまでの分析・考察をまとめると、日系人があたりまえのようにハワイ音楽にかかわっている現状は、以下のような歴史的要因によっていると考えられる。①一世の時代にあったハワイアンへの偏見の減少、②ハワイ音楽の世界的流行、③人種を越えて共有されるハワイ・ローカル意識の形成、④混血の増加によるエスニシティのあいまい化、あるいは他人のエスニシティに対する無関心。ハワイ音楽を先住民系ハワイアンと必ずしも結びつけず、多民族が共有する「ローカル文化」とする考え方は、半世紀前にはあたりまえのことではなかった。ハワイ音楽の枠を越えたウクレレ演奏でオオタに大きな影響を与えたエディ・カマエは、一九五七年までにはハワイ音楽しか演奏しなくなっていた（Kanahele 2012：842）。カマエの父は、かねてから息子がハワイ音楽以外の音楽ばかりを演奏することに対して、「お前はハワイアンであることに誇りをもっていないのか」と批判的だったという。それが心のしこりとなっていたカマエは、父の死後、ハワイ音楽に専念するようになる（ハーブ・オオタ談、二〇一三年三月四日）。このように、かつてハワイ音楽はハワイアンの象徴と考えられていた。

「ローカル音楽」としてのハワイ音楽の概念の形成・普及は、過去半世紀ほどの間の出来事に過ぎない。ある土地や民族に固有と考えられてきた文化が、異人種、あるいは複数の人種によって共有される「ローカル文化」へと変容する現象は、先住民の減少や消滅、大規模な民族の移動・定住とともに、ハワイの外でも起こっているかもしれない。従来の民族文化、あるいは移民文化の概念や枠組みを超えた新たな視点とアプローチが、こうした文化現象を明らかにするためには必要だろう。

注

（1）山口は一九三八年に日本を訪れた際、コロムビア・レコードのオーディションを受け、Miss Pualani の名前で、バッキー白片とともに二枚のレコードを出している。

（2）ハワイ・ミュージック・アワードは、ハワイで録音されたすべてのジャンルの音楽からインターネット投票によって選ばれる賞。一九九六年に始まった。

（3）ビートルズのジョージ・ハリスン作詞・作曲、"While My Guitar Gently Weeps" のウクレレによるカバー。

（4）カナヘレによると、一九八〇年代当時、日系のハワイ音楽家にはエルドン・アカミネ、ジロー・ワタナベなどもいたが、依然としてハワイ音楽界で日系人は珍しい存在だった（Kanahele 1982：11）。

（5）一九七八年の著作に引用されている言葉をTranquada and King（2012）から引用した。

（6）たとえば、Fujikane and Okamura, eds.（2008）。

文献

Alohawave, 二〇一四、「ハーブ・オオタ・ジュニアさん・インタビュー」（http://www.alohawave.jp/people/people012.html, 2015, 12.6）.

45th Annual Ukulele Festival Hawaii 2015.（第45回ウクレレ・フェスティバルにおけるアンサンブル参加者用の非公式パンフレット）

Fujikane, Candace and Jonathan Y. Okamura, eds., 2008, *Asian Settler Colonialism : From Local Governance to the Habits of Everyday Life in Hawai'i*, Honolulu: University of Hawai'i Press.

早津敏彦、一九八二、『バッキー白片　ハワイアン・パラダイス』サンクリエート社。

早津敏彦、一九九八、『バッキー白片　ハワイアン全集』（テイチク TECD25328）、解説。

早津敏彦、二〇〇七、『日本ハワイ音楽・舞踊史』（復刻版）長崎出版。

Herb Ohta Jr., "My 'Ukulele World"（オフィシャル・ウェブサイト）（http://www.herbohtajr.com/, 2015. 9. 15）.

Kanahele, George, 1982, "'You Gotta Love it to Play it': Mel Abe, Charlie Nosaka and Hawaiian Music," *East-West*, 3（Holiday 1982）: 10-16.

Kanahele, George S. Ed., John Berger, Rev., 2012, *Hawaiian Music & Musicians*, Hawaii: Mutual Publishing.

Life on Four Strings, 2012.（ＰＢＳハワイ製作、ジェイク・シマブクロに関するドキュメンタリー番組、およびＤＶＤ）
Mark Yamanaka（オフィシャル・ウェブサイト）（http://markyamanaka.com/, 2015, 9.15).
Masuoka, Jitsuichi, 1936, "Race Preference in Hawaii," *American Journal of Sociology*, 41.5 : 635–641.
ロジャーズ、レイコ徳重、二〇一二、「教え子は5万人！　ロイ佐久間さんの夢～ウクレレフェスティバル（Hawaii-TV コラムチャンネル）」（http://www.hawaii-tv.jp/column/columnist_03.html?c = 20120721184, 2015, 12.12).
Samuels, Fred, 1963, "The Effect of Social Mobility on Social Distance : Some Changes in the Race Attitudes of Honolulu's Japanese."（修士論文、ハワイ大学マノア校）
The Album : 442nd Combat Team 1943.（第四四二連隊戦闘団メモリアル・アルバム）
Todaro, Tony, 1974, *The Golden Years of Hawaiian Entertainment 1874-1974*, Hawaii : Tony Todaro Pub.
Tranquida, Jim and John King, 2012, *The 'Ukulele : A History*, Honolulu : University of Hawai'i Press.
Wikipedia, 2015, "Mark Yamanaka"（https://en.wikipedia.org/wiki/Mark_Yamanaka, 2015, 9.15).

第19章　オパラ・カウカウからロコモコまで

――ハワイの食文化の変容と日本人移民町

吉田裕美

1　移民研究と食文化

ハワイ島東部のヒロ市は、ホノルルに次いでハワイ第二の都市である。しかし、人口はたったの四万人で小さい村の感を持つ。ヒロ市の沿岸は芝生に覆われ、ゴルフ場や駐車場として利用されている。かつて、この緑地帯にはふたつの日本人移民町があった。市の中心であったダウンタウンとともに活気に満ち溢れた地域であったが、一九四六年と一九六〇年の二度にわたる大津波により移民町は消えてしまった。ヒロの日本人移民の研究では、小川真和子がハワイの水産業を考察した中でヒロの水産業について論じたもの（小川 2010）、また短歌結社や詠まれた歌を通じて文化の変容や同化を分析している研究や（島田 2011）、ハワイ島の一世たちが日本語で詠んだ短歌や俳句から日常生活を考察したものがある（高木 2007）。これら少数の例外を除いて、ハワイの日本人移民史において、ヒロの移民たちはあまり着目してこられなかった。

国内の日本人移民・日系人研究において、ハワイの食文化に関しては十分に蓄積があるとはいえない。例外として、日本からハワイへの移民に関しては、沖縄出身者のレストラン経営の研究（浅井 2001：2004）やハワイのオキナワ料理本を研究した研究（佐藤 2008）がある。一般的に、日本人移民とハワイの食文化の関係は、「スパム・ムスビ」や「ミックス・プレート」（プレート・ランチとも言う）などが、よく知られている。しかし、それらが広く普及する前の日本人移民の食文化について、歴史的・地域的に捉えた議論はほとんど行われてきていない。樋口直人・丹野清人が指摘しているように、文化変容は「単線的に一様に」（樋口・丹野 2000：100）進行するのではなく、複線的にバラバラに進み、また食のように生計を立てることに強くかかわる場合は、その変容も相対的に早く進む。それゆえ、食文化の変化を捉えるのは難しく、また現時点で二〇世紀初頭まで遡って日本人移民の食文化を分析するには資料も乏しい。しかしながら、日本人移民が適応する過程を食という彼らの生活に直結した側面から、深く考察することは重要である。限られた資料ではあるが、一九〇〇年代初期にプランテーションで働き、その後移民町に移動した日本人移民の食の変化を追い、戦争終結頃までに焦点をあて、適応していく過程の考察を試みたい。

2　プランテーションからヒロへ

ハワイへの継続的な移民の歴史は一八八五年、日本政府の官約移民に始まり、多くはサトウキビプランテーションに入植した(1)。初期のプランテーション時代の食文化の主流はハワイ・白人系料理であり、そこに各国からの移民たちの食文化が持ち込まれるようになる（Lauden 1996：5）。初期の日本人移民たちは、男性の単身者が多かったため、耕地には「コック（賄方）」がおり、大勢の労働者たちの食事を担っていた。その後、妻帯者が増加してからは、彼らは単身者と別に炊事を行うことになった（森田 1919：754-758）。働いていたプランテーションの場所や時代により食文化も異なるため、当然貧しい食の語りもあれば、食料の豊富さに言及しているものもある（Hiura 2009：59-61）。ハワイ島の東南に位置するパホアの耕地にも、多くの日本人移民が暮らしていた。一九〇〇年代初期の典型的な朝食は、ご飯、味噌汁、たくあんを少々、また昼食はたとえばバカラオ（タラの塩漬けの干物）や漬物の入った梅干弁当を持参し、プランテーションで食べた（Sato 2002：77）。各国の労働者の中で、日本人の食事が最も粗末であったという（森田 1919：754-755）。パホアにおいても、ハワイ語で"opala kaukau"（opala／ごみ・kaukau／食べ物）と呼ばれるほどだった（Sato 2002：78）。現地在住の森田栄は元来日本人が粗食に慣れているためで、労働契約期間になるべく貯蓄するために粗食は当然であると理解している（森田 1919）。野生の食材を探したり、切り捨てられたタロ芋の葉を食していたのが、生活が安定してくるにつれ、飲酒や賭け事にうつつを抜かし、肉や魚を豊富に食し、日本での食生活よりも豪勢になったことを森田は嘆いている。現実通りとは考えにくいが、食の豪華さは博打と同じぐらい生活の乱れと捉えられた。一方、各国の移民たちがお互いの食事の様子がよくわかるほど近い距離でかかわっていた。出身国ごとに分けられて住んでいたが、昼食時は弁当を広げて他のグループとともに食べたと言われている。また、この昼食がミックス・プレートの出発点で、他のエスニック・グループと分け合って食べていた。これは実際のインタビューでも頻繁に聞かれたことである。

ヒロはサトウキビ産業とヒロ港の発展により、一八九〇年頃までには大きな町になっていた（Kona Historical Society 1996：8）。一八九五年に電気が供給され、上下水道も整備された（大久保 1991：103）。一八九九年にオーラア製糖会社およびプナ製糖会社が営業開始、ヒロ鉄道会社が設立された（Nakamura and Kobayashi 1999：23）。プランテーションを離れ、ヒロ沿岸に移動してきた日本人移民の多くは、他のエスニック・グループが多く住んでいたダウンタウンとその周辺に移り住んだ。その後も移住者は増加していき、ダウンタウンから南に下ったワイアケアと呼ばれる地域に集住して暮らすようになった。ワイアケアの中心地であるワイアケアタウンは、一九二〇年から一九三〇年代頃「椰子島町」と呼ばれていた。ワイアケアは肉体労働者の町で、マジョリティを占める日本人の他に、先住ハワイ人系、ポルトガル系、中国系の人々、そして鉄道会社や製糖工場の管理者であるハオレ（白人）が暮らしていた（Nakamura and Kobayashi 1999：19）。その後、ダウンタウンとワイアケアタウンの間にも移住者が増加し、新しいコミュニティが形成され、「新町」と名付けられた。新町はダウンタウンの延長として捉えられ、都会の雰囲気を持つ町であったという。一八九〇年には一万人ほどであったヒロの人口は、一〇年後には二倍に増えていた（Kona Historical Society 1996：8）。一九一〇年から一九四〇年にかけて拡大し続けたヒロ市において、日本人移民はヒロ市全体の約半数を占めていた（飯田 2003：18）。

3　西洋料理本と家庭の食

前述したように、初期のプランテーション耕地には、単身労働者のためにコックがいたが、家族で暮らしていた人々は女性が食事の支度を行っていた。明治から昭和初期にかけて移住してきた日本人にとって、異国の地で実践するには苦労を伴ったであろう。西洋料理の仕方を学びたい、という声が聞こえるようになり、ハワイで西洋料理本が発行された。明治期は日本国内においても料理法や食事のマナーを著した西洋料理本が刊行されていた。また、一九〇〇年代前後から、西洋料理に憧れる家庭の主婦たちに向けて、日本の食材を使用して西洋料理を作ったり、日本料理に西洋の食材が使われたりと、折衷的な料理が収録されることが増えていく。近代の料理書の特徴として、職業料理人向けとは異なった家庭向け料理書の刊行が行われるようになった（東四柳 2012：16–18）。ハワイにおいても、日本人移民独自の出版環境が整い、日本人向けの新聞や雑誌が発行されていた。今井美樹によれば、現在確認できる日本人を対象にしてハワイで出版された料理本は、一八九八年に発行された『独習西洋料理法』（*The Family Cook Book*）、一九〇七年の『日英両語西洋料理法全』、そして一九一八年の『西洋料理全書』である（今井 2013）(2)。料理本に加えて、ハワイで発行された婦人雑誌や書籍にも、ハワイの食材を取り入れた和洋折衷料理の調理法が掲載されている。本章では『独習西洋料理法』とその二〇年後に刊行された『西洋料理全書』の変化を見ていきたい。

『独習西洋料理本』は、アメリカ人のバックマスターという人物の料理本を和訳したものである。ハワイで働く人々のなかに「洋食調理の法を知らんと欲する者のごときは最もその多きに居」ながら、それに見合う日本語で書かれたものがないため発行に至ったと刊行の動機を述べている（緒言）。また凡例の中で、ハワイの調理法を記しているので、ハワイの食品を選んでいると書いてある。英語と日本語が用いられているが、食品や調理器具等については複雑になるのを避け、カタカナをふった原語を用いている。そのため、調理器具、食材、関連用語についてあらかじめ説明を加えている。[3] 料理そのものは、「スープ」(二〇品)、「魚類」(一六品)、「鳥類」(二七品)、「肉類」(四〇品)、「野菜物」(五二品)、「サラド」(サラダ)(一〇品)、「プッディング」(三二品)、「プッディングソース」(六品)、「パイス」(パイ)(一七品)、「ケーキス」(ケーキ)(三三品)、「カスタード」(一三品)、「玉子」(一五品)、「ブレッド」(二八品)、「イースト」(二品)、と全部で三二七品を掲載している。少数ではあるが、タロ芋を使った料理(ベークド・タロ)やタロの葉の料理法を掲載している。[4]

二〇年後の料理本『西洋料理全書』(一九一八)は、ホノルルにある布哇便利社から出版されたが、ヒロでも購読が可能であった。[5] 序文には「食道楽の一人ドクトル内田春涯」なる人物が、日本人の生活は移住した当初に比べ向上したが、生活費が高くなったことを指摘している。日本から食料を輸入して、「日本式」の食事をするとお金がかかるが、ハワイの食材をそのまま用いて日本式に調理したものでは、「不味不調和」である。[6] 内田は、医師の立場からこの「不味不調和」の料理は胃腸の消化を害する恐れがあるとし、継続して摂取することは不可と述べている。この料理本を用いることで、美しく、かつ経済的で衛生的な和洋折衷料理が出来ると薦めている。次に今村清子という人物が、家庭の主婦にとって食が大変重要であり、ハワイの生活様式が「布哇風の和洋折衷」であるならば、「布哇式の料理法」が必然で、日本語で刊行された料理本のうち、ハワイ特産の果物や野菜の調理法を掲載したのは本書が最初であると誇っている(三頁)。内容は、最初に西洋式の食器配置や席順、また調理器具、酒を提供する順序などを説明し、続いて、「スープの部」から始まり、「魚類の部」、「ビーフの部」、「ヴィールの部」(子牛)などのメインディッシュ、「サイド、デシシの部」(サイド・ディッシュ)や「ブレッキファスト、エンド、スモール、ケーキス」、そして「ジェリーの部」や「アイスクリームの部」などのデザート、そして最後に「ヅリンクスの部」と二五部に分けて六四一品の料理法紹介している。[7] さらに、付録として「布哇産果物及び野菜の特別調理法」には、アボカドやパパイヤ、ココナッツ等の食材と調理法が説明されている。次に「布哇式書餐法式」として食卓の飾り方やコース料理が掲載されている。続いて「和洋惣菜献立表」が三〇日分の朝・昼・夕の献立が掲載されている。相賀誠子により執筆され、たとえば朝食は「こんにゃく關東煮、うの花のみそしる」、昼食には「スパニシ、スチュー、ロースト、スウイト、ポテト」、また夕食には「あじの黄味あへ、けんちん、あわ雪の清汁（すまし）」といった具合である。最後に、ハワイの三九種の魚介類を取り上げ、それぞれハワイ語、英語、日本語による呼び方、色や形の説明、調理法といつの季節に採れるかについて説明をしている。

どちらも日本人に向けて日本語で書かれた西洋料理本であるが、『西洋料理全書』は序文で言及されているように、ハワイに暮らす日本人家庭の主婦に向けた本として明確に位置づけられているが、『独習西洋料理本』の場合、原書の題名から家庭向けの料理であることがわかるものの、西洋料理を知りたい人にも対象を広げ、日本人主婦と限定していない。『西洋料理全書』が呼び寄せ移民時代に発行されたことを考えると、ハワイに嫁いだ日本人女性が増加したことから、より実用的な料理本の需要が高まったのではないだろうか。また『独習西洋料理法』は、バックマスターの西洋料理を紹介することに焦点を絞っており、ハワイの食材を使用し、用語の説明を加えてはいるが、読者である当時のハワイの日本人移民の英語力や料理に関する知識を考えると実用的であるかどうか疑問が残る。一方で『西洋料理全書』は西洋料理がメインではあるが、和洋折衷料理を作るために具体的な食事例として献立表まで作成している。この献立を考案した人物は、自身がハワイに移住した日本人女性であるため、経験を生かした実用的な料理が考案されている。すでに触れたように、一九〇〇年代前後の日本では、西洋料理に憧れた主婦たちにアピールするために、折衷的な料理も掲載されていたようである（東四柳 2012：17）。しかし、異国においても家庭の食を一任されていた日本人主婦たちにとっては、ハワイ特産の野菜や魚の調理法と同じく、和洋折衷の献立は憧れよりも現実的に食生活の解決策として提案されていたのではないか。これらの料理本が、実際の食生活をそのまま反映しているとは言えないが、出版された年代が違う二冊の料理本からは、ハワイ的な和洋折衷料理法の需要があり、あるいは適していると判断されるような環境に暮らしており、あるいはそれが理想とされ、馴染みのなかったハワイの食材が日本風にアレンジされて、日本人移民の食卓の常連になるような状況であったと推測することができる。

4　移民町での食生活

契約労働から自由になった人々は、日本にいた頃と同じ職に就くか、当時の社会における需要の高さや報酬の良さをみて仕事を選んだ。出稼ぎのための一時的な滞在ではなく、定住化、そして永住化へとシフトしていく中で、食生活もより適応して暮らすための戦略をとるようになる。比較的容易に手に入る食材に頼ることから脱し、積極的に食環境を整えていくようになる。プランテーション時代から、大根や人参からミョウガや春菊などを栽培していたが（Sato 2002：76）、移民町においても住まい周辺に畑を持って野菜栽培していた。豆腐や味噌、生鮮食品など運送時に腐る食品は、ハワイでの製造が初期の段階から開始され、乾物を除いて魚や肉はハワイで調達する方法を探ることになる（木原 1935：184-195）。また、日本酒のように日本から輸入だけに頼っていたが、輸入が継続されながらもハワイでも製造され販売されるようなったものもある（森田 1919：547-558）。

一九四六年以前にヒロ市沿岸の町（新町とダウンタウン周辺）を再現した地図には、日系以外も含まれており、また店名でどんなビジネスかわかる店舗も限られているが、食に関する店舗を数えてみると、魚屋四軒、肉屋四軒、ベーカリー三軒、八百屋三軒、製麺所一軒、ヌードルショップ一軒、他には中華料理店二軒、等となっている（American Association of University Women & Lyman House Memorial Museum 1996）。また椰子島町には、食料品も扱う雑貨屋四軒、魚屋一軒、八百屋二軒、レストラン三軒、カフェー二軒、ベーカリー二軒、日本酒製造所一軒、ソフト・ドリンク販売店一軒、醤油製造所が一軒、ソーダ屋一軒、バーが三軒、酒屋が二軒、ポイ（タロイモの球茎を焼いたり蒸したりして、すりつぶしたもの）の店一軒、中華料理屋一軒、などがあった（Nakamura and Kobayashi 1999）。このうち、ヒロの食生活のみならず船大工や船の燃料を扱う店、蒲鉾屋のように加工食品業など社会全体に大きな影響を与えたヒロ水産株式会社を取り上げる。また、日本人移民が他のエスニック・グループの食を取り入れた職業の例として、ベーカリーを取り上げる。

5　椰子島町——水産加工業の発展と日本人移民

現在のハワイでは、バラエティに富んだ魚介類や加工食品を口にすることが出来るが、自然条件に恵まれていただけではなく、和歌山県や広島県、山口県を中心に元々漁業に携わっていた日本人移民がその知識と経験を生かして発展させていった結果であり、日本人がハワイの食文化にもたらした大きな変化のひとつである（橋村 2008：小川 2010）。ヒロ市の移民町でも、漁業は盛んであった。一九〇七年の九月、ヒロ水産株式会社（Hilo Suisan Company）が椰子島町に設立され、ハワイ島で水産業を展開していくようになる。山口県や広島県からの移民を中心に、漁業技術の向上だけではなく魚の加工、そして鮮魚商としてハワイの水産業全体の発展に貢献した（小川 2010：2013：橋村 2008）。椰子島町には、山口県出身の漁業関連者が多く移り住んでおり、また漁に必要な船を作る船大工として働く人も多く住んでいた。『日布時事布哇年鑑人名住所録』（一九二八）には、二〇年代終わり頃の日本人移民の職業が掲載されており、漁業、生魚仲介業、魚商、養魚業、船大工、蒲鉾製造業など、水産加工業に携わる人々が圧倒的に多く一九五名が記載されている。ヒロ水産株式会社が拡大していったとともに、漁業に関連した産業も発展して多くの人がかかわっていたことがわかる（三九一–四一九頁）。しかしながら、第二次世界大戦下では、日本人は漁に出ることが許可されず、漁師のほとんどが日本人であったヒロでは水揚げは激減したため、戦時中はコナ方面から魚を仕入れることで営業を続けた（Nakamura and Kobayashi 1999：38）。戦後の二度にわたる津波により、日系の漁師は激減した。日系の若い世代は、危険な漁業を避けたため、漁業の担い手は日系からフィリピン系、先住ハワイ系、ヨーロッパ系と変わってきている（中国新聞「移民」取材班 1992：27）

6　ベーカリーとマンジュウ

食にかかわる産業を生業とする日本人が増加したが、日本食以外でもその傾向はみられた。ベーカリーは、日本人移民が他のエスニック・グループの食文化を学び自分たちで製造を始めたひとつである。アメリカやイギリスの食文化の影響も否定できないが、プランテーションの生活で石窯を作り、そこでパンを焼いてきたのはポルトガルからの移民であった（Hiura 2009：46：Sato 2002：160）。『日布時事布哇年鑑人名住所録』において、漁業、船大工、魚の小売り商人など、水産業にかかわっている人々は圧倒的に他の職業よりも多かったが、二番目に二〇名と多かったのがベーカリーであった（三九一－四一九頁）。一九六〇年までヒロには複数のベーカリーがあり、現在確認できているだけで五軒あった。ダウンタウンに三軒、椰子島町に一軒、新町に一軒で、ダウンタウンのふたつのベーカリーの経営者の国籍は不明だが、他の三軒はすべて日本人移民が経営していた。

新町のケイ・ハタダ・ベーカリーは、一九二五年あるいは二六年に広島県出身のケンホ・ハタダが始めた。以前、パシフィック・ベーカリー・アンド・ホテルでウェイターをしていたときに、ホテル内のベーカリーで作り方を学びたいと志願し、技を習得した[8]。ケイ・ハタダ・ベーカリーにも、同様に作り方を学びたい人たちが働いていたという。当時は、ベーカリーや飲食店など、独立する目的で、働きながら調理法を覚える人が多かったという。一九一〇年代の終わり頃には、ホノルルにはコック学校も開設されていたが、ヒロにはコック学校があったことがまだ確認できていない。学ぶ場所があったとしても、移民たちの多くは時間とお金の節約のために、ケンホ・ハタダのように働きながら調理方法を習得した人が多かったのだろう。

ベーカリーと言っても、パンだけではなく、マンジュウも提供されていた。しかし、一般に日本で馴染みのある蒸したものではなく、〝bake〟――つまりオーブンで焼かれて店頭に並べられた。ケイ・ハタダ・ベーカリーの商品は、ホワイト・ブレッド、サンドイッチ、ケーキ、さまざまなペストリー、そして餡の入ったマンジュウであった。

現在、ハワイのスーパーで目にする「Manju」も、日本で馴染みのある蒸したものよりも、パイ生地やクッキー生地を使ったマンジュウを多くみかける。[9] ポルトガル人の食文化に、日本のまんじゅうの製造を合わせていった結果、生まれた食品と捉えることが出来る。また、日本人が違うエスニック・グループの食文化を職業にしたことで、日本人コミュニティ内にベーカリーで販売されていたパンやペストリーが普及していくきっかけにもなり、また日本人移民以外の顧客との接点も増加していったと推測できる。

7　戦争の記憶と食

第二次世界大戦は、ハワイの食文化に大きな影響を与えた。ハワイには、戦線にいた兵士が休養のためにやってきて駐屯していたため、アメリカ的食事（サンドイッチやハンバーガーなど）を大量に生産し、供給する方法が確立されていった。肉・砂糖・バター・コーヒーなどの食糧は配給制となり、日本人移民たちも必要に迫られてスパムや主食である米の代わりに、ジャガイモを食べるなど、新しい食品に慣れるきっかけにもなった（Kona Historical Society 1996：14）。

ハワイの日本人移民・日系人にとって、第二次世界大戦はアメリカ本土に暮らした日本人移民、日系人の経験より相対的に穏やかで「困らなかった生活」という語りは、ヒロの日系二世のインタビューで頻繁に聞かれた。[10] しかし、一部とはいえ収容所に送られた人もいれば、二世たちは日系兵士として従軍をした。夜間の外出禁止や日本語使用の禁止、電話の盗聴、戒厳令が敷かれた移民町で夫や息子、兄や弟の帰りを静かに待つ人々がいた。ハワイの日系人の戦争体験、特に強制収容が小さく扱われた理由のひとつに、ハワイが戦争特需にわき、日系社会もその恩恵にあずかったことが指摘されている（小川 2013：106）。ハワイ島でも、戦線から休養のために戻った兵士によって飲食店経営者は好景気を楽しんだ（Kona Historical Society 1996：14）。ダウンタウンの飲食店やバーで食事や余暇を楽しんでいたという。ダウンタウンでエルシーズ・ファウンテンを経営していた日系二世のシノハラ夫妻は、通常は朝食にハムやベーコン、玉子とホット・ケーキ、そして夕食のときにはサイミンを提供していたが、戦時中は兵士たちが大量にハンバーガーやチーズ・バーガーを大量に注文してきて、それに対応した様子も語られている（Kona Historical Society 1996：9-11）。

ヒロでのインタビュー調査に協力してくれた方の中には、新町に生まれ育った日系二世で、第二次世界大戦に日系兵士として従軍した経歴を持つ方々がいた。ハワイの二世たちで形成された部隊は、第一〇〇歩兵大隊と言った。日系二世のTさんは、従軍中に同じ隊に属していた仲間であるミヤシロ氏が「もし生きて帰ることが出来たら、レストランを開き、名前を一〇〇大隊から取ってCafe100にする」と話していたと語っていた。幸運にもミヤシロ氏は生還し、一九四六年の一月二一日に椰子島町にCafe100は開店した（Nakamura and Kobayashi 1999：41）。一九五〇年代初期のメニューは、「T-ボーンステーキ：1ドル50セント、ハンバーガー・ステーキ、ビーフ・スキヤキ、ビーフ・カレー：65セント、テリヤキ・ステーキ、ロースト・ビーフ：75セント」とあり、肉を中心としたアメリカンスタイルの料理が並んでいる。アメリカナイズされたきっかけとして、ミヤシロ氏が従軍したことによるアメリカの食文化の影響は否定できない。しかし、沖縄出身者によるレストラン業の特徴について、アメリカナイズに沖縄独特のミックスをして、「カフェー」や「グリル」などを店名にしていることが指摘されている（浅井2001）。そのため、どのような原因でアメリカナイズされた料理にしたのかは不明であるが、当時のハワイ社会の需要に合っていたのは間違いない。Cafe100は、早くからロコモコを提供し、食べ盛りの十代の少年たちや働いている男性たちにとって安くて満腹になれる食事を提供した（Hiura 2009：121）。その後、一九六〇年に大津波によって移民町が津波で消えてしまっても、外食チェーンがアメリカ本土からやってきても、営業を継続しているのは、その時々の需要に合っていたからに他ならない。

8　ローカル化とハワイの日本食の流れ

本章では、一九〇〇年代初期のプランテーションで働き、その後移民町に移り住んだ日本人移民たちの食文化を、部分的ではあるが明らかにしてきた。一九〇〇年代初期のプランテーションでの食事は、食べられる物を食べる、賄いとして提供された物を食べる、という状況であった。日本食を維持するというよりも、当時の日本人移民にとっては、昼食のおかずを少し交換する以上に異文化の料理を受け入れることは難しかっただろう。やがて、日本から妻を呼び寄せるなどして家族を持つようになると、家庭の主婦である日本人女性たちは異国の地で慣れない食材に四苦八苦しながら、食事を用意していた。一九一八年に出版された『独習西洋料理法』とその二〇年後に刊行された『西洋料理全書』を比べてみると、前者が西洋料理を紹介しているだけであるのに比べて、後者の方は西洋料理の紹介に加え、和洋折衷料理の献立やハワイ特産の野菜、果物、そして魚の調理法を記載している。この二〇年間の間に、より具体的でより実用的な料理本が紹介されたことは、一九一〇年代終わり頃の主婦たちには、ハワイの食環境により適応するような解決策が必要であったと捉えることが出来る。やがて、移民たちの意識も一時滞在から定住、そして永住への変化していくなかで、より良い食環境を得ることを戦略的に考えていくようになる。水産業への日本人移民の貢献はよく知られているが、ベーカリーのようにあまり着目されてこなかった職は、日本人移民が他のエスニック・グループの食文化を使って自らの生業とし、さらに焼いたマンジュウのように新しい食を生み出していったことも適応のひとつとして注目すべきであろう。

第二次世界大戦は、ハワイに暮らしていた日本人移民たちの生活とその後の食文化にも大きな影響を与えた。戦争の影響もあって、戦後のヒロの食文化もアメリカナイズされてきた。しかし、食文化はアメリカナイズで留まらず、さらに変化をしていく。今回取り上げた時期は、食のハイブリッド化が進んできた頃までしかみていない。今後は、日本人コミュニティの中心が二世・三世へと移り変わり、食文化のアメリカ化、そしてローカル化が発展していくなかで、日本食がどのように位置付けられていくかについて研究を続けたい。

注

（1）浅井（2001）が指摘しているように、一九二四年から新しい移民は禁止されたが、ハワイと日本との間で人の移動は続いていたことは確認しておきたい。当然、食品や雑貨など日本からの輸入も継続していた（木原 1935）。

（2）『独習西洋料理法』は大阪で印刷され、「売捌者」が堀田商店とあり、販売がホノルルで行われたようである。

（3）例えば、「Flying Pan フライングパン　フライ鍋」（一四頁）、「Cream クリーム　ミルクの上に浮ぶもの」（一六頁）、「Dinner デンナー　とは通常夕飯の異なりデンナーを正午に食する家もあり」（一八頁）。

（4）タロ芋については、ハワイ語 kalo（カロ）と英語 talo（タロ）と両方の表記が用いられている。ただし、talo ではなく taro が正しい。

（5）同書最後のページにある布哇便利社出版の書籍契約一覧書店に「ヒロ町　町田薬舗」とある。

（6）その例として、タロ芋の煮つけ、鯔《ぼら》の丸焼き、パパイアの香の物、ハワイで取れた米をあげている。

（7）これらの料理法については、和文英文で書かれた料理本から選び出し、和訳された。西洋料理法に関しては、ユニオングリルの矢崎辰雄シェフが監修し、魚類に関しては太平洋漁業会社の福本理忠太氏が調査している。

（8）ケイ・ハタダ・ベーカリーについては、ニシモト・ウォーレン（Warren Nishimoto）氏のハタダ・リイチ（Riichi Hatada）氏へのインタビューの以下の部分参照（Center for Oral History Social Science Research Institute University of Hawaii at Mānoa 2000：223-226）。

（9）ホノルルにある本派本願寺ハワイ別院が刊行している "Favorite Island Cookery Book"（1973）に掲載されている MANJU の材料をみると、「バター／マーガリン、砂糖、卵黄、牛乳、小麦粉、ベーキングパウダー、つぶあん・こしあん」とあり、これらを混ぜて焼くとスコーンやクッキーのような仕上がりになる。

（10）二〇〇四年三月五日・ヒロにて、ワイアケアタウンで生まれ育った日系二世（Wさん）へのインタビュー。

文献

浅井易、二〇〇一、「移動と食とエスニシティ――ホノルルにおける一九二〇-三〇年代に並びに一九七〇年代の沖縄出身者の事例から」『沖縄文化研究』二七：二九五-三四三頁。

浅井易、二〇〇四、「移民のレストラン――サイミンから探る日系人の移動と出会い」後藤明・松原好次・塩谷亨編著『ハワイ研究への招待――フィールドワークから見える新しいハワイ像』関西学院大学出版会、一八五-一九六頁。

American Association of University Women & Lyman House Memorial Museum, 1996, *Hilo-A Walking Tour of Historic & Cultural sites*, Lyman House Memorial Museum.

バックマスター・中村忠太夫・八巻文三郎、一八九八、『独習西洋料理法』戸田保吉（翻刻）、堀田商店、ホノルル。

Center for Oral History Social Science Research Institute University of Hawaiʻi at Mānoa, 2000, *Tsunamis Remembered : Oral Histories of Survivors and Observers in Hawaiʻi*, 1.

中国新聞「移民」取材班、一九九二、『移民――中国新聞創刊１００周年記念企画』中国新聞社。

橋村修、二〇〇八、「ハワイにおける魚食文化の展開と日系漁業関係者の動き」『立命館言語文化研究』二〇（一）：二〇一-二一四頁。

東四柳祥子、二〇一二、「日本の料理書文化史２　近代から現代へ」東四柳祥子編『食文化誌ヴェスタ vesta：特集　料理書を「料理」する――世界のクックブック』味の素食の文化センター、一六-二一頁。

布哇便利社編集部編、一九一八、『西洋料理全書』布哇便利社出版部、ホノルル。

樋口直人・丹野清人、二〇〇〇、「食文化の越境とハラール食品産業の形成――在日ムスリム移民を事例として」『徳島大学社会科学研究科』一三：九九-一三一頁。

Hiura, Arnold, 2009, *Kaukau : Cuisine & Culture in the Hawaiian Islands*, Honolulu : Watermark Publishing.

Honpa Hongwanji Hawaii Betsuin, 1973, *Favorite Island Cookery Book*.

飯田耕二郎、二〇〇三、『ハワイ日系人の歴史地理』ナカニシヤ出版。

今井美樹、二〇一三、「近代日本の西洋料理書にみる調理教育――ハワイで刊行された『独習西洋料理法』（1898）を通して」『学苑』八六九：二三-二八頁。

木原隆吉、一九三五、『布哇日本人史』文成社。

Kona Historical Society, 1996, *Traditional Food Establishments on the island of Hawaii volumes I and II : a project of the Kona Historical Society and the State Foundation on Culture and the Arts*, Kona Historical Society.

森田栄、一九一九、『布哇五十年史』森田栄、ワイパフ。

Laudan, Rachel, 1996, *The Food of Paradise : Exploring Hawai'i's Culinary Heritage*, University of Hawai'i Press.

Nakamura, Richard I. and Gloria R. Kobayashi, 1999, *The History of The Waiakea Pirates Athletic Club and They Yashijima Story (Waiakea Town)*. Hilo : Waiakea Pirates Athletic Club.

小川真和子、二〇一〇、「ハワイにおける日本人の水産業開拓史――1900年から1920年代までを中心に」『立命館言語文化研究』二一（四）：三九-五二頁。

小川真和子、二〇一三、「太平洋戦争中のハワイにおける日系人強制収容――消された過去を追って」『立命館言語文化研究』二五（一）：一〇五-一一八頁。

大久保清、一九九一、『ハワイ島日本人移民史』ヒロタイムス社。

佐藤万里江、二〇〇八、「ハワイのオキナワ料理の創造――女性団体出版のクックブックにみる文化変容」白水繁彦編『移動する人びと、変容する文化――グローバリゼーションとアイデンティティ』御茶の水書房、四九-七一頁。

Sato, Hiroo, 2002,『PAHOA YESTERDAY――ハワイ島の日本人町パホアの昔』私家版。

島田法子、二〇〇三、「ハワイにおける日系人仏教にみる文化変容とアイデンティティ――Acculturation and Ethnic Identity : A case study of Japanese Buddhism in Hawaii」『立命館アメリカンスタディース』二五：三三-五一頁。

島田法子、二〇一一、「ハワイ島ヒロ銀雨詩社に展開した日本人移民の文芸活動――移民の同化とアイデンティティ形成に関する一考察」『海外移住資料館　研究紀要』六：一-二〇頁。

高木眞理子、二〇〇七、「俳句・短歌から見る日系移民の姿（1930年～1960年）――ハワイ島を中心に」『愛知学院大学文学部紀要』三七：一-一五頁。

第20章　日系人とマンガに関する考察

小嶋　茂

1　マンガの人気

二一世紀初頭、各国で日本人移住記念行事にちなんだマンガが出版された。作者には日系人と非日系人が含まれる。それだけ人気が高い表現形態である。そのマンガ（漫画、まんが、Manga）は日本語に由来することから想像されるように、日本人、日系人と深いつながりがあるが、今ではそのほかでもたいへんな人気を誇っている。本章はまず日本人移民にかかわる部分から始めて、最後にその外に広がるブームを見ていく。「移民史に関するマンガ」「日系人に関するマンガ」「日系人によるマンガ」「日本語学習用のマンガ」「日本・日系社会を越えたマンガ」の五つに分類する。もちろん厳密な分類とはいえず、重複するケースやそこに収まらないものもある。とにかく大まかな出発点として、それぞれを見てみよう。

2　移民史に関するマンガ

二〇〇八年、日本人移住一〇〇周年を迎えたブラジルでは、その歴史をテーマにしたマンガ『日本移民の歴史』が出版された。日系人の日本語学習者ですら移住の歴史を知らないし、日本語で書かれた歴史書を読める者も少ないことから、マンガを通して移民史を伝えようと意図した。それ以前の一九九五年にも、両国の修好通商航海条約一〇〇周年を記念して、日本語学校教師や日系コミュニティのリーダー、漫画家協会会長らが中心となり、『日本歴史漫画』を出版し、その第二弾として日本人移民史のマンガが作られた。祖父が孫に移民の歴史を紹介していくかたちをとり、日本人移民導入の前史となる奴隷制廃止の話から説き起こしている。第一回笠戸丸移民からよさこいソーランや太鼓の流行、日本人移住一〇〇周年記念当時の小泉首相の訪問までを描き、最後には移民を称えて「バンザイ！」で結んでいる。ストーリーはフランシスコ・サトウ、作画はジュリオ・シマモトで、ともに日系人が担当している。

ペルーでも同様に一九九八年、日本人移住一〇〇周年を記念して、ペルー日系人協会により『大冒険　ペルー日本人移住一〇〇周年』（Tsuneshige 1998）が出版されている。一世の祖父が孫の三世に体験を語るというブラジル版と同じ手法をとり、一八九九年第一回移民船佐倉丸のカヤオ港到着から、アルベルト・フジモリ大統領誕生や日本へのデカセギまでを扱っている。ストーリーは日系人ハウル・イシヤマによるものだが、作画はエルナン・バルトラという非日系ペルー人が担当している。南米のアジア人表象一般に倣い、日系人の目は内から外へと吊り上った吊り目で描かれている。

さらにメキシコでも二〇〇八年、日本人移民に関するマンガ『サムライたちのメキシコ』（Ueno 2008）が出版されている。一八九七年、榎本武揚により送り出されたいわゆる榎本殖民団の話である。日本とメキシコ両国の有志によって制作され、現地を訪れた日本人が先駆者の歴史を掘り起こすというストーリーで、メキシコ移民の歴史に感銘を受けた外交官上野久が執筆した『メキシコ榎本殖民』（上野 1994）に基づく。スペイン語訳出版に際して、読者を多く見込めるという理由で、マンガの形式が採られた。二言語で出版され、作画は木の花さくや、日本人が中心となり、そのスタイルは日本マンガそのものである。初期日本人移民に対してメキシコの人々や政府が抱いた親愛の情が、その後の日墨関係における大きな役割を果たしたことが物語の柱で、第二次世界大戦中においても、他の国には見られない例外的な扱いを受けたことがストーリーの結びとして語られている。

カナダにおいても二〇一三年、『日系　マンガ語り』と題した日本人移民史に関するマンガ三部作の第一作『刀、メダルとロザリオ』（Watada 2013）が出版された。主人公の日本人移民タカシマ・ヤスオは、カナダ人として志願し第一次世界大戦に出征する。しかしその功労にもかかわらず、第二次世界大戦中は強制収容所に送られてしまう。題名は日本人移民の典型的な体験を象徴的に表している。すなわちアジア人に対する人種暴動に立ち向かおうと携えた「刀」、第一次大戦中の勇敢さを讃えられた戦功「メダル」、そして異文化体験として、ほろ苦い恋愛経験の想い出を表わす「ロザリオ」である。タカシマの体験はまさに日本人移民共通の体験であり、日系社会が直面したさまざまな偏見や差別、その苦悩の歴史を表現している。ストーリーは著名な詩人であり作家、そしてシンガーソングライターの日系三世テリー・ワタダで、作画はケンジ・イワタ、そしてナショナル日系カナダ人協会による発行である。いわば日系コミュニティの肝煎りで実現した日系若年世代へのメッセージである。第二作『窓辺の灯り』が二〇一五年に発行されている。

これら移民公式史に関するマンガは、いずれも一世の体験を二世以降の日系人に伝え、現在の日系社会の存在意義を示すことに主眼が置かれている。日本語の壁を越えてその全容を手軽に理解できるようにという配慮も共通している。移住先の国々でマンガを通して次世代に伝える試みが、ほぼ同時期になされていることはたいへん興味深い。また南米各国ではともに、一世の体験や歴史を振り返ると同時に、現在におけるホスト社会への日系人の統合や貢献が強調されている。

一方日本でも、移民の歴史に真正面から取り組んだマンガが一九八〇年代に存在した。新聞記者伊藤一男が残した『北米百年桜』（伊藤 1969）をモチーフとする長谷川法世『がんがらがん』全八巻（長谷川 1981）である。「がんがらがん」とは、福岡地方の方言で「おあいこ」の意味。主人公は至るところでこの言葉を発する。「ジャップ・マスト・ゴー」と白人に襲われたとき、「日本人のどこが悪かかっ！　白と黄色となんが違うかっ！　がんがらがんやなかかっ！」といった具合である。フィクションだが、強制収容所生活、四四二部隊、戦争花嫁など史実が描かれている。最終の第八巻が出版されたのが一九八三年で、一九八八年に成立する「戦時日系人抑留補償法」についての言及はないが、カーター大統領による賠償特別委員会の設置について、結びの方で触れられている。長谷川はこの作品に取り組んだことによって、それまでのアメリカへの憧れや差別に対する考えが大きく変わったという。知らなかった過去、歴然とした事実を、日系人の体験から突き付けられたのである。

このほかにも、二〇〇八年、ブラジルでは日本人移住一〇〇周年記念として、ブラジル人マンガ家による作品が出版された。著名なジャーナリストでもあるズィラルドの人気マンガ「マルキーニョ少年と仲間たち」（Turma do Menino Maluquinho）の特別版『ブラジル人の日本』（Ziraldo 2008）である。主人公はトレードマークの鍋を頭にかぶり黄色のシャツを着たマルキーニョ（「おバカちゃん」というほどの意）。その仲間スジロという日系人少年への敬愛をこめて、ブラジル人にとっての日本を紹介している。「日本人移民」の概略から始まり、「武道」「マンガ、アニメ」「テクノロジー」「日本料理」「日本の伝統」などのテーマが並んでいる。日本人のもたらした遺産や、今日の日本からの影響、日系コミュニティの取り組みなどについても紹介されている。スジロという名前も日系人に関するエスニック・ジョークに由来し、日系人に対する関心がホスト社会の側から強く示されている証拠である。ブラジル人から見た日系人や日本文化のイメージがどのようなものかをわかりやすく描いている。

3　日系人に関するマンガ

このカテゴリーは一九九〇年代後半から日本で出版された。たとえばグレイシー柔術の起源に日本人移民、柔道家の前田光世が存在したことは、『コンデ・コマ物語』（鍋田・藤原 1997）によって一般に知れ渡った。コンデ・コマとはポルトガル語でコマ伯爵という意味で、異種格闘技戦を行った際にリングネームとして考え出されたものである。前田は柔道普及のために諸国を渡り歩き、アマゾン河口の都市ベレンへとたどり着く。そこで指導したグレイシー一族が、のちにいう「グレイシー柔術」を完成させる。一九三〇年、前田はブラジルに帰化し、アマゾン地域の日系社会にも大きな貢献を果たす。移民のタイプとしては例外的なケースである。

バンクーバー朝日軍という日系カナダ人野球チームは、二〇一四年の映画によって広く知られるようになった。その歴史は日系人のコミュニティ活動に留まらず、異文化における日本人移民受け入れと、その困難を乗り越える経緯とに見事に重なる。五巻からなる『バンクーバー朝日軍』（原 2013）は、カナダにおける日本人移民と日系社会へのオマージュとなっている。原作はテッド・フルモト、朝日軍選手の息子である。作画は原秀則が担当している。野球はアメリカ大陸各国日系社会のコミュニティ活動として重要な役割を果たしてきた。朝日という名の野球チームも各国に存在した。しかし北米と南米では大きな違いがある。北米では差別との闘いがあり、現地の白人チームとの交流試合が行われていたことが、このマンガで理解できる。

人気漫画家村上もとかによる医療漫画『JIN-仁-』（村上 2013）は、現代の医師が幕末にタイムスリップするというフィクションだが、第一五巻では開港直後の横浜で日本人として最初の旅券を受け取り海外に渡って行った芸人一座の話が取り上げられている。帝国日本芸人一座の浜碇定吉やリトル梅吉は、当時「御免の印章」と呼ばれた旅券の交付を受けた最初の日本人である。その彼らを外国へと引き連れたのがリチャード・リズリーで、アイスクリーム販売を始め、劇場や牧場を開設し、サーカス団を率いた実在の人物である。フィクションとはいえ、史実に基づいた内容にあふれている。日本人の海外渡航の始まりが海外移住や日系人の歴史の幕開けにつながっている[1]。

広島県は全国一の移民県だが、そのなかでも移民が多い廿日市市では、地域史学習を目的としたマンガ『はつかいちの歴史』（石森プロ 1997）を石森プロの制作で出版している。そのうちの一章が同市出身でアメリカに渡り洋画家として成功した小林千古の話である。小林は一九〇五年に黒田清輝とともに学習院女学部講師となり、広島県における洋画創始者の一人とされている。県内では佐伯郡からハワイへの移民が多かったことや、広島県からはなぜ移民が多いかの理由についても説明がある。一九九七年に出版され、移住学習ローカル版マンガとして先駆的な作品である。日系人を含めた在日外国人が増加している現在、異文化理解や多文化共生に関するこのような教材の必要性が、ますます高まっている。

戦後七〇周年を迎えた二〇一五年、小林よしのりは『新戦争論1』（小林 2015）の中で「日系ブラジル人『勝ち組』が信じたい情報」と題した一章を宛て、第二次世界大戦直後のいわゆる「勝ち組負け組」問題を取り上げている。手塚治虫の遺作『グリンゴ』（手塚 1989）にも「勝ち組」と題した一章がある。冒頭で描かれている建物がサンパウロに実在するビルを彷彿とさせ、ほかにも実在の景色と似た場面が登場することから、ブラジル日系社会がモデルだと推測されている。特に絶筆部分となる最後の三章「東京村」「勝ち組」「奉納大相撲前夜」は、勝ち負け抗争から着想を得ている（深沢 2014）。未完ゆえ手塚がこの作品で問いかけたものが何かは断定できないが、タイトルの『グリンゴ』はポルトガル語やスペイン語で「よそ者、外国人」という意味で使われる蔑称である。これは日系人映画監督チズカ・ヤマザキのデビュー作『ガイジン――自由への道』（一九八〇）を連想させる。ヤマザキがそこで描いた日本人は、自分たちこそが外国人であるにもかかわらず、ブラジル人をガイジンと呼ぶ。その移民の精神性や背景に通じるものがともに見られる。異文化に渡りそこで起こった葛藤や悲劇、そして取り組みである。この「勝ち組負け組」のテーマは、ブラジル人作家によっても邦題『汚れた心』というノンフィクションが出版され、映画化もなされている。

ブラジルにおいては同じく二〇一五年、タイトルもそのもの『日系――無情な混血の本質』というマンガが出版された。作者は非日系ブラジル人である。日本人移住一〇〇周年をテーマとして構想されているが、その歴史紹介ではなく、現在と過去を行き来しつつアクション系マンガのかたちを借りて、ブラジルに渡った移民とその一族の日常や苦悩を描いている。その前書きでは、以下のように述べている。「ブラジルという混血国民のモザイクを構成しているさまざまな色彩である移民の冒険談を描くこと。……何も知らない未知の大陸へ渡ることの困難さ。

……そしてその移民を通して受けたさまざまな学びと影響への感謝」(Casco e Raffide 2015)。さらには内表紙に、「手塚治虫へ捧ぐ」とある。日本マンガの影響をもとにした創作の試みであると同時に、日系人や移民に対する理解が深まっていることも示している。

4 日系人によるマンガ

今日のような国際的なマンガブームが起こるずっと以前から、アメリカやブラジルでは日系人によってマンガが描かれていた。アメリカでは二〇世紀初期におけるサンフランシスコでの日本人移民の体験を、鳥取県出身の木山義孝が『漫画四人書生』として描いている。木山は一九〇四年に高校を卒業すると、画家を志し一九歳でアメリカに渡る。サンフランシスコでスクールボーイ(書生)などをしながら美術学校を卒業すると、「漫画北米移民史」という展覧会を開き、一九三一年にその成果を『漫画四人書生』として出版する。日本人移民による移民自身の生活を描いたマンガの嚆矢ともいえる。五二編のエピソードで構成されており、「着桑(サンフランシスコ到着)」「スクールボーイ」「農園働き」「桑港震災」「写真結婚」などのタイトルがあり、単身男性移民や写真花嫁の体験についてたいへん貴重な資料となっている(木山 2012)。歴史書や研究書からは見い出すことのできない歴史の記録として群を抜く。このマンガは一九九八年、フレデリック・ショットにより英訳も行われている(Schodt 2012)。

木山の経験からおよそ一世紀の時を経た一九九〇年代の日本にやってきたブラジル人デカセギの生活を描いたのが、日系ブラジル人マリオ・トマによる『デカセギたち』と『ミソとファリーニャ』である。デカセギとして日本の工場で働く生活の中で日々体験するカルチャーショックや狭苦しい住まい。そうした生活で気落ちしているブラジル人同胞をマンガのユーモアで楽しませてあげたいと思った、とトマは打ち明けている(Ishi 2015 筆者未見)。時代そして地域の比較の視点からも、その内容がたいへん気にかかる作品である。

他方、一九三四年にブラジルへ渡った牛窪襄はパラナ州ロンドリーナ市で『パラナ新聞』の編集長を長年にわたって務め、三〇冊に及ぶ著書がある。その中で一コママンガを添え、移民の日常や日系社会の著名人や出来事に焦点をあて、独特なカットにユーモアあふれる解説を加え、個性的な作風を確立している。いわゆる周年史もたくさん出版しており、移民公式史に対して、こちらは裏話や逸話が中心である。

ブラジルでマンガのパイオニアとして確たる地位を築いてきた日系人にクラウジオ・セトやケイジ・ミナミがいる。この二人の功績は、ブラジル人マンガ研究家からも高く評価されている（Luyten 1991；Pereira 2014）。ブラジルにおけるコミックはイストーリア・エン・クァドリーニョス（História em quadrinhos）と呼ばれ、通常HQと略称される。「コマの中のお話」という意味で、その歴史は一九世紀にさかのぼる。しかし日本マンガの影響も日本人移民の歴史とともに刻まれてきた。移民はさまざまな少年少女雑誌やマンガを日本から輸入し、二世や三世に影響を与えていた。セトやミナミはこうした環境に育った。一九六〇年代、ブラジルは日本のマンガに直接触れることのできた数少ない国であった。しかしその当時、非日系人の関心が向けられることはほとんどなかった。ミナミは手塚治虫のマンガを読んで育ち、のちには鉄腕アトムに着想を得て一九六五年『トゥパンズィーニョ』というキャラクターを生み出し、同名の雑誌まで発刊している。そしてセトらとともに「エジレル」（EDREL：Editora de Revistas e Livros「雑誌書籍出版社」の意）という出版社を一九六七年に設立し、マンガ編集者となっていく。その一年前に発刊された『アルブン・エンカンタード』（楽しいアルバムの意）はミナミ原作、ファビアーノ・ジーアス作画のブラジル製マンガ第一号とされている。エジレルからセトはのちに人気を博す『コミック・サムライ』や『マリア・エロチカ』といった日本マンガの影響を受けた作品を生み出していく（Pereira 2014）。セトにはまた『マンガによるクリチバの歴史』（一九九三）というパラナ州の州都クリチバの歴史を紹介するマンガがある。先ほど述べた『はつかいちの歴史』のブラジル版である。ジャーナリストやアーティストとして活躍したセトは、その幅広い人脈を生かし「移民マツリ」「春マツリ」「マンガフェスティバル」といったイベントを企画した。日系コミュニティの活性化や日本文化紹介の仕掛人として貢献するとともに、教育目的のマンガを作ることでも、日本マンガの魅力や可能性を紹介していた。(2)

5　日本語学習用のマンガ

マンガやアニメへの関心がきっかけとなって、日本に興味を持つ外国人は相当数に上っている。今や日本語学習者の最大グループはマンガやアニメファンである。マンガで日本語が勉強できれば一挙両得という発想から、マンガを利用した日本語学習テキストや語学講座が各地で芽生えている。

たとえば自習用の『マンガで日本語 *Japanese in MangaLand*』(Bernabe 2011) は、教科書・練習帳・漢字学習用の三種類ある。すでに七冊出版されており、七ヶ国語に翻訳されている。著者のマルク・ベルナベはカタルーニャ出身のスペイン人。バルセロナ自治大学通訳翻訳学部で日本語を学んだあと、大阪外国語大学に留学して、日韓ワールドカップの際には、横浜市役所でも仕事をした経験がある。小さな頃からヨーロッパのコミックを読んで育ち、スペインで放送された日本アニメに触発され、日本語や日本文化に関心を持ったという。日本では通算五年間の生活を体験し、現在ではマンガやアニメの翻訳をはじめ、日本語や日本文化を教える仕事をしている。このベルナベの日本語学習テキストの作画を担当したのが、日系スペイン人のケン・ニイムラだ。その著書『I Kill Giants』で二〇一二年の第五回国際漫画賞最優秀賞を受賞し、二〇一四年には短編集『ヘンシン』を小学館から出版している。

このほか、『漫画人　*Mangajin*』や『マンガで学ぶ日本語文法』などの先駆的な作品も、マンガ好きでなくとも魅力的でわかりやすいテキストとなっている。『かなとマンガ』『漢字とマンガ』など、ポルトガル語やスペイン語によるテキストも多数出版され、多言語化が進んでいる。

6　日本・日系社会を越えたマンガ

各国の大きな書店やキオスクに行けば、コミックスとは別に間違いなくMangaコーナーが開設されている。そのほか、マンガファンの交流を目的としたさまざまな同好会雑誌、そしてマンガの描き方の手引き書など多種多様な出版物がある。

国によってその事情は異なるが、今日のマンガブームに大きな影響を与えたのは、一九九〇年前後にかけて放映されはじめた日本のアニメである。ベルナベによれば、スペインの場合一九九二年テレビ放映された『ドラゴンボール』が大人気となり、その結果、欧米においてはスペインで最初にマンガが出版されたという。カタルーニャ語版とスペイン語版が同時発売となり、たいへんなブームを巻き起こしたらしい。同じようにしてブラジルでも、一九九四年から『聖闘士星矢』の放映が始まり、続いて『ドラゴンボール』や『セーラームーン』といったアニメブームが起こった。これらのアニメは放映時間が不規則だったり不連続だったりしたが、若年層の需要に応えるかたちで熱狂的なファンを生み出した。目の大きな日本アニメの主人公たちは前代未聞のもので、新しい世代のファンを獲得していった。そしてその人気にあやかり、マンガの翻訳出版も始まり、マンガブームに火が付いた（Pereira 2014）。

さらにブラジルの場合には、特殊な事例がある。ブラジルを代表するマンガ家マウリシオ・デ・ソウザは、ブラジルの手塚治虫と呼ばれ、その手塚と親交があった。二人はいっしょにマンガを描く企画を温めていたが、その約束を果たせぬまま手塚が亡くなってしまう。そこでソウザは日本人移住一〇〇周年に、その約束を果たすべく連載マンガ『モニカと仲間たち　ユース版』で、手塚のキャラクターを共演させて『緑の宝庫』特別版二巻（Sousa 2012）を上梓する。アマゾンの大自然保護をテーマに、ソウザの代表的主人公であるモニカと仲間たち、そして手塚の鉄腕アトムやリボンの騎士、ジャングル大帝が登場してアマゾンでの冒険を繰り広げる。ソウザのスタッフには日系人が多数かかわっており、一〇〇周年記念公式マスコットキャラクター「ケイカとチカラ」も彼により作られ、さまざまな意味で日伯交流を象徴する。

メキシコでも日本マンガの人気は高く、日墨協会内には京都国際マンガミュージアムから寄贈を受けた書籍を母体として、メキシコマンガ博物館（Museo de Manga Mexico）の名で、二〇一一年より図書室が運営されている。その関係者が作った同好会によるマンガ集が二〇一三年に『マンガワークショップ1　基礎レベル』として発行された。

現在、マンガは読まれ消費されるだけではなく、自分で描きたいという人たちが確実に増えてきている。そうした需要に応えるためのテキストや指導書も多数出回るようになった。そして、Mangaという言葉は一人歩きするようになり、日本のマンガスタイルとは相容れないようなものまで、そう呼ばれている。マンガが海外へ移住して、Mangaへと変化してきていることは、日本人移民が移住先の国で日系人やnikkeiと呼ばれ、日本の日本人とは別の道を歩む過程と、どこか通じるところがある。日系人には独自の文化があるように、Mangaにも独自のスタイルが生まれているのかもしれない。ブラジルにおける『トロピカルマンガ』(Nagado 2002)は、まさにその先駆的な作品と言えるだろうし、その取り組みは世界各地で始まっているようだ。

7　日系人とマンガ、そのパワーと可能性

二〇一四年、横浜の海外移住資料館で「日系人とマンガ」に関する展示が開催され、フレデリック・ショットやフランシスコ・サトウ、ケン・ニイムラ、ベンジャミン・ボアズら海外の専門家の訪問を受ける幸運に恵まれた。皆が賛同するのはマンガが日本文化を理解するための非常に有効な手段となっていることである。あらゆるテーマがマンガ化されている。ブラジルでは囲碁マンガの『ヒカルの碁』が翻訳出版されたことにより囲碁人口が増えたといわれ、ジャンルの多様性を紹介する取り組みも行われている(ニッケイ新聞 2015)。どのマンガを読めば何が学べるか、雑誌の特集記事でも紹介されている(Oka 2003)。その糸口が何であれ、そこを起点として日本文化のさまざまな側面に触れていくことが可能である。

もしブラジルにおけるこの取り組みが功を奏し、多様なジャンルについての理解が進むならば、読者層が広がり新しい展開が期待できるはずである。そして、その次にくるものは何か。それは現地作者によるジャンルの広がり

であろう。さまざまなブラジル文化を紹介できるマンガが登場するかもしれない。今はまだ黎明期である。そのパイオニア的試みに挑戦していたセトをはじめとした日系人はすでに退場し、亡くなっている。その後継者たるブラジル人マンガ家は、いったいどのような未来を築いてくれるのか。他国ではどうなのか。南北アメリカのマンガの将来が楽しみである。

注

（1）御免の印章を最初に手にした日本人が日系人に含まれるかどうかは、議論のあるところだが、日系人定義は移民定義にかかわる。そして戦前、労働を目的として海外に渡った者は移民と呼ばれた。ここでは広く捉えて含めている。詳しくは小嶋（2011）を参照。

（2）セトは二〇〇八年に早逝し、残念ながらその業績の全容はまだつかめていない。彼はnikkeiという言葉に積極的な意味を見い出していた数少ない日系人の一人である。一九九六年頃から発行し始めた日系コミュニティ向け情報誌『Planeta Zen - O Jornal da Comunidade Nipo-Brasileira do Paraná』（惑星　禅——パラナ州日系ブラジルコミュニティ・ジャーナル）などを通しての仕事は、今後解明が必要である。

文献

ボアズ、ベンジャミン、二〇一五、『日本のことは、マンガとゲームで学びました』小学館。
Bernabe, Marc, 2011, マンガで日本語 *Japanese in MangaLand Workbook 2*, Norma Editorial S.A.
Carollo, Cassiana Lacerda e Seto, Claudio, 1993, *História de Curitiba em quadrinhos*, Prefeitura Municipal de Curitiba.
Casco, Leandro e Raffide, Guilherme, 2015, *Nikkei : Implacável Natureza Mestiça*, Instituto dos Quadrinhos.
深沢正雪、二〇一四、「手塚治虫の絶筆『グリンゴ』・天才の遺作の謎解きに挑戦・舞台はブラジル日系社会」（http://www.discovernikkei.org/ja/journal/2014/7/7/tezuka-osamu/, 2014.7.07）
原秀則、二〇一三、『バンクーバー朝日軍1』小学館。

長谷川法世、一九八一a、『がんがらがん1——一旗あげちゃるアメリカで』小学館。
長谷川法世、一九八一b、『がんがらがん2——ジャップ・マスト・ゴー』小学館。
ヘンリー木山義喬、二〇一二、『漫画　四人書生』新風書房。
Ishi, Angelo, 2015, "Como tudo começou", *Alternativa*, 352 : 54.
石森プロ、一九九七、『まんが　はつかいちの歴史』廿日市市。
伊藤一男、一九六九、『北米百年桜』北米百年桜実行委員会。
小林よしのり、二〇一五、『新戦争論1』幻冬舎。
小嶋茂、二〇一一、「海外移住と移民・邦人・日系人」陳天璽・小林知子編『グローバル・ディアスポラ』明石書店。
Luyten, Sonia Bibe, 1991, *O Poder dos Quadrinhos Japoneses*, Editora Hedra Ltda.
村上もとか、二〇〇九、『JIN-仁-』第一五巻、集英社。
Museo de Manga México, 2013, *Taller de Manga 01- Nivel Básico*, Asociación México Japonesa, A. C.
鍋田吉郎・藤原芳秀、一九九七、『コンデ・コマ1——グレイシー柔術の祖、前田光世伝説』小学館。
Nagado, Alexandre, 2002, *Mangá Tropical*, Via Lettera Editora e Livraria Ltda.
ニッケイ新聞、二〇一五、「漫画を突破口に、ブラジルの将棋文化普及はなるか（後編）」（http://www.nikkeyshimbun.jp/2015/150305-blog.html, 2015.3.05）
Oka, Arnaldo Massato e Del Greco, Marcelo, 2003, *Made in Japan* 日本製, N. 65 ano 6, Editora JBC.
Pereira, Ana Carolina, 2014, *Além dos Olhos Grandes-um estudo em mangá sobre mangá*, Edição do Autor.
Sato, Francisco Noriyuki, 1995, *História do Japão em mangá* 日本歴史漫画, NSP-Hakkosha.
Sato, Francisco Noriyuki, 2008, *Banzai !: história da imigração japonesa no Brasil em mangá* 日本移民の歴史, NSP-Hakkosha.
ショット、フレデリック・L、一九九八、『ニッポンマンガ論——日本マンガにはまったアメリカ人の熱血マンガ論』マール社。
Schodt, Frederik, 1999, *The Four Immigrants Manga : A Japanese Experience in San Francisco, 1904-1924 by Henry (Yoshitaka) Kiyama*, Stone Bridge Press.

Schodt, Frederik, 2012, *Professor Risley and the Imperial Japanese Troupe : How an American Acrobat Introduced Circus to Japan and Japan to the West*, Stone Bridge Press.

Sousa, Maurício de, 2012, *Tesouro Verde Turma da Mônica Jovem N. 43 & 44*, Editora Maurício de Sousa.

手塚治虫、一九八九、『グリンゴ　第三巻』小学館。

Tsuneshige, César, 1998, *La Gran Aventura*, Asociacion Peruano Japonesa.

上野久、一九九四、『メキシコ榎本殖民――榎本武揚の理想と現実』中央公論社。

上野久、二〇〇八、『漫画メキシコ榎本殖民史　サムライたちのメキシコ』京都国際マンガミュージアム。

Ueno, Hisashi, 2008, *Los Samuráis de México : La verdadera historia des los primeros inmigrantes japoneses en Latinoamérica*, Kyoto International Manga Museum.

牛窪襄、一九五八、『漫画移民五〇年史』個人出版。

牛窪襄、一九六〇、『漫画ブラジル移民』個人出版。

牛窪襄、一九七七、『漫画移民七〇年史』個人出版。

牛窪襄、一九九四、『漫画ブラジル移民八五年』個人出版。

Watada, Terry and Iwata, Kenji, 2013, *Nikkei Manga-gatari The Sword, the Medal and the Rosary* (manga 1), HpF Press and the NAJC.

Watada, Terry and Takeuchi, Yukina, 2015, *Light at a Window* (manga 2), HpF Press and the NAJC.

渡邊直樹、二〇〇七、「特集　マンガからMANGAへ」『をちこち　第十九号』国際交流基金。

Ziraldo, 2008, *O Japão dos brasileiros――Coleção Almanaque Maluquinho*, Globo.

第Ⅵ部　渡る

第21章 「里帰り」三線
――楽器の移動と積み重なる価値

栗山新也

1 三線の独特な地図

三線は、沖縄の古典音楽や民謡、ポップスなどの伴奏に用いられるリュート属の撥弦楽器である。持ち運びが簡便で、そのことによって沖縄の人々の移動とともに国家や地域の境界を越えて至るところに移動してきた。沖縄では二〇世紀初頭から移民や出稼ぎが拡大したが、それに伴いハワイ、南北アメリカ、日本本土、フィリピンやミクロネシア（当時の南洋群島）などの移民・出稼ぎ地には膨大な数の三線が運ばれてきた。

このように人の移動に伴って世界各地に普及した楽器はほかにも種々存在するが、その代表的な楽器のひとつにギターがあげられる。ケビン・ダウェとアンディ・ベネットは、ギターを「地球規模で移動する楽器 globally mobile instrument」（Bennett and Dawe 2001 : 1）と定義し、ギターがグローバルに流通するとともに、ローカルなコンテクストのなかで流用、融合、変容され、世界各地のさまざまな音楽に用いられてきたことを指摘している。またギターは、その市場もグローバルにひらかれており、たとえば中古ギターのうち、特徴ある音や見た目、有名なギタリストが演奏したことなどによってギターファンの間で評価されてきた「ヴィンテージ・ギター」は、世界中の熱心なバイヤーやコレクターによって取引が行われてきた（Ryan and Peterson 2001）。

　これに対し、三線は沖縄の人々が演奏者の大多数で、彼らの移動した地域にのみ根付いてきた。演奏されるのも沖縄の古典音楽や民謡、ポップスにほぼ限られる。また「ヴィンテージ・ギター」のように古い三線の一部は骨董品のように扱われ、ものによっては数百万の値段で取引されてきたが、ギターのように一般市場には出回らず、沖縄の民族コミュニティに閉ざされ、個人の取引で売買されてきた。ただし沖縄の人々は移民・出稼ぎで相当広い地域を移動してきた。三線は民族的に局在するが、地理的に（ギターほどでないにしろ）遍在する。

　本章は、このように独特の地図を形成してきた三線の行方を、沖縄と移民社会との往来に着目しながら追うものである。対象とするのは戦前に最も多くの三線が渡ったハワイである。一九五〇年代初頭、ハワイを中心に大規模な三線の記録調査を行った池宮喜輝《いけみやきき》は、その成果をまとめた『琉球三味線宝鑑』（東京芸能保存会、一九五四年）の中で、ハワイに四〇〇〇丁もの三線があったと述べている。また琉球王府時代に製作された三線のうち、名器の中の名器を「開鐘《けーじょー》」と呼ぶが、西平《にしんだ》開鐘、安室《あむろ》開鐘、屋良部崎《やらぶざき》開鐘など沖縄で珍重されてきた三線の一部も戦前にハワイ移民の手に渡ったことが知られている。さらに興味深いことに、戦前にハワイに渡った三線のその後の推移をたどってみると、その一部は戦後さまざまな経緯で再び沖縄に還流している。このような三線は「里帰り」三線と呼ばれ、ハワイだけでなく北米や南米の移民地でも同様の現象がみられる。

　このように沖縄とハワイとの間を往来する三線をめぐって、本章ではまず、沖縄とハワイとの間に三線を運ぶための移動の網が形成され、ハワイに多くの三線が渡っていくようになった過程を明らかにする。次いで、ハワイに渡った三線のその後の推移の一端として「里帰り」三線に着目し、三線が沖縄に戻ってくる過程で一丁の三線をめぐっていかなる意味や価値が付与されてきたのかを明らかにする。

2 三線を運ぶネットワークの形成

移民はいつ頃からハワイに三線を持ち込むようになったのだろうか。沖縄からハワイへの移民は一九〇〇年に移民した二六人を嚆矢とする。この第一回移民金城珍善（当時八六歳）が貴重なインタビューのなかで、三線を携行したかと問われてこう答えている。

答　いいえ、誰一人三味線は持っていませんでした。契約が切れて、心にいささかゆとりができてから、金武出身の若い連中が、キヤベの木を削って三味線を作って弾き出したのが、この地での三味線の始まりでしょう。（山里 1990：94）

次に、比嘉太郎編『移民は生きる』（日米時報社、一九七四年）に記された、一九〇〇年の第一回移民、一九〇三年の第二回移民についての記述を引用してみよう。

一九〇〇年に渡来した日本移民六、〇一七名の中の沖縄出身最初の二十六人の移民がハワイに上陸、続いて一九〇三年第二回移民と移民達は来たけれども三年たてば錦をかざって帰るという心がまえだったので、三味線を持参するなどとは思いもよらぬ事であった。

また当時、沖縄の移民関係当事者は、「働きに行くものが遊び道具の三味線を持って行くなど不心得も甚だしい」といって三味線携行を心好しとしなかった。したがって二、三丁はなんとか持ち入れられたらしいが、出稼ぎ人達は沖縄からの持ち出しが困難なため、彼らは労働に明け暮れるだけで何の慰安もなかった。（比嘉編著 1974：274）

おそらく第二回に二、三丁の三線を持ち込む者がいたと推察できる。

その後、沖縄からハワイへの移民は、一九〇八年の「日米紳士協定」締結によって移民の渡航が制限されるまで、一九〇五〜〇七年をピークに増加する（一九〇五年：一二三三人、一九〇六年：四四六七人、一九〇七年：二五二五人（沖縄県教育委員会編 1974：228-229））。この時期には夫婦同伴で来布する者も増え、「三味線を柳行李の底に忍ばせる余裕も出て来た」（比嘉編著 1978：53）ようだ。一九一二年に父の呼寄せでハワイに移民した松岡政保は『波乱と激動の回想――米国の沖縄統治25年』（私家版、一九七二年）のなかで、渡航時の所持品には毛布一枚、袷着物一枚、ユーヌク（ハッタイ粉）一缶、父へのお土産の泡盛と黒砂糖、那覇の旅館で食べる米、味噌、卵などがあったとし、これらは柳行李ひとつに簡単に収まったと述べている（松岡 1972：13）。ハワイへの渡航者たちがこうした日用品・食料などの生活必需品や土産とともに携行することで、ハワイに少しずつ三線が渡ってくるようになったと想像される。

しかし当時の新聞資料をみると、こうして移民が携行してきた三線よりも、ありあわせの材料で作った手製の三線、いわゆるカンカラ三線が主流だったことがうかがえる。たとえばハワイ移民の状況を伝える『琉球新報』の記事には「手製の三味線を引立ててテーマートー等をやらかし居る」（『琉球新報』一九〇六年三月一日）「ブリキ製の金だらい或は板を以てチーガとしたる三味線を作り一室に十名も九名も寄り集まってアッチャメーグワーやチーフワーヨー等を踊ってをる」（『琉球新報』一九〇八年一一月二七日）などの記述がみられる。また比嘉太郎は「沖縄から持参した洗面器（カナダライ）を使って胴（チーガ）とし、野良辺から適当な荒木を持ち帰って削り削って、棹（ソウ）にして、裁縫用の糸を工夫して筋を作り結構サンシン（三線）を作りあげた」（比嘉編著 1974：274）と記している。

普及していた三線の大半が手製のものであったにせよ、ハワイでも三線を弾く人が増加してきたことを示す目印として、沖縄移民の経営する雑貨店で、他の雑貨とともに三線の絃が販売されるようになったことが挙げられる。ホノルル・リバー街の雑貨屋・山城商店は、一九一七年に数種類のお茶とともに三線の絃の入荷したことを知らせる広告を『日布時事』（一九一七年二月二〇日）に出している（図21-1）。山城商店はこのほかにも、書籍、文房具、

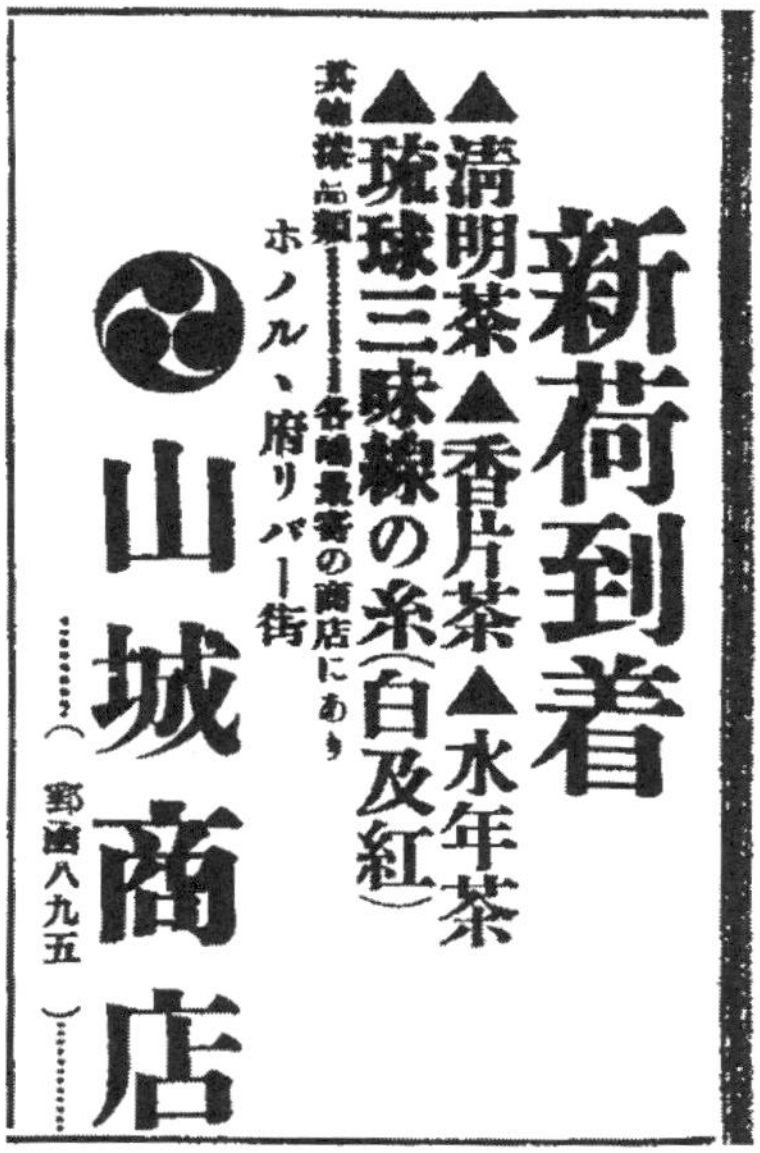

図21－1　山城商店の広告
出所：『日布時事』1917年2月20日

化粧品、雑貨、店主の山城徳助が沖縄から持ち帰った清明茶、漆器、沖縄レコード、工工四（三線譜）等を扱っており、沖縄移民向けの商品を扱う商店だったとみられる[1]。三線を弾く人々にとって絃は消耗品であり定期的に交換する必要がある。三線の弦は移民がまずもって必要とした「日用品」として、移民最初期からハワイでも買うことができた。だが入荷した数にはおそらく限りがあっただろう。先に引用した比嘉太郎の証言にあるように、この時期にはまだ多くの者が身近にある裁縫用の糸などで代用となる絃を独自に製作していたのではないだろうか。

ハワイへの渡航が制限、ついで禁止を受けた一九二四年以降、今度は、仲買人を介して三線を購入するというかたちで三線の数は急増した。新移民の数が減少したのに三線の数が増加した（つまり両者が比例しなかった）のはなぜだろうか。その要因のひとつは沖縄移民の経済的な繁栄であった。ハワイに移民して経済的成功をおさめ、故郷に錦を飾った者たちが、名器を求めるようになったのである（宜保 1999：121）。

そこで三線の売買を仲介する人物が現れ、ハワイ移民を相手に、御殿や地方から買い集めた名器を販売するようになった。冒頭で述べた西平開鐘、安室開鐘、屋良部崎開鐘といった名器も仲買人を通じて一九三〇年代にハワイへと渡っている。一九三五年一二月には、野村流音楽会布哇支部が催した公演で屋良部崎開鐘の演奏が公開されるなど、沖縄から渡ってきた名器はハワイで話題になった（『布哇報知』一九三五年一二月一八日）。

以下では、三線の仲買人・屋部憲通《やぶけんつう》の活動を詳しくみていこう。屋部憲通は、一九一九年長男の呼寄せで渡米し、一九二七年にアメリカから帰郷する途中、當山哲夫《とうやまてつお》、比嘉静観《ひがせいかん》の勧めでハワイに滞在した。屋部のハワイ訪問は『日布時事』にも「唐手の名手来布」と大きく報じられている（『日布時事』一九二七年三月一七日）。ハワイでは「ホノルルの若い青年たちに空手を教えたいと呼びかけ、キング街とリリハ街突き当り、比嘉静観牧師の黎明教会の地下室で五十四歩という型の手ほどき一ヵ月余り毎日指導した」（比嘉編著 1978：250）。屋部はこの滞在中にハワイで三線が必ず売れると確信し、帰郷後二年足らずの間に沢山の名器を買い集めた。

屋部が名器を入手した経路については、『ハワイ琉球芸能誌』の中に「金武良仁氏を通じて首里の旧家より西平、安室、屋良部崎諸開鐘ほか幸地うふづら（幸地の大面—筆者注）や其の他の名器を買い求め外国帰りに譲り渡した」（比嘉編著 1978：251）とある。

金武良仁とは、「近代沖縄の楽聖」とも称された古典音楽の大家である。首里の金武殿内に生まれ、首里の上流階級である御殿や殿内と縁が深かった。金武良仁の息子・良章の話を聞き書きした『御冠船夜話』の中で金武良章は次のような思い出を紹介している。金武良仁は幼少より松山御殿の尚順と親しく、明治末頃、尚順が体調を崩すと、毎日のように松山御殿に通い歌三線で慰めた。そのお礼に尚順は金武に「いちくくう」[2]と呼ばれる三線を譲渡した。松山御殿には、このほか西平開鐘、幸地の大面などの名器が揃っていた（金武 1983：215–227）。

屋部については一世の医師上里良温の証言の中にもさらに詳しくでている（崎原 1980：118–119）。証言の内容を要約すると、上里が一九三〇年頃沖縄に帰郷したさい、屋部は首里の旧家などから三線を収集しており、上里にハワイでの代理販売を依頼した。上里は屋部の依頼を断るが、収集した三線の名称や値段をリストにしてもらい、それを持ち帰って屋部の空手講習会仲間に渡して紹介させた。以降、一時帰国する移民のうち三線の購入を希望する者はこのリストから選んで沖縄で屋部から購入するようになったという。

このように屋部は、ハワイ移民のリーダーや、御殿の名器に接触することができた人物と交友関係を持つなど、沖縄とハワイ双方での多彩な人脈をいかして商いを行っていたのである。沖縄では、このような三線の仲買人のことを「三線バクヨー」と呼んでいる。「バクヨー」という言葉は牛馬の売買や周旋をする「馬喰」に由来するもので、沖縄の各ムラには、ウシ、ウマ、ブタなどを扱うバクヨーが二、三人はいたという（上江洲 2005：127）。複数の三線職人への聞き取りによれば「三線バクヨー」は昭和の末頃まで存在した。多くは七〇代以上の年配の男性で、三線についての知識が豊富であるとともに、話術に長け、三線の価値について魅力的に語ることができた。どこにどのような三線が保管されているか、誰がどのような三線を欲しがっているのか、ということに詳しく、古い三線を収集し、一度修理してから金持ちや収集家に販売したり、顧客の予算に応じて三線を手配するなどして利益を得ていた。(3)

ここまで沖縄とハワイとを結ぶ三線の流通経路を戦前に絞ってみてきた。移民の開始から移民が完全に禁止される一九二〇年代にかけての時期には、移民がハワイへの初渡航時に日用品や食料、土産などとともに三線を携行することで徐々に渡っていくようになった。しかし三線を携行する余裕のあった者はほんの一部に過ぎず、多くはありあわせの材料で手作りした三線を使っていたと考えられる。沖縄では明治に入った頃からしだいに三線が庶民にも普及するようになったが、庶民が手にすることのできた三線のほとんどは、安価なものや蛇皮の代用として渋皮を張った渋張り三線であった（宜保 1999：16）。このことから考えると、おそらくこの時期にハワイに渡った三線の多くは、それほど質が高いものではなかったと想像される。

沖縄からハワイへの渡航が完全に禁止された一九二〇年代後半から一九三〇年代にかけての時期には、一時的に帰郷した移民が沖縄で仲買人から三線を購入し、ハワイへ再渡航するという方法で、数多くの三線がハワイへと渡った。仲買人は名器の所在やその所有者について詳しく、またハワイ移民のリーダー的人物や、御殿の名器に接触することができた古典音楽の演奏家と交友関係があるなど沖縄とハワイとの双方に多彩な人脈を持っていた。このような過程で渡った三線は移民がそれまでに携行してきた三線に比べ、量・質ともにひじょうに豊富であったと推定される。宜保榮治郎が述べるように、ハワイ移民たちは「功成り名を遂げた日には必ずあのような名器を持ってみたいという願望をずうっと持ちつづけていたのであろう」（宜保 1999：121）。仲買人の誕生は、こうした三線に対する強いこだわりと経済的な繁栄の現れであったといえるのである。

3　「里帰り」三線の軌跡

冒頭でも触れたように、移民や出稼ぎによって沖縄の外に持ち出され、後に沖縄に戻ってきた三線のことを「里帰り」三線という[4]。このような現象は、沖縄の人々が移民や出稼ぎをした地域の多くでみられるもので、戦後、ハワイやロサンゼルス、ブラジル、アルゼンチンなどから沖縄へと三線が還流している。

まず、新聞資料からハワイでの記録を調べてみると、儀志正治《ぎしまさはる》という人物が所有する三線が沖縄に返納されることを伝える記事が『ハワイタイムス』（一九五四年七月一六日）に出ている。

> 沖縄戦中に戦禍の琉球博物館跡から米兵が土産として持ち出した琉球の国宝三味線の一ツ「江戸ユーナー」は馬哇ワイルクで写真館を経営する儀志正治氏が米軍に従軍して沖縄進駐中に手に入れてハワイに持ち帰り保管中であったが、ハワイ琉球音楽会の人々の斡旋で沖縄博物館に返納することになり来る二十日のウィルソン号で帰国の琉球工業連合会会長安谷屋正量氏に託送すべく昨日正午和發での午餐会席上で上原與与吉ドクターらから安谷屋氏に手交した。
>
> この名器ユーナーは今から百年前に浦添御殿から薩摩藩に献上したものであるが流れ流れて、東京神田の古本屋にあったのを東恩納寛惇氏が、当時それを知らずに物好きで十五円で買い取った。それがあとで調べたら

由緒ある名器と判明し、同氏はこれを沖縄博物館に納入したものである。ワイルクの儀志氏はオアフ島カハルーの比嘉太郎（一等兵）が沖縄進駐中に手に入れた博物館その他からの琉球古物を返納したのにヒントを得て自分の所蔵品も返納することになったもので、琉球の古い文化財保存の上から大いに感謝されている。（『ハワイタイムス』一九五四年七月一六日）

東恩納《ひがおんな》寛惇《かんじゅん》によれば、この三線は、東恩納が一九三九年に東京の古本市で偶然的に発見した名器で、安政二年（一八五五）五月に年頭使者として薩摩に上り翌年九月に帰国した浦添親方が、安政三年（一八五六）に薩摩の玉里御殿に献上したものとみられる。儀志は沖縄系移民の二世で、当時博物館があった首里城に一番乗りして三線を持ち出した（東恩納 1978）。

このような動向は「里帰り」三線のひとつの典型なパターンである。たとえば、尚育王時代（一八三五〜四七）に製作された「健堅与那《きんきんゆなー》」と呼ばれる三線は、一九三六年頃、ハワイ移民の仲真良金が持ち帰り、その後ロスの屋宜《やぎ》盛蒲《せいほ》（沖縄市出身）に渡り、一九九八年に古典音楽師範の島袋正雄らの勧めで屋宜の息子の盛次によって博物館に寄贈された（『琉球新報』一九九八年六月七日、『沖縄タイムス』一九九八年六月七日）。また県指定有形文化財の富盛《とうむい》開鐘は、ハワイの移民二世の仲宗根盛松が戦前に沖縄で購入した後、沖縄の公的機関に寄贈する目的で首里在住の稲嶺盛保が買い受け、一九八六年に沖縄県立芸術大学に寄贈された。

三線が沖縄の博物館や大学などの公的機関に寄贈された背景には、戦後沖縄の文化財保護の動きが大きく影響していると考えられる。沖縄では一九五〇年から施行された日本の文化財保護法を模して、一九五四年に琉球政府文化財保護法が制定され、一九五五年に三線三丁（翁長開鐘、志多伯開鐘、湧川開鐘）が特別重要文化財に指定された。その後、一九五八年までにはその他八丁が指定され、一九九四年にはさらに九丁が追加され、現在では二〇丁の三線が沖縄県指定有形文化財に指定されている。既述のように沖縄で珍重されてきた多くの名器が仲買人を通じてハワイに渡ったが、これらは戦後文化財的観点から重要視されるようになり、その結果、公的機関に寄贈される三線

図21－2　照喜名朝福氏所有の三線

写真上段中央がハワイからの「里帰り」三線
出所：2012年8月8日筆者撮影。

が増加しているのである。

個人のやり取りによって、ハワイから沖縄に三線が戻ってくる事例も存在する。沖縄での現地調査によって明らかにした個人所有の里帰り三線の来歴をふたつ示し、そこにいかなる価値や意味が付与されてきたのか検討を加えよう。

事例1――照喜名《てるきな》朝福《ちょうふく》所有の三線

沖縄県南城市佐敷《さしき》の照喜名三味線店には大正期にハワイへ渡ったとされる三線が飾られている（図21-2）。所有者である照喜名三味線店の店主・照喜名朝福（一九二九年生まれ）は一九五〇年代に三線作りを本格的に始めた三線職人である。照喜名によれば、その来歴は次の通りである。

この三線は大正期、沖縄の民謡歌手である前川《まえかわ》朝昭《ちょうしょう》の叔父が、移民としてハワイに初渡航する直前に、那覇の瑞慶覧《ずけらん》三味線店で買い求めたもので、その後前川が譲り受け、さらに前川から現所有者の照喜名朝福へと渡ったものである。瑞慶覧三味線店とは、一九一四年に開業した沖縄県営鉄道の那覇駅の近くにあったとされる三線店である。

前川は昭和五〇年代にハワイを訪ねた際に、叔父の遺品として叔母からこの三線を譲り受け、沖縄に持ち帰った。しかし前川は、この三線が小さく（棹の形状が全体的に細い）、演奏に使いにくかったため、弟子の照喜名が所有していたやや大きめ（太め）の三線と交換し、この三線が照喜名へと渡った。現在、照喜名はこの三線を弾いておらず、一九四七〜一九四八年頃、照喜名がはじめて製作した三線や、戦後まもない頃に存在した牛の皮を張った三線等、古く貴重な三線とともに店内に飾っている(5)。

事例2――与那嶺《よなみね》信武《のぶたけ》所有の三線

与那嶺信武（一九三九年生まれ）は、琉球民謡協会の師範として民謡の指導をしたり、ボランティア劇団を主宰して芝居の上演活動を行っている。与那嶺が所有する三線は、沖縄県教育委員会が一九八九〜九二年度にかけて実施した三線の現物調査の報告書である『沖縄の三線』に掲載されており、その「由来・来歴」欄には、「一九八二年頃、南風原町の金城氏より譲渡。ハワイから里帰りした三線」（沖縄県教育庁文化課編 1993：217）と記されている（図21-3）。与那嶺によれば、さらに詳しい来歴は次の通りである。

この三線は、ハワイに移民した金城寛の叔父の父が所有していたものであったが、一九八二年、金城がハワイへ旅行した際にハワイの叔母から譲り受け、さらにそれを現所有者の与那嶺信武が譲り受けたものである。

金城の叔父の父が所有していた三線は二丁あったが、彼の死後ハワイではもらい手がなく、ケースに入れたまま叔母が保管していた。叔母は「沖縄から来たものだから生まれ島に返しなさい」といって金城に譲渡した。金城は「自分は興味ないけれどターケー（与那嶺）が弾くから」といって沖縄に持ち帰った。

沖縄に戻った金城は「ハワイから三線を持って帰ってきたから一つもっていきなさい」と二丁の三線のうちの一丁を与那嶺に譲り、もう一丁を自宅の床の間に飾った。金城は与那嶺の兄嫁の兄にあたり、両者は親戚関係にあっ

図 21－3　与那嶺信武所有の三線（棹）

出所：2013年12月26日筆者撮影。

た。その後、金城寛は一九九五年に六十一歳で亡くなり、自宅の三線は長男の寛英によって引き継がれた。

与那嶺はこの三線に強い愛着をもち、民謡教室でもこれを使って指導している。三線の製作年代は大正末期から昭和初期の頃とみられ、チラのきれいな曲線が特徴的である。このようなチラが曲がっている形状は「ナカジンマガヤー小」と呼ばれ、昔からの型であるという。与那嶺の民謡の師匠である早弾きの名手・渡《と》嘉敷《かしき》綏常《すいじょう》は、自らの所有するジョートー三線（良器）を持って「ケーレ（交換しよう）」と、この三線を何度も所望したが、与那嶺は金城寛の形見であるという思いから譲らなかった[6]。

事例1では、ハワイでの三線の所有者が亡くなり、その家族から沖縄に住む親族の前川朝昭へと譲渡され、それからさらに前川と師弟関係にあった照喜名朝福が三線どうしを交換して、現所有者の照喜名へと渡った。事例2でも事例1と同様にハワイでの三線の所有者の家族から、沖縄に住む親族の金城寛へと譲渡され、持ち帰って来た二丁のうちの一丁がさらに金城寛とは親戚関係にある現所有者の与那嶺信武へと譲渡された。

ともに三線を携行してきた者が亡くなり、遺族の意向で譲渡されている点において共通している。一般的に三線は、所有者が死亡した場合、このように遺族によってその行方が決定されることが多いといえる。しかし三線の行き先が、周囲に住む人ではなく沖縄の親族であった理由として、戦後、沖縄系一世の数が減り、三線にこだわった戦前の一世のように、三線の価値を判断できる者が周囲に存在しなかったことが指摘される。また事例2に「沖縄から来たものだから生まれ島に返しなさい」とあるように、一世が携行してきた三線は本来沖縄にあるべきものという考えも見て取れる。

事例1で注目されるのは、前所有者の前川朝昭がハワイから持ち帰った三線を、現所有者の照喜名朝福が交換によって入手している点である。前川がこの三線を交換した理由は、小さい三線は演奏に使いにくいというものであった。一方、照喜名は、この三線を戦後間もない時期に製作された三線とともに店内に飾っているように、その珍しさや歴史的価値を評価している。事例2ではハワイで譲り受けた前所有者の金城寛が、親族の中でも三線の演奏にかかわっていた与那嶺信武に譲渡している。ここでは金城が三線は音を発してこそ活きるものであると考えていることがわかる。また与那嶺は師匠である渡嘉敷から、この三線を譲ってほしいと頼まれたが、金城の形見であるとしてそれには応じなかった。つまり与那嶺は、三線の価値の中で、誰から譲り受けたのかという点を最も重要視していることがうかがわれる。

4　楽器の移動と積み重なる「履歴」のダイナミズム

以上のようにハワイの三線が沖縄に帰還するまでの過程をたどってみると、三線は親族や師弟といった顔なじみの関係のなかでやり取りされており、そこでは同じ一丁の三線をめぐって文化財的価値、楽器としての実用性、珍しさ、形見の品などの多様な意味や価値が付与されてきたことが明らかになった。つまり、必ずしも音楽演奏に用いるための楽器としてではなく、モノとしての意味や価値が見出されていたのである。そして、その価値基準は持ち主ごとに異なり、それによって、三線の行方は大きく左右されてきたのである。このように楽器に付与されてきた多様な価値や意味の集積を、ここでは楽器の「履歴」と呼ぼう。三線は、同じ機能を持つが、絶えず新たな意味や価値が付与され、それぞれべつの「履歴」を積み重ね続けていく。特に昭和初期以前に製作された古い三線をめぐっては、本章で紹介した所有者がいずれもそうであったように、音のよしあしや実用性よりも、この「履歴」が重視される傾向にある。このようにして沖縄の人々や沖縄の移民たちが「履歴」を幾重にも積み重ねることによって、三線が示す民族性はさらに色濃いものになってゆくのかもしれない。

本章では、沖縄とハワイとの間を往来する三線に焦点を当て、三線を運ぶ移動の網が形成され、ハワイに三線が渡っていくようになった過程と、ハワイから沖縄に戻ってきた「里帰り」三線をめぐって多様な価値や意味が付与されていく姿を示した。ここでは、戦前にハワイから沖縄に里帰りした二丁の三線しか扱えなかったが、他の地域の事例として、次のようなブラジルからの三線の里帰りを報じた新聞記事を紹介しておきたい。「第一回沖縄移民（一九〇八年）とともにブラジルに渡って来た三線が里帰りする。日本移民百周年を象徴するものとして、国内外のいろいろなメディアで紹介されてきたこの三線は、読谷村出身の宮城伊八さんが携えてきたもので、父の形見として宮城セイシンさん（七三）が大事に保管してきた。百周年記念に来伯した知名定男さん、西原篤一さん、具志恵さんらが弾き、百年の音色を響かせて感動を呼んだ三線。今度は琉球放送の恒例番組『新春民謡紅白歌合戦』で披露されることになった」（『琉球新報』二〇〇八年一一月二三日）。さらに同年一二月二二日には読谷村伊良皆に里帰りし、「帰郷できなかった宮城に代わり、区民ら六人が古典や民謡を奏でると、しっかりとした音が響いた」（『沖縄タイムス』二〇〇八年一二月二五日）。この三線は、ブラジルに持ち運ばれてから一〇〇年後にブラジル移民一世を象徴する三線という意味が付与され、それによってブラジルの日系移民社会、沖縄民謡界、さらには出身の字といった多様なコミュニティを横断し、ブラジルに三線を持ち運んだ一世が予期しなかっただろう人々によって、音が奏でられていったのである。今後、こうしたハワイ以外の移民・出稼ぎ地も含めた広大な空間から三線の移動を捉えることで、積み重なり続ける「履歴」のダイナミズムをさらに探求することができるだろう。

注

（1）『布哇報知』一九一五年九月七日、一九二〇年一月一五日、『日布時事』一九一六年一一月六日、山里編（1919：47）などを参照。

（2）「いちくくう」という名称は、飢餓が続いた時代に米一石と交換したことに由来する。

（3）戦後の三線バクヨーについては、以下の三線職人へ聞き取りをした。湖城恵永（二〇一五年六月一日）、岸本尚登（二〇一五年六月一日）、又吉康美（二〇一五年六月一日）、仲嶺盛文（二〇一五年六月三日）、新崎松雄（二〇一五年六月八日）、松田永（二〇一五年八月一〇日）。

（4）「里帰り」という言葉が使用された古い例として、『沖縄タイムス』一九七五年九月一九日に「ロスからの親善芸能団／三味線西平開鐘も里帰り」という見出しの記事がみられる。同記事には、北米沖縄クラブの琉球芸能愛好家のメンバーとともに西平開鐘が里帰りしたことが報じられており、所有者の仲真良金は「まだ沖縄に置くかどうか決めていない。私にとっては命の次に大切なもので慎重に考える」と述べている。三線が一時的に故郷に戻ってきたとしても「里帰り」という言葉が使われるようだ。

（5）照喜名朝福への聞き取り調査に基づく（二〇一二年八月八日）。

（6）与那嶺信武、金城寛保への聞き取り調査に基づく（二〇一三年一二月二六日）。

文献

Bennett, Andy and Kevin Dawe, 2001, "Introduction: Guitars, Cultures, People and Places", Andy Bennett and Kevin Dawe Eds., *Guitar Cultures*, Bloomsbury Academic, 1-10.

宜保榮治郎、一九九九、『三線のはなし』ひるぎ社。

比嘉武信編著、一九七八、『ハワイ琉球芸能誌――ハワイ沖縄人78年の足跡』私家版。

比嘉太郎編著、一九七四、『移民は生きる』日米時報社。

東恩納寛惇、一九七八、「三味線供養」琉球新報社編『東恩納寛惇全集5』第一書房、三〇六-三〇九頁。

池宮喜輝、一九五四、『琉球三味線宝鑑』東京芸能保存会。

金武良章、一九八三、『御冠船夜話』若夏社。

松岡政保、一九七二、『波乱と激動の回想——米国の沖縄統治25年』私家版。

沖縄県教育庁文化課編、一九九三、『沖縄の三線』沖縄県教育委員会。

沖縄県教育委員会編、一九七四、『沖縄県史第7巻各論編6』沖縄県教育委員会。

Ryan, John and Richard A. Peterson, 2001, "The Guitar as Artifact and Icon : Identity Formation in the Babyboom Generation," Andy Bennett and Kevin Dawe Eds., *Guitar Cultures*, Bloomsbury Academic, 89-116.

崎原貢、一九八〇、『がじまるの集い』がじまる会。

上江洲均、二〇〇五、『沖縄の民具と生活』榕樹書林。

山里慈海、一九九〇『ハワイ今昔ノート』琉球新報社。

山里勇善編、一九一九、『布哇之沖縄県人』実業之布哇社。

第22章　ふたつの憑依宗教体系の〈接合〉の象徴的意味

——沖縄系ブラジル人というハイブリッドな主体の呪術宗教的創造

森　幸一

1　ブラジル最古のユタ

本章で取り上げるのはブラジルの沖縄系社会で「最も古いユタ」とされているMN（戦前子ども移民）である。この人物は形成初期にあった戦後期沖縄系エスニック・コミュニティ内に〈ユタ〉がまだ不在であった一九四〇年代後半に、〈カミダーリイ（巫病）〉と呼ばれる心身異常を発現し、沖縄シャーマニズム文化ではなく、ブラジルの国民的民俗宗教であるウンバンダ（Umbanda）[1]によって回復したという例である。この事例は霊媒となったウンバンダ的カルトセンターで救済活動を行っていた沖縄系霊能者女性が依頼者が非沖縄系ブラジル人から沖縄系人に転換するという状況の変化に直面し、そのカルトセンターを離脱し、独自のカルトセンターを創設、カルトリーダーとして救済活動を行うと同時に、〈ユタ〉としての救済活動をも行うようになった稀有なものである。

本章は沖縄系エスニック・コミュニティで「ブラジル最初のユタ」と認識されるMNの呪術的救済世界の全体像を概観し、その意味をエスニシティ論の立場から考察することを目的としている。

2　MNの人生史概観――成巫過程との関連から

MNは一九二八年、沖縄県旧久志村瀬嵩で農業を営む両親の長女として誕生し、一九三〇年（二歳）のときにすでにブラジルに移民していた父方叔父の「呼び寄せ」移民として両親とともに渡航し、最初の一年間、叔父のコーヒー園でのコロノ（農村契約賃金労働者）として就労した。その後、沖縄出身移民が集団で居住していたサントス―ジュキア鉄道線沿線の沖縄系集住地アレクソン植民地やセードロ植民地に移動し、借地農として炭焼き、米作、バナナ栽培を行った。MNの人生史を簡単に整理すれば次のようになる。①幼少期から娘時代にかけては病弱で、この頃にカミやウヤファーフジと話すなどの神秘的体験を数多く経験している。②借地農として貧困な生活が長く続き、母親とブラジル生まれの二人の妹が病死するという不幸を経験している。③毎月一日一五日には火の神や先祖にウガン（御願・祈り）を入れる一方、地主であったブラジル人を洗礼親としてカトリックの洗礼を受け熱心なカトリック信徒となり、その宗教生活は二重性を特徴とするものであった。

さて、一九四五年第二次世界大戦終戦直前の頃（一七歳）より、本格的な〈カミダーリイ（巫病）〉と後に判断される病気に襲われはじめ、一九四七年から一九五四年（二六歳）までに三度心身異常に襲われている。三度の「病気」に共通するのは、近代医学での治療が無効であること、「病気」の最中、半昏睡状態の際にカミなどの神格が出現し、カミミチを開ける（つまりユタとなる）ように要請されるという神秘的な体験を随伴することであり、こうした「病気」は沖縄民俗社会において〈カミダーリイ〉と診断されるものである。カミミチに対して、MNは二度目までは拒絶したものの、三度目の「召命」の際（セーズク＝催促）には、父方叔父によって、治療として心霊主義的カルトセンターに連れて行かれることになった。

MNが叔父に連れて行かれたのはドナ・ジルセ（Dona Dilce）というブラジル人女性（夫は沖縄系一世）がリーダーを務めるウンバンダ的カルトセンターであった。MNはそこでドナ・ジルセの「霊的診察（Consulta）」を受けた。

その結果、MNの「病気」は心霊主義憑依イディオムによれば病気ではなく、「霊性開花の時期に来ているための知らせ」であると「診察」され、霊性を開花させるためにカルトセンターに参加するようになった。

そして三ヶ月が過ぎた頃、MNはパイ・ジョアン・デ・アンゴラ（Pai João de Angola）という「元奴隷のアフリカ人の死霊」、もう一人はチオ・コーキチ（Tio Kokichi）というMN一家をブラジルに呼び寄せた父方叔父の死霊の名乗りを受け「ミチアケ（abrir o caminho）」をした。

「ミチアケ」をした後もパイ・ジョアン霊を憑依して、MNはカルトセンターでの呪的救済活動に従事し続けた。しかし、一九五六年頃からこのセントロ（センター）がウンバンダになったためパイ・ジョアン霊がこのセントロ（センター）で「仕事」をするのを嫌がるようになったという。ウンバンダ化とは「本来、チャリティーであるはずの救済活動によって金銭を取るようになった」ということであり、MNはこのカルトセンターを離脱し、自宅での「もぐり」の呪的救済活動を行うようになった。

まもなく、MNの顧客は非日系（沖縄系）ブラジル人から沖縄系ブラジル人へとかわっていったという。「この当時、ウチナーンチュの間ではMN（日本名）がミチアケをしてユタになったという話で持ち切りで、多くのウチナーンチュがMNネーサンのとこを訪ねた」という。(2) それまでは呪術的救済活動はパイ・ジョアン霊（を憑依したMN）が行っていたが、MNによれば「パイ・ジョアンには方言がわからないし、そもそもウチナーのことがわからなかった」という。このことからパイ・ジョアン霊に代わって、チオ・コーキチ霊が沖縄系顧客の対応に当たることになった。

こうした顧客の転換と増加に「もぐりでの活動であることもあって心配になった」MNはサンパウロ市のサンパウロ州心霊主義連盟に相談に出かけた。そこでは連盟主導の「家族集会」（二年ごとの更新）にすればよいというアドバイスを受けた。MNは早速、自宅別棟を改築し、そこで「チオ・コーキチ兄弟家族集会」を開始した。連盟からはダ・シルバ（da Silva）というメジウン（霊媒：当時の連盟副会長）が指導のために参加した。この「家族集会」結成の際、MNの顧客の八割から九割は沖縄系人になっていた。

しかしながら、問題がすぐに発生するようになった。その問題を整理すれば、①セッソン・プーブリカ（Sessão Pública 以下降霊会と記す）での霊的診察において、かなりプライベートな依頼内容を参加者全員の前で開陳することへの抵抗、②沖縄系人の依頼は多くの時間が必要で、降霊会終了がかなり遅れること、③MNが重視する先祖霊が連盟の認識とは異なること、④ウガン（御願・祈り）を重視するMNと教義学習を重視する連盟の信仰観の差異などであった。

こうした問題の解決や連盟の標準化[3]に対して、MNは家族集会の更新を行わずに、独立系のカルトセンターとなる方向性を選択するとともに、カルトセンターでの救済活動と〈ユタ〉としての救済活動を、相互に関係はあるものの独立したものとすることにしたのである。独立系カルトセンターはその名を「キリストへの愛心霊主義センター」とし、MNの活動を支援する公益団体「キリストへの愛心霊協会」が結成されたのである。

3　ウンバンダの「黄色化」と沖縄系ブラジル人という主体の創造

このカルトセンターの特徴をごく簡単に整理すると以下のようになる。①ブラジルの大衆的（あるいは国民的）憑依民俗宗教と規定されるウンバンダを、MNの〈人となり〉（信仰観）に基づき、エスニック化する。②エスニック化の主な内容は神霊界へ、沖縄系憑依霊や日本ないし沖縄起源の神格、さらにMNの宗教遍歴や人生を反映したブラジルの神格および憑依霊などを導入する。③カルトセンターでの中核的な救済活動は二種類の〈降霊会〉の実施である。④カルトセンターの活動はポルトガル語により、二種類ある沖縄系人のファーストネームのうち、ブラジルの個人名（パウロ、マリアなど）を選択的に使用すること。次に、MNによる「黄色化」の具体的内容を概観していくことにしよう。

ウンバンダ神霊界の「黄色化」

カルトセンターでの中心的な活動は霊的進化を目指す降霊会の実施である。その中でも重要なのは霊的進化段階の高い死霊からポジティブな影響を受けることによって、参加者たちの霊的進化を促進する降霊（Manifestação Mediúnica）である。降霊では霊性を開花したメジウンたちにさまざまな死霊が憑依する。

では、降霊で憑依する死霊はどのような特徴を持ち、その憑依霊界は全体として象徴的に、どのように解釈できるのかを概観していこう(4)。

第一に、このセンターの憑依霊は白人、黒人、インディオ、黄色人（沖縄系死霊）といった人種的民族的な構成を持ったものであった。この点はこれまでのウンバンダの憑依霊構成を「ブラジル三人種の神話」を表明するものとする解釈したプレッセル（Pressel 1971）やビールマン（Birman 1980）らの解釈を敷衍して言えば、ブラジルという国家はそれまでの三人種に沖縄系人（日系人）を加えた四人種から構成されるのだという「四人種の神話」ともいえる世界観を表象するものであるということができる。第二には、降霊会においてはそれぞれの範疇の憑依霊の性格や個性、歴史性等に基づいたかたちでの役割分担が認められ、かつ、それは同じ役割を沖縄系憑依霊‐非沖縄系憑依霊（ブラジル系）がそれぞれ担当するという二重性を特徴とするものとなっている。このことは象徴的に言えば、人種・民族間の対立や相克は不在で調和的な役割分担を行うことで共生するという多文化主義的なイデオロギーを表明するものであり、そこにはブラジルという国民国家に同化し、「ブラジル人一般」となっていくという同化主義的なイデオロギーは不在である。この点は降霊における沖縄系憑依霊の、ブラジル文化とは異なる言語・イディオムの使用、沖縄的習俗や習慣、独自の歴史性にも看取することができる。

それではMNのカルトセンターにおいて、これらの憑依霊もその一員となっている神霊界はどのような構造と特徴を持っているのであろうか。ウンバンダの神霊界は要約して言えば、オリシャ（Orixá）という神格、カボクロ（Caboclo）、プレット・ヴェーリョ（Preto-velho）、クリアンサ（Criança）、エシュー（Exú）という憑依霊範疇から構成され、それらが最高神を頂点とするピラミッド型の階梯組織として統合された構造となっている。この階梯組織の長がオリシャであり、この神格は最高神であり人間に憑依することはなく、その〈名代〉としてプレット・ヴェーリョやカボクロなどの霊を憑依させるというかたちで人間界に遣わすものと観念されている。

ＭＮはオリシャを頂点とする構造に「人間に憑依しない神界＝光のカミ様（Espirito de Luz）」として（民衆）カトリシズム、心霊主義（カルデシズム）、仏教、神道、沖縄の祖先崇拝のカミを導入する。（民衆）カトリシズムの神格としてノッサ・セニョーラ・ダ・アパレシーダ（Nossa Senhora da Aparecida）、カルデシズムの神格として「最初のメジウン」として観念されるイエス・クリスト（Jesus Cristo）、仏教の神格として観音、神道の神格として神武天皇、沖縄の祖先崇拝の神格として〈ムートウヤーのカミ〉が創造され導入されている。

この神格界は最高神＝Deus に統合されるが、その下位に憑依霊界＝Espiritos Bons（善霊）が位置している。この憑依霊界ではウンバンダ起源のプレット・ヴェーリョ、カボクロ、クリアンサという憑依霊範疇は維持し、その一方でエシューという憑依霊を進化段階の低い霊＝Espiritos Sofredores として、降霊会での降霊を拒否するというかたちで排除している。かわりに、この憑依霊界には神格が〈名代〉として人間界に派遣するブラジル、沖縄（日本）起源の憑依霊が属している。具体的にはウンバンダを表象するプレット・ヴェーリョ、カボクロ、民衆カトリシズムを表象するドニゼッチ神父（Pd. Donizetti）、心霊主義（カルデシズム）を表象するダ・シルバやジョゼ・メンドンサ医師、マリア・ダ・クローリア看護婦、仏教・神道・沖縄の祖先崇拝を表象する沖縄系先祖霊である。

カルトセンターの主要救済活動と災禍論

カルトセンターにおける主要な（救済）活動を整理すれば、①週四回実施されるセッソン・プーブリカ（降霊会）と月一回第一月曜夜に行われる〈カミの子の学校（霊性開花のための降霊会）、②パイ・ジョアン霊の誕生フェスタ（奴隷解放記念日）、③老人ホームなど福祉施設の訪問・支援、④ドニゼッチ神父の小礼拝堂とノッサ・セニョーラ・ダ・アパレシーダ教会訪問（ブラジル聖母の日）、⑤メジウン親睦旅行などとなる。

ここでは降霊会に関して簡単に触れるにとどめる。降霊会は開会の祈り―祈り―コンスルタ―降霊―浄霊―最後の祈りという要素からなる定型化された儀礼で、その目的は霊的進化段階の霊からの影響の排除、より霊的進化段階の高い霊との交流、チャリティーの実践を通じて自己の霊的進化を目指すことにある。

月曜の降霊会ではコンスルタ（霊的診断）が実施される。これはMN（に憑依したパイ・ジョアンないしカボクロ（インディオ）霊）とMNの助手、相談者の三者による対話形式で実施されるもので、災禍や不幸の原因追及とその解決法の提示を目的に実施される。ここにウンバンダ的カルト領域の災禍論や憑依イディオムが出現することになる。災禍・不幸をもたらす原因として、①宗教的な義務や役割の不実行、②黒呪術（邪術）＝Macumbá によるもの、③霊的進化段階の低い霊からのネガティブな影響、④カルマの法則に起因するもの、⑤霊性開花の時期に来ていることの知らせ、⑥邪視（嫉妬や妬みによる）などが存在する。

こうした災禍・不幸の原因の排除や解決法としては①コレンテ（Corrente）と呼ばれる技法(5)を用いたネガテイブな霊的影響の排除、②浄霊（Passe）の実施、③霊性を開花していないメジウンとして降霊会への参加、④チオ・コーキチ霊によるハンジ・アカシを受ける示唆、⑤薬草浴の実施、⑥ポジデイブ・シンキングをすることなどがあり、予防措置としてはさまざまな薬用茶の飲用、魔除けの力を持つ植物を家屋入り口に植えるなどがある。

4　〈ウチナーンチュ〉という主体の創造

〈ユタ〉としてのMNの救済活動には、毎週月曜午前中（一〇時から）にカルトセンターの中の〈ユタンヤー〉と呼ばれる空間でMN（チオ・コーキチ霊）と依頼者（とその付き添い者）との対話形式によって行われるハンジ・アカシと、その結果として実施されるさまざまな呪法、さらに依頼によって実施される儀礼や呪法とがある。

筆者が行った調査によると、MNのハンジ・アカシを受けたのは延べ六九名で、いずれも沖縄系人で性別では女性が八六％と圧倒的に多かった。また、世代別では一世三五％、二・三世六五％と沖縄系ブラジル人が多い。依頼者の居住地としてはサンパウロ市が圧倒的に多かったが、なかにはサントス市やサントスージュキア鉄道線沿線の、戦前からの沖縄系集住地の居住者も見られた。これらの依頼者がどのような問題を抱えてMNのもとを訪れたのかを見ると、①家族の運勢判断、②病気やけがなど健康上の問題、③仕事上の問題、④心理上の問題、⑤祖先崇拝をめぐる問題であり、以下、家屋・土地などをめぐる問題、儀礼・呪法の依頼、夢見判断、死者の口寄せ、お礼などであった。

こうした依頼内容を持ってMNのもとを訪れた依頼者とMNがどのような対話を通じて問題原因が特定され、それによってどのような解決法が示唆されるのかは非常に重要である。その特徴だけを簡潔に述べれば、対話を通じて、ある出来事が沖縄シャーマニズムの憑依イディオムによってリアリティーをもって解釈され、それが沖縄社会の社会的規範や組織などの、より大きな文化・社会的なコンテキストに関連づけられていくというものである。〈ユタ〉としてのMNが観念する災禍・不幸・問題などをもたらす霊的存在にはカミ、自己霊（マブイ）、他者の生霊・死霊、沖縄的規範からの逸脱などがあり、その問題原因の措定、それに沿っての解決法の提示や実施などがハンジ・アカシ活動において行われている。

ハンジ・アカシでは、「医者に行っても治らない」、心身異常、あるいは心理的な問題（墓地に行くと気分が悪くなるなど）が〈カミダーリイ（巫病）〉と判断される。そして、MNは〈カミダーリイ〉をウンバンダ的カルトの憑依イディオムに従って「霊性を開花する時期に来ていることを知らせる」〈シラシ〉として整序し、「カミミチを開けなければその苦しみから逃れることはできない」とし、〈ユタ〉的領域からカルト領域へと「水路付け」しているのである。

MNのハンジ・アカシの中心となるのは心身異常や不幸、問題などの災禍の先祖（霊）との関係での解釈である。総じて言えば、これらは先祖（霊）との関係が何らかの事由により、損われたり、破壊されたことに起因するものと解釈される。この先祖（霊）との関係性の捻れ・歪み・破綻の原因は大別すれば〈ウガンブスク（御願不足）〉と〈マチゲエ（間違い）〉とになる。

〈ウガンブスク（御願不足）〉は字義通り、祈り・祈願が不足していることであり、特定の個人や家族が先祖（霊）

に対して行うべき務め——儀礼・呪法など——を怠った場合に発生するものであり、心身不調や不幸などというかたちで〈シラシ（通知）〉されることになる。

〈ウガンブスク〉とともに先祖（霊）にとって不快なのは、不適切な祈りや儀礼の執行、沖縄的な価値や規範の侵犯や逸脱などの〈マチゲエ（間違い）〉である。〈マチゲエ〉に対する解決法はお詫びを入れること、正しい呪法・儀礼や供物の実施などがある。〈マチゲエ〉には父系血縁原理やヤー（イエ）の構成原理とも関連する沖縄的位牌継承規範からの逸脱や沖縄的養子縁組規範からの逸脱、さらには他の宗教への改宗、ウチナーンチュ以外との結婚までが含まれている。

5　ふたつの憑依宗教の〈接合〉とその意味

すでに記してきたように、MNの呪術宗教的救済世界はまず二〇年代から三〇年代にかけてブラジルで国民民俗宗教として成立したウンバンダを自らの救済観や信仰観からエスニック化し、ウンバンダ的カルトにおける救済活動と、さらに沖縄シャーマニズムによる救済活動を接合するというハイブリッドなものであった。そして、このふたつの憑依宗教体系は、一方の沖縄シャーマニズムでは〈カミダーリイ（巫病）〉と判断される心身異常をウンバンダの観点から「霊性開花の時期に来ていることの通知」としての霊的マニフェスト（Manifestação Mediúnica）という憑依イディオムによって解釈し、沖縄シャーマニズムからウンバンダ的カルトへと接合していった。他方においてはこうした心身異常が沖縄のカミや先祖に起因するものと解釈することで、カルトから〈ユタ〉領域へというかたちで〈接合〉されたものとなっている（図22-1）。

図22-2はそれぞれの領域の特徴をいくつかの指標から対比的に整理したものである。ここではこの図表に依拠しながら、MNが創造した救済世界の意味を概観することにしよう。

〈ユタ〉的領域とカルト領域双方に関与するのは沖縄系二・三世である。また、沖縄系メジウンが〈ユタ〉的領

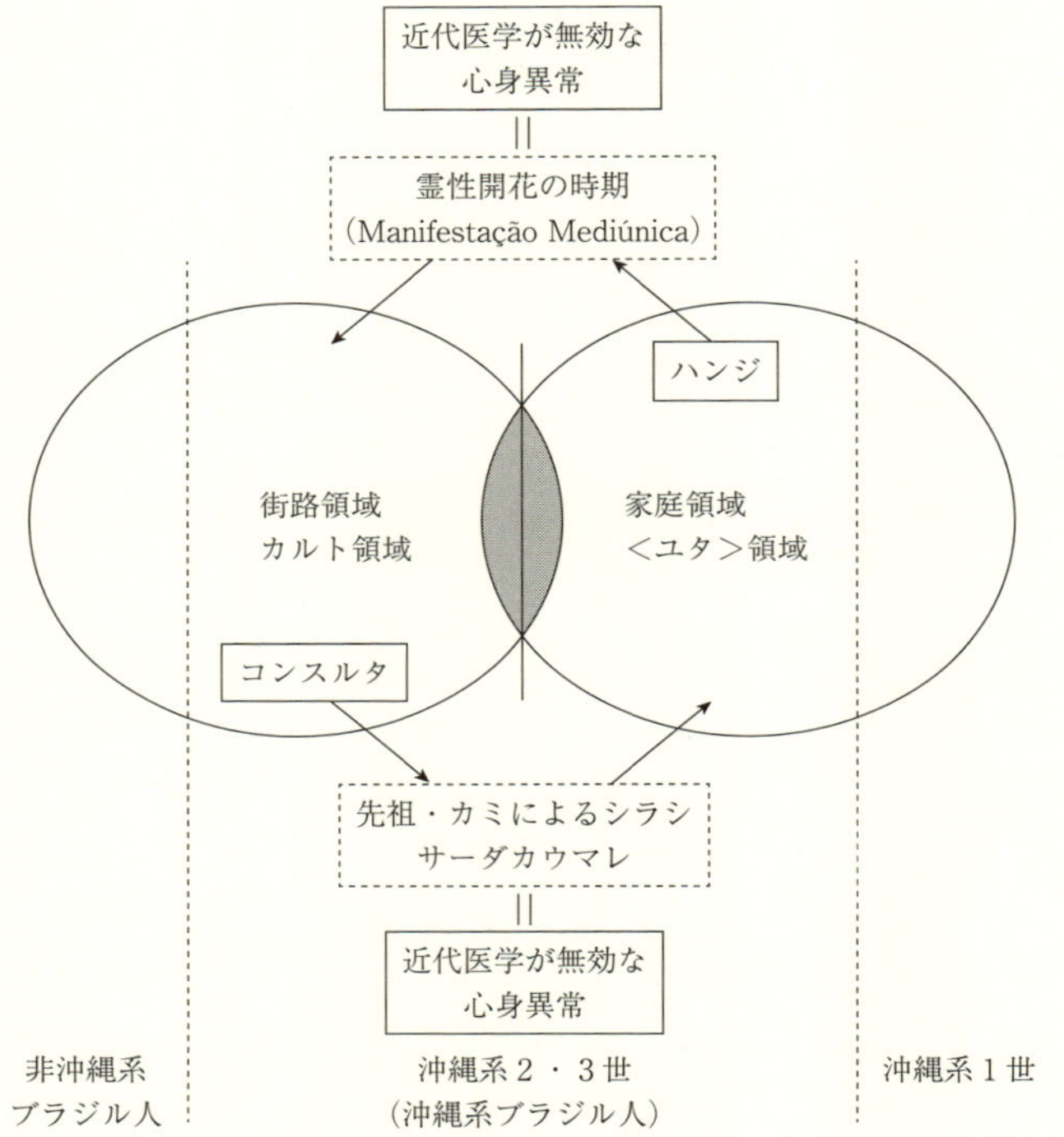

図22－1　MN の呪術救済世界の構造（モデル図）

域、カルト領域いずれの側から接近したかをみると、〈ユタ〉的領域から接近し、霊性開花の時期に来ているという整序からカルト領域にも関与するようになったというケースが八〇％と卓越している。この事実は、沖縄的生活世界からブラジル的な生活世界へと移行して来た者を主な〈信者〉としていると言うことが可能であるし、それまでの出稼ぎ主義に基づく農村部での生活から、永住主義に転換し社会経済的な上昇を目指してサンパウロ市という都市に移動を遂げた沖縄系二・三世を中核的な〈信者〉としているといえる。

さて、ＭＮの呪術宗教的救済世界の特徴とふたつの宗教体系の〈接合〉の意味を考察していくことにしよう。まず、第一に指摘される特徴は、ふたつの領域における言語使用と個人名の選択的使用という点である。カルト領域

	カルト領域	ユタ領域
世界観	〈ソダチ〉としての 沖縄系ブラジル人	〈ウマレ〉としての 〈ウチナーンチュ〉
中核的参加者	沖縄系２，３世 非沖縄系ブラジル人	沖縄系１世 沖縄系２，３世
憑依文化	ウンバンダ	沖縄シャーマニズム
守護霊	Pai João Caboclo	Tio Kokichi
神格	Jesus Cristo Nossa Senhora da Aparecida	神武天皇 観音 ムートゥヤーのカミ
主な活動	セッソン・コンスルタ	ハンジ・アカシ，様々な呪法
供物	花・菓子・ ビンガ・ロウソク	豚の皮付き三枚肉・煮物・ 揚げ豆腐・モチなど奇数品目
災因論	ウンバンダ	沖縄シャーマニズム
災因の所在	内在性	外在性
災因の排除のモチーフ	関係性の排除 関係性の創造	関係性の是正 関係性の回復
使用言語	ポルトガル語	日本語・沖縄方言
個人名	ブラジル個人名	日本個人名
領域	街路（Rua）	家庭（Casa）

図22－2　ふたつの憑依分科体系の特長（対比）

での主要な活動である降霊会で用いられる言語は、降霊において憑依霊が使う言語を別にすれば、専らポルトガル語である。一方、〈ユタ〉的領域での主要活動である〈ハンジ・アカシ〉や呪法・儀礼などで使われる言語は沖縄方言ないし日本語であり、ポルトガル語の使用はあくまで例外的なものである。ブラジル日系人の生活において、ポルトガル語およびブラジル個人名の使用が家庭を離れた社会的空間においで行われ、沖縄方言・日本語および日本の個人名の使用が専ら家庭において行われるということからすると、カルト領域は家庭を離れた社会的空間、すなわち街路（Rua）に関わり、〈ユタ〉的領域は家庭（家族＝Lar/Familia）という空間に関わるものであると見なすこともできる。

次に、それぞれの領域における災禍論の特徴をみよう。それぞれの領域において不幸や問題をもたらす原因としての霊的存在に対する対応の仕方を見ると、カルト領域では人間に悪影響をもたらす霊的進化段階の低い霊との関係性の切断と霊的進化段階の高い霊との新たな関係性の創設（自らの守護霊など）という相反するモチーフを基礎としている。この領域における新たな関係性の創設というモチーフは、より多くの霊的進化段階の高い霊の影響を受けること、いかに多くの憑依霊の憑依を受けることが志向されるかということであり、こうした人間が高く評価される。MNのカルトセンターで最も多くの憑依霊の憑依を受ける存在はMN自身であり、それゆえ彼女は「より霊的進化段階の高い人間」、理想的な人間と見なされているのである。このことは〈理想のブラジル人〉とは多様な人間との多様なネットワークを持つ人物であるとされるダ・マッタ（DaMatta 1986）の考えとも一致するものである。このことは多様な憑依霊との関係性を持つことが評価されるカルト領域の人間観と相関的であり、この意味において、カルト領域は呪術宗教的領域における〈理想のブラジル人〉を創り上げて行く営為であると解釈することもできるであろう。

一方、〈ユタ〉的領域においては、関係性の切断・創設というモチーフもないではないが、そこで卓越するのは既存の関係性の修復・回復というモチーフである（池上 1999）。このことはこの領域において災禍をもたらす中心的な存在が沖縄のカミ・先祖であることを考えれば、こうした存在との関係を切断するのではなく、何らかの理由で拗れてしまった関係性を回復し理想的なものへと回復するということであり、こうした関係性の修復や回復を通じて、一種の〈理想的なウチナーンチュ〉を構築していくのが〈ユタ〉的領域での目標ということになろう。

ここで留意しなければならないのは、カルト領域と〈ユタ〉的領域における憑依イディオムは異質なものであり、ふたつの異質な憑依イディオムによって規制される存在としての沖縄系ブラジル人が想定されているということである。

次に災禍の原因が何処に存在しているのか、そしてその特徴はいかなるものなのかに関して見ることにしよう。カルト領域における災禍を取り除く（あるいは災禍の予防）ための中心的な営為はポジティブ・シンキング（Pensamento Positivo）と善行（チャリティー＝Caridade）であり、それは災因が自らの内部に存在する、つまり内在性を示すものといえるだろう。こうした心の持ち方や行動は先ほどの〈理想のブラジル人〉とは別の側面から〈よりよきブラジル人〉になるということを意味していると考えることができるだろう。また、カルト領域の中核的な教義である霊的進化主義イデオロギーは都市産業社会において社会的経済的な上昇（成功）を遂げて行くという目的を持った当時の沖縄系ブラジル人の心理的精神的な支えとして機能してきたといえるだろう。

一方、〈ユタ〉的領域では災因がそれぞれの個人内部に存在するというよりはその外側に求められる傾向が強い。しかも、ハンジ・アカシにおける問題原因の追求はそれぞれの依頼者＝主体の持つ個別性に基づく具体性を特徴としており、カルト領域のコンスルタにおける非個性的な対処とは対照的なものである。このことはそれぞれの依頼者に対して、その問題原因をよりリアリティを持ったものとして認識させ、沖縄的な災禍論に規制される自己という認識をより鮮明なものとすることになろう。ハンジ・アカシにしろ、呪法や儀礼にしろ、沖縄シャーマニズムの憑依イディオムによって解釈され意味付けられることになり、沖縄の社会組織、規範、価値観などへと誘ったり、それらを強化したりすることになるのである。

以上のような特徴を持つふたつの世界を往還することで沖縄系二世・三世＝沖縄系ブラジル人たちは〈ブラジル人〉〈ウチナーンチュ〉という二種類の〈人間〉を生き、不断の往還を通じて、呪術宗教的領域において〈沖縄系ブラジル人〉というハイブリッドな主体として構築され続けていくと捉えることが可能であろう。

注

（1）ウンバンダ（Umbanda）は一九二〇年代から三〇年代において、リオデジャネイロ市やサンパウロ市において、アフロ系カルト（Macumbá）、民衆カトリシズム（Catolicismo Popular）、カルデシズム（Kardecismo＝一九世紀フランスでアラン・カルデッキによって創られた神秘主義的哲学思想）を習合させて成立した「国民的民俗宗教（National Folk Religion）」である。その特徴は中核的憑依霊がブラジル性を表象するプレット・ヴェーリョと総称される「（ブラジル化した）黒人奴隷の死霊」とカボクロと総称される「（ブラジルの先住民である）インディオの死霊」であること、第二にその教義的中心はカルデシズムの霊的進化主義イデオロギーであり、それが当時、産業化プロセスにあったリオデジャネイロ市やサンパウロ市に出現していた中間層を主な信者とし、彼等の都市における社会的経済的成功を目指す行動を支える役割を果たした点などである。ウンバンダやカルデシズムに関してはBirman（1980）、Brown（1986）、Camargo（1961）、Ortiz（1976）、Pressel（1971）、Renshaw（1969）などを参照されたい。

（2）なぜ戦後期になって沖縄系エスニック・コミュニティ内部に〈ユタ〉が「生まれた」のかに関する詳細な記述はMori（2009）を参照されたい。

（3）標準化についてはRenshaw（1969：156–182）

（4）このセンターの憑依霊や神霊界の詳細な記述と考察はMori（2008）を参照されたい

（5）コレンテとは降霊会参加者全員が手をつなぎ、カボクロ霊を憑依したMNから、この霊が持つポジティブな霊的力を参加者に送り、ネガティブな霊的影響を排除するという呪法である。

文献

Birman, P., 1980, *O Que é Umbanda ?* Primeiro Passo, Abril/Brasiliense.

Brown, Diana, 1986, *Umbanda : Religion and Politics in Urban Brazil*, UMI Reseach Press.

Camargo, C. P., 1961, *Kardecismo e Umbanda*, Pioneira.

DaMatta, Roberto, 1986, *Carnavais, Marandoros e Herois : Uma Interpretação de Dilema Brasileira*, Ed. Zahar.

池上良正、一九九九、『民間巫者信仰の研究――宗教学の視点から』未来社。

Mori, Koichi, 2008, “The Structure and Significance of the Spiritual Universe of the Okinawan Cult Center,” *Revista de Estudos Orientais*, Vol. 6, DLO/FFLCH/USP, : 124–167.

Mori, Koichi, 2009, “Culto aos Antepassados, Yuta e Comunidade – A prática dos Cultos aos Antepassados de Okinawanos no Brasil,” *Estudos Japoneses*, Vol. 29, CEJAP/USP, 81–94.

大橋英寿、一九九八、『沖縄シャーマニズムの社会心理学的研究』弘文堂。

Ortiz, Renato, 1978, *AMorte Branca de Feiticeiro Negra*, Vozes.

Pressel, J. Ester, 1971, *Umbanda in São Paulo, ; religious Innovetion in a Developing Society*. PhD Dissertation.

Renshaw, J. Parke, 1969, *A Sociological Anaysis of Spiritism in Brazil*. The University of Florida (Dessetation of PhD)

第23章 「ブラジル日系社会」の形態学
――デカセギ代理店と邦字新聞社

佐々木剛二

1 「ブラジル日系社会」とふたつのベクトル

ブラジルにおける日本移民やその子孫が形成する共同体を指し示す「ブラジル日系社会」という用語は、ブラジルの日本移民を対象とする研究において、最も頻繁に用いられる用語のひとつである一方、それが実際に何を示しているのかを説明することはきわめて難しい。ときに同義語として用いられる「日系コミュニティ」（Comunidade Nikkei）や「日系コロニア」（Colônia Nikkei）などの用語は、移民、移民知識人、そして外部の研究者たちの間で頻繁に用いられるものの、明確な定義を与えられているわけではない。

このような概念上の定義の問題に加えて、「ブラジル日系社会」は、空間的にもますます定義しがたいものとなっている。というのも、ブラジルにおける日本移民や日系人の周辺では、トランスナショナルな移住やローカルなメディア実践が、集合的生活の重要な基礎となっているからである。そこでは、人々の活動領域を地理的に拡張する装置とともに、彼らを特定の「想像の共同体」（Anderson 1998）に結びつけ、その凝集性に寄与する装置が同時に機能している。前者はいわば、移民のネットワークの「脱文脈化」、「脱領土化」や「引き抜き」（disembedding）に寄与しており、後者はその「再文脈化」、「再領土化」や「再埋め込み」（re-embedding）に寄与していると考えることができる（Appadurai 1996：Giddens 1990）。「ブラジル日系社会」に関する人類学的・社会学的研究にとって、このような対照的な動態は無視できないものである。

本章では、筆者がフィールドワークを行っていた二〇〇〇年代後半のサンパウロ州サンパウロ市内の東洋人街であるリベルダーデの状況に言及しながら、当時、特に活発な活動を行っていた「デカセギ代理店」と「邦字新聞社」の活動の分析を通じて、ふたつの相反する空間的・象徴的ベクトルを持った装置がどのように併存していたかを検討する。これらの装置は、それぞれの原理で同時に作動しながら、「ブラジル日系社会」の特殊な形態を生み出していた。

2　デカセギ代理店

サンパウロ東洋人街の中の「デカセギ」と代理店

二〇〇六年後半から二〇〇八年末の間、東洋人街であるサンパウロ市リベルダーデ地区では、一九八〇年代半ば頃に始まった日本への移動と就労——ポルトガル語の綴りで“*dekassegui*”（デカセギ）と呼ばれていた——は都市の日常的な風景の一部をなしていた。近隣の日本移民の世帯では、親や子どもが日本の工場で働いているという状況がかなり頻繁に生じており、ガルヴァン・ブエノ通りを中心とする商店街では、デカセギを推進する小規模の企業が多数存在していた。特に地下鉄プラッサ・ダ・リベルダーデ駅の周辺や「大阪橋」付近では、デカセギの斡旋にかかわるビラや名刺を配っている人々の姿があった。日系の新聞や雑誌は、日本で就労を行う日系人やその「帰還者」（*ex-dekassegui* エス・デカセギ）に関する記事を頻繁に取りあげ、積極的に論説を発表していた。この地域に多数存在する日本移民の組織を訪ねれば、指導者たちがデカセギによって組織の空洞化が生じたことを口々に嘆いていた。デカセギは、一〇〇年の歴史を持つディアスポラ社会である「ブラジル日系社会」にいわば穴を穿ち、その先端を国境を越えて延長し、日本との新たな結びつきを作っていた。

ブラジルの日本移民と子孫たちが生み出している社会関係を、その外部へと線的に延長する装置のひとつが、日系のデカセギ代理店であった。

一九八〇年前半まで、ブラジルにおける日本移民たちは、どちらかというとブラジルでの永住を前提にその多様な政治的・文化的制度を発達させていた。「ブラジル日本文化協会」をはじめとするさまざまな組織は、共同体の凝集力を体現し、ブラジルにおける日本移民たちの独自の社会生活を支える制度であった。

しかし、一九八〇年代半ば頃から始まった日本へのブラジル日系人の移住は、ディアスポラ社会のネットワークを「母国」である日本へと乖離させるような状況をもたらした。日系のデカセギ代理店は、日本と日系人の間に新たに認められた血統的つながりを基礎に、日本に所在する派遣会社との間に結ばれた電子的な情報網を通じて、数十万人のブラジル日系人たちを日本の工業都市へと送出するようになったのである。

日系人やその親族の日本への移住は、ブラジルにおけるデカセギ代理店と日本側の派遣会社の国境を越えたシステムの発達を伴ってきた（梶田ほか 2005）。丹野清人は、ブラジルにおける旅行社が日本における派遣会社との間で、求人情報の交換、就労希望者のリクルートメント、ビザ発行や旅行券に関する手続きの代行を通じて、ブラジルから日本への就労目的の移住をシステム化していることを論じている（丹野 2006）。丹野によれば、二〇〇〇年代前半、リベルダーデの周辺でも、彼が「日系旅行社」、「デカセギ旅行社」、あるいは「デカセギエージェント」と呼ぶ企業が一〇〇社以上存在していた（丹野 2006：57-58）。これらの企業は、ブラジル全土に代理店網を張りめぐらせ、日本からの求人情報に基づいてリクルーティングを行い、多くの日系人を日本へと送り出していた。

有限会社ニシダ・コーポレーションのプロモトールたち

このような代理店のひとつに、有限会社ニシダ・コーポレーション（仮名、以下NCと表記）があった。公式の会社案内によれば、NCは代表取締役社長のイクミ・タヤマ（仮名）氏が、一九九〇年にバウル市に設立した人材斡旋会社である。会社案内によれば、この会社は「デカセギを対象としたブラジルで最初の人材斡旋会社のひとつ」だという。二〇〇六年の時点で、NCはリベルダーデ地区において最もよく知られたデカセギ代理店のひとつであり、タヤマ社長は「ブラジル日系旅行社協会」(Associação Brasileira das Agências Nikkeys, ABAN) において中心的な役職のひとつを占めていた。会社の公式な情報によれば、NCはサンパウロ州内に一三の拠点(直営事務所と代理事務所)を持っていたほか、ブラジルのほぼ全州、そしてブエノスアイレス、アスンシオンにもそのネットワークを拡げていた。NCは、リベルダーデで最も賑わいのある広場であるプラッサ・ダ・リベルダーデに面する低層のオフィスビルの数フロアを本社としており、そこでは日系・非日系を含む十数名の従業員が仕事を行っていた。

NCの事業は、ブラジル側で日本での就労希望者を募り、日本の人材派遣会社と連絡をとり、ビザの取得を補助することを中心にしていた。NCは日系の新聞などに募集広告を出していただけでなく、プロモトール(promotor, プロモーター、またはリクルーター)と呼ばれる勧誘人を使って積極的に日本での就労の希望者を募っていた。彼らは、街頭における宣伝や個人的な人脈などを頼りにつねに募集活動を行い、これに応じた人々を顧客として登録し、希望する者を日本に送り出していた。

トランスナショナルな人材派遣の斡旋という現代的なビジネスではあるが、その人材探索に携わっていた人物は、どちらかといえば年配の移民やその子孫たちであった。二〇〇六年から二〇〇七年の間にサンパウロでNCとの契約においてプロモトールとして活動していた人々は、五〇代から七〇代の戦後日本移民一世または戦前一世の子弟で、ポルトガル語と日本語の両方を高い水準で駆使できる人々であった。彼らは日本移民や日系人として移民社会に一定の人間関係を持ち、移住を行う若い二世や三世たちの立場を理解しつつ、一世を中心とする移民社会の感覚も共有しているように見えた。実際、そのうち何人かは、県人会などの移民団体の活動でよく知られる人物であった。プロモトールたちは、共同体に深く根差しながら、一方でそれを根こそぎ、外に向かって拡張する人々であり、その意味でローカルな主体性を体現しつつも、グローバル化の行為主体＝「グローバライザー」(Hannerz 1996：29) としての役割を果たしていたといえる。

そのうち、ウメモト・ヨシオ（仮名）[1]氏は、戦後移民一世のプロモトールであった。ウメモト氏の説明によれば、プロモトールの仕事は、以下の手順で顧客のビザ取得を行い、彼らを日本へと送り出すことであった。

①広告、街頭での勧誘、人脈などを通じて、日本での就労を希望する人物を募る。

②顧客のパスポート所有の有無を確認する。「二世、三世はブラジルのパスポートを持っているのが普通」だという。

③もしパスポートを所有している場合、プロモトールはすぐに顧客との面接を行い、本人の家族構成、戸籍について質問をする。

④その顧客が日系三世ならば祖父母の、二世ならば両親の名前と日本での住所を調べ、戸籍関連の書類の申請手続きを行う。ウメモト氏によれば、日本の自治体に申込用紙を送れば、一五日ほどで戸籍を証明する書類が返信されてくるという。

⑤日本の受け入れ先の人材派遣会社に「身元保証書」や、代表者に関する証明書の送付を依頼する。これは、日本での労働に関する契約は顧客と日本にある人材派遣会社の間で結ばれるためである。

⑥在サンパウロ日本国総領事館に査証の申請を行う。

日系人の就労の基礎となる定住者ビザの取得のためには、日本との血縁上のつながりがあることを示さなくてはならない。しかし、日本の自治体に対して戸籍に関する書類を請求するには、一定の日本語能力が必要であり、ほとんどの日系人にとっては困難な仕事となる。そのため、戦後移民一世であるウメモト氏のような人物による支援に対する需要はつねに存在していた。ＮＣを経由すれば数週間のうちに日本での就労の準備が行うことができるとのことであった。

戦前移民の第二世で、幼少期にブラジルへ来たというロベルト・キグチ（仮名）氏は、ＮＣの専属ではないが、プロモトールとして働いていた。(2) 彼の主な仕事は、できるだけ多くの顧客に働きかけ、NCへの登録カード（ficha、履歴書）を集めることであった。彼は、二〇〇七年の時点ですでに六年ほどNCで働いていたが、インタビューを行った前年の二〇〇六年だけでも九〇〇人ほどにカードを書かせたと述べた。彼の仕事はあくまで新規顧客にカードを書かせ、会社への登録作業を行わせることであった。したがって、必ずしもこのカードを提出した人すべてが日本へと働きに行ったわけではない。キグチ氏によれば、カードを提出したこの九〇〇人のうち二〇〇人でも日本に行けば多い方だという。しかし、これだけ多くの人々に登録を行わせることができたということは注目に値する。

あとに論じる邦字新聞の記者たちの仕事がどちらかというと金銭的には報酬の低いものだったのとは反対に、NCのプロモトールには高い成功報酬が与えられた。実際、キグチ氏はNCから非常に高い収入を得ているようであった。彼は、ポルトガル語による日本文化紹介雑誌である *Made in Japan* などに求人広告を掲載させ、人を雇い、街頭でもデカセギのメリットや自らの連絡先が書きこまれたビラを配布させるなど、積極的に顧客獲得を図っていた。キグチ氏は、個人として毎月一〇〇人にカードを書かせることを目標に紹介活動を行っていると語っていた。キグチ氏によれば、彼は、顧客カード一枚につき、NCから四〇〇レアル（当時のレートで約二〇〇ドル）の報酬を得ていた。つまり、毎月一〇〇人分のカードを集めれば四万レアル（約二万ドル）程度の月収になるということであった。彼の説明が正しいとすると、これは相当な額である。実際、キグチ氏は、二〇〇七年一月には八四人に登録カードを書かせることができたと述べていた。

しかし、二〇〇七年の時点において、キグチ氏の仕事は、一種の構造的な壁に突き当たっているようであった。キグチ氏によると、日本への送出は年々、数が減っており、その報酬も減っていた。キグチ氏は、かつてNC全体で一ヶ月に二八〇人を日本へ送ったこともあったが、この頃、実際には五〇人から六〇人ほどを送るのみという状態になったと述べていた。さらに、キグチ氏は、かつて一人の顧客の紹介に対する報酬が「三二〇〇ドル」ほどとなっていたこともあったが、二〇〇五年には一人あたり「一〇〇〇ドル」、二〇〇六年には「八〇〇ドル（二〇〇六年のレートで約一六〇〇レアル）」と、年ごとに低下していると述べていた。(3) 実際、二〇〇七年の初め頃、NCは大々的なプロモーション活動を行っていたが、(4) 翌年に起こった世界経済危機でデカセギ労働の需要が激減すると、その事務所はリベルダーデから姿を消した。

罠、または進歩としての移住

しかしながら、二〇〇〇年代後半のサンパウロの日本移民社会において、日本への就労目的の移住は、必ずしも肯定的に捉えられているわけではなかった。二〇〇〇年代の後半、日系人指導者のうち、デカセギが「ブラジル日系社会」に肯定的な影響をもたらしたと断言している者は少ないように見えた。特に、日本での就労に関する否定的な見方は、自らデカセギという選択肢をとらず、ブラジルに残った人々によってよりはっきりと示されていた。たとえば、NCの社員がしばしば昼食をとるレストランの主人の息子で、店を手伝っていたレオナルド・オザワ（仮名）という三〇代の日系三世の男性は、日本での就労に隠れた危険性が伴うことを「罠」と語った。(5)

デカセギに行く人たちは、日本に行って、日本の人々とかかわろうとはしない。とにかく働いてお金を得ようとするだけだ。しかし、……ブラジルからそれほど長い間離れて日本での暮らしをしてしまえば、もはやブラジルでの生き方も忘れてしまうし、こちらに帰ってきても新しい商売を行うことも出来ない。彼らは迷子になってしまうんだ。……日本に住めば、生活の質はいいけれど、目標がないままに行ってしまえば、結局、ブラジルに帰ることも出来ない、日本にいることも出来ないということになってしまう。……これは罠（armadilha）だ。

レオナルドの言葉に表れているように、個人の経済的追求のためのデカセギは、日本での適応やブラジルへの帰還についても大きなリスクを伴うものとして理解されていた。このようなデカセギの負の側面は、当時、多くの人々にとって日本での就労を踏みとどまらせる要因となっているように見えた。

しかし、デカセギを推進する装置であるデカセギ代理店を経営する人々にとって、日本での就労は別の光の下に捉えられていたのかもしれない。坂部誠二（仮名）氏は、サンパウロ市内で旅行社を経営する六〇代の日本移民一世であった。(6)「デカセギは神代の時代からあ」り、「すべての人たちが出稼ぎをしている」と述べる彼は、国外での就労という選択肢を選ぶことは、一種の合理的な思考の表れで、むしろ歓迎すべきことだと考えていた。

二世に与えた影響は、国際的なニーヴェル［nivel レベル］の発想をしていかなければならなくなったということ。田舎の農場で働いていた人たちにとって大きな転換だった。……ドン百姓をやっていればよかったのに、為替の動きなど頭を使っていかなければならなくなった。そういう人たちは出稼ぎに行ってショック状態になった。コロニアに与えた影響は非常に大きい。ウマ・クラッスィ［uma classe ひとクラス］上の考え方をしなければならなくなった。

坂部氏は、デカセギを特に農村の日系人たちに国際的な視野を与え、自らの状況を「分析」し、自律的な思考を身につけるための機会として肯定的に捉えていた。移住に関する彼の「リベラルな」考え方は、「ブラジル日系社会」の空間的拡がりを拡張するデカセギ代理店という装置と親和性の高いものであった。

このように、デカセギ代理店は、「ブラジル日系社会」の内部から人々を結びつけながら、その「社会」の外側へと引き離していた。それを「罠」と捉える人々がいた一方、「進歩」と捉えるものがいた。

3　新聞社

邦字新聞とニッケイ新聞

二〇〇〇年代の後半には、右に論じたような日本移民と日系人のネットワークを国境の外側へと押し広げるプロジェクトとは反対に、共同体としての「ブラジル日系社会」の凝集性を補強するプロジェクトが存在していた。その最も端的な例がブラジルにおける日本移民とその子孫を対象とした新聞の生産と配信のシステムであった。

サンパウロにおける日本移民の社会において、日系のメディアはきわめて強い存在感を持っていた。二〇〇八年の時点で、『ニッケイ新聞』と『サンパウロ新聞』に代表される主に日本語話者の一世や二世を読者とした邦字新聞、そして *Jornal Nippo-Brasil*（ジョルナル・ニッポ＝ブラジル）などの主にポルトガル語話者の二世や三世を対象としたポルトガル語新聞が流通していた。サンパウロ州内で行われる日系の文化的・政治的イベントでは、これらの新聞の記者がしばしば取材を行っており、数日後に発行される紙面にその模様が取りあげられた。これらの新聞は、ブラジル日系社会が知識をめぐる「共同性」を持つために、決定的に重要な役割を果たしていた。

サンパウロで最も影響力のある邦字新聞のひとつであった『ニッケイ新聞』は、日曜日と月曜日を除いた週五回が発行日であり、通常は八〜一〇ページの日本語面を、土曜日にはこれに一ページのポルトガル語面（*Jornal Nippak*）を加えて発行していた。会社案内の情報によると、その公称発行部数は「約一万部」であった。リベルダーデ地区内にあるグロリア通り沿いの雑居ビルに所在するニッケイ新聞社には、日本語とポルトガル語の編集部があり、それぞれ十数名と数名のスタッフが勤務していた。

社会的プロジェクトとしての新聞

編集者はローカルな共同体における知識の伝達者としての役割を強く意識していた。しかもその共同体は、ますます老い、消えていくものであった。「編集方針」には、この新聞社が「日系社会」と呼ぶものに対する強いコミットメントが示されていた。編集者や記者たちの関心は、日本移民たちの過去の経験の再構築や現在の出来事の詳細な記録化に寄せられていた。

日本語編集部の編集長の深沢正雪氏は、消えつつある移民に対するコミットメントが彼の仕事の動機になっていると語った(7)。深沢氏は、一九九二年六月にブラジルへ渡り、ニッケイ新聞の前身のパウリスタ新聞で働いていたが、その後、九五年から九九年まで群馬県大泉町で「デカセギ」をしていた。群馬県在住中、彼は、当時の編集長であった吉田尚則氏からブラジルへ戻ってくるように誘いを受けた。「『邦字紙を看取るつもりはないか』と電話で言われて。『何言ってるんだこのオヤジ』と思いながら、まぁ、いいセリフだなと思った。それで戻ってきたんだよね。」

今の邦字紙ってのは基本的にジャーナリズムというよりは、「高齢者福祉」だから。本質はね。……読者である一世の人たちが、自分たちはこれだけのことをブラジルでやってきたんだと納得しながら、まぁ「死んでいける」って言ったら悲しいけど、自分の人生は最低だったとか、騙されたとか、ということよりは、……日系社会がブラジルで賞賛をされて、尊敬をされている、ということの一端を自分たちは担ってきたんだと思っていってほしいなと思ってる……。

深沢氏が移民の新聞を「高齢者福祉」だと断言したのは、それが、いかなる立場にも属さない「中立的な」報道を行うことよりも、むしろ「死んで」いく者として移民一世や二世たちに対する心的な「補償」にかかわるべきだという認識を表している。

ブラジルの日本語新聞は、主に言語的・地理的に限定された特定のオーディエンスを対象に、その特殊な政治的・歴史的背景への一定のコミットメントに基づいたメディア実践を行っているという点において、特徴的である。ニッケイ新聞における中堅記者の一人である堀江剛史氏は、「ライバル紙」の『サンパウロ新聞』の若手記者が執筆した記事に対する意見を述べながら、このような独自の役割に対する認識を語っていた(8)。

五〇年を歩んできた人の声を、なんで書かないのかなって。なんで歴史をちゃんと聞いて書かないかなと。……日本ではこういう書き方します、みたいな感じで書いちゃうわけ。でもこっちは移民新聞だから、あくまでも軸足はこっちでしょって。それだから、おれも最近それを聞いてすごいむかっ腹たったけどね。

堀江氏にとっては、ブラジルにおける日本移民たちが数十年という長きにわたって蓄積してきた経験、観点や心情こそ、移民新聞が取りあげるべき対象であるし、そうした「声」を反映しない記事は価値を持ち得ない。

このような彼の考え方は、実際の記事の細部にも反映された。たとえば、彼は、ブラジルのリオ・グランデ・ド・スル州を戦前から日本移民によって用いられてきた独自の表記にならって「南大河州」と、サトウキビ酒のカイピリーニャ（Caipirinha）を、移民の発音の古い型にならって「カイピリンニャ」とあえて表記していた。それは、移民新聞の記者が自負している態度のあり方を象徴的に表している。堀江氏の言葉を用いれば、それは「移民新聞だから、軸足はこっち」という「意識」の具体的な表れだった。

「一〇年経ったら、移民の人はいなくなってしまう」

ニッケイ新聞の記者たちの日常的な取材や執筆の実践は、編集部が対象化する「ブラジル日系社会」の緩やかな定義に基づいて、日本移民や子孫をめぐる「ニュース」を取捨選択し、彼らに関する「事実」として記事に定着させていくプロセスである。新聞社は、メディア実践を通じて、「共同体としての日系社会」の構築に寄与していたと考えることができる。記者たちが生産するその記事は、新聞の紙面を構成し、連日、ブラジルに散在する購読者のもとに届けられ、読まれていた。

ニッケイ新聞の記者たちは他の移民たちとはかなり異なった社会学的集団に属していた。戦後、日本政府によって進められたブラジルへの移民送出事業は一九七〇年代には終結しており、その最後の世代である戦後移民の多くが、二〇〇〇年代には六〇代前半から七〇代後半に達していた。一方、日本語新聞の記者たちの多くは、一九六〇年代から八〇年代の生まれで、年齢は二〇代前半から四〇代後半であった。その滞在年数も、四〇年から八〇年以上の期間をブラジルで暮らしてきた他の移民たちに比べ、数年から十数年程度とはるかに短かった。旅行社の年配のプロモトールたちが日系社会に根差しながらその外側に根を拡張していたのとは反対に、新聞社の記者たちは、いわば日系社会の外側からやってきて、その内的な記憶やイメージの形成に積極的に関与していたのである。

新聞社の若い記者たちが生産する記事は、詳細な取材に基づくものであったが、これは記者たちのブラジルにおける日本移民に対する強いコミットメントを表していた。「移民新聞」と自らの新聞を形容する記者たちは、報道の対象である移民たちがすでに死に絶えつつある存在であるということ、そして新聞社自体がいずれ消滅するものであるという認識を共有していた。堀江氏は次のように語っている。(9)

今から一〇年経ったら、移民の人はいなくなってしまうわけで。でも、なんていうか、これを日本の人に伝える、ということは何らかのかたちでおれたちは出来るだろうし、それはすべきだろうとは思うよね。それが金になるのかとか、ちゃんとそれがやっていけるのかとかは置いておいて、そこら辺はまぁ、今こっちにいるあれの使命かな、と思うけどね。

より経験の浅い記者である金田千次郎（仮名）氏もこれに似た考えを述べた。(10)

おそらく、もう今の邦字紙っていうのは、新しいことをやるのが目的ではなくて、もう移民がたどってきた歴史を残すことと、今、移民が、まぁ、かつての移民がやっていること、それはカラオケでも、俳句でも、短歌でも、今やっていることを残すっていうのが目的。……もう商売…、儲からないからさ。もう読者も少ないし、先が見えているから。……一日、一日の紙面自体が記念誌みたいになっているんじゃないかなって。

移民新聞の記者たちにとって、彼らのメディア実践の対象であり、読者である集団としての移民は死滅しつつある存在である。「移民がたどってきた歴史を残す」、「一日、一日の紙面自体が記念誌みたいになっている」という言葉は、ニッケイ新聞の記者たちにとって、移民をめぐる事実の記録が目的として理解されていることを反映している。

このように、移民新聞社は、サンパウロ市を中心とする取材活動を通じて、日本移民をめぐる事実──と若い記者たちが判断するもの──の収集を行い、その記録と配信を継続的に行っていた。このことを通じて、日本移民をめぐる事実は、日々、構築され、日本語話者たちの間に流通していた。

4　ふたつの原理が交差する場

ここまで示したように、日本移民と日系人にとって、デカセギ代理店と日本語新聞社は「ブラジル日系社会」をめぐってふたつの異なった原理を持つ装置として機能していた。二〇〇八年の時点で、デカセギ代理店は、多角的なリクルーティングを通じて、この「社会」の内部において人々を顧客化し、日本人への血統的な関係性を法的に証明することで、日本移民や日系人たちのブラジルから日本への移動を推進した。これによって、日本移民や日系人の生活は国境を越え、線的に拡張される結果となった。このような動きは、当事者たちによって肯定的な社会変化として語られた一方、その共同体への影響は否定的な変化としても受け止められた。一方、新聞社の関係者たちは、自らの企業活動を営利性を超えた社会的なプロジェクトとして捉えていた。彼らは取材を通じて日本移民や日系人にかかわる出来事について詳細な情報を収集し、日本移民の経験に寄り添った視点から記事を生産し、これを紙面化して広範囲の地域に発行した。移民の共通の知識や記憶の形成と結びついた新聞の発行は、少しずつ死に絶えようとする「日系社会」の共同性を補強しようとするものであった。これらのふたつのプロジェクトは、移民や日系人を結びつける異なる空間的な様式を体現していた。

これらふたつの動態は、国家の内側に明確な境界を持って形成されるひとつの共同体というディアスポラ社会の一般的イメージが現実の様相とずれをはらんでいることを明らかにする。実際の「ブラジル日系社会」は、県人会でよく知られた戦前二世のプロモトールたちの営業活動によって外側に拡張されており、一方、日本からやって来たばかりの若い邦字新聞記者たちの取材活動によってその集合的記憶を補強しているのである。それは、内からのトランスナショナリズムと外からのコミュニタリアニズムが交差しながら、絶え間なく人々のつながりを変化させていく場所である。

注

（1）ウメモト氏に関する記述は二〇〇六年の一二月二一日に行われた筆者との面接調査による。
（2）キグチ氏に関する記述は、二〇〇七年一月七日、および二月一六日に行われた筆者との面接調査による。
（3）キグチ氏は、その理由として、日系のデカセギ代理店どうしの競争の激化、および多くのブラジル国籍者たちが、かつて代理店を通じて行っていたビザの更新作業を入国管理局を通じて自ら行っていることを挙げていた。
（4）二〇〇七年の二月初旬には、この仕事には二〇人ほどの女性が参加しており、一週間でのべ四五人が街頭でのリクルーティング活動を行っていた。
（5）オザワ氏の発言は、二〇〇七年一二月六日に行われた筆者との面接調査による。
（6）坂部氏の発言や記述は、二〇〇六年一二月九日に行われた筆者との面接調査による。
（7）深沢氏の発言は、二〇〇八年一〇月二三日に行われた筆者との面接調査による。
（8）これ以降の堀江氏の発言は、注9を付記したもの以外、二〇〇八年一二月一日に行われた筆者との面接調査による。
（9）この堀江氏の発言は、二〇〇九年一〇月一九日に行われた筆者との面接調査による。
（10）金田氏の発言は、二〇〇九年一〇月二一日に行われた筆者との面接調査による。

文献

Anderson, Benedict, 1998, *Imagined Communities : Reflections on the Origin and Spread of Nationalism*, Verso.
Appadurai, Arjun, 1996, *Modernity at Large : Cultural Dimensions of Globalization*, University of Minnesota Press.

Giddens, Anthony, 1990, *The Consequences of Modernity*, Stanford University Press.
Hannerz, Ulf, 1996, *Transnational Connections : Culture, People, Places*, Routledge.
梶田孝道・丹野清人・樋口直人、二〇〇五、『顔の見えない定住化――日系ブラジル人と国家・市場・移民ネットワーク』名古屋大学出版会。
丹野清人、二〇〇六、「総合デカセギ業の誕生――日系旅行社の変容とブラジル日系コミュニティの資本蓄積」『大原社会問題研究所雑誌』五七三：三九-六〇頁。

第24章　帰国デカセギ労働者のリマ日系人社会に対する影響

スエヨシ・アナ

1　ペルーからのデカセギ労働者

一九九〇年代はじめにペルーから日本へのデカセギが始まって四半世紀が経過した。そのほとんどは日系人で、初期の多くは独身の男女（男性のほうが多数）であり、既婚の場合は単身赴任の男性が多かったと思われる（本章では、世代にかかわらず日本人の祖先を持つ人を日系人と考え、日系人の配偶者となった非日系人も日系人と見なす）。デカセギは、ふたつの相反する力に起因している。「引き込み効果」には、日本人が嫌う場所での労働力の需要、日本の人口の年齢構成の変化、出生率の減少に加え、一九九〇年の出入国管理法の改正が直接的要因として作用していた。一方、「押し出し効果」の根底にあったのはラテンアメリカの経済的な理由であった。法務省統計によれば一九九〇年にペルーから一万人以上、二年後にはその二倍が日本へ渡り、最初の三年間で、ペルー日系人のうちの三割にあたる三万人が来日した。九〇年代中頃には、既婚のデカセギ労働者は配偶者、子ども、親、恋人を呼び寄せ、日本で家族が再び揃って暮らす連鎖移住が特徴的になった。デカセギ同士で知り合って結婚する者もいた。日本での滞在が長期化するにつれ、日本で生まれる子どもも増加してきている。

人口が流出したことによりペルーの日系社会内の各組織に重要な影響をもたらした。多方面においてデカセギ現象を支援する新組織も現れ、既存の会社はデカセギのためのサービスを提供し活況を呈している一方で、ペルーの日系社会の空洞化が起こることで運営が困難になる組織も現れた。人口移動の長期化が続いて、二一世紀に入ってからも緩やかに純移住者の日本への流入数が増加してきたが、世界金融危機とペルーの経済成長が九〇年代初頭とは逆の「押し出し効果」と「引き込み効果」を引き起こし、二〇〇九年からは日本における日系ペルー人総数に初めて減少傾向が始まった。同年の入管協会の統計では、前年比一四％も減少した。その後もその傾向は続く。本章は二〇〇八年から二〇一五年にかけて行ったペルー現地調査に基づき、デカセギ現象が日系人社会に与えた影響と日本から帰国したデカセギ労働者の二世が持つ日本語能力が日系人社会に与える影響について検討する。帰国したデカセギとその子弟の増減がペルーの日系人社会にどのような影響を与えたかを、日秘文化協会、ラ・ウニオン総合運動場、日系人学校の三つの組織を例に論じる。

デカセギからの帰国後の状況はペルーの労働市場への再就職、家族企業の継続、進学という三つに分類できる。子どもの行き先は日系人学校か非日系人学校に分かれたが、日本の学校教育に適応出来なかった子どもとその親であるペルー人の保護者もいて、その多くが母親であった。子どもだけが帰国して、ペルーの親戚が面倒をみる場合もよく見られた。日本から帰国したデカセギ労働者の二世が持つ日本語能力によって日系人学校の日本語教育のレベルがあがった。彼らは日本語能力を生かしてペルーで就職することができるため、日系社会・ペルー社会に新しいかたちでのグローバル人材として貢献するだろう。ペルーから日本へのデカセギ労働者のうちの八割は日系人で、帰国後日系人学校と日系社会の組織にかかわっていた。非日系人のなかには帰国後も日本語を学習し続けることがある。非日系人の保護者は、日本に住んだ経験がある子どもとその経験を共有するために日系コミュニティの学校に子どもを通わせることが多い。その一方で、日本とペルー間の経済関係が希薄になってきているため、デカセギ労働者の二世は日本語能力以外の専門知識を利用した職に就くことがあまり出来ないと見られる。さらに、日系社会の各組織はデカセギ労働者の二世に対して日系社会における居場所の提供を試みたが、残念ながら十分とは言えなかった。それゆえリマの日系社会への彼らの参加・貢献は限定されているだろう。

2　日秘文化協会

日系ペルー人の大量流出によって、日系組織は運営を継続するためにふたつの選択肢からの選択を迫られた（Fukumoto 1997）。デカセギ日系人が帰国するまで入会費・会費を値上げするのか、それとも日系人がいなくなった部分を非日系人で埋めるのかという選択である。前者は、上流階級の日系人しか会費を払い続けることができず、日系社会の裕福な日系人は限定されるので難しく、後者は、日本からペルーへの移民開始当初からペルー社会は日系社会を「cerrada」（閉鎖的）だと認識する一方で、日系人は日系社会に非日系人が参加しなくてもよいと考える者もいた。日系人組織幹部の多くが非日系人への対応に関して、日系社会参入への準備不足（精神的に準備不足）であることをフクモトの聞き取り調査が明らかにしている（Fukumoto 1997）。

非日系人のメンバーを受け入れることになった日系人組織のなかで代表的な例は、日系人学校とラ・ウニオン総合運動施設である。

日本から帰国した日系人は日系人社会にさまざまなかたちで、日系人社会が継承してきた「日本文化」とは異なる近代的な日本文化（現代日本語も含む）を持ち込んだ。日本からペルーへの移民は南米で最も歴史があるが、他のラテンアメリカ諸国とは違って、戦後移民が再開されなかった。そのため急激に変容した日本文化について行けず、ペルーの「日本文化」は別のものになった。そのうえ、三分の二以上が沖縄出身の日系人であるため、ペルーの日系人社会が継承した「日本文化」は沖縄文化と重なり、日系人社会の中で「日本文化」と呼ばれているものは、よくいわれる日本文化とはだいぶ異なっている。

一九一七年に創立された日秘文化協会（Asociación Peruano Japonesa：APJ）は、日系社会内やペルー全土に日本文化を普及させるという目的を持つ組織で、その本部には基本的に日系人や日本文化に興味を持つ人が集まり、日系人コミュニティのなかでは「カイカン」の愛称で親しまれる。利用者には非日系人も多く含まれ、リマ市における日系社会の中心的な存在である。さらに、日系人社会への貢献として、高齢者のためのケアを行ったり、日本人ペルー移住史料館の運営や日秘劇場も管理している。

同協会内で実施される各種講座の中には日本語教室があり、訪日するデカセギや彼らの子どもにペルーへ帰国後に日本語教育を提供してきた。デカセギ現象に伴って最も影響があったのは、学習者数の増減ではなく、日本語教師数とその質にあった。以前は日本語能力試験の低い級（旧試験の三級・四級、新試験のN３・N４・N５）を持つ教師でも雇われていた状況だったが、日本で日本語教育を受けた若者はネイティブスピーカと差がないほどの日本語力を持つので、日本語教育の質の向上につながっている。これは日本語教師となるのに有利で、リマ市にいる三四名の日本語教師（日本人を除く）のうち七〇％以上が、高い日本語能力試験を持つ（二〇一五年九月四〜五日、同協会で行った南米スペイン語圏日本語教育連絡会議での聞き取り調査）。

同協会は、日本から帰国した日系人に対して主に三つの事業を行っている。ひとつ目は、不定期に開催されるデカセギ者向けのシンポジウムで、その内容は日本とペルーの経済状況、帰国後のビジネスチャンスや日本で貯蓄したお金のペルーでの使い道などである。それ以外に二〇〇七年から実施されている会話クラブがあり、子ども向けが「どんぐりクラブ」（一五歳以下）、若者向けが「おしゃべり会」（一五歳から〜二〇代）と呼ばれている。両方とも毎月特定の土曜日に、日本から帰国した人が集まり日本語能力の維持と交流の場として利用している。参加人数は毎回異なり、最多でどんぐりクラブ約五〇名、おしゃべり会約三〇名の参加者を数えた。クラブ内では、日本の行事をお祝いしたり、同じ経験を持つ同世代の人と触れ合ったりすることが出来る。

二〇一三年八月に「カイカン」で日秘文化協会会長とプロジェクト計画長に行った聞き取りでは、以下の発言が最も印象的であった。

日本から日本語能力をペルーへと持ち込んだデカセギの子どもは日本語教員として会館でその能力を活かすの

で非常に助かっています。しかし、スペイン語と日本語の両方ができる帰国者は少なく、たとえば、優秀な通訳・翻訳者がなかなかいないですね。

帰国した子弟はネイティブスピーカ並の日本語能力を活かして日系人社会の日本語教育の上達に貢献している。しかし、日秘文化協会会長は単なる人材としての貢献よりも専門的な知識を備えた人材を望んでいるようである。

日本から帰国した若者は、文化には興味がないみたいで、彼らはカイカンには集まらず、ラ・ウニオン総合運動場が出会いの場所になっている。文化よりもスポーツに興味があるから。

日本から帰国する日系ペルー人が日秘文化協会に通わず、ラ・ウニオン総合運動場の会員となり、定期的に同施設を社交場としても利用することについて、文句はないものの日秘文化協会が提供する「日本文化」への関心が薄いことには不満を抱いていた。「日秘文化協会では誰も日本語ができない。信じられない！　日系人社会で日本と最も繋がりがあるにもかかわらずですよ！」

日本から帰国すると、ほとんどのペルー人は（非日系人であれ日系人であれ）少なくとも一回はペルー社会への編入の入り口として日秘文化協会に行ってペルーでの新生活に有利な情報を求め、ペルーに戻っても生活の維持ができる場所を提供してくれることを期待する。しかし帰国した多くのデカセギが必要とする情報はそこでは得られず、彼らの子弟が日本で学んだ日本文化（日本語も含む）に対して違和感を感じるようになってしまう。

3　ラ・ウニオン総合運動場

ラ・ウニオン総合運動場（Asociación Estadio La Unión：AELU）は日系社会最大のスポーツ施設で、ここを本拠地とするサッカーチームがペルーのプロリーグ一部に所属した経歴もあり、ペルー全土に知られている。さらにリマの日系社会のためにさまざまなスポーツや文化の教室（日本語や手工芸など）を実施している。戦後の日系人は移民社会の外へ出づらい政治状況があったが、スポーツは開かれた活動だった。日系社会の中でAPJはペルー文化、日本文化、そして日系文化の継承に貢献し、AELUはペルーと日系人のスポーツ活動に貢献してきた。

同運動場総括マネージャーへの聞き取り調査（二〇一三年八月実施）によると、デカセギによる日系人人口の減少はAELUの運営に強く影響した。九〇年代前半までほぼ全会員は、日系人の正会員（Asociado）だったが、デカセギ現象の発生は会員の消滅を意味していた。その反面、多数の非日系人が九〇年代後半から利用者会員（Usuario）として施設を利用することが可能となった。二〇〇六年以降日本から帰国するペルー人が増加し、AELUは帰国者向けに日系人の新規入会者・再入会者の入会費を安く抑えたため、二〇一一年には正会員が九割、利用者会員が一割ほどとなった（このほか無視できる数の外国籍会員もいる）。二〇一六年現在の主な収益は会員の月謝と入会費・再入会費（約五〇％）、そして運動施設賃貸料（二〇％以上）で、二〇〇六年以降は正会員からの収入が緩やかに増加する一方で、利用者会員の入会数は伸び悩んだ。二〇一一年の年次報告書によると、それまでの六年間で平均して毎年五〇〇名以上が入会・再入会したが、その半分以上が正会員としての入会だった。この結果から会員のプロフィールとしていくつかの特徴が挙げられる。AELUが非日系人と日系人の交流の場となることで、非日系人が利用者会員から正会員へと身分を変えて、日系人だけで埋められなかった会員数を補完することができた。二〇一六年現在では非日系人向けの正会員募集はしていない。日系人の正会員が増加した理由としてほかに、帰国後に入会または再入会した日系人の存在が挙げられる。正会員にも家族・若者（一八～二五才歳）・未成年（一四～一七歳）の三つのカテゴリーがあり、デカセギから帰国した子どもは後二者のカテゴリーを通して正会員になる。二〇一五年三月と八～九月にラ・ビクトリア学校で行った調査を通じて、家族全員の入会は家計に負担になるから、帰国した子ども・若者だけを入会させるという家庭があるとわかった。総括マネージャーは今後も同様の傾向が見られるだろうと楽観的な見解を述べていた。この調査では、二〇一五年度に卒業する予定のうち一六名（卒業総数は三一名）の生徒はペルーに帰国してからほとんどは下校後、ＡＥＬＵに通って、スポーツ施設を利用する以外に、社交場として日本滞在と帰国の経験を共通に持つ同じ世代の子ども・若者との交流の場所として利用している。

日本から帰国後、リマの治安がとても悪いから、一人だけでは出かけなかった。親と出かけないと家からは出なかった。今は友達とも出かけるけど……ＡＥＬＵは広くて、ここにいると安心だし、施設の中は自由に移動出来る。

このようにＡＥＬＵは帰国した子ども・若者に安全・安心な場所を提供し、リマの生活に慣れて、日本で経験したように自由を感じられる場所になるようつとめた。

4　日系人学校

リマ市の日系人学校は基本的に日系人の子どものための教育を行っている。かつて生徒はほぼ日系人子弟に限られていたが、現在では日系人が一、二割しか占めない学校もあり、民族的な壁はさして高くない。日本語教育を行わない学校さえある。それでも歴史的経緯や日本の伝統的行事を行うところから日系人学校と呼ばれている。日系人学校に通学する日系人児童・生徒が減少した理由として、戦後になって高等教育を受け始めた日系人の中には社会的地位の上昇志向が強いため、日系人の集住地区にあった日系人学校よりも現地高等教育機関への進学率が高く、英語教育を重視した現地校に子どもを通わせ始めたことが挙げられる。

戦前設立された日系人学校はリマの港町カリャオにあるホセ・ガルベス学校（Colegio Particular Peruano Japonés José Gálvez）とサンタ・ベアトリス幼稚園（旧時習寮、CEINE Santa Beatriz）である。戦後設立されたのが四校あるうちで、インカ・ガクエンとヒデヨ・ノグチ学校はリマの中心地から離れている。デカセギ現象とリマ市の都市化に伴い、在籍していた日系人児童・生徒は減少したが、学校としての評判は高いので、非日系人の在校生は増えて、かつていた日系人を補完していた。二〇一五年八～九月の調査によると、上記四校における日系人児童・生徒の割合は一割から二割まで上昇していた。戦後設立の残りの二校は下記の通りである。

ラ・ビクトリア学校（Colegio Peruano Japonés La Victoria）は一九四八年設立されたペルー日系コミュニティの代表的な教育機関のひとつだが、デカセギの増加や学校近辺の治安悪化の影響で一九九六年から急激に児童生徒数が減少した。かつては一〇〇〇人を越える在校生がいたのに、二〇〇六年には一一二名まで減少した。二〇〇七年に小規模校舎に移転してからは再び増加し始め、二〇〇九年には二二一名となり、そのうちの七割が日系人だった。二〇一二年にマグダレーナ・デル・マル区に移転してからは、安定した入学者を確保することができ、二〇一四年には全校児童生徒数は五〇〇名を超えた。ペルー経済の景気が良くなり、地元の非日系の中流階級が評判が良い同校に子弟を送り込んだためと考えられる。

帰国子弟を多く受け入れている理由として、授業料が比較的安価であること、日本語を勉強できること、児童生徒数が少ないため先生から行き渡った個人指導を受けられることが挙げられる。帰国子弟のニーズに応えるために二〇一〇年から「『日本人』向けのスペイン語特別プログラム」（Programa Especial de Idioma Español para Japoneses：PEJ）を用意した。同プログラムの目的は帰国子弟がペルー社会に編入しながらも日本文化・日系人文化を忘れないようにすることであった。注目しておきたいのは「『日本人』向け」という名称で、帰国した児童・生徒はペルー生まれであるにもかかわらず「日本人」と呼ばれる。帰国子弟は自動的に同プログラムに加入し、十分なスペイン語能力を身につけてから同学年の児童・生徒と勉強することになっている。ＰＥＪでは、スペイン語能力を身につけるだけではなく、スペイン語以外の一般教科も勉強する。ラ・ビクトリア学校の校長と学校運営幹部によればＰＥＪを実施することによってさまざまな壁にぶつかってきたが、一番の壁は帰国した日系人の保護者の態度であったようだ。長い間ペルーから離れて日本で生活した保護者は、帰国してからのペルーの教育、ペルー社会の仕組みを把握していないのである。そのためまず保護者の教育が必要であった。児童生徒はペルー舞踊のダンスグループである「Ritmos y Colores」（リズムと色彩）に参加してペルー人としてのルーツを再発見する一方、日本で親しんだ野球やソフトボールを続けることで、日本で習得した知識や体験を維持させ、帰国者が新しい環境に適応できるように教育面・社会編入の点において支援している。以前は卒業生の約半分が日本に渡って一～二年間働き、ペルーに帰国して進学し、残りのうち三五％はペルーで大学や専門学校に進学、一五％は就職活動だったが、数年前から国内高等教育への進学が多くなり始めている。特に日本から帰国した生徒はスペイン語能力が不十分にもかかわらず進学率が高い。二〇〇〇年代になると途上国の中でペルーの経済成長率は安定し、特に中流階級は経済成長の恩恵を受け、日系人卒業生は重用される人材となった。もし、彼らがデカセギとして日本滞在していたならペルーの経済成長の恩恵も受けられなかったし、さらにデカセギとなることで高等教育の学習ができず人材としてもペルー経済から得られるチャンスは少なくなる。日系人卒業生は人的資本への投資を重要視し、デカセギとして来日するという選択肢がなくなっている。

リマ市に一九七一年に設立されたラ・ウニオン学校（CEGECOOP La Unión）は、小中学校の全児童・生徒の半数以上が日系人であり、リマ市の日系コミュニティを代表する学校のひとつである。リマ市にある日系人学校の中で授業料が一番高い学校でもある。デカセギ現象の影響で最大で一八〇〇人に達した全児童生徒数も、二〇世紀末には一〇〇〇人以下まで減少したが、二〇一五年には一一六二名に戻った。同時に非日系人の児童・生徒が増加した。

一九九三年からペルー文部省の許可を得た通信教育も行っている。日本滞在中に児童・生徒がその通信教育を受け、ペルー帰国後、入学時の精神面の確認、学力テストに合格すればラ・ウニオン学校での勉強が継続できる。ラ・ウニオン学校と同様にキョウダイ協同組合も在日日系ペルー人に通信教育を提供することで、日本の無認可学校を卒業した子どもでも、この通信教育の修了証明書があれば認可学校卒業と同等に扱われ、ペルーに帰国してもペルーの教育機関への編入が容易である。特に中等教育の場合、日本とペルーの間では教育に関する取り決め（条約）がなされていないので、日本で履修した学年の成績が自動的には認定されず、ペルーの教育機関に編入するためには各教科の試験に合格しなければならない。これが前述した日系社会のふたつの教育組織の貢献である。二〇〇八～〇九年調査では、ラ・ウニオン学校に日本から帰国した児童生徒六〇名が入学した。小学生が約半分（三三名）と中学生がその残り（二七名）であった。帰国した中学生の多くは、ラ・ウニオン学校の通信教育を受けたことがあり、中学生にとってそれは帰国のひとつの準備だったのである。日本におけるペルー人人口の減少とともにペルー人向けの無認可学校が減少すると、帰国を計画する家族も減少し、通信教育を受ける児童生徒も少なくなった。

帰国した児童・生徒にとっての日系人学校の魅力は、日本語教育を継続できること、日本での経験を共有できる児童・生徒と交流できることの他に、日系人学校の校舎とスポーツ施設がある。ラ・ウニオン学校はラ・ウニオン総合運動施設に隣接しているためスポーツ施設が豊富で、日本で参加した部活をペルーでも継続できることが多くの児童生徒にとってとても魅力的である。特にペルーであまり人気のないスポーツである野球やソフトボールをペルーでも継続できる環境は同施設にしかない。ある児童は学校の校舎の様子も日本の学校と似ていて、何となく日本にいるような気になることを同校の長所に挙げている。

日本語教育面では、日本から帰国した児童生徒のために日本文化部という新しいプログラムを二〇〇七年に立ち上げた。同プログラムでは、日本からの帰国子女それぞれの異なった日本語能力に合わせて、小学校六年生から中学校五年生までの児童生徒がさまざまなレベルの日本語を学ぶことができる。二〇一三年八月に行った聞き取り調査によると、同プログラムは日本語の学習継続だけではなく、日本文化にも触れ合うことができる内容となっている。同プログラムを始めたことがきっかけで、国際交流基金の支援で実施したパイロット授業の中で「まるごと」という新しい日本語の教科書を作成して日本語教育の内容を改善させるとともに、学習者自身が「日本語学習にはまる」ことを目的に、学年ごとにさまざまな段階で新たな日本語教育システムを取り入れた。ラ・ウニオン学校は教育戦略として、国際的な教育水準である国際バカロレア資格を取得することを目的にしながらも、日本からの帰国児童生徒の人数にかかわらず、日本語教育の改善に少しずつ取り組んでいる。

日系人学校の中で、特にラ・ビクトリア学校とラ・ウニオン学校は、日本から帰国した児童・生徒の編入によって日本語学習者が多くなり、日本語教育が改善され、十分な日本語能力を持つ帰国子女を日本語教師として雇っている。つまり、リマ市における日本語教育の労働市場での需要と供給の相互作用で日本語教育の質が向上し、労働市場の健全な需給バランスを維持している状況にある。

5　帰国者の日系社会への影響

ペルーにおける日系人社会の人口と比較すると、来日したデカセギペルー人は相対的に多く、ペルーにおける日系人社会の組織に大きな影響を及ぼしたと考えられる。デカセギ現象とデカセギの子どもの帰国に伴い、各組織が受けた影響の結果は次の通りである。まず、日系人組織は、日系人と非日系人、または周辺化した日系人との交流ができる空間を構築した。日本語教育の労働市場における需要と供給は、双方が増加したため需給バランスが維持され、日本語教育の質も改善された。そして、帰国後当事者であるデカセギとその子どもには、ペルー社会と日系人社会との双方に対する期待（要求）において相違が生まれている。

帰国した日系ペルー人の増加によって、非日系人に対して日系社会が開き始めていることは大きい。デカセギ現象によって、日系社会に非日系人が参加したことが日系社会の発見のきっかけとなった。日系人学校の日系人児童・生徒の割合が減少し、日系人生徒が非日系人生徒と協力することが多くなった。ラ・ウニオン総合運動場の場合、わずか一割の会員が非日系人であるが、以前まで日系専用の閉じられた施設であったことを考えると大きな前進である。時代の流れとともに、混血が進み日系人と非日系人との交流が進むことは避けられないと思われるが、もしデカセギ現象が起こらなければ、非日系社会と日系社会が接点を持つまでにもっと時間がかかったのではないか。デカセギ現象がその接点の過程を加速させた。しかし、日系人社会のさまざまな組織に非日系人を受け入れることによって非日系人の存在が「日系人」の概念を以前より広げることになるはずである。日系人社会、特に日系人学校やラ・ウニオン総合運動場の施設は日系人の大流出に直面して非日系人の児童・生徒・会員を募ることになり、それまで「日系人」という概念は血縁として日本と関係がある人だけだったのが、現在では日本と関係がある社会または日本の文化に興味を持つ人すべてを示す傾向になっている。これは「日系人」の概念がこれまでと違って、普遍的な意義に向かっていることを意味している。エスニシティが関わる階層社会であるペルーで、ポジティブ・マイノリティとして特権的な地位を享受している日系人は自分のエスニシティが「資産・財産」であるため、共有を好まず独占権を握り続ける行動が見られた。一方、エスニシティについて強い意識を持つリマの日系人は「周辺化」した日系人をリマ市にある日系人組織に大歓迎した。以前は貧困などにより「周辺化」した日系人が、帰国後も日系社会に参加でき、現在では非日系人も周辺にいた日系人も日系社会に一緒に参加している。このように、新たに構築されつつある日系人組織は日系人と非日系人、または中心のみならず「周辺化」した日系人が交流できる空間を構築し、特に帰国した若い世代のペルー社会への再編入に当たって、日系社会がペルー社会への入り口となり、帰国後の新生活へ適応しカルチャーショックを和らげるのに役立ったと考えられる。

帰国児童によって、日系人学校の日本語教育が向上し、日系人社会、ペルー社会にも波及効果が見られた。彼らの日本語能力のレベルに合わせた日本語教育は以前行われていなかった。帰国者のニーズに答えるために日系人学校の中で、とりわけラ・ビクトリア学校とラ・ウニオン学校では新たな日本語教育プログラムを開発した。日系人学校で日本語教育プログラムを実施する際には日本語ができる人材が必要になるので、日系人学校では正社員・非正社員にかかわらず教員として日本からの帰国者の若い世代を日本語プログラムのコーディネーターに雇った。日系人学校以外にも日本語教師として若い世代の帰国者は活躍している。以前の日秘文化協会は日系人のための日本語教育を提供していたが、世界中に人気がある日本のポップカルチャーの流行がペルーでも見られ、非日系人でも熱心に日本語教育を受け始めた。増加した日本語教育の需要に対して日本語教育を実施するため日本帰りの若者を登用してきた。二〇一一年以降は日本語能力を持つ若い世代（デカセギ労働者二世）を雇うのは、日本語ができるからであった。日本語能力を持つ人材に苦労してきた日系人組織や日系人学校は、若い世代のおかげで日本語ができる従業員の問題を解決することができた。

この二五年の間に渡航費用が下がり、情報技術のお陰で母国に残した家族・友達とも連絡を気軽にとれ、母国と離れても自分の文化と接触できるようになったのは、移民の生活にとって大事な要素である。離れた母国との連絡が維持出来る時代になっても、来日した日系人はペルーにおける日系人社会に編入・再編入するにあたっては、帰国する前に日系人社会に期待していたこととその現実との差に当惑を感じる。たとえば、日系人社会だから少なくとも日系人組織の幹部は日本語ができるとか、帰国後日本語教師以外でも日本語を活かした専門性のある就職ができるといった考えは裏切られるだろう。日本で獲得した言語能力が専門分野・仕事とうまく結びつくとは言えない。日本とペルー間の経済的な関係が希薄になってきているため、デカセギ労働者の二世は日本語能力以外の専門的知識を利用した職に就くことがあまり出来ない。さらに、日系社会の組織はデカセギ労働者二世に日系社会における居場所の提供を試みたが、残念ながら十分とは言えない。そのため、リマ市の日系社会への彼らの参加、貢献は限定的に終わるだろう。

文献

Fukumoto, Mary, 1997, *Hacia un Nuevo Sol, Japoneses y sus Descendientes en el Perú ; Historia, Cultura e Identidad*, Asociación Peruano Japonesa del Perú.

入管協会『在留外国人統計』数年版。

スエヨシ・アナ、二〇〇八、「日本からペルーに帰国した子どもたちの教育・生活状況調査報告」田巻松雄研究代表者『栃木県における外国人児童生徒教育の明日を考える』Vol.2、平成一九・二〇年度宇都宮大学特定重点推薦研究中間報告書、七九-九八頁。

スエヨシ・アナ、二〇一〇、「日本からペルーに帰国した子どもたちの教育・生活状況」田巻松雄研究代表者『栃木県における外国人児童生徒教育の明日を考える』平成21年度宇都宮大学特定重点推薦研究最終報告書、五〇-七二頁。

Sueyoshi, Ana and Laura Yagui, 2010, "Grado de Adaptación/Inadaptación de los Niños Peruanos luego de su Retorno de Japón、

Los retos de un nuevo ambiente educativo y de un hogar fracturado entre dos países”『宇都宮大学国際学部論集』第三一号、九九－一一六頁。

あとがき

一九九六年九月、ブラジルで移民研究を始めて間もなく、北スペインのアストゥリアス県を旅行し、山間に眠る村コロンブレスで、メキシコ帰りの成功者の屋敷を改装した移民博物館に立ち寄った。そこで渡航許可書、船の切符、農具、衣料、手紙、日用品、家族写真などスペイン移民にかかわる品々をゆっくり見学した。書物でとうに学んでいたことだが、スペインから新大陸への人口移動がどれほど大きな波であったのかを展示品は黙って語っていた。だがそれよりも印象に残ったのは、村のあちこちに見かけた熱帯樹だった。成功者が行李に入れて持ち帰ったに違いない象徴的な種が屋敷の敷地に植えられ、寒冷な地で生長し今日に至っている。植えた人の心意気と椰子の根の強さに心打たれた。それはアメリカ帰りを見せびらかす意味を持ち、かの地のみやげに故郷に錦ならぬ椰子を飾ったそうだ。

当然ながらスペインでは誰もが中南米に少なくとも一人二人の親戚を持つ。向こうで生まれた者にもしょっちゅう出会う。そもそも長い間、大帝国の一部であり、一九世紀の独立後も旧宗主国が言語・宗教・衣食住など文化の基盤に勢力を保持している。言葉や文化が共通していれば、小さな決意で往復や定住は可能だ。同じ理由で亡命者の往復も歴史的には相当数に上る。それに比べ、中南米の日本移民の場合、他人の地に乗り込むため衝突は避けがたく、排斥運動にも出会った。

二〇一六年一〇月、沖縄にて第六回世界ウチナーンチュ大会を見物した。各地に散った沖縄人とその子孫が五年に一度、出発の地に帰ってくる催しで、那覇のセルラーパーク・スタジアムで開かれた開会式・閉会式では参加者は移住先の国旗を彩ったTシャツを身につけてまとまり、さながらワールドカップの式典のような万国一体の雰囲気を作りだしていた。四日間にわたり音楽、舞踊、演劇、写真、弁論、武道、スポーツ、シンポジウムなどが開かれ、しまくとぅば（沖縄ことば）世界大会、オキナワ・ラティーナ（沖縄ペルー二世をリーダーとするディアマンテスのコンサート）、カチャーシー大会などをめぐった。日本のなかで沖縄が人数の点でも、行き先の数の点でも移民大国であることはいうまでもないが、こうした県主催の記念行事が開かれるには、ウチナーンチュ（沖縄人）の意識を一世と子孫が共有し、またそれを確かめるために出身地へ帰り、遠近の血縁者と会うことに人生の楽しみが見出されなくてはならないし、迎える側も、この小さな島々から南北アメリカ、太平洋各地に民族が渡って成功を収めたことに誇りを持てなくてはならない。移民を抱き込んだウチナーンチュ意識の醸成が、新移住者をまず見出しがたい二〇世紀末に求められたことはいずれ考えてみるべきテーマだろう。移民大国は他にも数県あるが、これに似た公式行事が開かれることはちょっと考えられない。移民史の肯定的な側面が強調された大会の閉会式フィナーレでは、各国からの参加者がグラウンドに下りて、ごたまぜのなかで踊り痴れていた。

＊

本書は私が国際日本文化研究センターで主宰する二つめの共同研究班の成果で、第一回（『民謡からみた世界音楽』二〇一二年）と同じくミネルヴァ書房のお世話になり、編集担当者を涌井格氏に頼んだ。ある一年、同センターでは移民の教育に集中した共同研究班が並走していて、そちらの報告書が同社より最近刊行された（根川幸男・井上章一編『越境と連動の日系移民教育史——複数文化体験の視座』ミネルヴァ書房、二〇一六年）。テーマの一部と寄稿者が数名重なるため、姉妹本と私は考えている。別の角度から移民を考えるのに最適の一冊で、併読が教えてくれることは大きいだろう。

細川周平

人名索引

あ 行

か 行

さ 行

た 行

な　行

は　行

ま　行

や　行

ら　行・わ　行

事項索引

あ 行

か 行

さ　行

た　行

な　行

は　行

ま　行

や　行

ら　行

わ　行

小嶋　茂（こじま・しげる）第20章

1958年　新潟県生まれ
1991年　ブラジル国パラナ連邦大学大学院歴史科社会史修士課程修了，修士（社会史）
現　在　早稲田大学移民・エスニック文化研究所招へい研究員
主　著　『南北アメリカの日系文化』（共著）人文書院，2007年。
『東アジアのディアスポラ』（共著）明石書店，2011年。

栗山新也（くりやま・しんや）第21章

1984年　三重県生まれ
2015年　大阪大学大学院文学研究科博士後期課程修了，博士（文学）
現　在　日本学術振興会特別研究員（PD）
主　著　『現代沖縄の歴史経験――希望あるいは未決性について』（共著）青弓社，2010年。
Music Modernity and Locality in Prewar Japan : Osaka and Beyond.（共著）Ashgate Publishing Ltd, 2013.

森　幸一（もり・こういち）第22章

1955年　栃木県生まれ
1989年　カンピーナス州立大学大学院博士課程修了，博士（文学）
現　在　サンパウロ大学哲学・文学・人間科学部教授
主　著　『日系移民社会における言語接触のダイナミズム――ブラジル・ボリビアの子供移民と沖縄系移民』（共編著）大阪大学出版会，2015年。
『〈境界〉を越える沖縄――人・文化・民族』（共著）森話社，2016年。

佐々木剛二（ささき・こうじ）第23章

1980年　生まれ
2011年　東京大学大学院総合文化研究科単位取得退学，博士（学術）
現　在　慶應義塾大学大学院政策・メディア研究科特任講師
主　著　「ブラジル日本移民の政治，知識，徳――移民知識人をめぐる歴史民族誌」（博士学位論文，東京大学）2013年。
Return : Nationalizing Transnational Mobility in Asia,（共著）Duke University Press, 2013.

スエヨシ・アナ（Sueyoshi Ana）第24章

1965年　ペルー生まれ
2004年　筑波大学大学院国際政治経済研究科博士課程単位取得後退学
現　在　宇都宮大学国際学部准教授
主　著　“Nikkei Peruvian Children between Peru and Japan : Developing a Dual Frame of Reference,” *The International Journal of Interdisciplinary Social Sciences* 5(12), 2011.
『越境するペルー人――外国人労働者，日本で成長した若者，「帰国」した子どもたち』（共編著）下野新聞社，2015年。

根川幸男（ねがわ・さちお）第15章

1963年　大阪府生まれ
2001年　サンパウロ大学哲学・文学・人間科学部大学院修士課程修了，Mestre em Letras。
　　　　博士（学術）
現　在　同志社大学日本語・日本文化教育センター嘱託講師。
主　著　*Cinqüentenário da Presença Nikkey em Brasília.*（共著）FEANBRA, 2008.
　　　　『ブラジル日系移民の教育史』みすず書房，2016年。

柳田利夫（やなぎだ・としお）第16章

1952年　栃木県生まれ
1980年　慶應義塾大学大学院文学研究科史学専攻博士課程修了
現　在　慶應義塾大学文学部教授
主　著　『リマの日系人』明石書店，1997年。
　　　　『ラテンアメリカの日系人』慶應義塾大学出版会，2002年。

日比嘉高（ひび・よしたか）第17章

1972年　愛知県生まれ
2001年　筑波大学大学院文芸・言語研究科博士後期課程修了，博士（文学）
現　在　名古屋大学大学院文学研究科准教授
主　著　『ジャパニーズ・アメリカ――移民文学，出版文化，収容所』新曜社，2014年。
　　　　『文学の歴史をどう書き直すのか――二〇世紀日本の小説・空間・メディア』笠間書院，2016年。

早稲田みな子（わせだ・みなこ）第18章

1966年　東京都生まれ
2000年　カリフォルニア大学サンタバーバラ校大学院博士課程修了，博士（民族音楽学）
現　在　東京藝術大学音楽学部非常勤講師
主　著　“Extraordinary Circumstances, Exceptional Practices : Music in Japanese American Concentration Camps.” *Journal of Asian American Studies*, 8(2), 2005.
　　　　『発表会文化論――アマチュアの表現活動を問う』（共著）青弓社，2015年。

吉田裕美（よしだ・ひろみ）第19章

1979年　岡山県生まれ
2014年　早稲田大学大学院人間科学研究課博士課程単位取得後満期退学
現　在　早稲田大学人間科学学術院非常勤講師
主　著　“Language and Cultural Maintenance of Hawaii-born Nisei,” *Educational Perspectives, Journal of College of Education*, University of Hawai'i at Mànoa，2006年。
　　　　「失われたハワイ島ヒロの日本人移民町――戦時下での暮らしと津波事件を中心に」『JAILA 日本国際教養学会誌』第1号，2015年。

アンジェロ・イシ（Angelo Ishi）第10章

1967年　サンパウロ市生まれ
1996年　東京大学大学院総合文化研究科博士後期課程単位取得満期退学
現　在　武蔵大学社会学部教授
主　著　『ブラジルを知るための56章』明石書店，2010年。
Searching for Home Abroad : Japanese-Brazilians and Transnationalism.（共著）Duke University Press, 2003.

粂井輝子（くめい・てるこ）第11章

1948年　東京都生まれ
シラキュース大学マックスウェルスクール修士課程修了，MA（アメリカ史）
現　在　白百合女子大学文学部教授
主　著　『外国人をめぐる社会史――近代アメリカと日本人移民』雄山閣，1995年。
『エスニック・アメリカを問う』（共著）彩流社，2015年。

松岡秀明（まつおか・ひであき）第12章

1956年　埼玉県生まれ
2000年　カルフォルニア大学バークレー校大学院博士課程修了，Ph. D.（Anthropology）
前大阪大学コミュニケーションデザイン・センター招聘教授
主　著　『ブラジル人と日本宗教』弘文堂，2007年。
Japanese Religions in and beyond japanese Diaspora.（共編著）Institute of East Asian Studies, University of California at Berkeley, 2007.

高木（北山）眞理子（たかぎ（きたやま）・まりこ）第13章

1959年　東京都生まれ
2004年　ハワイ大学大学院博士課程修了，Ph. D.（社会学）
現　在　愛知学院大学文学部教授
主　著　『北アメリカ社会を眺めて――女性軸とエスニシティ軸の交差点から』（共編著）関西学院大学出版会，2004年。
『北米の小さな博物館3――「知」の文化遺産』（共著）彩流社，2014年。

守屋貴嗣（もりや・たかし）第14章

1973年　秋田県生まれ
2009年　法政大学大学院国際文化研究科博士後期課程修了，博士（国際文化）
現　在　法政大学，立正大学兼任講師
主　著　『満洲詩生成伝』翰林書房，2012年。
『〈境界〉を生きる思想家たち』（共著）法政大学出版局，2016年。

赤木妙子（あかぎ・たえこ）第5章

1967年　神奈川県生まれ
1996年　慶應義塾大学大学院文学研究科史学専攻博士課程単位取得退学，博士（史学）
現　在　目白大学社会学部地域社会学科教授
主　著　『ハワイ移民佐藤常蔵書翰――近代日本人海外移民史料』（共編著）慶應義塾大学出版会，1995年。
『海外移民ネットワークの研究――ペルー移住者の意識と生活』芙蓉書房出版，2000年。

一政（野村）史織（いちまさ（のむら）・しおり）第6章

1974年　東京都生まれ
2006年　バーミンガム大学社会科学研究科博士課程修了，Ph. D.（Cultural Studies）
現　在　中央大学法学部准教授
主　著　“The ‘voices of women’ on birth control and childcare: a Japanese immigrant newspaper in the early twentieth-century USA”, *JAPAN FORUM*, 21(2), 2009.
ダナ＝ガバッチア『移民からみるアメリカ外交史』（翻訳）白水社，2015年。

守屋友江（もりや・ともえ）第7章

1968年　東京都生まれ
1999年　明治学院大学大学院国際学研究科博士後期課程修了，博士（国際学）
現　在　阪南大学国際コミュニケーション学部教授
主　著　*Issei Buddhism in the Americas.*（共著）University of Illinois Press, 2010.
「日本仏教のハワイ布教と文化変容――ハワイ本派本願寺教団を中心に」『歴史評論』756，2013年。

森本豊富（もりもと・とよとみ）第8章

1956年　東京都生まれ
1989年　カリフォルニア大学ロサンゼルス校（UCLA）大学院博士後期課程修了，Ph. D.（Comparative and International Education）
現　在　早稲田大学人間科学学術院教授
主　著　*Japanese Americans and Cultural Continuity: Maintaining Language and Heritage*, Routledge, 1997.
「日本における移民研究の動向と展望――『移住研究』と『移民研究年報』の分析を中心に」『移民研究年報』第14号，2008年。

エドワード・マック（Edward Mack）第9章

1968年　ニューヨーク州生まれ
2002年　Harvard University，Ph. D.
現　在　ワシントン大学シアトル校准教授
主　著　*Manufacturing Modern Japanese Literature: Publishing, Prizes, and the Ascription of Literary Value*, Duke University Press, 2010.

《執筆者紹介》（執筆順，＊は編著者）

＊細川周平（ほそかわ・しゅうへい）まえがき・第3章・第9章翻訳・あとがき

1955年　生まれ
1988年　東京芸術大学大学院博士課程後期課程修了，博士（人文学）
現　在　国際日本文化研究センター教授
主　著　『遠きにありてつくるもの——日系ブラジル人の思い・ことば・芸能』みすず書房，2008年。
『日系ブラジル移民文学』（全2巻）みすず書房，2011-2012年。

滝田祥子（たきた・さちこ）第1章

1962年　東京都生まれ
2007年　カリフォルニア大学ロサンゼルス校大学院博士課程修了，博士（社会学）
現　在　横浜市立大学国際総合科学部准教授
主　著　"Japanese American Renunciants in the American Conccntration Camp : Human Rights for Memory and Citizenship"『横浜市立大学論叢』第61巻第3号，2010年。

水野真理子（みずの・まりこ）第2章

1975年　富山県生まれ
2012年　京都大学大学院人間・環境学研究科博士課程修了，博士（人間・環境学）
現　在　富山大学大学院医学薬学研究部医療基礎（英語）准教授
主　著　『日系アメリカ人の文学活動の歴史的変遷——1880年代から1980年代にかけて』風間書房，2013年。
『メディア——移民をつなぐ，移民がつなぐ』（共著）クロスカルチャー出版，2016年。

ソアレス・モッタ・フェリッペ・アウグスト

（Soares Motta Felipe Augusto）第4章

1985年　サンパウロ市生まれ
2011年　大阪大学文学研究科文化形態論専攻日本学講座博士後期課程満期単位取得退学
現　在　京都外国語大学ブラジル・ポルトガル語学科非常勤講師
主　著　「半田知雄著『移民の生活の歴史』の成立を巡る一考察」『日本学報』第32号，2013年。
「半田知雄における移民のなやみ——ブラジル日系社会史の語りと移民の戦争経験を中心に」『待兼山論争・日本学編』第47号，2013年。

日系文化を編み直す
――歴史・文芸・接触――

2017年3月31日　初版第1刷発行　〈検印省略〉

定価はカバーに
表示しています

編著者　細　川　周　平
発行者　杉　田　啓　三
印刷者　大　道　成　則

発行所　株式会社　ミネルヴァ書房
607-8494　京都市山科区日ノ岡堤谷町1
電話代表　(075)581-5191
振替口座　01020-0-8076

太洋社・新生製本

ISBN978-4-623-07883-7
Printed in Japan